왜 우리는 집단에서 바보가 되었는가

# 왜 우리는 집단에서
조 직 의 모 든 어 리 석 음 에 대 한 고 찰
# 바보가 되었는가

군터 뒤크 지음 │ 김희상 옮김

책세상

# 차례

# 01
# 집단 어리석음의
# 실체

# 우리는 집단으로
# 허튼수작만 한다!

익히 아는 이야기지만 우리는 갈수록 복잡해지는 업무로 힘겨워한다. 업무를 앞두고 "복잡하다"라고 말하는 것이 습관이 되었을 정도다. 복잡하고 지겨운 나머지 절로 한숨이 나온다. 업무 강도는 계속해서 높아지고, 위에서는 끊임없이 수익을 올리라고 닦달하는 통에 숨 한 번 제대로 쉬기가 어렵다. 우리는 점점 눈앞의 일만 처리하기에 급급해진다. 고된 하루 일과에 잡아먹히는 기분마저 든다. 그러다 보니 장밋빛 미래를 꿈꿀 시간도, 그럴 힘도 턱없이 부족하기만 하다. 더구나 예측 불가능한 외부 기업환경의 변화는 너무나 빈번해서 우리는 여기에 제대로 적응할 여유도, 기회도 갖지 못한다. 음울한 패배 분위기에 젖어, 또는 강요된 충성심으로 어쩔 수 없이 받아들여야만 하는 변화일 뿐이다. 자연히 일의 즐거움은 줄어들고 그 어느 때보다 일은 타율적으로 이뤄진다.

　잠깐, 정말 그럴까? 일이 더는 즐겁지 않다? 흠. 일을 해도 기쁘지 않다? 그럴 리가! 일을 해낸 후의 성취감은 말할 수 없이 크다. 그렇다, 일은 즐겁다. 다만 일에 따르는 온갖 짜증스러운 잡무는 갈수록 많아지기만 한다. 일을 혼자 처리할 권한도 줄어들기만 한다. 회의 때마다 법정에 선 사람처럼 성과를 변론해야만 한다. "얼마나 진척되었소?" 또는 "지금 어떤 상황이오?" 등 압박해 들어오는 물음에 매번 답하기도 진이 빠지는 노릇이다. 만에 하나 실수가 불거질 경우를 대비해 매 단계 업무 기록을 남겨두어야만 한다. 나중에 법적으로 시비를 가려야 하는 일이 많아진 탓이다. 모든 것을 빠짐없이 기록하느라 업무 시간은 자연히 더 연장된다. 대놓고 잠재적 범죄자 취급을 하는 것 같아 기분도 나쁘다. 회의 시간과 횟수는 갈수록 늘어만 가는데 회의에서 해야 할 이야기는 거의 하지 못한다. 누가 언제까지 무엇을 해결해야 하는지를 두고 서로 신경만 곤두세운다. 길고 지루한 회의 탓에 정작 본래 업무는 뒷전으로 밀리기 일쑤다. 그리고 결국 마감에 임박해서야 허겁지겁 마무리를 한다. 이처럼 끝없는 잡무는 스트레스의 주요 원인이다. 아무리 좋아하는 일이라도 시간에 쫓기다 보면 스트레스 가득한 버거운 일이 된다.

해야 할 일은 자꾸 지체되는데 끝날 기미가 전혀 보이지 않는 회의에 자리를 지키고 앉아 있다 보면 이게 뭐 하는 짓인가, 하는 한심한 생각만 든다. 왜 사장은 15분 동안이나 나오는 전혀 상관없는 이야기를 하고 있을까? 차라리 이 시간에 내 일에만 집중할 수는 없을까? 나는 이글거리는 석탄처럼 앉아 내 인생의 소중한 시간을 도둑맞고 있다는 생각만 한다. 그렇다, 소중한 시간이 아무렇게나 버려진다. 그럼에도 사장은 능률적으로 일하라며 재촉만 한다. 조정 경기를 예로 들면서 우리더러 업무 처리 속도를 높이라고 핏대를 세운다. 우리는 노를 더 빨리 저어야만 하고, 사장 자신은 노를 젓지 않는 작은 키잡이일 뿐이다. 서둘러라, 시간이 없다! 팀의 협력은 갈수록 악화되기만 한다. 저마다 마감에 쫓기느라 맡은 과제도 다 처리하지 못하기 때문이다. 부지런한 사람의 일 처리마저 제대로 효과를 내지 못하는 바람에 전체 계획은 끊임없이 수정된다. "모든 일이 맞물려 안 좋게 흘러간다"며 사장은 탄식한다. 실수를 바로잡거나 뒤처진 일을 만회하기 위한 시간도 턱없이 부족하다. 이런 상황을 두고 사장은 그저 "신이 그렇게 만들었다"고 주장하는 것만 같다.

신경이 곤두설 대로 곤두선다. 할 일은 쌓여만 가고 이를 따라잡을 시간은 전무하다. 급류에 휩쓸린 동료를 구할 엄두는 나지 않는다. 나부터가 물에 빠져 허덕이고 있다. 늘 어디선가 발생하는 실수 역시 바로잡을 시간이 없다. 그래서 작은 사고에도 전체는 엉망이 된다. 우리는 카오스 한복판에서 살기 시작했다.

물론 우리가 원했던 상황은 아니다. 우리는 평화롭게 일을 마치고 사랑하는 가족의 품으로 돌아가고 싶었을 뿐이다. 그러나 평화는 무슨, 전혀 평화롭지 않다. 동료가 맡은 일을 끝내지 못해 나를 위험에 빠뜨리는 것은 아닐까 전전긍긍할 따름이다. 동료 걱정은 하지 않는다고? 애써 태연한 척할 뿐, 우리는 옆의 동료 때문에 잔뜩 신경을 곤두세운다. 마음에 쌓인 공격성은 호시탐탐 터져 나올 기회만 노린다. 오래전부터 회의는 책임 소재를 따지는 공방의 장으로 변모했다. 이런 다툼은 더욱 더 많은 시간을 잡아먹으며, 팀워크를 망가뜨린다. 다툰 후에 얼굴을 마주 보고 하는 일이 즐거울 수 있을까.

사장은 우리 팀이 성공하지 못했다고 말한다. 단결성 좋은 팀을 만들라고 요구한다. 그러나 우리가 팀을 이루어 할 수 있는 일은 사고 혹은 업무 지연으로 발생한 문제, 혼자서는 서둘러 해결할 수 없는 문제를 처리하는 것뿐이다. 이런 것을 진정한 협력이라 할 수 없다! 전체는 너무 복잡해지고 말았다. 이것이 문제의 본질이다. 우리 대부분이 '내가 이렇게 어리석었나' 하고 자조한다.

과거의 일은 지금처럼 복잡하지 않았다. 간단했다. 모든 것이 대부분 깔끔하게 맞아떨어졌다. 오늘날에는 신경을 녹초로 만드는 갈등이 끊이지 않는다. 우리는 무엇보다 남의 잘못을 뒤집어쓰려 하지 않는다. 책임져야 하는 모든 실수는 다음 연봉 협상과 인사고과에 영향을 주기 때문이다. 불행하게도 모든 일은 다른 모든 일과 맞물린다. 결국 협력은 부자연스러워진다.

일은 점점 더 복잡해질 것이라고 경영학은 오래전부터 우리에게 경고해왔다. 새로운 국제 관계가 지구촌 곳곳에 형성되고, 세계는 서로 영향력을 주고받는다. 예전에는 볼 수 없던 일들이다. 그러나 최근 상명하복의 위계질서를 바라보는 우리의 의구심은 커져만 간다. 사장 역시 갈수록 용기를 잃어가는 모습을 보인다. 그러나 사업가가 용기를 잃어서는 안 되기 때문에, 사장은 늘 상황이 그렇게 나쁘지 않다며 목표를 거뜬히 달성할 수 있을 것이라 말한다. 마치 도전이라는 말로 당면한 문제를 간단히 부정해버리기로 전 세계적인 합의가 이루어진 것만 같다. 예전이라면 이런 부적절한 낙관주의를 퍼뜨리는 사장을 보며 '무슨 허튼수작인가' 하는 생각이 들었을 것이다. 그러나 사업가는 그래야만 한다! 사장은 직원처럼 자판기 앞에서 불평이나 늘어놓고 있을 수 없다. 속내를 쉽게 드러내서는 안 된다. 사장은 똑똑한 사람이지만, 마찬가지로 카오스에 빠지고 말았다. 그리고 이 사실을 부정하려는 탓에 마치 허튼수작을 부리는 것처럼 보일 뿐이다.

　우리 개인은 자신이 맡은 업무를 훌륭하게 해낼 수 있을 만큼 충분히 똑똑하다. 그러나 문제는 각 개인의 성과가 전체적으로 조화를 이루지 못한다는 것이다. 이렇게 요점을 정리해보면 어떨까. 개인일 때 우리는 똑똑하고 강하지만, 팀으로는 오합지졸이다. 우리는 기업으로, 팀으로, 위원회나 정당의 이름으로 활동하며 강제나 강요 없이는 절대 하지 않았을 일을 천연덕스럽게 한다. 우리 두뇌와 심장이 간절히 원하는 것을 억누르려는 어떤 전체가 있는 것만 같다. 그리고 우리는 이 전체에서 활동하는 일부분이다. 우리가 가진 능력의 총합은 우리가 팀을 이루어 달성하는 성과보다 훨씬 더 크다. 사장은 염불이라도 외듯 늘 같은 불평을 되풀이한다. "아, 우리 모두 힘을 모아 한 번쯤 전력을 발휘한다면, 불패의 팀이 될 텐데…." 이 말은 기업, 제도 같은 조직의 능력이 개인의 잠재력에 한참 못 미친다는 말과 다르지 않다. 이따금 정신을 차리고 생각할 때마다 (이를테면 퇴근 후 맥주를 마시면서) 우리가 직장생활을 회의하는 이유가 다른 데 있는 것이 아니다. 복잡함이 우리를 질식시킨다. 오늘날의 전체는 개인 지능의 총합에 미치지 못할 정도로 어리석다.


## 단순해야 한다
### —단순무식이 아닌, 지능적으로!

모든 것이 지금보다 훨씬 더 단순해야 한다! 스마트한 협력 없이 어떻게 화성 탐사선을 만들 수 있을까? 위에서는 왜 자신들이 정한 목표를 도전이라고 할까? 왜 팀워크를 도전 과제라고 하는 걸까? 목표를 향해 출발하기도 전에 모든 문제를 미리 깔아두기라도 했다는 말인가? 그 래놓고 모든 것이 일대 도전이라고 하는 것일까? 도대체 뭐가 그리도 복잡할까?

나는 이 책에서 우리의 잘못으로 빚어진 삶의 복잡함을 다루려 한 다. 어떻게 상황이 이 지경까지 이르게 되었는지 그 원인을 밝히고 단 순한 쪽으로 옮겨가라는 호소로 책을 끝맺을 생각이다. "그저 단순한 쪽"이 아니라 "스마트하게 단순한 쪽"으로! 아마 모두가 상사에게 한 번쯤은 들어본 말이리라. "더 힘들게 일하지 말고 더 스마트하게 일해 라Work smarter, not harder." 아니, 우리 스스로 스마트하게 단순하자는 말 을 가슴에 새겨야 한다. 조직이 더 스마트하게 일하려면 많은 것을 바 꿔야 한다. 무척 많은 것을. 우리는 너무 오랫동안 잘못된 방향으로 걸 어왔으며, 말도 안 되는 불합리한 규제에 시달려왔다. 나는 지나치게 복잡해진 일상 업무가 어떤 모습을 하고 있는지, 있는 그대로 보여줄 생각이다. 그리고 그 바탕에 자리한 바보 같은, 심지어 완전히 잘못되 기까지 한 원인도 찾아보고자 한다.

나는 이 책의 출간을 준비하면서 영감을 얻기 위해 구글에서 웹서 핑을 하며 많은 시간을 보냈다. 그러던 중 올리비아 미첼Olivia Mitchell의 웹사이트에서 어떤 그래프를 하나 발견했다.* 그것을 보는 순간 머릿

---

* 올리비아 미첼은 뉴질랜드 출신의 자칭 '프레젠테이션 트레이너'이다. 자세한 소개는 다음 웹사이 트에서 확인할 수 있다. www.speakingaboutpresenting.com/content/presentation-simplicity

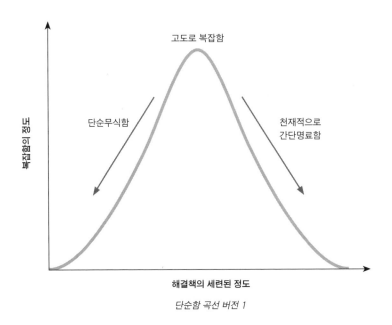

단순함 곡선 버전 1

속에 번쩍 하는 느낌을 받아 바로 모든 일을 중단하고 한동안 생각에 잠겼다. 이 웹사이트를 뜨거운 마음으로 추천한다. 그리고 오랜 생각 끝에 나는 미첼의 직관에 따라 책을 새로 구성하기로 했다. 위의 〈단순함 곡선 버전 1〉 그래프에서 내가 이뤄낸 변화를 확인해보라.

올리비아 미첼은 핵심이 잘 정리된 프레젠테이션이야말로 위대한 기술이라 설명한다. 한 명의 전문가가 가진 모든 지식은 서로 맞물려 상호작용을 일으키며 고도로 복잡한 짜임새를 이룬다. 문외한인 청중이 쉽게 알아들을 수 없는 수준이다. 이때 청중의 이해를 돕기 위해 두 가지 방법을 사용할 수 있다. 복잡함을 확 줄여버리는 단순화가 한 가지 방법이다. 영어의 'dumb down'에 해당하는 것으로, 그 뜻처럼 '평범하게 만들'거나 '수준을 끌어내리'거나 '우둔하게 하는' 것이다. 다른 방법은 복잡함을 도식화하는 사례와 이미지로 누구나 한눈에 이해할 수 있게 '천재적으로 단순화하는 것'이다. 두 가지 모두 청중이 알아듣기 쉽게 복잡한 것을 단순화하는 방법이다. 발표자는 두 방법 가운데 하나를 선택한다. 문제를 초보적인 수준으로 확 끌어내리는 첫 번째 방법은 상대적으로 매우 쉽고 편리하다. 예를 들어 경영자라면 "이제 우리는 유리한 고지를 선점했습니다!"라고 외치거나 정치인이라면 "우리는 꾸준히 지속적으로 실천할 것입니다"라는 등의 상투적인 문구로 어렵고 복잡한 논증을 대신하는 식이다. 하지만 수준이 너무 낮아진 탓에 진부하고 무의미한 이야기가 될 가능성이 높다. 이와 다르게 두 번째 방법을 선택한 발표자는 오랜 시간을 들여 청중의 경험 수준에 맞는 비유와 그림, 상상, 비전, 설득력 높은 사례를 찾아 고민해가며 복잡한 논의의 핵심을 명료하게 정리한다. 이는 청중에게 영감을 주어 적극적인 참여를 이끌어낸다.

업무를 수행하는 개인 역시 두 방법 가운데 하나를 자유롭게 고르면 된다. 별다른 수고를 들이지 않고 '도전 과제'를 슬쩍 비켜가거나, 힘들더라도 성공적인 결과를 이끌어내기 위해 노력한다. 그러나 이를 이루기 위해서는 정말 수고를 아끼지 않아야 한다. 명확성은 가장 힘든 작업을 거쳐야만 얻을 수 있기 때문이다. 모든 위대한 사상가가 명확성이 요구하는 작업의 어려움을 입 모아 동의한다.

그러나 개인이 아닌 조직으로, 하나의 팀으로 '무리'를 이루어 사장에게 선보일 프레젠테이션을 한 시간 안에 짜맞춰야── 많은 기업의 경영을 경험해본 나는 장담할 수 있다. 경영자는 정말 "짜맞추라!"고 말한다── 한다면? "짜맞추라!"라는 말이 상황을 어떻게 몰아가는

지는 누구나 알 것이다. 그렇지 않아도 일상 업무로 정신이 없는 마당에 차분하게 앉아 공 들여 프레젠테이션을 완성하려 하는 사람은 아무도 없다. 1분 1초가 아깝다는 생각에 그 누구도 나서지 않는다. 그러나 프레젠테이션은 해야만 한다. 팀원은 서로의 얼굴만 쳐다본다. 누가 작업을 맡을까? 마법의 주문이 나온다. "회의 한 번 하자." 팀원들은 혼자 준비하지 않아도 된다는 생각에 안도의 한숨을 쉰다. 모두 머리를 맞대고 '짜맞추면' 뭔가 나오겠지. 회의는 한 시간 정도 하기로 했다. 회의 시간이 되자 절반 정도의 팀원만 자리를 채웠다. 나머지는 저마다 "중요한 판매 협상" 또는 "중요한 고객 방문" 건으로 유감스럽게도 나오지 못했다. 덕분에 그들은 비난을 피해 회의에 빠질 수 있게 되었다. (어떤 회의에서든 늘 준비되어 있지 않은) 참석자들은 스트레스 때문에 아무것도 준비하지 않은 상태였다. 결국 지루한 논의 끝에 예전 프레젠테이션 내용을 복사해 붙여넣기로 결정했다.

이런 식으로 무엇을 얻을 수 있을까? 억지로 짜맞추는 일은 항상 미완의 작품만을 내놓을 뿐이다. 높은 수준의 완성도에 절대 이르지 못한다. 저마다 자신의 의견을 끼워넣으려 하기 때문이다. 미국인들은 이런 경우를 두고 "저마다 2센트만 내놓으려 한다!"는 표현을 쓴다. 짜깁기는 피할 수 없는 결과다. 결국 사장은 이런 조잡한 결과물을 밑천으로 삼을 수밖에 없다. 그래픽 전문가를 고용해 멋진 디자인으로 곤궁한 내용을 가리면 별것 아닌 결과물이 그럴싸한 수준을 갖춘 것처럼 보이게 된다. 고작해야 사장의 비서만 이런 왜곡 과정을 어깨너머로 볼 수 있을 뿐이다. 휴, 끝냈다! 빨리 다음 회의로 넘어가자!

정말이지 제대로 된 '스마트'한 프레젠테이션을 완성할 시간은 턱없이 부족하다. 결과는 앞에서 살펴본 그래프 왼쪽의 '단순무식함' 쪽으로 향하며 '고도로 복잡한 것'은 엉성하게 표현될 뿐이다. 팀원들은 서로에게 이만하면 충분하다는 말을 건네며 회의를 끝마친다. "이거면 됐지, 뭘 더 바라. 이 정도면 충분히 통할 거야. 더 나아지게 할 수는 없어. 사장이 어떤 표정을 짓는지 보자고. 고작해야 회의나 한 번 더 하라고 하겠지."

조직의 업무는 개인의 업무와 다르다. 개인은 '단순무식함'과 '천재적으로 간단명료함'을 놓고 자율적으로 선택한다. 그러나 조직에서 '천재적으로 간단명료함'은 절대 기회를 얻지 못한다.

조직 업무의 압박 탓에 단순무식한 것이 탁월한 것을 짓누르는 상황을 나는 이 책에서 '집단 어리석음'이라는 개념으로 다루고자 한다. 분주하게 일을 하며 야근까지 불사하면서도 왜 실질적인 해결책을 얻지 못하는지, 결과는 왜 그렇게 '비효율적'인지, 그 원인을 철저하게 따져보려 한다. 개인은 왜 평소의 훌륭한 실력을 발휘하지 못할까? 왜 모든 것이 그토록 복잡하고 시간은 턱없이 부족할까? 고액 연봉을 받는 경영자는 왜 그저 그런 것을 짜맞추느라 소중한 시간을 낭비할까?

이런 질문들에 답하기 위해 나는 '단순무식함' 대 '천재적으로 간단명료함' 구도를 좀 더 세밀하게 다듬어보려 한다. 〈단순함 곡선 버전 2〉 그래프를 살펴보자. 사실 강렬한 첫 번째 그래프와 달리 단순무식함과 천재성이 그렇게 극적인 대비를 이루지는 않는다.

두 번째 그래프는 두 요건 사이의 중간 지점을 담고 있다. 개발에 어려움이 있는 시제품이 있다고 생각하고 제품 개발을 완료하기까지 다섯 단계를 거쳐야 한다고 가정해보자.

단순함 곡선 버전 2

1. 제품의 첫 번째 버전은 원초적이며 사용 목적도 제한되어 있다. 극복해야 할 초기 단계의 결함이 매우 많다. 그저 짜맞춰놓은 수준이다.

2. 두 번째 버전은 그럭저럭 괜찮다. 다양한 용도로 사용할 수 있다. 그러나 사용법이 복잡하고(시장에 최초로 출시되었던 비디오카메라를 생각해보라), 여전히 결함도 눈에 띈다. 결함 일부는 짜증을 불러일으킬 정도다(시험판 소프트웨어처럼). 복잡함 때문에 이렇게는 못쓰겠다는 생각이 자주 든다. 한마디로 짜증이 난다. 사용자를 고려하지 않은 디자인 역시 정감이 가지 않는다.

3. 세 번째 버전의 제품은 매우 정교해졌다. 상상 가능한 모든 기능을 갖추고 있지만 이 기능을 다 사용하려면 전문가가 되어야 한다. 대다수의 일반 사용자는 전체 기능을 파악하지 못해 기본 기능만 사용한다. 어도비

사의 포토샵 프로그램과 마이크로소프트 사의 문서 편집 프로그램 워드를 생각해보라. 두 소프트웨어는 엄청나게 많은 기능을 갖추고 있지만 사람들은 대부분 프로그램으로 사진을 보거나 간단한 문서작성만 할 뿐이다. 이처럼 사용 범위가 제한되며, 전체 기능을 익히는 데도 시간이 매우 오래 걸린다.

4. 네 번째 버전은 "모든 기능이 하나로 집약된 괴물"이라는 최고의 복잡함을 자랑하면서도 "스마트"하다. 다양한 기능과 함께 사용법도 간단하고, 관리와 수리도 어렵지 않다. 영리하고 똑똑하다. 많은 사람들이 만족해하며 바로 활용한다.

5. 천재적인 간단함은 해야 할 일을 간단하면서도 정확히 수행한다. 누구나 만족감과 행복을 느낀다.


〈단순함 곡선 버전 3〉 그래프는 위의 다섯 과정에서 드러나는 다양한 속성을 모두 담고 있다.

나는 앞서 이 책의 핵심 주제를 '집단 어리석음'이라 밝혔다. 우리 조직과 팀, 회의의 상태가 그래프 왼쪽에 몰려 있다는 서글픈 진실이 바로 집단 어리석음이다. 물론 동료와 상사는 스마트한, 천재적인 해결책을 추구한다는 말을 입에 달고 산다. 하지만 집단으로, 조직으로 무엇인가 짜맞추면 그 결과는 언제나 '정이 가지 않는 간단함(기능 역시 좋지 못함)' 또는 '장황하고 복잡함(기능하지만 사용하기에 지나치게 어려움)' 사이의 어딘가에 위치할 뿐이었다.

우리의 일상은 갈등과 노선 투쟁, 통제, 보고 의무, 기록 의무, 품질 관리와 진행 상황 보고 회의로 얼룩진다. 이런 마당에 어느 누가 고객

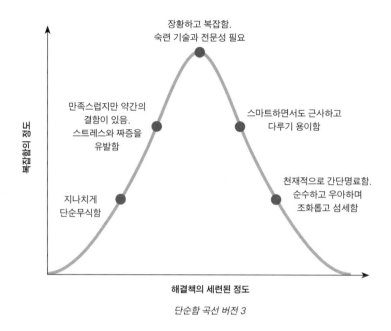

장황하고 복잡함.
숙련 기술과 전문성 필요

만족스럽지만 약간의
결함이 있음.
스트레스와 짜증을
유발함

스마트하면서도 근사하고
다루기 용이함

지나치게
단순무식함

천재적으로 간단명료함.
순수하고 우아하며
조화롭고 섬세함

복잡함의 정도

해결책의 세련된 정도

*단순함 곡선 버전 3*

을 위해 여유와 애정을 가지고 스마트한 것을 기획하겠는가? 설령 그런 사람이 있다 해도 회의 자리에서 당장에 딱 맞는 화끈한 해결책을 원하는 다른 팀원에게 무참히 짓밟힐 뿐이다. "딱 맞는 화끈한"은 경영자와 기자가 즐겨 쓰는 말이다.

바로 이러한 이유에서 나는 약간 우울한 기분으로 이 책을 쓰기 시작했다. 달리 어쩔 도리가 없다. 최근 내 강연을 들은 청중 한 명이 촌평을 했다. 언뜻 비난으로 들릴 수도 있었지만 실제로는 간접적인 칭찬이었다. 그는 차가운 목소리로 내 말투가 꼭 "외과의사" 같다고 했다. 내 짐작이긴 하지만 그는 내가 문제를 지나치게 냉철하게 바라보고 가차 없이 해결하려 한다는 말을 전하고 싶었던 것 같다. 그렇다. 그것이 바로 내가 원하는 바다. 나는 흥분하지도 않고, 욕도 하지 않는다. 그저 감정 없이 모든 것을 바라보고, 보여준다. 결과가 매우 회의적일 때에는 물론 나도 감정에 사로잡히곤 하지만 말이다.


## 조직의 동상이몽
— 부분만으로는 탁월함을 이해할 수 없다

### 코끼리란 무엇인가? '장님 코끼리 만지기' 문제

왜 기업은 고객의 말을 귀담아듣지 않을까? 왜 경영자는 직원의 말을 무시하기만 할까? 왜 직원은 상사의 말이라면 거부감부터 가질까? 모두가 전체를 보지 못하고 부분에만 집착하기 때문이다. 저마다 다른 부분을 보는 탓에 협력 자체가 근본적으로 불가능하다. 만약 모두가 거대한 전체를 바라본다면, 공동 접근이 가능하리라. 그러면 함께 머리를 맞대고 스마트한 것, 심지어 천재적인 작품까지도 어렵지 않게 만들 수 있다. 오늘날 흔히 말하는 '집단 지성'의 기회가 주어지는 셈이다. 그러나 모두가 전체를 보지 못하고 각자의 관점만 고집하며 싸우는 탓에 집단 어리석음이 생겨난다. 다음 몇 가지 비유와 사례를 통해 집단 어리석음을 좀 더 깊이 이해할 수 있을 것이다.

다음은 미국의 시인 존 고드프리 색스John Godfrey Saxe, 1816~1887의 고전 시이다. 색스는 인도의 설화 〈여섯 맹인과 코끼리〉를 소재로 시를 지어 세상에 알렸다.

여섯 명의 맹인이 한 마리의 코끼리를 둘러싸고 대체 코끼리라는 것이 무엇인지 묻는다. 물론 여섯 명 모두 아무것도 보지 못한다. 한 사람은 코끼리가 벽이라고 하는가 하면, 다른 사람은 뱀이라, 또 다른 사람은 창이라 말한다. 시는 이렇게 시작한다.

> 힌두스탄 남자 여섯 명이 있었네.
> 좀 더 많이 배우고 싶었던 그들은
> 코끼리를 보러 갔다네.
> (비록 모두 맹인이었으나)
> 저마다 자신이 관찰한 것으로
> 흡족한 마음을 가졌네.

그리고 아래와 같은 경구로 끝을 맺는다.

> 신학자들의 다툼이 흔히 그러하듯
> 저마다 자기가 이겼다고 믿네.
> 귀를 틀어막고 무시하며
> 타인의 의견을 짓밟으며
> 코끼리가 무어라 떠벌리지만
> 누구도 보지 못했다네!

이 경구에서 시인은 종교를 지목한다. 각기 다른 종교를 가진 신학자는 맹인과 다르지 않다는 지적이다. 신학자들은 저마다의 관점으로 신이 어떤 존재인지 안다고 말하지만, 사실 신을 본 신학자는 아무도 없다. 다시 말해 우리는 누구도 알지 못하는 거대한 전체를 저마다의

코끼리를 더듬는 맹인들

방식으로 짐작하고 추측해 말할 뿐이다.

　나는 대기업에서 프레젠테이션을 할 때마다 이 시를 경고의 의미로 인용하곤 했다. 특히 IBM에 근무할 때 자주 인용했다. 그때마다 시의 내용은 상황에 맞게 달리 응용되었다. 이를테면 나는 이런 질문을 던진다. "IBM이 뭔가요?" 물론 다양한 답이 돌아온다. 모두 부분만을 보고 하는 대답이다. "IBM은 컴퓨터 제조업체다!" "IBM은 칩 생산업체다!" "IBM은 소프트웨어 개발업체다!" "IBM은 서비스 기업이다!" "IBM은 컨설팅 기업이다!" "IBM은 연구와 혁신이다!" 그러면 나는 모두 전체로서의 IBM이 무엇인지 모르고 하는 대답이라 말하면서 자신의 영역에만 집착하는 생각, 이른바 '영역 사고'의 한계를 지적한다. 이런 비유는 모든 대기업과 심지어 중소기업에도 얼마든지 적용할 수 있다. 어떤 특정 영역(부서)의 경영자와 직원은 다른 영역에 신경을 쓰지 못한다. 잘 알지도 못하는데 무슨 신경을 어떻게 쓸까. 결국 전체를 아는 사람은 없다. 최고 경영진은 모든 직원에게 제발 전체에 집중해달라고 호소하지만 이는 그 어떤 반향도 끌어내지 못한다. 예나 지금이나 상황은 마찬가지다. 직원들은 전체를 잘 알지 못한다. 오로지 일부, 특히 자신이 담당하는 영역만 알고 있을 뿐이다. 기업은 대개 인사, 법무, 연구 개발, 생산, 판매 영업 부서 등으로 구성된다. 각 부서는 맹인처럼 회사 전체를 둘러싸고 손을 더듬거릴 뿐이다. 그저 자신의 부서에서 보고 느끼는 것으로 전체를 희미하게 그릴 뿐이다. 저마다 전체를 다르게 이해하고 파악하는 마당에 진정한 협력이 과연 가능할까?

물론 기업 전체를 조망하며 이해하는 개인도 존재한다. 그러나 안타깝게도 이런 개인은 회의에서 절대 힘을 발휘하지 못한다. 회의에서는 각자 자신의 부서만 우선시하며 다른 부서에는 적대감을 가지는 분위기가 형성되기 때문이다. 실로 집단 어리석음이 자라날 수밖에 없는 환경이다. 나는 이 책을 통해 이런 분위기를 확실히 보여주고자 한다.

## 부분에 사로잡힌 맹인은 탁월함을 알 수 없다

나는 내 아이들에게 항상 "성적이 좋으면 그만큼 더 놀 수 있다"고 말한다. 반드시 1등을 해야 한다는 말이 아니다. 1등을 하려면 공부에만 매달려야 할 게 아닌가. '수'가 아니라 '우' 정도면 충분하다. 최소한의 노력만 해도 '우'는 얼마든지 받을 수 있다. 그렇다! 조금만 신경 써서 수업 내용을 충실히 소화하고 배운 것을 전체적으로 이해하는 자세만 갖춘다면 '우' 정도의 성적을 받기란 결코 어려운 일이 아니다. 내 말은 정말 이해해야 한다는 뜻이다. 달달 외우거나 베끼라는 말이 아니다. 전체 맥락을 이해한다면 방과 후 숙제는 간단히 해결된다. 숙제를 끝내면 아이답게 나가서 놀거나 스마트폰 게임을 해도 좋다. 해야 할 일을 소홀히 하지 않기 때문에 누구도 불평하지 않는다! 부모도 교사도 만족한다. 아이는 신나게 뛰어노느라 조금은 늦게 잠자리에 들어도 좋다. 세상은 아름답다!

그러나 아이가 전체를 이해하지 못하고 부분만 외워 '미' 이하의 성적을 받아 힘겨워하게 되면 생활은 매우 피곤해진다. 부모도 교사도 꾸지람만 일삼는다. 과외 수업으로 시간과 돈도 만만찮게 들어간다. 방과 후에도 놀지 못하는 탓에 아이의 마음은 지치기만 한다. 그럼에도 성적이 나아지지 않으면 부모와 교사는 더 호되게 꾸짖는다. 아이는 용돈도 받지 못하고, 놀 수도 없다. 스마트폰만 보아도 게임할 생각만 한다고 꾸지람을 듣는다. 이런 아이의 세계는 아름다울 수 없다!

왜 많은 기업이 어중간한 '미' 정도의 성적으로 힘들어할까? 어리석을 정도로 단순하지 않으며, 충분히 괜찮은 경우도 찾아보기 힘들다. 직원은 목표 의식을 잃고 헤매기 일쑤라 위로부터 '과외 수업'을 받는다. 업무 진행 상황을 확인하는 감사가 끊이지 않는다. 공개적인 비판과 비난이 쉴 틈 없이 쏟아진다. 이런 상황에 누구도 만족하지 못한다. 깔끔한 일처리가 결코 어려운 것이 아니며 평범한 사람이라면 얼마든지 감당할 수 있다면, 왜 직원들은 그렇게 하지 못할까?

내 경험으로 미루어볼 때 답은 확실하다. 성적이 나쁜 학생과 평범한 직원은 무엇이 좋은 것인지 알지 못한다. 영어 공부에 비유하자면, 이해하지 못하고 그저 기계적으로 단어만 외우는 식이다. 이해 없이 공식과 매뉴얼에만 매달린다. 평범한 직원은 고객을 매뉴얼대로만 응대한다. 다시 말해 고객을 전혀 이해하지 못한다. 지시에만 충실할 뿐, 자율적으로 결정을 내리는 일이 없다. 깔끔하고 탁월한 업무 처리가 무엇인지 모르는 탓에 매 단계 지시만 기다린다. 코끼리를 둘러싼 맹인처럼 전체를 이해하지 못하고 현재 만질 수 있는 부분에만 집착한다. 그래서 큰 그림을 볼 수도, 만들 수도 없고 장기적인 안목으로 미래를 준비하지도 못한다.

지능과는 전혀 상관없는 이야기다. 지능을 들먹이는 변명은 깨끗이 무시하자. 지능지수가 높든 낮든 아이는 관심이 있는 일이면 무엇이든 쉽게 이해한다! 놀랄 만한 성과를 얻는 이유가 따로 있는 것이 아니다. 그러나 안타깝게도 아이는 수업과 선생님들에 큰 관심이 없다. 그날의 수업 주제가 아무리 흥미롭더라도 전체 수업 내용을 이해하지 못하기 때문이다. 부분적인 성과에만 집착할 뿐 전체 흐름을 짚어주지 못하는 교사가 아이의 마음을 사로잡지 못하는 것은 당연한 일이다. 유감스럽게도 경영자는 업무가 직원의 영혼을 움직여 일을 물 흐르듯 처리하게 하는지에 대해서는 전혀 관심을 갖지 않는다. 오로지 목표 달성만 재촉할 뿐이다. 이처럼 무관심과 불만이 가득 찬 상태에서는 직원은 사업 전반의 주요 흐름이나 핵심 원리를 전혀 이해하지 못한다. 그래서 정량적 성과에 매달리지만 이마저도 완전히 이루기 힘들다. 내용을 파악하지 못한 채 외적인 것에만 집착하는 탓에 일의 앞뒤가 맞아떨어지지 않기 때문이다. "네 일을 사랑하라, 그러면 좋아질 것이다." 자신의 일을 사랑하지 못하는 사람은 어떤 식으로든 외적인 성과만 올리려 한다. 그러나 열정 어린 애정이 없는 탓에 성과마저도 기계적이다. 스마트하지 않다!

나는 지금 '교사 때리기' 혹은 '경영자 때리기'를 하고 있는 셈이다. 말하자면 해당 직업군을 '디스dis'한다고 할까. 그렇지만 나는 오로지 전체로서의 집단을 비난할 뿐, 집단의 구성원을 디스하지 않았다. 이 책은 시종일관 집단을 다룬다. 개인으로서 훌륭한 교사나 경영인을 흠잡을 생각은 없다. 나는 다만 현재 우리 사회가 어떤 상태인지, 특히 지나칠 정도로 속도만 강조하는 집단이 어떻게 되는지를 설명하고 싶을 뿐이다. 오늘날의 우리 사회와 집단은 부분에만 집착하다 전체를 보지 못하는 맹인과 같다. 그리고 이러한 사회 또는 집단은 비난받아 마땅한 식으로 행동한다.

## 맹인들의 회의—성탄절 파티 사례

이제 다시 전형적인 혼란 상황을 살펴보자. 물론 이 상황에서도 개인들은 자신의 할 일을 파악한다. 그러나 집단은 오로지 부서의 이해관계에만 집착하며 전체적으로 달성해야 할 최종 목표가 무엇인지 전혀 파악하지 못한다. 이 혼란스런 회의에 참여한다고 가정하고 놀라운 집단 어리석음을 함께 경험해보자.

"이번 회의에서 성탄절 파티를 하기로 결정했습니다. 물론 당연한 이야기이겠지만, 아주 근사한 파티가 되었으면 합니다. 그래서 이 기회를 좀 다르게 활용하면 어떨까 하는데…. 성탄절 파티라고 성탄절만 기념할 이유는 없잖습니까? 그러니까 이번 성탄절 파티에서는 올해의 최고 직원을 선정해 사장님이 시상을 하는 자리를 마련하는 겁니다. 시상식을 따로 해도 되지만 그렇게 하기에는 시간이 너무 오래 걸리고, 별도의 시상식을 따로 준비할 시간도 없을 테니 그냥 성탄절 파티를 활용하자고요. 그럼 한꺼번에 해치울 수 있잖아요. 파티 일정은 가능하면 성탄절과 가까운 날로 잡읍시다. 먼저 확정해야 하는 건 사장님의 시상식 참여 여부인데…, 사장님이 직접 시상하는 게 좋을까요, 아니면 임원이 대신 시상하는 게 나을까요?"

"알겠어요, 그럼 파티 계획을 짜볼까요?"

"그런데 최고 직원 선발 기준은 뭡니까?"

"잠깐만요! 지금 중요한 건 성탄절 파티가 아닙니까? 먼저 파티 계획에 집중하자고요! 시상식은 별개로 준비해야 하는 거 아닐까요? 초점을 흐리지 맙시다."

"먼저 몇 명을 선발해야 하는데요? 또 정확히 누구를 뽑아야 하죠? 이건 그저 진탕 먹고 마시는 파티보다 훨씬 어려운 문제인 것 같네요. 빨리 와인이랑 음식 구입 계획이나 짭시다! 그 정도는 우리가 결정할 수 있잖아요? 그리고 상식적으로 최고의 직원은 월급을 가장 많이 받는 사람 아닌가요? 그렇지 않다면 연봉 체계라는 건 정말 부당한 거죠. 그런데 연봉 서열에 따라 최고의 직원을 선발하기도 어렵겠네요. 각자의 연봉은 비밀이니까."

"맞아요, 쓸데없는 짓 하지 맙시다. 우리 회사만큼 연봉 체계 부당한 데가 어디 있겠어요. 최소한 파티만큼은 모두에게 공평해야 하는 거 아닐까요? 그리고 가능한 한 여자가 많이 참석해야 됩니다. 그래야 파티 분위기가 좀 살아나지 않겠어요? 적어도 여성 직원은 참석을 의무화하자고요."

"맞아요, 또 모든 부서의 참석 비율도 정해야 합니다. 그런데 지금 부서장들이 전부 참석하지 않아서 이건 우리끼리 결정하기가 힘들겠어요."

"잠깐만, 조용히 해봐요. 우리 부장한테 전화가 왔습니다. (……) 성탄절 파티랑 시상식 문제로 회의하고 있다고 했더니 깜짝 놀라네요. 자기도 없는데 무슨 성탄절 파티 계획이냐고. 기분 나쁘답니다. 그리고 최고의 직원을 추천할 생각도 전혀 없다고 하네요. 프로젝트 결과도 엉망이고 목표 달성도 못한 마당에 무슨 최고의 직원이냐고…. 그래도 분위기를 좀 띄워야 하지 않겠느냐고 했더니 자긴 그런 것 관심 없다네요. 회사 일이 제일 중요하다나. 그리고 앞으로 또 자기한테 알리지도 않고 회의하면 가만있지 않겠대요. 자기가 꼭 참석해야 한다는 걸 우리가 깨닫도록 이번 회의 결과는 무시할 거랍니다. 화를 내며 전화를 끊더라고요."

"이봐요, 나도 말 좀 합시다. 확실히 말해두는데 연말에 상을 받을 최고 직원이 있다면 그중 한 명은 분명 접니다. 그런데 솔직히 후보로 지목받고 싶지 않네요. 가뜩이나 일할 시간도 부족한데 이러다 목표를 달성하지 못할까 봐 불안합니다."

"그럼 이번 분기 결산 직후에 다시 회의를 하는 건 어떨까요? 그러면 다음 분기에 부족한 성과를 만회할 시간이 있잖아요."

"아이고 머리야. 우리 성탄절 파티 계획 짜기로 한 거 아니었어요? 그리고 파티에는 직원이면 누구나 올 수 있는 거고요."

"하하, 방금 저 친구가 한 말 들었어요? 성탄절 파티에 모든 직원이 온다고요? 어이가 없네요. 실력 있는 직원은 파티 따위에 신경 쓸 시간이 없습니다. 그저 건들건들 빈둥거리는 직원만 와서 먹고 마시며 놀지 정작 최고 직원은 연말 보고서 스트레스 때문에 성탄절 파티마저 신년 파티로 미룬다고요."

"뭐요? 지금 무슨 소리들을 하는 겁니까? 성탄절 파티를 신년 파티로 미뤄? 이보세요, 성탄절은 성탄절이지. 시상식은 무슨 빌어먹을. 그래요, 빈둥거리는 우리나 성탄 파티를 즐겨보자고요. 당신 실력자들은 다른 데 가서 놀던지 하세요!"

"시상식이랑 파티를 따로 하면 와인, 음식 경비가 배로 들 텐데. 한꺼번에 해치우면 돈도 절약되고 좋잖아요. 거기다 올해는 이사회에서 와인을 사주기로 했다고요."

"어이구, 뭐가 이렇게 복잡해졌습니까? 뭐가 더 중요한 거죠? 파티? 시상식?"

"당연히 시상식이죠. 내 말을 좀 끝까지 들어봐요. 중요한 건 말이죠, 지금 최고 직원을 선발하는 게 무슨 의미가 있냐는 겁니다. 그렇잖아도 올해는 적자가 엄청난데. 이런 마당에 최고 직원 시상식으로 하루를 허비해야 한다고요?"

"맞는 말이에요. 내 생각엔 차라리 젊은 신입 사원 중 한 명에게 인기상을 주는 게 좋겠어요. 그럼 예산도 싸게 먹히고, '우리의 미래입니다!' 이런 구호도 쓰면서 말이에요. 어때요, 좋지 않아요? 기업 홍보 모델로도 활용할 수 있지 않을까요."

"젊다는 기준이 뭔데요? 홍보에 적합한 인물인지에 대한 기준은? 이사회는 항상 명확한 기준을 원합니다. 그래야 공평하니까요."

"우리 지금 회의하는 거 맞아요? 갈수록 얘기가 꼬이는 것 같은데…."

"너무 서두르지 맙시다. 좀 복잡해지긴 했지만, 성탄 파티라는 게 간단한 일이 아니잖아요. 아무래도 우리 스무 명으로 결정 내리기는 무리인 것 같은데, 회의 참석자 범위를 크게 넓혀서 수상 기준과 시상 비용을 마련할 위원회를 만듭시다. 목표는 아주 간단하니까요, 안 그래요? 그럼 거수로 표결합시다. 회의를 연기하고 참석자 범위를 확장하는 데 찬성하는 직원 손 들어 주세요. 음, 만장일치네. 추가 질문 있습니까? 아, 거기, 짧게 부탁해요."

"회의 규모를 키우면 업무는 어떻게 합니까? 그럼 인력 손실도 만만찮을 텐데. 이러다 파티 참석자보다 더 많은 인원을 데리고 회의를 하게 될지도 모르겠네요."

"이보세요, 이게 우리 일이거든요! 리더십을 좀 키우자고요. 그래서 우리가 연봉을 더 받는 거잖아요!"

이것이 바로 오늘날 회의의 현주소다. 정말 어리석을 정도로 복잡하다. 규칙과 형식만 따지느라 흐름을 파악할 수 없을 정도로 혼란스러우며, 근사한 결과는 전혀 기대할 수 없다. 누구도 전체를 가늠하지 않는다. 도대체 누가 뭘 원하는 것인지도 불확실하다. '파티 계획'이라는 비교적 단순한 사안은 각 부서의 이기적인 의견 다툼으로 한 걸음도 나아가지 못한다. "누가 언제까지 무엇을 해야 하는가?", "비용은 누가 부담하는가?", "누구에게 이득이 되는가?" 등의 개별적인 사안이 성과보다 훨씬 더 중요하게 간주된다. 성탄절 파티를 계획하는 것이 도대체 왜 이렇게 어려운 것일까? 그저 기쁜 마음으로 집중한다면 간단하게 해결될 일이 아닌가? 그럼에도 앞의 사례는 조금도 진전을 보이지 못한다. 조직 분위기가 워낙 나빠 직원들은 서로를 적대시한다.

다툼은 피할 수 없는 수순이다. 성탄절은 점점 가까워지고, 결국 시간이 부족하다는 이유로 파티는 취소되고 직원들에게 카드나 보내자는 결정이 내려진다. 정말이지 어리석을 정도로 단순하고, 기가 막힐 정도로 어처구니없는 결과다.

기업이 어떤 문제에 대해 늘 조잡한 방식으로 접근하는 탓에 이같은 어이없는 어리석음은 계속해서 반복된다. 앞으로도 여러 사례를 통해 이를 확인하게 될 것이다.

## 개미, 가속화 사고와 비례 척도화 사고

경영학의 어리석기 짝이 없는 이론은 흔히 성장Scaling, 즉 '생산 규모의 확대'를 무턱대고 찬양한다. 대량생산만이 최선이라는 믿음 때문이다. 물론 1백 개가 아닌 1백만 개를 생산한다면 노동력을 좀 더 효율적으로 활용할 수 있다. 개당 원가 등 경비도 절약된다. 이는 분명한 사실이다. 그래서 경영자는 대량생산을 선호한다. 하지만 유감스럽게도 수학 논리가 현실에서 그대로 통하는 것은 아니다. 생산량만 늘리는 대량생산 체제에서 노동자들은 서로를 개인적으로 전혀 알지 못한다. 전체를 아는 차원에서만 모든 갈등과 다툼과 문제를 관리할 수 있다. 벨트컨베이어에서 작은 사고가 발생한다거나 노동자가 누군가에게 알리지 않고 화장실이라도 간다면 전체 생산과정이 중단될 수 있다. 그만큼 생산과정의 전체 구조를 치밀하고 정교하게 구성해야 하며, 극도로 정밀하게 관리해야 한다. 대량생산을 통해 비용을 크게 절감시킬 수 있다는 말이 틀린 것은 아니지만 경영자가 흔히 생각하는 것처럼 그렇게 단순한 문제가 아니다. 규모가 커지면 수치로 표현된 생산관계가 왜곡된다는 사실을 아는 경영자는 많지 않다. 사람들은 규모를 열 배로 키우면 전체도 열 배 커질 것이라 생각한다.

영화 〈타란튤라Tarantula〉와 〈킹콩King Kong〉을 본 적 있는가? 두 영화에는 우리가 아는 것보다 훨씬 더 큰 거미와 고릴라가 등장한다! 〈킹콩〉을 보았다면 평범한 고릴라보다 열 배는 더 큰 고릴라를 쉽게 떠올릴 수 있을 것이다.

그러나 그런 고릴라는 존재할 수 없다. 크기를 열 배 늘렸다면 그 부피는 천 배 이상으로 늘어났을 것이기 때문이다! 물체의 부피는 세제곱으로 측정된다. 예를 들어 한 변의 길이가 1인 정육면체 주사위의 부피는 "1×1×1"로 그 값은 1이다. 주사위 한 변의 길이를 10으로 늘린다면 그 부피는 "10×10×10", 즉 1,000이다. 다시 말해 고릴라를 열 배로 확대해 킹콩으로 만든다면, ── 부피와 무게가 비례해서 증가한다는 가정하에 ── 체중은 천 배가 된다. 이런 비율을 생각하면 킹콩은 자신의 몸을 지탱할 수 없다. 커다란 몸은 훨씬 더 강한 다리를 필요로 한다. 코끼리와 공룡 티라노사우루스 렉스를 보라.

이런 수학 논리를 현실의 기업에 그대로 적용할 수 있을까? 경영자는 매출을 세 배 혹은 네 배로 늘리고 싶어 한다. 그러나 '다리'가 지탱하지 못할 것이라는 생각은 조금도 하지 못한다. 생산 속도를 높일 때에도 같은 문제가 발생한다는 사실을 아는 기업가는 거의 없다.

예를 들어보자. 정직하고 부지런하며 의지가 굳은 직원을 높이 평가하는 경영자는 대개 개미를 찬양해 마지않는다. 동기부여를 위한 열정적인 연설에서 경영자는 매끄럽게 돌아가는 기업을 개미 왕국에 비유한다. 개미 왕국은 놀라울 정도로 완벽한 조직이라는 찬사도 곁들인다. 그렇다. 개미는 언제 무엇을 어떻게 해야 하는지를 정확히 알고 있다. 개미는 조직을 이루어 활동한다. 개미는 분명 '부지런하며' 적극적이다. (영어에서는 이를 '산업적industrious'이라고 표현한다!) 햇살 아래서 단 몇 분이라도 뒹굴며 여유를 부리는 '한가한' 개미를 본 적 있는가? 그만큼 개미는 겉으로 보기에도 끊임없이 일한다. 개미의 작은 머리 안에는 어떤 복잡한 프로그램이 들어 있는 것 같지 않다. 그저 단순한 로봇처럼 프로그래밍되어 있는 것 같다. 그럼에도 그들의 움직임은 매우 정교해 놀라울 만한 일을 하나의 팀으로 거뜬히 해치운다. 최근 몇 년간 유행한 '집단 지성'의 살아 있는 사례처럼 보인다. 대체 우리는 개미의 어떤 점에 열광하는 것일까? 우리는 왜 개미굴 근처에 서서 바삐 오가는 개미들을 바라보며 경탄을 아끼지 않는 것일까? 답은 간단하다. 개미 왕국의 천재적인 단순함은 우리를 능가한다는 인상을 심어주기 때문이다. 우리는 신이 창조한 자연의 위대함에 넋을 잃는다.

이런 상황을 상상해보자. 가속화와 효율 경영의 홍보대사로 새롭게 임명된 개미가 지금 연단으로 올라온다. 홍보대사 개미는 효율과 능률을 강조하며 일개미들에게 이전보다 더 많은 먹이를 모아오도록 독려한다. 어떻게 하면 단순하면서도 놀라운 실력을 가진 일개미들을 더 뛰어난 능력을 가진 팀으로 교육할 수 있을까?

"개미들아, 이제 너희는 예전보다 매년 10%씩 더 많은 먹이를 모아와야만 한다."

"그렇지만 이미 있는 것은 전부 가져왔는데요. 더는 없습니다."

"그럼 지금보다 작업 범위를 훨씬 더 넓혀야겠지."

"작업 거리를 더 늘리면 그만큼 더 식량 소비가 늘어나 결과적으로 마찬가지가 됩니다."

"너희 모두가 초과 거리를 나누면 되잖아."

"그렇게 먼 거리에서 먹이를 나를 수는 없습니다."

"그럼 교대 근무 조를 짜고 담당 영역을 정하자. 중간에 먹이를 넘겨주는 지점을 정하고 전달이 제대로 이루어지는지 통제하면 되잖아. 그러니까 공간적으로 외곽 띠와 내부 띠를 나누는 거야."

"굴과 가까운 내부 띠의 개미보다 외곽 띠의 일개미들이 일을 너무 많이 하게 되지 않을까요?"

"거리를 측정하고 비교해보자고. 모든 일개미의 작업 성적을 평가하고 순위를 매기는 거야. 다른 개미보다 초과 거리를 더 많이 소화하면 상도 주고."

"그럼 다툼이 끊이지 않을 텐데요. 작업한 먹이를 놓고 개미들이 서로 싸우지 않겠습니까?"

"싸움은 금지야."

"어떻게요?"

"외곽 띠에 경찰 개미를 두고 감독하게 하자고."

이런 식이다. 이제 개미들은 광기에 사로잡힌다. 바로 감시의 눈길을 번뜩이며 어떻게든 실적을 올리려 안간힘을 써야만 한다. 이전보다 더 먼 거리를 오가야 하며, 경찰 개미로 빠져나간 노동력 때문에 일거리까지 몇 배로 늘어난다.

도대체 이게 무슨 일일까? 속도를 끌어올리고 성과를 높이느라 평소의 단순했던 업무는 극적으로 변화한다. 더 빨리, 더 많이, 더 정확하게 일해야 한다는 압박 탓에 스트레스는 말할 수 없이 커진다. 스트레스 때문에 실수가 늘어나 성과는 더 나빠진다. 실수를 만회할 시간도 없다. 팀 전체가 그저 더 바삐 일하는 바람에 분위기는 최악으로 치닫는다. 예전 같았으면 우수한 성과를 올렸을 개미는 극심한 스트레스 탓에 '미'에도 미치지 못하는 성적으로 허덕인다.

경영자는 직원들이 그저 좀 더 노력하고 속도를 끌어올리기만 하면, 그 유명한 '초과 근무'만 하면 모든 문제가 해결될 것이라 생각한다. 그러나 속도를 높이게 되면 그만큼 다른 요구도 늘어난다. 개미, 곧 직원이 이 높아진 요구를 감당할 수 있을까? 나는 어디에서도 이런 의문이 제기되었다는 소리를 들어보지 못했다. 대부분의 경영진은 그저 속도를 끌어올리며 "사정이 나아질 것"이라는 막연한 기대만 품는다. 그러나 이런 기대는 언제나 수포로 돌아갈 뿐이다. 이후에는 통제와 감독이 쏟아지며 처벌로 이어진다. 참으로 끔찍한 대혼란의 상황이다.

어떻게 하면 이런 혼란을 막을 수 있을까? 빠르고 정교한 개미 왕국을 꿈꿨던 기대는 물거품이 되고 조직은 곧 복잡함에 빠져 익사하고 만다. 천재적인 단순함은 '효율 경영'으로 복잡해지고 말았다. 앞서 보았던 그래프의 '천재적인 간단명료함'을 자랑하던 개미 왕국은 뒤죽박죽 복잡한 상태로 퇴보하고 말았다. 이럴 때 쓰는 영어 표현이 있다. "승리하는 팀을 절대 바꾸지 마라Never change a winning team!" 정보통신, 즉 컴퓨터 공학 분야에서는 이렇게 말한다. "통하는 시스템을 절대 바꾸지 마라Never change a running system." 단순함을 자랑하는, 또는 매우 안정적으로 작동하는 컴퓨터 시스템을 구축하기란 정말이지 어렵다. 그러니까 문제없이 작동하는 시스템은 바꾸지 않는 것이 최선이다. 기적과도 같은 개미 왕국이 '효율 경영'으로 망가져버리는 것처럼, 불필요한 변화는 경우에 따라 컴퓨터의 단순함 혹은 스마트함을 엉망으로 만든다. 단순하게 모든 것을 두 배로 늘리거나 더 빠르게 할 수는 없다. 전체를 키우거나 축소하게 되면, 다시 말해 속도를 높이거나 늦추게 되면, 경우에 따라서는 (전혀) 다른 전체가 될 수 있음을 명심해야 한다. 새로운 전체가 안정적으로 자리 잡는 일은 매우 드물다. 더욱이 집단 혹은 대중은 새로운 전체가 무엇일지 전혀 알지 못한다. 탁월한 기업은 항상 "무엇이 코끼리인가?" 하는 질문을 놓고 거듭 토론을 벌여야 한다. "더 크고 더 빠른 코끼리란 무엇일까? 그런 코끼리는 대체 어떤 모습일까?"


## 집단 지성과 집단 어리석음의 경계

나는 앞서 여러 차례 '집단 어리석음'이라는 말을 사용했다. '집단 지성'이라는 개념은 독자 여러분이 다들 알고 있을 것이라고 생각해 따로 설명하지 않았다. 지금까지는 조직이 어떻게 일을 그르치는지 몇 가지 예를 들어가며 살폈다. 그러나 조직이 개인보다 더 똑똑할 수도 있지 않을까?

최근 도처에서 새로운 집단 지성의 찬가가 들려온다. 집단 지성을 둘러싼 새로운 전설이 생길 정도다. 사람들은 온라인 커뮤니티의 놀라운 실력을 찬양하며, 디자인 씽킹Design Thinking이 가지는 풍부한 가능성에 열광한다. 많은 사람들이 '오픈 이노베이션Open Innovation'을 꿈꾼다.

집단 지성을 향한 찬가는 이런 식이다. "개인으로는 불가능한 것을 팀으로는 이룰 수 있다! 팀은 다양한 재능을 가진 팀원들로 구성되어 개인으로는 엄두도 내지 못할 실력을 자랑한다. 팀은 개인들의 합 이상으로 성장할 수 있으며, 개인들의 총합보다 훨씬 더 큰 가치를 가진다. 팀이 집단 지성을 이룬다!"

이 책의 핵심 주제이기도 한 '집단 어리석음'은 '집단 지성'이라는 유행어로부터 만들어낸 것이다. 집단 지성이라는 개념은 인터넷 세계에서 비롯되었다. 인터넷에서는 서로 전혀 몰랐던 사람들이 세계적으로 네트워크를 이루어 문제의 해결책을 찾아낸다. 사람들은 인터넷 검색을 통해 함께 힘을 모아 이른바 '오픈소스 소프트웨어OpenSource-Software'를 개발해내거나, 독재자를 무너뜨리기도 했다. 문제가 무엇이든 인터넷에서는 누군가 답을 찾아낸다. 다른 한편으로 우리는 모두 클릭 한 번으로 해결책 모색을 거든다. 언제 어디서라도 누군가 문제 해결에 기여한다. 소속 지역이나 자신의 책상에서는 알 수 없었던 것이라도 세계는 그것이 무엇인지 안다.

그래서 미래를 꿈꾸는 많은 선구자가 '집합 지성'에 열광한다. 집합 지성은 집단 지성을 달리 부르는 표현이다. 집합 지성은 인터넷이라는 매체를 통해 매우 간편하고 간단하게 활력을 얻는다는 강점을 가진다. 온라인 백과사전 위키피디아Wikipedia는 이런 구호를 내건다. "인터넷은 그 어느 때에도 볼 수 없었던 간편함을 선물한다. 세계 곳곳에 분산된 인간의 지식은 인터넷으로 모여 집합 지성으로 활용된다." 즉 개인의 지성으로부터 '대중 지성'이 발현될 수 있다는 기대의 표현이 집합 지성이다.

　그러나 이런 기대는 과정이 가진 결정적인 결함을 놓치고 말았다! 지금까지 많은 설명과 사례를 읽으며 나의 논리를 잘 따라온 독자라면 그 결함이 무엇인지 바로 알아챘을 것이다. 집단 지성으로 어떤 문제를 해결하고자 한다면 각종 인터넷 포럼이나 구글에 등록된 친구들, 혹은 트위터 팔로워나 페이스북 친구들 가운데 그 문제를 해결하는 데 열정적으로 참여하고자 하는 사람을 먼저 찾아야 한다. 말하자면 기쁨과 즐거움만으로 문제 해결에 협력할 사람들을 모아 하나의 팀을 구성해야 한다. 참여를 원하지 않는 사람은 빠진다. 나중에라도 함께하고 싶은 사람은 언제든지 합류할 수 있다. 이것이 인터넷 세계의 법칙이다. 즉 구성원이 계속 변경되는 마니아 무리가 문제 해결을 위해 달려든다. 그러나 이런 식으로는 결코, 다시 한 번 강조하지만 결단코 대중 지성이 생겨나지 않는다. 대신 특정한 목적을 가지고 자발적으로 뭉친 특수한 팀의 지성이 일어난다. 이 팀에서는 누구도 부수적인 이해관계를 가지지 않으며, 어떤 사람도 개인으로 부각되기를 원하지 않는다. 오로지 서로 문제의 해결책을 찾는 일만을 순전한 기쁨으로 여긴다. 모두에게 공평하게 돌아가는 이득이 있다면, 세계 곳곳에 있는 전문가와 친구를 동료로 얻게 된다는 것과 새로운 것을 배우고 자신도 문제 해결에 한몫 거들었다는 뿌듯한 기분 정도일 것이다. 흥미를 잃어 도중에 팀을 떠난 사람은 물론 제외된다. 이것이 네트워크의 법칙이다. 그리고 문제가 해결되었다면—— 이 부분이 특히 중요한 지점인데—— 모두 다시 저마다 각자의 길을 간다. 새로운 문제는 새로운 무리가 감당한다. 그럼 집단 지성은 이 새로운 무리 또는 더 정확하게 말하자면 이 특정한 팀이 가진다. 이처럼 즉흥적으로 구성된 팀은 스마트한 것 또는 천재적으로 단순한 것을 발견하고 만드는 과정에서 언제라도 해체될 수 있다. 전체의 비전, 명확함, 완벽함의 감각을 모든 구성원이 공유해야만 팀은 해체되지 않고 원하는 목표를 이룰 수 있다. 이 경우 팀원은 대부분 이미 전문가이며, 기꺼운 마음으로 다른 팀원과 협력해 세계적인 경탄을 얻어내고자 한다. 미숙하게 복잡한 것 또는 고도로 복잡한 것으로는 엿볼 수 없는 경지다. 인터넷과 실리콘밸리에서는 이렇게 우리의 인생을 완전히 바꿔놓을 차세대 아이디어를 얻는다. 다시 말해 집단 지성이 아예 불가능한 것은 아니다. 다만, 모두가 "코끼리를 볼 수 있어야 한다".

현실은 전혀 다르다. 실제 기업은 그때그때 특별한 문제를 해결하기 위해 최고의 전문가들로 팀을 구성하는 것이 아니라 각 부서의 직원들과 회의를 한다. 전문가라고 해 봐야 세계 최고는 커녕 동네 구멍가게 수준에 지나지 않는다. 인터넷 세계에서야 스마트한 세계 챔피언이 서로 의견을 나누겠지만, 회사 복도에서는 그저 중간 수준의 직원들이 어설픈 해결책만 가지고 서성거릴 뿐이다. 우리는 우물 안 개구리처럼 사옥 안에서 서로 자신의 의견이 더 낫다고 다툴 뿐, 제3의 부서와도 이야기 한 번 나누지 않는다.

내가 강조하고자 하는 것은 현실, 곧 실제 기업에서는 지극히 다양한 문제들을 늘 같은 환경 안에서만 해결하려 한다는 점이다. 매번 낡은 부서가 새로운 문제를 떠안는다. 이런 환경에서는 (전혀 없다고는 할 수 없겠지만) 집단 지성은 거의 발현되지 않는다! 조직과 팀은 얽히고 설킨 구성원의 이해관계로 변화를 이끌어낼 의지조차 갖지 못한다. 늘 비슷한 소모적인 언쟁으로 회의에서는 지치기만 할 뿐이다. 집단 지성은 흔적조차 찾을 수 없다. 집단 어리석음만이 있을 뿐이다!

나는 그동안 숱한 회의에서 깊은 실망감을 느낄 때마다 장폴 사르트르Jean-Paul Sartre, 1905~1980*의 희곡《닫힌 방Huis Clos》을 떠올리곤 했다. "지옥, 그것은 곧 타인이다." 이 작품의 주제는 무엇일까? 죽은 세 사람이 지옥으로 떨어진다. 희곡이 진행되는 동안 이들은 자신이 지옥에 떨어졌다는 사실을 깨닫고 최후의 심판을 기다리지만 지옥에 영원히 갇히게 된 것을 이내 깨닫는다. 세 사람은 끊임없이 토론을 하며 서로를 괴롭힌다. 그리고 여러 번 좌절을 겪은 끝에 자신들이 처한 상황을 진정으로 이해하게 된다. 마지막 장면에서 남자 주인공은 체념한 듯 이렇게 읊조린다. "그래 좋아, 까짓것 하던 대로 하지Eh-bien, continuons." 실제 인생에서도 이런 암담한 순간은 자주 찾아온다. 늘 해묵은 문제가 반복되는데, 대처법 역시 낡고 진부한 것들뿐이다.

이런 맥락에서 나는 집단의 의사 결정을 방해하거나 심지어 조직에 고통까지 안겨주는 '집단 어리석음'이라는 현상이 실제로 발생하는 것이 아닌가 생각해보았다. 이런 어리석음이 지배하는 곳에서는 불화와 갈등이 일상적인 일이 된다. 공동체와 조직은 서로 다른 이해관계로 얽혀 변화를 끌어낼 의지조차 갖지 못한다. 항상 같은 논쟁이 반복되는 회의는 되풀이되는 부부싸움과 같아서 진을 몽땅 빼놓는다. 나는

---

* 프랑스 출신의 철학자로 대표적인 실존주의자이다. 다수의 문학 작품도 남겼다. 1964년 노벨문학상 수상자로 선정되었으나 수상을 거부했다. 《닫힌 방》은 그가 1944년에 발표한 희곡이다.

회의에 참석할 때마다 이런 느낌을 받았다. 회의를 마친 뒤에는 내 시간을 도둑맞은 것 같아 아깝고 화가 나기만 했다. 회의에는 기꺼운 마음으로 문제를 해결하고자 하는 사람들만 참여하는 것이 아니다. 아니, 전혀 그렇지 않다. 회의에서 '7인의 사무라이*'가 조직되는 일은 단연코 없다. 회의에서는 항상 같은 싸움닭이 만나 (대개 자신의 잘못으로 생겨난) 문제를 물고 늘어질 뿐이다. 문제는 해결되어야 하는데, 전문가도 아닌 얼치기가 시비만 일삼는다. 애초에 이들이 전문가였다면 문제는 아예 발생하지도 않았으리라.


## 개인일 때 우리는 스마트하다
## ─그러나 집단일 때는 아니다

요즘 흔히들 미래를 위해 반드시 혁신이 필요하며, 국가는 교육에 투자를 아끼지 않아야 한다고 말한다. 그렇다, 모든 개인은 끊임없이 자신을 계발하며 미래를 대비해야 한다. 그러나 조직으로, 집단으로, 혹은 사회로 우리는 무엇을 어떻게 해야 할까? "우리 사회의 어떤 점을 개선해야 한다고 생각하십니까?"라는 질문에 거의 모든 기업과 조직이 앵무새처럼 기계적으로 아래의 답을 되뇐다. 내기를 해도 좋다. 이

---

\* 일본어 원제는 〈七人の侍〉로, 1954년에 개봉한 일본 영화다. 구로사와 아키라黑澤明 감독이 각본과 편집을 함께 맡아 제작했다. 마을 농부들이 농작물을 훔쳐가는 도적을 물리치기 위해 일곱 명의 사무라이를 고용한다는 내용이다. 일곱 명의 사무라이는 힘을 합쳐 걸출한 활약을 하며 성공적인 조직을 이룬다.

책을 읽고 있는 여러분도 같은 답을 할 것이다.

- 실수, 시장 변화, 경쟁에 반응만 하지 말고 더욱 적극적으로 앞서 나가라.
- 힘들게 일하지 말고 스마트하게 일하라!
- 단기 실적에만 매달리지 말고 장기적이고 지속적인 안목으로 일하라.
- 인간적인 조직을 만들어야 한다. 단순 분업을 넘어서자.
- 소속 부서만 우선시하는 생각을 버린다. 전체에 기여할 자세를 갖춘다.
- 살인적인 스트레스를 피한다. 극심한 스트레스는 많은 실수를 유발하며 정신 건강을 위협한다.
- 혁신과 발명에 더 많은 시간을 투자한다. 창의력은 계속해서 중요해지고 있다.
- 배우려는 자세를 잃지 않는다. 끊임없이 세계를 둘러보며 무엇이든 배우자.
- 사업은 가능한 한 간단하게 꾸린다.
- 명확한 공동 목표를 가지고 일한다. 구체적인 내용이 있는 구체적인 비전을 키워라. '시장보다 빠른 성장' 따위의 추상적인 구호는 잊어라.

어떤가, 당신도 동의할 것이다. 모든 조직에서 터져나오는 오늘날의 탄식은 우리의 상황을 분명하게 일깨워준다. 우리는 엄청난 스트레스를 받고 있고, 복잡함의 늪 속에서 마비되고 있다. 저마다 적극성과 지속 가능성, 인간적 협력, 성장 교육, 혁신을 아쉬워한다! 하지만 문제의 핵심은 자취를 감춰버린 스마트함이다. 모든 개인은 스마트함을, 단순함을, 평화로운 직장을, 균형 잡힌 안정과 확실한 미래를 원한다.

그러나 스트레스와 복잡함으로 가득한 조직은 다툼과 싸움으로 얼룩진다. 이같은 갈등은 공연히 개인의 힘만 빼놓는다. 아무런 의미 없이 소모되는 것이다.

"그럼 대체 스마트하다는 게 뭔데?" 이쯤에서 누군가는 이렇게 물을 것이다. 그리고 그 답으로는 이런 단어들이 등장한다. 비전, 미션, 친밀한 분위기, 배려하는 리더십, 신뢰와 존중의 윤리, 투명성, 단체정신, 동료애, 활발한 커뮤니케이션, 열정, 소속감, 안정적 일자리, 자아성취감, 협력, 발전 가능성, 코칭, 멘토링, 승진 가능성, 지속 가능성, 다양성, 공정한 연봉 체계, 적법한 노동시간, 고객과의 좋은 관계, 의욕을 불러일으키는 업무, 혁신, 성과에 대한 자부심, 목표 달성을 장려하는 효율적인 시스템 등.

그렇다면 '어리석을 정도로 단순하거나 미숙한 복잡함'은 무엇일까? 업무 압박, 성급함, 산만함, 단기 목표, 과잉 실행, 추가 수당 없는 야근, 치열한 경쟁, 부서 이기주의와 부서 간 갈등, 부족한 학습시간, 전략적 사고를 위한 시간 부족, 혁신 및 고객과의 소통을 허락하지 않는 바쁜 일정, 실직에 대한 두려움, 불확실한 미래, 인색한 연봉 체계, 더딘 승진, 직장 내 불안한 분위기, 현상 유지만을 위해 마지막까지 쥐어짜는 업무 강도, 끊임없는 통제와 회의, 성과 평가, 개인적 비교, 심해지는 스트레스 따위이다.

개인으로서 우리는 무엇이 어떻게 돌아가야 하는지 정확하고 분명히 알고 있다. 그러나 팀, 부서, 제도, 조직, 기업, 정당 등 집단으로 함께 일하게 되면 우리는 혼란에 빠진다. 개인으로서는 충분히 스마트하다. "회사에서 가장 일 잘하는 사람은 나야." 그러나 집단의 일원으로 협력하게 되면 제대로 되는 일이 없다. "말싸움만 계속되는 회의와 끝없는 업무 처리 과정이 끔찍하기만 하다." 참다못해 한숨만 터진다. "아, 우리의 에너지를 같은 방향으로 돌릴 수만 있다면, 즐거운 마음으로 공동 목표를 달성할 수만 있다면, 우리 힘을 한데 모을 수만 있다면, 일사불란한 전체를 만들 수만 있다면 얼마나 좋을까."

## 차이를 만드는 '좋은' 형태

팀이 전체를 명료하게 이해하지 못하고 공통의 합의를 도출하지 못할 때 바로 집단 어리석음이 생겨난다. 또는 실현 가능성이 전무한 전체를 추구하거나, 전체에 이르는 길을 열어갈 수단과 능력이 부족할 때에도 집단 어리석음이 발생한다. 전체를 그리는 상상력이 충분하지 않아 좌절하는 경우도 많다. 1990년에 마이크로소프트 사의 회장 빌 게이츠Bill Gates는 다음과 같이 말했다. "우리는 누구나 이용할 수 있는 컴퓨터 운영체제를 만들 것입니다. 그래서 사람들이 컴퓨터를 완전한 멀티미디어로 활용할 수 있도록 하겠습니다. 우리는 모든 사람들에게 슈퍼 오피스 시스템Super Office System을 제공해 문서 및 프레젠테이션과 관련한 모든 욕구가 충족될 수 있는 환경을 구축할 것입니다." 이 말을 들은 모든 직원과 고객은 향후 15년 동안 어떤 일이 일어날 것인지를 분명하게 깨달았다. 그때로서는 비록 먼 이야기였지만 누구나 전체를 명확하게 그릴 수 있었다.

하지만 대부분의 최고경영자가 자신이 원하는 전체의 모습을 매우 애매하게 그린다. "우리 기업의 유일한 목표는 매년 수익률을 높이는 것입니다. 우리는 올해의 수익 증가율을 12%로 잡았습니다. 이것이 우리의 목표이자 비전입니다." '비전Vision'이라는 단어는 본래 '눈으로 본다'는 뜻이다. 그러나 '12%'로는 아무것도 볼 수 없다. 물론 앞으로 어떤 고난과 질책이 있을지는 확실히 알 수 있다. 초과 실적 운운하면서 매주 얼마나 볶아댈까.

집단 어리석음을 줄이거나 막기 위해서는 누구나 직관적으로 이해할 수 있고 희망할 수 있는, 또 그 안에서 충분히 의미를 찾을 수 있는 '좋은 형태'가 반드시 필요하다. 미국은 이미 오래전부터 '형태심리학'을 활발하게 연구해왔다. 형태심리학 연구자는 인간의 두뇌가 부분보다는 전체적인 형태를 더 선호하는 현상을 연구한다. 형태심리학에 따르면, 인간은 잘 알지 못하는 어떤 것이라도 한번 슬쩍 보는 것으로 그 구조와 질서를 곧장 파악한다. 형태심리학자들은 전체를 파악하게 하는 구조와 질서를 '게슈탈트Gestalt', 즉 '형태'라 부른다. 이를테면 별처럼 반짝이는 전구를 보면 인간의 두뇌는 즉각 '별'을 떠올리지, 결코 '47개의 전구'를 인식하지 않는다.

이러한 맥락에서 형태심리학자는 인간의 두뇌가 어떤 형태를 가장 잘 파악하는지에 관심을 가져왔다. 그래서 등장한 것이 이른바 '간단명료함의 법칙'이다. 위키피디아에 따르면, "인간의 두뇌는 다른 것과 분명하게 구분되는 형태를 선호한다(간단명료함의 경향). 무엇이든 가장 단순하게 정리되는 형태로 파악한다(좋은 형태)".

그렇다면 대체 어떤 것이 '간단명료한 형태'로 인지될까? 애플, 구글, 아우디, FC 바이에른 뮌헨, 레알 마드리드, 아마존 등의 기업 또는 조직은 간단하고도 명료하게 인식된다! 그렇다면 우리의 두뇌는 이 같은 조직의 어떤 '비전'에서 간단명료하고도 희망적인 형태를 포착해 긍정적인 감각으로 받아들이는 것일까? "우리는 시장보다 더 크게 성장해야 합니다. 우리는 그 어느 때보다 더 뜨겁게 투쟁해야 하고, 더 큰 폭으로 예산을 절감해야 합니다." 이런 발언에는 미래에 대한 형태가 전혀 담겨 있지 않다. 그저 예산 절감과 높은 수익률에 대한 무조건적인 강요와 이에 따른 해고 위협만이 담겨 있을 뿐이다. '비전 없는 높은 성장률'이 얼기설기 짜맞춘, 급조한 대책이라는 것을 모르는 사람이 있을까. 이는 말 그대로 조잡한 미완성에 불과하다.

　복잡하기만 한 대책은 좋은 형태를 갖지 못한다. 척 봐도 알 수 있다. 복잡한 구조는 한눈에 파악되는 명확함을 갖지 못한다. 뿌옇고 불투명하며 뭐가 뭔지 아리송하다. 복잡한 구조의 기업은 구성원에게 막대한 희생을 요구하며 책임은 서로에게 전가하는 정글 또는 괴물이 된다. '간단명료함Prägnanz'을 사전에서 찾으면 명확함, 확실함, 정확함, 분명함, 적절함, 간결함 등의 동의어가 함께 나온다. 이런 것이 바로 천재적인 단순함이 아닐까? 다음과 같은 단어들을 덧붙이는 것도 좋다. 말끔함, 균형, 조화, 고급스러움, 반듯함, 고품격, 세련됨, 성실함, 섬세함 등. 모두 '천재적인 단순함'을 이루는 것들이다. 위키인용집Wikiquote에서 찾을 수 있는 다음 구절을 이용하는 것도 좋다. "단순함은 간단하거나 조합되지 않은 것의 속성, 조건 또는 품질이다. 단순함은 아름다움과 순수함, 명확함을 보인다. 단순한 것은 대개 복잡한 것보다 더 쉽게 설명되고 이해된다. 또한 단순함은 공평함과 성실함, 순결함, 정직함, 투명함을 나타내기도 한다." 요컨대 단순함이란 무언가가 섞이지 않은 단일성과 같으며, 아름답고 순수하고 투명한 것이다. 특히 단순함은 더 쉽게 설명되고 이해된다. 단순함은 흔히 올곧음을 나타내기도 한다. 단순함은 열린 마음, 순진함, 순수함, 솔직함과 같으며 불필요한 반복을 없앤 것이다.

집단 지성은 '47명의 동료들'로 작품을, 소프트웨어를, 신앙 공동체를, 새로운 연구 방향을, 할리우드 블록버스터를, 성탄절 파티를, 개미 왕국을 만들어낸다. 다시 말해 모두가 추구하는 좋은 형태의 전체를 빚어낸다. 이같은 집단에 소속된 개인은 기꺼이 집단의 부분이 되고자 한다. 공동 목표를 추구하며, 올바른 자세로 집단에 헌신한다. 전체와 공동 목표라는 형태가 추구되는 동시에 다른 한편으로는 전체를 만들고 다듬는 개인 사이의 상호작용이 강하게 일어난다. 이것이 바로 집단 지성이다. 인간은 흔쾌히 자신을 전체와 동일시한다. 뛰어난 전체는 인간에게 자부심을 돌려준다. 인간은 전체를 위해 전력을 쏟는다. 전체는 이들에게 막대한 에너지를 돌려준다. 그만큼 충분한 보상이 발생되기 때문이다. 인간은 자부심을 선사하는 전체를 위해 일하며, 기꺼이 전체의 일부가 되어 '아마추어(아마추어의 본래 뜻은 '좋아서 하는 사람'이다)'로 기쁘게 헌신한다.

기꺼이 전체의 일부가 되고, 뛰어난 구조를 가진 간단명료한 형태의 일부를 자처하게 되면, 그 사람은 높은 경지에 올라서게 된다. FC 바이에른 뮌헨의 경기장 잔디를 관리하는 장인은 분명 단순히 잔디 깎는 사람이 아니다. 그는 바이에른 팀의 승리에 일조하는 사람이다. 나의 장인어른은 자부심 넘치는 철도청 직원이었다. 그는 자신을 절대적인 신뢰와 모범적인 정확성의 일부로 여겼다. 독일에서 일종의 관용구가 된 "독일 철도처럼 정확하다"는 말은 장인어른에게 무한한 자부심을 선사했다. 그는 자신의 일을 그만큼 진지하게 받아들였다. 철도의 가치와 장인어른 사이에 강한 상호작용이 일어났다. "운행 지연으로 사과 말씀 드립니다"라는 안내방송을 들은 승객이 화가 난 나머지 철도청을 '오합지졸'이라 비난한다면 돌아가신 장인어른은 분명 무덤 안에서 끙 하고 돌아누우실 것이다.

이같은 긍정적인 상호작용은 구성원이 일부를 자처하는 전체의 형태가 매우 훌륭할 때에만 발생한다. "독일 철도처럼 정확하다"는 말 한마디로 과거의 열차 승무원이 가졌던 자부심을 생생하게 느낄 수 있는 반면, 잔뜩 짜증을 부리는 승객들의 빗발치는 항의에 일일이 사과해야만 하는 오늘날의 승무원은 굴욕감만 느낄 뿐이다.

오늘날에는 대부분의 기업이 더 이상 좋은 형태를 갖지 못한다. 무질서하고 복잡한 미완성의 혼돈일 뿐이다. 우리는 이런 복잡한 기업에서 일한다. 누구나 가장 빠르게, 가장 집중해서 일을 하지만 좋은 형태를 가진 전체가 선사하는 에너지를 누리지 못한다. 과거의 자부심도 사라진 지 오래다. 우리가 항상 에너지 부족으로 허덕이는 이유가 달리 있는 것이 아니다.

집단 어리석음은 축구장의 잔디를 깎기 위해 저임금 일용직 노동자를 고용한다. 집단 어리석음은 성탄절 파티를 위해 '와인 두 병과 비스킷 열 조각'에 해당하는 예산을 짠다. 집단 어리석음은 형식적인 것만 갖출 뿐 영혼을 만족시키지 못한다. 전체 집단과 개인의 상호작용에 주목하지 않는다. 때문에 상호작용에서 발생하는 막대한 에너지를 잃거나 파괴해버린다. 그럼에도 불구하고 집단 어리석음은 "모든 것이 엉망진창이며 이기주의와 방해가 만연하다"고 불평하며 "팀원의 엉덩이를 걷어차야"만 에너지를 낸다고 한탄한다.

좋은 형태를 가진 전체와 스마트함, 천재적인 단순함은 개인이 소모하는 에너지를 몇 배로 되돌려준다. 하지만 집단 어리석음은 에너지를 파괴한다. 도처에서 같은 불평이 들려온다. "같은 자리를 계속 맴돌 뿐이야." "힘을 합쳐 공동의 적과 싸우는 게 아니라, 우리끼리 서로를 잡아먹지 못해 안달이야." "회사가 직원만 뺑뺑이를 돌려." "엔진은 과열되는데 조금도 진전이 없어." "사장의 말이 아침저녁으로 달라." "미친 듯이 달리는데 왜 계속 제자리인 것 같지." "이럴 거면 차라리 쳇바퀴나 돌리는 게 나을 것 같아." 이런 무의미한 쳇바퀴 돌리기야말로 오늘날 에너지 허비의 실상을 고스란히 보여준다. 그야말로 낭비의 모범이라 할 수 있다. 그러나 성과는 없다. 집단의 힘이 여러 방향으로 흩어져 아무것도 성취하지 못하는 상황을 보면서 수학자인 나는 자연스레 벡터함수*를 떠올렸다.

시시포스처럼 이룰 수 없는 것을 헛되이 시도하거나 어디로도 이르지 못한 채 쳇바퀴만 돌린다면, 에너지는 쉽게 소진되고 만다. 계속 똑같은 방식으로 일하면서 다른 성과를 기대하는 것은 어리석은 일이다. 그럼에도 왜 우리는 같은 실수를 반복할까? 이 질문에 답하기 위해 지금부터 독자 여러분과 집단 어리석음을 파헤치려 한다.

---

* 벡터vector는 크기와 방향으로 정해지는 힘, 속도 또는 가속도 따위를 나타내는 단위다. 벡터함수는 위치와 시간의 관계를 나타내는 함수다.

# 02
# 불가능에
# 도전하라?

**지나치게 높은 목표는 부담감만 안길 뿐,**

더 나은 전략을 구상하거나 성취 가능성을 확인할 여유를
주지 않는다. 모든 팀원의 업무와 기능에 과부하가 걸려
실수와 일정 지연을 피할 수 없게 된다. 업무량은 엄청나
게 늘어나지만 더 성취되는 것은 없다.

이번 장에서는 우리의 에너지가 어떻게 낭비되는지를 살펴보려 한다. 기업은 달성 가능한 목표 A를 설정하는 대신 '과감하다'고 생각되는 유토피아적인 목표 B에 매달린다. B는 성취 불가능한 목표로. 애초부터 달성할 수 없었을 뿐더러 스트레스와 압박, 갈등, 실수, 혼란을 일으켜 조직에 해만 끼친다. 결국 현실적으로 가능했던 목표 A 마저도 불가능해지고 만다. 나는 이같은 원리로 발생되는 모든 문제를 수학의 '대기행렬' 공식으로 설명하고자 한다. 이를 통해 지나친 부담은 업무 정체 및 지연만 야기한다는 점을 확인할 수 있을 것이다. 지나치게 서둘러 업무를 처리하면 급하게 몰려나온 자동차로 가득한 아우토반처럼 교통이 완전히 마비된다.

# 무능함과 자만,
# 그리고 유토피아 증후군

경영자는 대개 자신의 조직이나 기업이 '세계 최고'가 될 것이라 믿는다. 장밋빛 희망에 부풀어 자신이 이미 세계적인 경영인이자 글로벌 리더라 생각한다. "우리는 국제적으로 색 압정 시장을 선도하고 있습니다." 글로벌 리더는 세계 곳곳에 지점을 개설하고 싶어 한다. 그러나 유감스럽게도 각국의 문화를 전혀 알지 못해 온종일 전화통만 붙들고 사람들을 설득하느라 진땀을 빼다 제풀에 나가떨어지고 만다. 이런 시시포스의 시도 저변에는 일종의 고정된 틀이 숨어 있다. 이번에는 그 모델을 분석해보고자 한다.

1. 누구나 '세계 챔피언'이 되고 싶어 한다. 그러나 초기 아이디어가 어떤 파급력을 가지는지 정확히 아는 사람은 거의 없다.

2. 아쉽게도 미래의 '세계 챔피언'은 대부분 재능이 부족하다. 자신에게 어떤 재능이 필요한지 알지 못하고 재능 부족을 부인하기만 한다. 이는 결국 파국의 토대가 된다.

3. 재능이 없는데도 재능 부족을 깨닫지 못하는 사람이 뭔가 큰일을 도모

할 때는 엄청난 에너지와 예산을 퍼부으며 효과가 입증된 방법에만 매달린다('똑같은 방식').

4. 이런 사람은 야근을 밥 먹듯 반복하며 예산을 쓰면서 자신이 무언가 이루고 있다는 기분에 도취된다.

5. 일이 잘 진행되지 않을 것 같은 조짐이 보이면 초조한 마음에 안절부절 못하다 책임을 남에게 떠넘기거나 변명을 일삼는다. 어떻게든 상황을 무마시키려 기회주의자의 면모를 서슴없이 내보인다. 그리고 결국 책임을 회피하는 데 노력을 쏟아붓는다. 이쯤 되면 모두가 '나부터 살아남아야 한다'고 생각하고 전체는 비효율 상태로 결정적 타격을 받는다.

6. '근본적인 변화가 필요하다'는 외부의 경고는 적대적인 공격으로 간주된다. 진심 어린 충고는 재능을 무시하는 모욕으로 받아들인다.

7. 조급한 마음에 모든 문제를 한 번에 해결해줄 묘책과 임시방편에만 매달린다. '기적의 다이어트' 같은 것에 솔깃해한다.

8. 과부하와 과로로 전체를 보는 명확한 시각은 사라진다. 마감을 맞추느라 허덕이는 팀원들만 남아 있을 뿐이다.

당신의 아이가 이런 말을 했다고 가정해보자. "엄마, 아빠, 나 축구 스타가 되고 싶어요." 일단 터무니없는 말에 헛웃음이 날 것이다. 곧이어 이런 질문들이 꼬리에 꼬리를 물 것이다. 아이에게 재능이 있을까? 집 근처에 괜찮은 축구 클럽이 있었나? 아이가 오랜 시간 혹독한 훈련을 이겨낼 수 있을까? 나는 그 뒷바라지를 계속 해줄 수 있을까? 아이가 프로 선수로 성장할 만한 신체 조건을 가졌을까? 패배를 이겨낼 강인한 정신은? 다시 말해 부모라면 누구나 이 문제를 현실적인 관점으로 살피려 노력한다. 기회가 올 것인가? 조건은 되는가? 그리고 각각의 질문에 답을 생각한 다음 은근한 말투로 아이에게 말할 것이다. "너 오늘 축구 중계를 너무 많이 봤구나, 그렇지?"

오늘날 텔레비전에는 수많은 '오디션 프로그램'이 방송된다. 우리는 요란하게 진행되는 프로그램을 시청하며 별 재능이 없어 보이는 사람들이 스타가 될 꿈에 부풀어 시간과 에너지를 허비하는 장면에 혀를 찬다. 오디션에서 탈락한 참가자는 자신의 부족한 재능은 조금도 생각하지 못하고 '운이 따라주지 않았다'거나 '평가가 불공정했다'고 말한다. 혹은 '너무 어려운 노래를 택했다'는 변명을 대기도 한다. 자신이 진정으로 재능이 있는가 하는 의문은 전혀 품지 않는다. 그런 물음은 금기에 속한다. "나는 앞으로 유명해질 거야. 그렇지 않고서야 왜 이 프로그램에 출연하겠어." 자신의 재능을 전혀 고려하지 않는 이런 식의 무의미한 유토피아적 사고방식은 출연자를 곤란한 상황에 빠뜨린다. 스타가 되겠다는 허황된 꿈에 사로잡히지 않았더라면 더 열심히 공부해 한 분야의 전문가가 될 수도 있었다. 온종일 음악을 들으며 노래를 따라 부른다고 해서 모두 유명해지는 것은 아니라는 사실을 왜 깨닫지 못할까? 대체 왜 '유명해지고 싶다'는 생각에 이렇게 집착하는 것일까?

위키피디아에서 '어리석음Dummheit'을 검색하면 이런 설명이 나온다. "지능의 결여를 뜻하는 다른 표현과 달리 일상용어로 사용되는 '어리석음'은 분명한 사실을 한사코 인정하지 않는 태도를 의미하기도 한다. 명백한 사실을 외면하는 것은 감정적 태도에서 비롯되기도 한다."

1999년에 발표된 유명한 논문 한 편이 자신의 실패를 인정하지 못하는 재능 없는 사람의 심리를 자세하게 다루고 있다. 〈무능력과 무인지:

무능력의 인지 부족이 초래하는 과장된 자기평가〉라는 제목의 논문으로, 코넬 대학의 저명한 사회심리학자 데이비드 더닝David Dunning과 저스틴 크루거Justin Kruger의 연구 결과이다. 이 논문 덕에 재능 없는 사람의 자기과시 현상은 '더닝 크루거 효과Dunning-Kruger-Effect'라는 이름으로 불리게 되었다. 위키피디아는 이 현상을 다음과 같이 설명한다.

'더닝 크루거 효과'는 일종의 인지 편향, 즉 무능한 사람은 자신의 능력을 과장하고 유능한 사람은 자신의 실력을 과소평가하는 경향을 뜻하는 용어다. 1999년 데이비드 더닝과 저스틴 크루거가 발표한 논문에서 사용된 개념으로, 심리학 분야에서는 별다른 주목을 받지 못했지만 심리학을 제외한 기타 학술 논문과 온라인 블로그, 토론 포럼 등에서는 높은 인기를 얻었다. "무능한 사람은 자신의 무능을 인지하지 못한다…… 올바른 해결책을 찾는 데 필요한 능력은 어떤 해결책이 올바른 것인지 식별할 줄 아는 능력이다(데이비드 더닝)."

더닝과 크루거는 해당 논문에서 다음 사실도 밝혀냈다. "사람들은 글을 쓰거나 체스 게임을 할 때, 또는 운전을 할 때 자신의 능력보다 자신감을 훨씬 더 부풀린다." 두 연구자는 수차례 실험을 진행하며 무능한 사람은 다음과 같은 경향을 보인다는 결론을 내린다.

- 자신의 능력을 과대평가한다.
- 타인의 뛰어난 능력을 알아보지 못한다.
- 자신의 무능함을 정확히 인지하지 못한다.
- 교육과 연습은 능력을 향상시킬 뿐 아니라 자신과 타인을 보다 더 정확히 평가할 수 있도록 해준다.

더닝과 크루거에 따르면, 과장된 자기평가는 저성과로 나타난다. 물론 자기평가와 실제 업적 사이의 상관관계가 늘 부정적인 것은 아니다. 두 연구자는 높은 자신감과 빈약한 성과가 반드시 긴밀한 상관관계를 가지는 것은 아니라는 사실도 확인했다. 더닝과 크루거는 이 연구로 2000년 이그노벨상Ig Nobel Prize[*]을 수상했다.

정글 캠프에서 'C급 연예인'이 대중의 주목을 받기 위해 고군분투하거나 재능 없는 사람이 오디션 프로그램에서 터무니없는 자신감을 보이는 것은 분명 오락으로서는 충분히 재미있다. 실제로 대중은 그런 것을 보며 웃음을 터뜨린다. 기업 행사장마다 나타나 자신의 직업을 '전문 격려자'라고 소개하는 코미디언 요하네스 바르트Johannes Warth[**]는 '사브타SABTA'라는 말이 무슨 뜻인지 아느냐고 묻는다. 이 단어는 "완전 무식하면 자신 있게 등장한다Sicheres Auftreten Bei Totaler Ahnungslosigkeit"는 말을 줄인 것이라나. 우리는 모두 '사브타'한 경영자를 알고 있다! 그런 사장은 무턱대고 자신의 회사를 세계 최고로 만들어야 한다고 주장한다. 직원의 헌신과 열정만 있으면 충분히 세계 최고가 될 수 있다고 눈 한 번 깜빡이지 않고 지껄인다. 본격적으로 의지와 노력을 불태우면 재능은 저절로 얻어지는 것이라 말하면서. 그런 경영자는 아마 어린 시절에도 "나는 스타가 될 거야" 따위의 말을 하고 다녔으리라. 이런 식의 터무니없는 자신감은 '모든 일이 다 잘 될 것'이라는 식의 경영

---

[*] 미국의 유머 과학 잡지인 《기발한 연구 연감Annals of Improbable Research》이 1991년 노벨상을 패러디해 만든 상이다. "모방할 수 없거나, 모방해서는 안 되는" 업적을 선정해 수여한다. 실제 노벨상 수상자가 발표되기 1~2주 전에 하버드 대학교의 샌더스 극장에서 시상식이 열린다.
[**] 1961년생의 독일 코미디언. '전문 격려자'를 자처하며 기업 행사 등에서 진행이나 강연 활동을 한다.

방식으로 이어진다. 이런 경영 방식은 불가능한 일을 아무렇지 않게 요구하고 직원을 그저 지켜보기만 한다.

불가능한 것을 감행하는 무모한 '용기'야말로 무능함의 극치다. 이런 경영자는 당연히 실패할 수밖에 없다. 그런데도 경영자는 혹 실패하더라도 자신의 명성에 흠이 생기는 것은 아니라고 굳게 믿는다. 오히려 자신은 최고의 과제에 도전했다며 큰소리를 친다. 불가능한 목표를 달성하기 위해 노력하는 것은 절대 부끄러운 일이 아니라는 허튼소리만 반복한다.

폴 와츠라위크Paul Watzlawick와 존 위클랜드John Weakland, 리처드 피시 Richard Fisch의 공동 저서 《변화하라Change!》에는 '유토피아 증후군'이라는 용어가 등장한다. 원하는 정도의 성공이 불가능하다는 사실을 인정하려 하지 않거나 혹은 인정하지 못해 집요하게 높은 이상을 추구하는 유토피아주의자를 염두에 둔 표현이다. 유토피아가 도달할 수 있는 곳인지 아닌지는 금기시되는 질문이다. 때문에 유토피아주의자는 왜 실패가 반복되는지 이해하지 못하고 계속해서 화만 내며 엉뚱한 핑계를 찾는다. 그들은 주로 이런 반응을 보인다.

- "내가 실수를 저질렀다. 아쉽다. 다시 시도해보자."
- "예상보다 더 어렵다. 좀 더 많이, 좀 더 오래 노력하자."
- "내 성공을 방해하려는 자들이 있다. 내가 실패한 이유는 그들 때문이다."

유토피아 증후군에 사로잡힌 사람은 타인뿐만 아니라 자기 자신에게도 적대적인 태도를 보이며, 계속해서 심한 비난을 퍼붓는다. 이런 사람은 성과에 대한 구체적인 그림이 전혀 없다. 때문에 배우려는 태도로 전략을 바꾸지 못하고 유토피아 역시 포기하지 못한다. 게다가 주변의 충고도 전혀 받아들이지 않는다. 자신의 재능에는 의문을 갖지 않고 그저 집요하게 '세계 최고'만을 고집한다.

텔레비전에 나오는 유토피아 증후군 환자를 구경하는 것이 재미있을 수는 있다. 그러나 한 기업의 사장이 아무런 근거도 없는 유토피아를 좇으며 당신에게 도움을 요청한다고 상상해보라. 타인이 만들어놓은 유토피아 때문에 고통받는 끔찍한 일상을 말이다.


# 유토피아를 향한
# 하인의 열정

앞서 우리는 아이들이 흔히 내뱉는 유토피아적인 발언에 헛웃음을 지었다. "엄마, 나 축구스타가 되고 싶어요." 축구스타가 되는 것이 어떤 일인지 전혀 모르는 아이의 순진한 발상이다. 당연히 아이는 아직 능력을 갖추지 못한 상태이고, 바로 그 때문에 자신을 엄청나게 과대평가한다. 부모는 자신감 넘치는 아이를 보면서 그저 기특한 미소만 짓는다.

반대의 사례를 생각해보자. 부모는 기꺼이 자녀가 뛰어난 인물이 되기를 희망한다. 아들이 세계적인 축구선수가 되었으면 한다. 그저 단순하게 그런 큰 희망을 품는다! 일종의 이상, 유토피아다. 부모는 어떻게 하면 축구선수가 될 수 있는지 구체적으로 아는 바가 없다. 일단 집 근처 축구 클럽으로 보내서 훈련을 시켜보기로 했다. "아이가 훈련을 견뎌낸다면 다음 순서를 생각해보자!"

그러나 부모는 아이의 재능에는 의문을 품지 않는다. 가까운 곳에 유소년 훈련이 가능한 클럽이 있는지, 아이가 일주일에 세 번씩 훈련에 참여할 수 있는지, 그렇게 되면 학교생활은 어떻게 해야 하는지 등 구체적인 문제에도 주의를 기울이지 않는다. 부모는 지역 축구단을 찾아가 아이를 소개해볼 수도 있고, 구단에 입단하려면 어떤 조건을 갖춰야 하는지 알아볼 수도 있다. 다시 말해 부모는 문제를 전체적으로 살피며 프로젝트를 추진할 수 있다. 하지만 이런 행보를 보이는 부모는 거의 없다. 그저 어떻게든 되겠지 하는 막연한 희망만 품을 뿐이다. 전체는 전혀 고려되지 않는다.

상황을 종합적으로 살피지 못하는 무능한 부모는 동네 축구 클럽에서 훈련받고 경기에 참가하는 아이를 매번 지켜본다. 트레이너가 모든 아이들에게 공정하게 기회를 주느라 자신의 아들이 경기에 출전하지 못하면 부모는 거칠게 항의한다. 트레이너에게 더 열성적으로 지도하라며 훈계를 하고, 클럽 지도부를 찾아가 왜 아이들의 재능을 키우지 않고 축구를 놀이처럼 가르치냐며 불평을 쏟아낸다. 경기시간 내내 고래고래 소리를 지르며 아이를 독려한다. 사이드라인을 따라 같이 뛰면서 왜 공을 그따위로 차냐며 욕을 퍼붓는다. 경기 중에는 자중해달라 요청하는 트레이너와 다툼을 벌인다. 팀의 다른 아이들은 이 무례한 부모와 그 아들에게 반감만 키운다. 분위기는 갈수록 험악해진다. 몇몇 부모와 아이들은 경기 분위기가 엉망이 되었다며 이런 식이라면 축구를 그만두는 것이 좋겠다고 한다. 팀은 엉망이 되고 장래의 축구 스타는 완전히 풀이 죽는다. 아이는 자신이 축구 스타가 될 수 없을 것이라 느낀다. 부모가 강요한 유토피아는 아이에게 부담만 준다. 아이는 자신이 부모의 꿈에 희생당하고 있다는 생각만 한다. 이제 어떻게 해야 할까? 포기해야 할까? 어떻게든 계속해야 할까? 일부러 못하는 척해서 부모를 포기하게 만들어야 할까?

- 내 꿈은 축구선수가 되는 것이 아니라고 부모님을 설득해야 할까? 물론 그러면 큰 갈등이 생길 것이다. 분명 극복하기도 쉽지 않으리라. "우리는 너를 위해 모든 것을 희생하면서 노력했어. 그런데 이제 와서 그런 소리를 하다니. 우리는 너를 위해 경기장에서 함께 뛰고 생활하며 헌신했어. 게을러빠져서는 감사할 줄도 모르는구나. 우리는 너 같은 아이를 바라지 않았어."
- 아무런 희망 없이 그저 부모가 정해놓은 목표를 위해 달려야 할까? 부모님을 만족시키기 위해 순간순간의 사소한 성공에 호들갑스럽게 반응해야 할까? 자포자기의 심정으로 '연기'를 해야만 할까? "엄마, 오늘 내가 거친 파울을 받아 얻어낸 페널티킥으로 우리 팀이 이겼어. 마침 나한테 공이 와서 상대 수비 쪽으로 냅다 달렸거든. 페널티킥이 아니었다면 우린 절대 이기지 못했을 거야!"
- 좌절감을 숨긴 채 그저 묵묵히 부모가 원하는 대로 훈련을 따를까. 내심 부모가 '축구로는 죽도 밥도 안 되겠구나'라고 깨닫기를 바라면서…. 가능한 한 은밀하게 수동적으로 반항하는 것이다.

이 사례처럼 터무니없이 과장된 자신감으로 손만 뻗으면 유토피아에 닿을 수 있을 것이라 여기며 자식을 희생시키는 부모를 우리는 주위에서 흔히 볼 수 있다. 수학 올림피아드에서 우승을 하라거나 유명한 피아니스트가 되라거나 대배우가 되어달라는 부모의 요구에 아이들은 엄청난 고통을 받는다. 부모는 이루지 못한 자신의 꿈을 들먹이며, 자신은 재능을 타고났음에도 "나쁜 환경 탓에 꿈을 이루지 못했다"면서 "너만큼은 꼭 성공해야 한다"고 다그친다.

　이런 안타까운 일은 기업에서도 똑같이 발생한다. 어느 날 사장은 순진하고도 강한 어조로 직원들에게 돌연 두 자릿수 성장률을 달성하라고 요구한다. 마치 어린아이가 미래에 불도저 운전수나 경찰이 되겠다고 말하는 것과 같은 천진난만함이다. 사장이 '사브타'한 사장으로 거듭나는 순간이다. 직원들은 어처구니가 없어 내심 이렇게 생각한다. '어쩌다 저런 뻔뻔한 생각을 했을까? 웬 두 자릿수 성장?' 사장은 충직하다. "이사회가 오늘 그런 요구를 했어. 보너스를 받아야 하니까 그렇게 하겠다고 약속할 수밖에 없었지. 난 그저 이사회의 결정을 통보하는 것뿐이야. 우리는 이제 어떻게든 해내야만 해. 정확히 어떻게 해야 하는지 나는 몰라. 하지만 그건 당신들 과제야. 전문가는 여러분이지 내가 아니잖나. 어쨌거나 해낼 거라고 믿어."

　사장은 말을 끝마치면서 직원들의 눈에 어린 거부감을 보았다. 직원들의 눈은 이렇게 말하고 있었다. "말도 안 돼!" 사장은 평소처럼 대답했다. "안 된다고? 나에게 안 되는 건 없어! 목표는 희망 사항이 아니야. 여러분은 반드시 해내야만 해. 이건 희망이 아니라 명령이라고!"

　어안이 벙벙해진 직원들은 묻고 또 묻는다. "대체 그게 어떻게 가능하죠?" 사장은 같은 말만 반복한다. "어떻게든 방법을 쥐어짜봐. 그러라고 당신들이 있는 거 아냐. 그래서 당신들이 지금까지 그 높은 연봉을 받아온 거고. 반드시 해내겠다는 의지를 가져야 월급도 받을 수 있는 거야. 의지가 있는 곳에 길이 있다고."

이로써 사장은 어리석을 정도로 간단한 유토피아, 지금까지의 수십 배에 달하는 성장률을 달성하라는 요구를 모든 직원에게 강요한다. 이 유토피아는 저 위에서 온 것이라며, 아래의 너희들은 감당하는 수밖에 없다고 으박지른다. 그리고 '위의' 사람들은 계속해서 더 많은 성과를 올리라는 주주와 투자자의 끊임없는 압박에 시달린다. 전체를 위한 구체적인 비전 또는 누구나 납득할 만한 명확한 노선, 그런 것은 없다. 그저 무작정 내놓은 요구다.

이성을 가진 평범하고 순수한 인간이라면 이렇게 말하리라. 기업이라면 어떤 상품을 어떤 고객에게 판매하고자 하는지, 또는 어떤 서비스를 누구에게 제공하고자 하는지 구체적인 비전을 가져야 한다. 명확한 비전이 있어야 고객이 만족하며, 기업이 성공할 수 있다. 이런 논리는 가능한 한 돈을 많이 벌어야 한다는 사실을 부차적인 문제로 간주한다. 그러나 기업 경영진 대부분은 전혀 다른 논리를 펼친다. 경영진은 먼저 기업이 짜낼 수 있는 최대한의 수익이 얼마인지 계산한다. 그리고 이 계산 결과를 "근사하게 꾸민" 다음 투자자에게 내보이며 투자를 유도한다. 매년 이 결과에 해당하는 수익을 보장해주겠다는 약속과 함께. 곧이어 경영진은 이렇게 계산된 수익을 '목표'라 선포하고, '도전 과제'라 부르며, 수단과 방법을 가리지 않고 이를 실현하는 것을 '전략'이라고 말한다. 경영진은 실현 가능성에 대해서는 조금도 따져보지 않고 유토피아적인 목표를 세운다. 내가 지금까지 경험한 모든 기업이 그랬다. "시장 성장률보다 두 배 이상 빨라야 한다!" 또는 최소한 "경쟁사보다 빠르게 성장해야 한다". 저마다 자신의 가능성은 살피지 않고 자기가 최고라 선언한다. 아무튼 경영진은 "우리가 최고다"라는 선포로 언론을 도배해놓고 직원들을 닦달하고 압박한다. 터무니없이 높게 설정된 목표를 실제로도 성취하라는 강요가 거침없이 쏟아진다.

거의 불가능한 것을 왜, 그리고 어떻게 해내야 하는지 대개는 세부적인 구상이 없기 때문에 '문제'는 고스란히 직원에게 돌아간다. 그래놓고 '도전 과제'라고 한다. 직원들은 분통이 터지지만 달리 어쩔 방도가 없다. 이미 언론에 유토피아를 약속하지 않았는가. 경영진은 직원들을 협박한다. "포기하고 싶은 순간이 매번 있다는 것을 잘 안다. 그러나 절대 흔들리지 않겠다. 해내야 한다, 이 문제는 여러분에게 달렸다. 당신의 일자리를 지켜라."

직원들은 망상에 가까운 부모의 요구에 어쩔 줄 모르는 아이처럼 얼이 나간다. "너는 반드시 위대한 인물이 되어야 해. 우리는 모든 희망을 너에게 걸었어. 너에게 거는 기대가 참 크단다. 우리는 벌써 너에게 엄청난 투자를 했어." 부모의 유토피아 증후군에 시달리는 아이처럼 경영진의 유토피아적 요구에 직원들은 심한 압박을 받는다.

- 몇몇 직원은 지나치게 높은 목표에 항의하며 현실의 논리로 사장의 말을 반박하려 한다. 갈등은 피할 수 없는 수순이다. 그러나 싸움은 별 의미가 없다. 사장도 위에서 지시를 받은 것이기에 곤란한 것은 마찬가지다. 사장 역시 이사회가 선출했기에 위에 항의할 수 없다. 결국 사장은 직원들을 달래려 하다가 그래도 안 되면 징계 내지 해고 운운하며 위협

을 한다. 직원들은 경영진이 만든 유토피아에 양심을 키운다. 하루하루, 매월, 매년 더 커지는 양심을….

- 어떤 직원, 대개 야심과 야망을 가진 직원은 경영진에 환호를 보내며 적극적으로 목표를 달성하겠노라 호언한다. 진심이 아닌, 승진에 눈이 먼 아첨이다. 속으로는 불가능하다는 것을 잘 알지만, 그저 윗선의 눈에 들려는 얄팍한 계산에서 나오는 행동이다. 사장은 이런 아첨꾼을 우대한다. 자신이 원하는 분위기를 만들어주는 사람이기 때문이다.

- 대다수 직원은 언짢은 마음으로 지금껏 항상 해오던 일을 계속할 따름이다. 할 수 있는 데까지만 해보자는 자포자기의 심사다. 물론 속에서는 열불이 난다. "어떻게 여기서 더 요구할 수가 있지? 더는 할 수 없어." 결국 목표가 달성되지 않으면, 이 평범한 직원들은 (참으로 어리석게도!) '사장이 징계를 받아 앞으로는 더 신중하게 목표를 설정하겠지'라고 생각한다. 물론 사장은 처벌을 받는다. 그러나 더 높은 목표로 무장한 새 사장이 위에서 내려온다.

대다수의 팀원은 조직의 목표를 자신의 목표로 인정하지 않는다. 위에서는 아무런 정당성도 없이 불가능한 것만을 요구한다. "너는 스타가 되어야만 해." 그저 단순하게 내세워진 목표다. 물론 목표 달성으로 출세를 이루고자 하는 야심 가득한 팀원이 없지는 않다. 이들은 적극적으로 나서서 그 어떤 어려움이 있어도 목표를 달성하려 한다. 위에서 지시한 유토피아적 목표를 바로 자신의 목표로 받아들인다. "엄마, 아빠, 사장님, 나 스타가 될 거예요." 이제 팀은 파가 갈린다. 첫번째 그룹은 유토피아 자체를 인정하지 않는다. 오히려 유토피아가 해를 불러와 결국 몰락하게 될 것이라고 믿는다. 두 번째 그룹은 유토피아를 개인적인 도전 기회로 받아들인다. 세 번째 그룹은 강제 노동이라도 하는 것처럼 괴로워한다.

목표를 개인적 도전 기회로 받아들인 그룹 역시 아무리 노력해도 목표를 이룰 수 없다는 위기의식에 거듭 사로잡힌다. 목표는 애초부터 너무 높게 설정되었기 때문이다.

- "안타깝지만 이번에도 역시 실패구나. 괴롭더라도 계속 시도하자."
- "예상보다 오래 걸리네. 야근을 불사하자."
- "다른 팀원이 돕지 않아. 아예 방해하기도 하고."

야심가, 특히 팀장은 이런 생각을 하게 된다. 그는 모든 팀원에게 열정과 야근을 요구한다. "모두 반드시 해내겠다는 열정으로 초과 근무를 감당해야 해. 그렇지 않으면 우리는 해낼 수 없어." 중요한 것은 팀의 생존이라고 팀장은 힘주어 강조한다. 야심 가득한 팀장은 자기 혼자서만 동분서주한다고 화를 내면서 일을 탐탁지 않게 여기는 팀원, 패배주의자, 경영에 냉소적인 인물을 내심 비난하기 시작한다. 형편없는 직원들 때문에 리더십이 위협받는 운명적 상황이 반복된다고 한탄한다. 팀이 매년 더 높은 실적을 올려야 하는 것은 당연한 이치라 강조한다. 저항은 무의미할 뿐이다. "위에서 원하는 거야."

집단 지성은 팀원 각자가 스스로 선택한 하나의 공동 목표 아래 똘똘 뭉쳐 서로 부족한 점을 채워가며 결실을 거두려 노력할 때 생겨난다. 외부로부터 강요된, 즉 개인의 것으로 만들지 못하거나 공동의 합의로 선택되지 못한 유토피아적 목표 아래서는 "기꺼이 협력하고자 하는 의지"가 "아무런 의미 없이 함께 일해야만 하는 의무"로 바뀐다. 팀 분위기는 야당, 선동가, 마지못해 적응하지만 끓어오르는 공격성을 언제라도 터뜨릴 수 있는 반항아, 속없이 그저 항상 기분 좋은 팀원(이런 사람 정말로 있다!) 등으로 어수선하다. 이처럼 너무 높은 목표는 신경을 피로하게 만들며 팀을 분열시키는 결과를 낳는다.

지적인 집단이 으쌰으쌰 다같이 힘을 합쳐 도전해나가도 부족할 마당에 통제마저 어려워진 팀은 이제 단 몇 분이라도 서로 빈정대거나 조롱하지 않고는 대화를 나누지 못하는 지경이 되었다. 이런 팀이 스마트한 것 혹은 심지어 천재적으로 간단한 것을 이끌어낼 수 있을까? 결과물이라고는 뭐가 뭔지 모를 '미숙한 복잡함'일 뿐이다. 나는 이 결과의 근거를 보다 자세히 살피고자 한다.

감당해내기 어려운 일을 맡게 되면 대개는 일단 야근이라도 해서 그것을 해결하려 든다. 하지만 이런 태도야말로 자진해서 지옥으로 걸어 들어가는 것과 같다. 독자 여러분이 내 말을 정확하게 이해해주었으면 한다. 갑자기 놀랄 정도로 많은 업무나 과제가 주어지면 나도 물론 야근을 해야 한다. 이상할 것이 전혀 없는 지극히 정상적인 이야기다. 그러나 야근으로 성취 불가능한 목표를 이루려 시도한다면, 문제는 전혀 해결되지 않는다. 오히려 우리는 문제의 희생자가 될 뿐이다. 생각해보라. 축구에 재능이 전혀 없는 사람이 훈련을 죽도록 오래 한다고 해서 스타 선수가 될 수 있을까?

# 인력 활용 극대화는
# 미친 짓이다

## 무리한 요구 없이는 되는 일이 없다?

무리한 목표에 과부하가 걸린 팀이 회의를 열었다.

"우리는 10% 매출 신장을 목표로 했어. 그런데 신상품 출시가 늦어진데 다가 시제품 사용 평가도 그다지 좋지 않아. 목표를 낮춰 잡아야겠어."

"시작부터 우울한 소리 하지 마. 과제를 받아들이고 도전에 맞서자. 제발 부정적으로 굴지 마."

"고객은 갈수록 까다로워져! 사장이 노래하는 것처럼 '우리 상품이 유일한 최고'라는 순진한 주장이 통할 것 같아? 요즘 고객들은 우리보다 아는 게 훨씬 더 많다고. 우리는 고작해야 우리 것밖에 모르잖아. 경쟁 상품에 대해서는 거의 모른다고. 검색으로 무장한 고객들의 지식은 놀라울 정도야!"

"그럼 자네도 검색해보면 되잖아!"

"이봐, 나더러 모든 걸 다 하라는 말이야? 내가 일을 충분히 하지 않는다는 거야?"

"내 말 좀 들어 봐, 주말에 내가 검색해봤어. 경쟁 상품 대부분이 아주 좋더라고. 심지어 더 뛰어난 것도 있어."

"내가 한 번 요약해볼까. 고객은 갈수록 까다로워지고, 경쟁은 심해지기만 해. 결국 우리는 새로운 작업 방식이나 전략을 고민해야 해. 그래서 우리는 경쟁 상품을 연구해볼 필요가 있어. 각자 몇 개씩 경쟁 상품을 알아본 다음, 발표를 통해 비교해보는 게 최선이지 않을까. 고객에게 최선의 상품을 제공할 방법을 찾자…….”

“잠깐, 잠깐! 우리가 그런 과중한 업무를 감당할 수 있어? 당장 실적부터 올려야 하는데 말이야. 어쨌거나 상부 지원 없이는 안 돼. 계약서 작성 같은 지겨운 업무라도 좀 덜어주면 안 되는 거야? 우리가 무슨 마술사냐고. 그래서 말입니다만, 팀장님 의견은 어떠세요? 대체 어떻게 작년보다 실적을 10%나 더 올릴 수 있다는 거죠?”

팀장은 슬쩍 핵심에서 비켜선다. “여러 해 동안 우리는 매년 10%씩 더 실적을 올려왔잖소. 올해라고 안 될 이유가 뭐가 있죠?” 하지만 팀장은 곧 안 하느니 못한 말을 했다는 것을 깨닫고 입술을 지그시 깨문다. 너무 늦었다. 이제부터 아수라장이 시작된다.

“우리가 매년 야근에 시달린 덕이죠! 사생활을 완전히 포기한 덕택이라고요! 주말마다 메일을 확인하고 답장을 썼어요! 연봉 삭감에도 미친 듯이 일했습니다! 스트레스로 몸이 말이 아니라고요!” 팀원 한 명은 당장이라도 팀장의 멱살을 잡을 기세다.

그러나 나이 많은 팀원이 침착한 말투로 흥분한 팀원을 뜯어말리며 달랜다. “목표를 팀장이 정한 건 아니잖소. 팀장도 어떻게 목표를 달성해야 할지 몰라요. 좀 이해해줍시다.”

“그럼 대체 어디에 항의해야 하나요? 예? 어디에?”

팀원들은 모두 한 배를 탔음을 깨닫는다. 그 어디에서도 구원의 손길을 찾을 수 없다. 늘 똑같은 문제로 씨름하는 닫힌 사회다. 팀장은 한숨을 쉰다. “그럼, 계속합시다.”

문학적인 표현을 피해 말하자면 이렇다. 나는 최근 한 대표이사의 퇴임식에 연사로 참석했다. 주인공은 스트레스로 지친 모습이었고, 건강이 좋아 보이지 않았으며, 그럼에도 새로 맞을 인생이 기쁜 모양이었다. 그는 은퇴를 축하하는 사람들에게 일일이 감사 인사를 건넸다. 그런 다음 생각에 잠긴 모습으로 이런 말을 했다. "다들 알 거에요. 우리는 지난 10년 동안 계속해서 10% 이상의 실적 인상을 요구해왔습니다. 배려라고는 없는 아주 엄격한 요구였죠. 직원들은 늘 10%를 감당했습니다. 솔직히 저 스스로도 예상하지 못했던 결과입니다. 항상 '이런 식으로는 안 될 텐데'라는 생각을 했죠. 그러나 직원들은 놀랍게도 그야말로 자신을 쥐어짜더군요. 그동안 우리는 모두 매우 피곤해졌습니다. 스트레스로 가득 찬 생활을 했죠. 그럼에도 우리 경영진은 계속해서 10% 상승을 요구했습니다. 이게 과연 정상일까요? 언젠가는 파국을 피할 수 없게 될 것입니다. 언제까지 무의미한 요구만 되풀이할 건가요? 제 시간이야 이제 끝입니다만……." 좌중에는 깊은 침묵이 맴돌았다. 마침내 새로 임명된 사장이 자리에서 일어섰다. "에, 모든 걸 너무 우울하게 보지 맙시다. 긍정적으로 보죠. 우리는 매년 실적을 끌어올렸고, 스톡옵션 덕에 경영진으로 상당한 이득을 보았습니다. 우리가 정상급의 경영을 한 덕분이죠." 그러면서 신임 사장은 잔을 높이 들었다. "거기에 결정적으로 기여한 이사님을 위하여!"

과거로 돌아가보자. 1990년대만 하더라도 독일인들은 주당 35시간 일했다. 오후 다섯 시가 되면 거의 정확하게 퇴근했다. 이메일 같은 것도 없어서 일요일에 업무 관련 메일을 주고받지 않았으며, 휴대전화도 없어 퇴근 후 통화로 시달리지도 않았다. 업무도 편안해 오늘날 같은 스트레스를 주지 않았다. 그런데 점점 업무시간이 늘어갔다. 휴가는 예전과 달리 근무시간에 합산되지 않았다. 고객에게 직원의 휴가 부담까지 떠넘길 수 없다는 것이 이유였다. 업무는 갈수록 과중해졌다. 직장의 성탄절 파티마저 완전히 사라졌다. 내 아내는 최근 사육제 월요일*에 막스플랑크연구소Max Planck Gesellschaft로부터 이메일을 받았다. 화요일에 하이델베르크에서 열리는 사육제 행렬에 모든 연구원이 참여해달라는 내용이었다. 그러나 이 행사 참여로 빠지는 업무시간은 나중에 따로 벌충해야 한다는 친절한 안내(명령?)가 따라붙었다. 예전에는 사육제 화요일이 비공식 휴일이었거늘! 그랬던 것이 (느낌상) 약 1995년부터 각박해지기 시작했다. 먼저 30년 근속을 기념해 직원에게 주는 황금 시계가 사라졌다. 특별 휴가도 상여금도 없어졌다. 결국 기념식마저 자취를 감췄다. 남은 것은 업무, 그것도 갈수록 사람을 정신없게 만드는 업무뿐이다. 짧아진 점심시간 때문에 모니터 앞에서 최소한의 영양 섭취를 위해 빵 조각을 우물거려야만 하는 업무가 일상이 된 것이다.

거의 20년 동안 우리는 계속해서 허리띠를 졸라매고 업무 속도를 끌어올려왔다. 비판의 목소리는 최근에서야 터져나오기 시작했다. 나는 이미 2002년부터 인력 활용 극대화라는 경향에 반대하는 입장을 분명히 해왔다(나의 책《강박 이상의 광기—책임 인간에서 점수 인간으로Supramanie. Vom Pflichtmenschen zum Score-Man》를 참고할 것). 하지만 나는 완전히 외톨이가 되었을 뿐이다……

---

* 예수의 수난을 기리기 위해 금식과 참회를 하는 사순절에 앞서 일주일 동안 벌이는 축제다. 수요일부터 시작하며 그 주의 월요일을 사육제 월요일이라 부른다.

업무 부담을 계속 높여간다면 머지않아 모든 자원에 완전히 과부하가 걸릴 것이다. 그런 완전한 과부하를 허용하거나 시도해서는 안 된다는 논증은 과학적으로 입증되었음에도 무시당하기만 한다. 나는 과부하가 왜 치명적인지를 대기행렬 공식으로 설명하려 한다. 이 공식은 지나치게 높은 업무 강도로 발생하는 평균적인 업무 지연과 업무 강도 사이의 관련성을 수학적으로 나타낸 것이다. 수학의 확률 이론과 통계학에서 끌어온 것이며 타당성은 충분히 증명되었다. 공식은 이른바 '대기행렬 이론Queuing Theory'의 기본 틀을 따랐다.

어쩌다 보니 어렵고 골치 아픈 수학 공식을 인용하게 되었는데 독자 여러분이 이것을 충분히 이해해주리라 믿는다. 나도 그다지 내키지는 않지만 달리 어쩔 도리가 없다. 내가 말하고자 하는 핵심은 지나친 업무 부담은 여러 가지 해결하기 어려운 문제를 유발하고, 그 결과 기다림의 과정에 혼란을 불러온다는 것이다. 물론 굳이 공식을 쓰지 않아도 분명하게 알 수 있는 사실이다. 그러나 공식을 함께 살펴봐야지만, 지나친 부담이 어리석은 행동을 초래하는 이유를 온전히 납득할 수 있다.

> 66
>
> 혼란스러운 상황에서 과도한 업무 부담에 짓눌린 채 일하는 사람은 그저 멍청해지거나 어리석은 집단의 일부가 될 뿐이다.
>
> 99

## 대기행렬 공식

계산대가 단 하나뿐인 매장에서 장을 보았다고 가정해보자. 매 순간 손님들은 바삐 오간다(수학 이론에서는 손님이 추측통계학의 '푸아송 과정[*]에 있다고 가정한다. 이는 실제로도 맞는 이야기다). 모든 손님은 계산대를 통과해야만 한다. 계산대 앞에는 대개 긴 줄이 늘어서기 마련이다. 그러나 줄이 길든 짧든 고객은 모두 단 하나의 계산대를 거쳐야만 한다. 계산대의 계산원이 한가하게 손님을 기다리는 일은 드물다. 대기 줄의 평균 길이가 어느 정도인지는 계산원의 업무 부담에 따라 달라진다. 이 관계를 표현한 것이 대기행렬 공식이다.

> ### 계산대 앞의 예상 손님 수
>
> ### = 계산원 부담 / (1−계산원 부담)

다른 예를 통해 이 공식을 더 분명하게 알아보자. 증명은 내가 다른 매체에 기고한 글[**]이나 수학 교과서에서 찾아볼 수 있다. 바로 생생한 사례로 들어가보자.

마침 점심시간이라 손님이 별로 없다. 그러나 일단 몰려들었다 하

---

[*] 모집단에서 임의로 추출한 표본으로 모집단의 상태를 추측하는 과정을 뜻한다. 푸아송Siméon Denis Poisson(1781~1840)은 프랑스의 수학자이자 물리학자다. 추측통계학 분야에서 선구적인 연구를 했다.

[**] 〈뱀을 다루는 마술사Schlangenbeschwörer〉(여기서 뱀이란 사람들이 기다리는 줄을 뜻한다)라는 제목의 칼럼으로 2004년 《정보학 스펙트럼Informatik-Spektrum》 제27호에 게재되었다. 저자의 책 《뒤크의 파놉티콘Dueck's Panopticon》에도 수록되었다.

면 한꺼번에 밀어닥친다. 계산원은 늘어지게 하품을 하다가 돌연 완전히 녹초가 되곤 한다. 한창 바쁠 때면 가득 찬 장바구니를 든 손님들이 줄을 서서 왜 이렇게 줄이 줄어들지 않느냐며 불평을 한다. 얼마 전에는 계산대에 긴 줄이 늘어섰는데 계산원이 단골손님에게 금혼식이 어땠냐고 근황을 물었다가 난리가 났다. 뒤에 서 있던 손님이 화를 내며 욕설을 퍼부은 것이다. "지금 시시콜콜 수다나 떨 때야? 빨리 계산이나 하라고! 내 소중한 시간 도둑질하지 말고!"

이렇게 계산원의 업무는 매우 변동이 심하다. 그럼에도 사장은 불만이 대단하다. 그는 무작위로 시험을 해보겠다며 초시계를 들고 계산원이 실제 바쁜 시간이 어느 정도 되는지, 한가하게 빈둥대는 시간은 얼마나 되는지 측정했다. 그는 계산원이 근무시간의 85%에 해당하는 시간에만 실제 업무(계산)를 수행했으며, "15%는 그저 앉아서 손님을 기다리는 데 썼다"는 결과를 내놓았다. 계산원은 볼멘소리로 현재도 업무는 충분히 힘들다고 항변했다. 사장은 그것을 들은 체도 하지 않고 계산원의 인력 활용도를 극대화하겠다며 매장의 진열 품목을 늘렸다. 그런다고 수익이 더 높아지는 것은 아니지만, 최소한 계산원의 인건비만큼은 건지겠다고 사장은 이죽거렸다. 실제로 더 많은 손님이 매장을 찾았다. 사장은 다시금 계산원의 인력이 얼마나 활용되는지를 측정했다. 결과는 90%였다. 그리고 사장은 더욱 많은 상품을 들여놓았다……

놀라운 일이 벌어졌다. 물론 나쁜 쪽으로 말이다. 다시 매장 상황을 점검하던 사장은 계산대 앞에 긴 줄이 늘어선 것을 발견했다. 세어보니 열다섯 명이 계산을 기다린다. 이런 식으로는 안 된다고 생각한 사장은 계산원에게 호통을 친다. "빨리빨리 하라고!" 계산원은 퉁명스레 대꾸한다. "예전에는 모든 게 차분하고 깔끔했는데, 이제는 손님이 너무 많아 툭하면 소동이 벌어집니다. 일을 할 수 없을 정도입니다. 그냥 물건을 던지고 가버리는 손님이 갈수록 늘어납니다. 이런 식으로 번잡하다면 다시는 오지 않겠다는 손님도 많습니다." 사장은 분통이 터진다. 계산원의 인력 활용도가 고작 92% 정도에 머무르는 마당에 어떻게 그럴 수 있을까? 흥분한 사장은 욕을 해댄다. "당신은 아직도 업무시간 중 8%를 그저 한가하게 앉아 월급만 챙기고 있소! 어째서 일 처리가 그렇게 굼뜬 거요, 거참?"

지금이 바로 대기행렬 공식이 필요한 순간이다. 총 업무시간을 1로 가정했을 때 계산원이 실제로 일하는 시간을 비율로 나타내면 0.92다. 이 비율이 곧 인력 활용 정도 또는 흔히 말하는 '인력 활용도Utilization'이다. 대기행렬 공식에서는 인력 활용도를 계산하는 데 두 가지 값이 중요하게 작용한다. 하나는 평균적인 '대기행렬의 길이'이며, 다른 하나는 예상되는 '계산대 앞의 손님 수'이다. 계산대 앞에 손님이 단 한명도 없거나, 혹은 한 명만 있거나, 아니면 한 명이 계산하는 동안 다른 사람들이 기다리는 총 세 가지 경우의 수가 있다. 다시 말해 손님은 없거나(0), 한 명이거나, 한 명+대기행렬 길이다. 앞서 언급한 '푸와송 과정'에 따라 손님이 우연히 등장하는 경우를 두고 수학은 이렇게 표현한다.

**계산대 앞의 예상 손님 수 = 계산원 부담 / (1-계산원 부담)**

그리고 계산대 앞의 대기 줄은 다음 수식을 통해 예상할 수 있다.

**대기 줄 예상 길이 = 계산원 부담 × 계산대 앞의 예상 손님 수**

그럼 이 공식에 우리 사례의 값을 넣어보자.

$$0.92 / (1 - 0.92) = 0.92 / 0.08 = 11.50$$
$$0.92 \times 11.5 = 10.58$$

손님이 우연히 들어온다는 가정하에서 우리 사례의 대기 손님 수는 평균 열 명 이상이다! 이는 곧 계산대가 하나뿐인 작은 매장일지라도 혼란이 극에 달할 수 있다는 뜻이다. 물론 손님이 없어 계산원이 일을 적게 하거나 전혀 하지 않을 때도 있을 수 있다. 그러나 전체적으로 보면 상황은 대단히 유동적이다. 때로는 스무 명이 한번에 들이닥칠 수도, 때로는 두 명만 어슬렁거릴 수도 있다.

독자 여러분이 이 계산 결과를 어떻게 받아들일지 모르겠다. 대다수의 사람들, 특히 점주는 분명 계산 결과를 믿지 않으리라. 흔히들 인생은 어차피 늘 같은 상황의 연속이라고 한다. 아니다, 그렇지 않다. 상황은 대단히 유동적이다. 인력 활용도가 높으면 계산원은 줄을 서서 기다리는 사람들을 처리할 시간이 없다. 줄이 늘어나기만 하면 상황은 걷잡을 수 없이 짜증스러워진다.

앞선 사례에서 원래의 계산원 인력 활용도는 85%였다. 이 값을 공식에 대입해보자.

$$0.85 / (1 - 0.85) = 0.85 / 0.15 = 5.60$$
$$0.85 \times 5.6 = 4.81$$

이 계산대로라면 예전에는 평균 대기 손님이 약 다섯 명이었으며, 활용도를 높인 뒤에는 열 명 이상으로 늘어난 것이 된다. 시장에서 어떤 상점이나 노점 음식 매대 앞에 섰다고 생각해보자. 한 곳에는 다섯 명이, 다른 곳에는 열한 명이 기다린다. 무슨 생각이 드는가? 다섯 명도 많은데 심지어 열한 명? 아마도 열한 명이 기다리는 상점은 그냥 지나치고 말 것이다. 더욱 짜증스러운 것은 다음과 같은 경우다. 의류 매장이나 전자제품 매장을 둘러보다가 어떤 상품에 관심이 생겨 점원에게 물어보고 싶은데 점원이 앞에 선 손님 열 명에게 모두 질문을 들어가며 침착하고 꼼꼼하게 하나하나 설명을 해주고 있다면? 하염없이 기다리자니 열불이 난다. 여러분이라면 어떻게 하겠는가? 나라면 곧장 매장에서 나갈 것이다.

그러니까 계산원의 말이 맞았다. 사장은 매장 영업이라고는 전혀 모르는 사람이었다. 그는 인력 활용도만 측정했을 뿐, 고객 유동성은 조금도 고려하지 않았다. 이런 유동성은 인력 활용도가 높을 때 급격히 상승해 실제 모든 고객을 불만족스럽게 한다.

그러나 사장은 이런 결과를 전혀 납득하지 못한다. 자신은 99%만큼, 실제로 휴식 없이 계속 일하고 있기 때문이다. 그는 사장이니까! 그럼 사장이 계산원이라 가정하고 공식에 그 값을 대입해보자.

$$0.99 / (1 - 0.99) = 0.99 / 0.01 = 99$$
$$0.99 \times 99 = 98.01$$

계산원이 된 사장이 거의 100%에 가까운 비율로 자신의 인력을 활용한다면 약 백 명의 손님이 줄을 서서 기다려야 한다. 나는 어떤 대기업의 회장단 앞에서 이런 계산을 선보인 바 있다. 그들은 깜짝 놀랐다. 줄을 서서 기다리는 98명의 고객? 그래서 나는 그들에게 회장 비서실이 어떤 모습인지 빗대어 설명해주었다. 비서실에서는 세 명의 비서가 눈코 뜰 새 없이 전화를 받거나 건다. 상점 손님과 마찬가지로 그곳에는 수많은 직원과 경영자들이 오간다. 회장과 직접 면담을 하는 사람은 극소수이고 대개는 전화나 이메일로 접촉할 뿐이다.

"회장님 좀 뵐 수 있을까요?"
"아뇨. 지금 회의 중이세요."
"그럼 언제 가능할까요?"
"잠깐만요, 일정 좀 확인하고요. 아시겠지만 너무 바쁘세요. 음, 3주 뒤 다섯 시가 비네요."
"안 돼요! 그럼 이 프로젝트는 물 건너가는데요. 더 일찍은 안 되나요?"
"네, 안 됩니다."
"알겠습니다, 할 수 없죠. 늦게라도 봬야죠. 그러니까 3주 뒤 오후 다섯 시란 말씀이시죠?"
"아뇨? 전 오후라고 한 적 없는데요."

"새벽 다섯 시요?"

"네, 물론이죠! 회장님께서 여섯 시 비행기를 타실 예정이니까 그 전에 게이트 앞에서 잠깐 뵙는 걸로 하죠."

이 문제를 병원 응급실에 적용해보면 그 심각성을 훨씬 쉽게 이해할 수 있을 것이다. 예전에는 응급실 당직 의사의 업무가 많지 않아 야간 근무시간의 절반 정도는 잠으로 때웠다. 여기에 들어가는 비용이 너무 비싸다고 여긴 병원 경영진은 궁리 끝에 여러 병원의 응급실을 하나의 네트워크로 묶어 단 몇 명의 당직 의사만을 고용하기로 했다. 그 결과 의사의 인력 활용도는 85%로 높아졌다. 경영진의 눈에는 이 수치도 여전히 못마땅했지만 어쨌거나 예전의 60%보다는 훨씬 더 좋아졌다고 여겼다. 그런가? 그럼 계산해보자.

$$0.60 / (1 - 0.60) = 0.60 / 0.40 = 1.50$$
$$0.60 \times 1.50 = 0.9$$

자, 의사의 인력 활용도가 60%이던 예전에는 평균 대기 응급환자 수가 약 한 명이었다. 활용도가 85%로 높아진 지금 평균 대기 환자의 수는 약 다섯 명이다. 응급실로 가보자. "출혈이 심해요!" "곧 처치해드리죠, 몇 바늘 꿰매면 10분 뒤에는 괜찮아질 겁니다." 구급대원이 헐레벌떡 달려온다. "선생님, 밖에 심장마비 의심 환자가 있습니다." "오, 간호사, 이 바늘 좀 잡아주세요. 잠깐 중단합시다. 나중에 다시 마취하죠." 의사는 심장마비 의심 환자에게 달려간다. 그러자 간호사가 달려온다. "선생님, 난산이에요. 이미 양수가 터져서 태아가 위험합니다." "아, 네, 뭐부터 해야 되지? 간호사, 어떻게 해야 할 것 같아요? 심장마비가 우선이오, 태아가 우선이오?" "선생님, 그건 제가 물어본 건데요!" 그때 부상이 심한 남자가 기어들어온다. "죽을 것 같소! 나는 보험이 아니라 내 돈으로 치료비를 낼 거요!" "오 제기랄, 그럼 보험이 적용되는 태아는 어쩐다?"*

인력 활용도가 낮아야만 하는 직업이 틀림없이 존재한다. 소방서의 경우 60%도 높다. 소방관들이 어떤 화재 현장의 불을 끄고 있는데 다른 화재 현장에서 소방관과 소방차를 기다리는 경우가 평균 한 건 이상이 되어버리기 때문이다. 군대의 군인 활용도는 0%에 가까운 편이 가장 좋다, 그렇지 않은가?!

물론 경영자가 출혈이 심한 환자나 화재 현장의 인명을 구해야 하는 것은 아니다. 그렇지만 경영진의 업무를 소방서와 비교하는 것은 전혀 이상한 일이 아니다. "사장님, 급합니다!"라고 누군가 외친다면 사장이 직접 출동해 즉각 대응책을 강구해야 하기 때문이다. 바쁜 일정, 시간 부족으로 위기를 해결할 수 없다면 회사는 무너지고 만다.

## 긴 줄은 부담을 가중시킨다

앞서 인력 활용도가 90%에 달하면 우연히 찾아오는 고객을 상대할 경우, 평균 약 열 명의 고객이 대기해야 한다는 것을 살펴보았다. 물론

---

* 의료민영화로 병원이 영리화하면 병원 측이 보험을 적용하는 환자보다 부유한 환자를 선호하게 되는 현상을 에둘러 지적하며 의료민영화를 비꼬고 있다.

이 줄은 때에 따라 더 길어지거나, 더 짧아지기도 한다. 독자 여러분도 슈퍼마켓에서 장을 볼 것이다. 줄을 선 사람이 열 명이 넘으면, 우리는 짜증이 나기 시작한다. 은행에서는 더욱 화가 난다. 콜센터에 전화를 걸었는데 10분 이상 대기 음악 소리만 흘러나오면 분통이 터진다.

상황이 이 지경에 달하면 불평이 빗발친다. "왜 계산대를 더 열지 않죠?" "지금 대기 음악만 13분을 들었소, 이게 정상이오? 빌어먹을! 이렇게 바쁜 게 정상이냐고요! 일부러 그러는 거 아뇨? 직원을 덜 써서 고객을 기다리게 만드는 거요?" 이런 불필요한 대화로 고객의 대기 시간은 더욱 길어진다. 어떤 서비스의 인력 활용도가 90%를 넘어가면 "내 차례가 되기까지 이렇게 오래 기다려야만 합니까?" 등의 고객 불평과 항의로 처리시간은 더욱 길어지고, 인력 활용도는 95%까지 치솟는다. 이 정도가 되면 대기 고객 수는 엄청나게 늘어난다. 이제 모두가 불만 가득한 상황이 연출된다. 한 사람이 여러 차례 전화를 걸기도 한다. 이로써 추가 업무는 더욱 늘어나 혼란은 극에 달한다. 또 다른 기술적인 사례를 들어보겠다. 컴퓨터 네트워크 사용량이 85%를 넘어가면 파일과 사진이 첨부된 대용량 메일은 네트워크가 지나치게 부담을 받지 않도록 몇 초~몇 분간 지연 발송된다. 그러나 요즘 스마트폰을 사용하는 사람들은 통화를 하면서도 사진이나 파일을 메일로 전송한다. 혹시 도착하지 않았나 싶어 지연되는 시간을 기다리지 못하고 거듭 반복해 발송하기도 한다. 그 결과 네트워크 활용도는 90%를 훌쩍 넘는다. 그러면 더욱 많은 사람이 메일을 재차, 삼차 발송한다. 결국 네트워크는 불통이 되고 만다. 12월 31일에서 새해로 넘어가는 순간의 전화 회선을 생각해보라. "통신망이 과부하에 걸렸습니다. 나중에 다시 걸어주시기 바랍니다." 사람들은 초조한 마음에 계속 통화 버튼을 눌러 통신망은 더욱 큰 부담을 받게 된다. 무엇이든 활용도가 85% 이상이 되면 혼란은 피할 수 없는 현실이 된다. 이는 결코 과장이 아니다. 심지어 대형 사고로 이어지기도 한다. 긴급히 처리해야 하는 위급한 상황은 쌓여만 가는데 높은 과부하로 무엇부터 처리해야 할지 몰라 허둥대는 통에 일거리는 더욱 늘어난다. 결국 활용도는 100%를 넘겨 시스템 자체가 붕괴하고 만다.

경영에 있어 이 문제는 더욱 심각하다. 경영자가 너무 바쁜 나머지 약속된 일정을 지키지 못하면, "유감스럽지만 이번 사안은 더 진행시킬 수 없음을 알려드립니다, 일이 이렇게 된 것은 귀사의 책임입니다!"라는 답을 피할 수 없다. 이 경우 다른 프로젝트도 일시적 혹은 장기적으로 중단되는 상황이 발생하기도 한다. 시설 건축 계약을 맺고자 하는 고객이 있는데, 하필 이틀 휴가를 낸 시험관의 서명을 받을 수 없어 계약이 성사되지 않는다면? 또는 발주받은 공사가 자꾸 지연되는데, 고객이 계약상 명시된 공급 마감 시한을 고집한다면? 시간이 부족한 탓에 일대 소동이 벌어진다. 전화통에서는 불이 난다. 계획을 새로 조정하는 바람에 초과 근무를 피할 수 없게 된다. 이런 사례는 어떤가. 한 고객이 대규모 서비스를 위탁해왔다. 그는 반 년 동안 50명의 임금을 부담하기로 했다. 최고다! 이제 남은 일은 신규 프로젝트를 위해 '고작' 50명의 인원을 선발하는 것이다. 그러나 멍청한 기업은 서비스 인력 활용도를 90% 이상으로 몰아붙여온 탓에 50명의 직원을 뺄 여력이 없다. 설상가상으로 고객이 요구하는 수준의 숙련도를 갖춘 직원은 턱없이 부족하다. 모두 기존 업무에 허덕인다! 더 나아가 쌓인 일거리 때문에 계속 우선순위를 정해 일을 미뤄온 결과, 아직 처리하지 못한 업무가 산더미다. 대체 프로젝트 담당자는 어디에서 50명을 확보해야 할까? 그는 초조한 나머지 전화통을 붙들고 다른 프로젝트 담당자에게 인력을 빼달라고, 긴급 상황이라고 사정한다! 그러나 돌아오는 대답은 "우리도 죽겠는데 무슨 소리냐"는 짜증이다. 이 전화 통화로 다른 프로젝트 담당자가 시간을 허비하는 바람에 도처에서 부담은 늘어만 간다. 과부하 걸린 네트워크 사례처럼 혼란은 피할 수 없다. 모두 스트레스로 녹초가 된다. 야근으로 눈이 벌게지며, 주말에도 일을 해야만 한다. 혼란이 혼란을 키운다.

결론이 이렇다. 85% 이상의 인력 활용도는 더욱 많은 업무를 불러온다. 이로써 부담이 커져 업무량은 계속해서 눈덩이처럼 불어난다. 85% 이상이던 활용도는 이내 100%에 육박한다. 실제 현장에서 경영자는 정상 근무시간의 100% 이상을 일해도 숨을 돌릴 수가 없다. 활용 가능한 시간의 100%를 쥐어짜 잔무의 30%를 해결해야 활용도는 간신히 85% 이하로 떨어진다. 그러나 그동안 새롭게 늘어난 일거리가 기다린다. 안타깝게도 상황은 더욱 나빠진다.

## 대기행렬은 실수를 만든다

혼란 상황에서는 당연히 실수 발생률이 높아진다. 인력 활용도 100% 이상의 압박에 시달리는 사람은 어떻게든 일거리를 줄이려 하기 때문이다. 그 결과 실수를 피할 수 없게 된다. 일정은 지연되고 품질 관리역시 허술해지며 안전 수칙은 무시되기 일쑤다. 요컨대 상품에 숱한결함이 생겨난다. 신뢰가 사라지고 오해가 빚어지며 고객의 불평을 달래느라 시간이 허비되는 등 무의미한 추가 업무가 수없이 생겨난다. 20%, 30% 초과 근무로도 부족해 오로지 마감이 임박한 일만 처리하게 된다. 최소한 마감은 맞춰야 하기 때문이다! 결국 대기행렬은 긴박하지 않은 모든 일을 뒤로 미뤄버린다.

정신없이 일을 쳐내야 하는 바람에 전화통에서 큰소리가 나지 않는 일은 자연히 뒤로 밀린다. "급한 업무가 우리를 잡아먹는다!" 급하지 않으면 미뤄지는 통에 수많은 일이 정체되어 있다. 혁신? 어떻게? 무엇을? 시간이 없다. 부하 직원을 교육해야 할 중간 관리자는 자신의 업무에 허덕이느라 누굴 가르칠 엄두조차 내지 못해 결국 코칭 능력을 잃고 만다. 본격적으로 경영 수업을 받아야 할 젊은 관리자는 애초부터 쳇바퀴만 돌린다. 기적적으로 교육받을 시간을 낸다 하더라도 적당한 선생을 찾을 수가 없다. 복도 혹은 자판기 앞에서의 정보 교환? 허, 배부른 소리! 직장 분위기나 상황 따위에 대해 대화를 나누는 것은 이미 오래전부터 누구도 관심을 갖지 않는 사치가 되어버렸다. 결국 전체적인 기업 문화는 시들어버린다.

혼란은 '분위기'와 지속성, 시급하지는 않지만 중요한 일을 짓눌러버리고, 결국 서서히 모든 것을 질식시킨다. 문제는 갈수록 커지기만 한다. 최고 경영진은 수차례 회의를 열어 제발 지속적으로 관리할 사안을 잊지 말라고 경고한다. 이 경고 역시 시간을 잡아먹지만 모든 것이 급한 탓에 아무런 도움을 주지 못한다. 그래서 최고 경영진은 다시금 압력을 행사해 급한 일을 더 늘려놓는다. 그 결과 다음과 같은 일이 벌어진다.

## 제국의 반격—범람하는 통제

고객의 불평이 거듭되면 최고 경영진은 뭔가 잘못되고 있다고 생각한다. 무성의한 고객 관리가 계속되고, 상품과 서비스의 품질은 형편없이 떨어졌다. 투자자는 기업이 혁신을 전혀 이끌어내지 못한다고 걱정한다. 병가를 내는 직원과 '번아웃burn-out 증후군*' 증상을 보이는 직원이 늘어난다.

시급히 전문가의 평가와 조언을 받아 질서를 회복해야 한다. 전문가는 당장 정확한 수치가 적힌 보고서를 올려야 한다. 모든 것을 철저히 점검한다! 이제 각 분기의 수익뿐 아니라 아래 사항들도 감사 대상이 된다.

- 주간 성과
- 고객 관리 현황
- 계약의 정확도
- 품질
- 취소된 프로젝트
- 안전성
- 지출 내역 및 관리 현황
- 직원의 건강
- 초과 근무 실태
- 직원 성비

---

\* 지나친 스트레스로 극심한 피로를 호소하는 심리 현상을 의미한다.

- 소프트웨어 및 하드웨어의 업데이트 상황
- 출장 비용 관리

이제 각종 보고서와 '회계 감사', '조직 감사', '리스크 관리 보고서', 자격 감사, 절약 규칙 등 기업 관리에 필요한 모든 데이터 요구가 쉴 새 없이 빗발친다. "왜 그쪽 부서에는 여성 직원이 없나요?" "저는 부서를 맡은 지 얼마 되지 않았습니다. 게다가 여성을 채용해도 좋다는 허락도 아직 받지 못했습니다." "다른 부서와 협의해 직원을 교환해서라도 여성 직원 비율을 높여주세요." "벌써 시도해봤지만 다른 부서도 여성 직원이 턱없이 적어 협조해주지 않았습니다." 이런 식으로 업무는 줄어드는 게 아니라, 오히려 늘어난다. '저 위'에서는 그저 중간 관리자들만 닦달하고 있다. 최고 경영진은 문제를 어떻게 해결해야 하는지 살피려 하지 않는다. 그저 단순하게 문제가 해결되기를, 또는 문제가 줄어들기를 바랄 뿐이다. 그렇지 않아도 심각한 업무 부담을 안고 있는 직원들의 심리는 헤아리지 못하는 것일까? 직원들을 조금만 고려했다면 적어도 이런 식의 메일은 보내지 않았으리라. "전체 부서 확인 결과 각각의 PC에 모두 다른 버전의 아크로뱃 리더Acrobat Reader(컴퓨터 프로그램의 일종)가 설치되어 있었습니다. 모두 업데이트 해주시기 바랍니다. 그렇지만 최신 버전은 아직 불안정하니 피해주세요." 또는 이런 메일도 보낸다. "회장님께서 '중요하게 생각하시는' 새로운 데이터뱅크에 모두 가입하셨나요? 전 직원은 이를 의무적으로 사용해주셔야 합니다. 또한 각자가 이 데이터뱅크를 얼마나 오래 사용하는지도 알려주시기 바랍니다. 데이터뱅크에 업데이트되는 회장님의 공지 사항을 열람하지 않는 직원이 있을 시 해당 부서장에게 책임을 물을 예정이니 각별히 신경써주시기 바랍니다."

약간 비꼬아 표현하긴 했지만 이런 것이 경영자의 지극히 평범한 일상이다. 마치 총알이 핑핑 날아다니는 전쟁터에서 모두가 참호에 숨어 있는 마당에 오늘 아침 어떤 병사가 양치를 하지 않았는지 보고하라는 명령과 뭐가 다른가? 이런 요구 자체가 잘못되었다는 뜻이 아니다. 이런 요구가 필요한 경우도 분명 있다. 그러나 급히 해결해야 할 업무로 정신없는 상황이라면 이런 식의 요구는 화를 돋우기만 한다!

인력 활용도가 80~85% 정도라면(수학자로서 이 정도를 강력 추천한다!) 우리는 편안하게 모든 과제를 해결한다. 직원 성비를 맞추고 안전 규정을 준수하는 것이 뭐가 어려우랴. 그러나 혼돈 한복판에서 고통과 분노로 속이 썩는 마당에 저 위는 떡하니 이런 지시를 내린다.

"분기당 몇 가지 혁신을 이루었나요? 지난 5년 동안 달성한 혁신을 모두 표에 꼼꼼히 기입해주시기 바랍니다. 종합적으로 판단하려면 과거 기록도 모두 필요합니다."

비명에 가까운 답변: "우리 회사에는 5년 이상 된 부서가 한 곳도 없습니다. 끝없이 재조직이 이루어졌으니까요! 5년 이상 한 부서를 관리한 직원이 한 명도 없습니다! 아무도 대답할 수 없는 질문입니다."

"비협조적이면 곤란합니다. 가능한 한 모두 기입하세요. 부서의 전임 책임자와 연락해 해당 사항을 확인하고 기록으로 남겨주시기 바랍니다. 향후 5년을 위해 어떤 혁신을 기획하고 있는지도 정확히 밝혀주세요. 혁신 아이디어가 열 개 이하라면 각오해야 할 겁니다."

비명에 가까운 답변: "저는 그저 화성 헬륨 융합 발전소 건설을 계획할 뿐입니다. 화성을 따뜻하게 만들어 사람이 살 수 있도록 하려고요. 이것이 향후 5년 내 제 유일한 혁신 사안입니다!"

"그렇게는 안 됩니다. 모든 부서가 열 개의 혁신을 제안하고 철저하게 다듬어야 그중 최선의 것을 선발할 수 있습니다. 새로 발족한 혁신 장려 위원회에게 가능한 한 많은 선택지를 주었으면 합니다."

대체 이게 무슨 난리인가? 이처럼 오로지 일을 더 복잡하게 만들고 부담을 가중시키려는 행태, 그중에서도 가장 짜증스러운 행태가 버젓이 명령으로 행세한다. 저 위의 관심은 그저 아래를 '통제'하는 데 있다. 권력은 즉각적인 처리만 강요할 뿐, 이른바 '왕'인 고객은 안중에도 없다. 고객은 그저 하염없이 기다려야 할 뿐이다.

> **"**
> 과도한 부담으로 당장 코앞에 닥친 일만 처리하게 되면, 부실하게 처리된 업무를 가릴 핑계만 꾸미게 된다. 그 책임은 결국 최고경영자의 몫이다. 언제나 위에서 내려온 것부터 최우선으로 처리되기 때문이다.
> **"**

윗선의 권력은 다시 더 많은 의미와 책임을 강요한다. 요란한 소동과 실수, 시급하지 않은 일은 무시하는 태도(매우 중요한 일마저도 시급성에 밀려 덮어두는 행태)는 피할 수 없다. 시스템이 제대로 기능하지 않는다는 사실을 눈치 챈 경영진이라는 제국은 이 상황을 가능한 모든 통제로 반격한다. 이에 따라 모든 일이 즉각 실행에 옮겨져야 한다. 이를 감당하느라 업무는 더욱 과중해져 실무자는 녹초가 된다.("오른쪽 전조등을 교환하라!" 자동차는 소리치는데 운전자는 계속 운전만 한다. "까짓 전조등 좀 꺼지면 어때!") 결국 과중한 부담은 모든 것을 가리는 변명이 된다. 과중한 부담만이 모든 잘못의 원인이다.

## 대기행렬 증가로 업무는 끝없이 불어난다

시스템이 혼란에 빠지면 위기나 문제 상황 시 이를 어떻게 풀어야 할지 몰라 모든 사람이 서로 극심하게 다툰다. 모두가 과도한 부담에 사로잡혀 일정은 엉망이 된다. 프로젝트 책임자는 발을 동동 구르며 불평한다. 과중한 부담에 짓눌린 직원은 대꾸한다. "저를 때려 죽이셔도 못 합니다." 그러면 책임자는 화가 나서 해당 직원의 상사를 찾는다. 책임자와 상사는 대체 뭐가 문제인지 입씨름만 하다가 입을 모아 직원을 비난한다. 그러나 직원은 다른 일이 더 급한 이유를 증명한다. 이제 갈등은 더 높은 선으로 올라가 경영진에 이른다. 아래에서는 논란이 되는 사안을 두고 다툼이나 책임 공방이 벌어질까 두려워 아무도 나서지 않는다. 혼란은 극에 달해 부서 차원에서는 아무것도 해결하지 못하고 어떤 결정도 내리지 못한다. 사장이 결정해야만 한다. 사장 비서실에는 미결 문제들이 쌓여간다. 그는 분통이 터진다. "아니 무슨 일들을 이렇게 해? 사사건건 내가 결정을 내려줘야 하는 거야? 스스로 처리할 수 있는 게 그렇게 없어? 사소한 문제까지 내가 전부 손을 대야 할 정도로?"

그러니까 핵심은 이것이다. 대기행렬 혼란으로 생겨나는 모든 추가 업무, 즉 온갖 자잘한 사건, 고객의 불평("대표하고 얘기 좀 합시다, 정말 짜증나네!"), 수많은 예외 상황과 특수 사례는 갈수록 저 위에서 결정하거나 해결해주어야만 한다.

최악의 경우 기업의 최고위층이 내부 단속과 고객 불만 달래기에만 매달려야 한다. 본래의 경영 업무는 생각조차 할 수 없다. 감독 및 감사 부서는 한계치로 달아오른다. 감독관, 감사, 특별 회계 책임자, 보안 관계자, 사회 책임 부서, 앞선 사례에서 나타난 문제 때문에 새로 파견된 리스크 관리 책임자 등이 앞다투어 질서의 회복을 요구한다……새로운 추가 업무가 생겨난다……SOS! 갈수록 심해지는 혼란은 이제 인간의 영혼을 짓밟기 시작한다. 스트레스로 얼굴은 일그러진다.

## 과도한 스트레스는 지킬 박사를 하이드로 만든다

지나친 스트레스는 인간의 선함을 무너뜨린다. 업무는 보이지 않는 적을 상대로 벌이는 끝없는 싸움이 된다. 분노에 가득 차서 쳇바퀴를 돌려보지만 목표는 시야에 들어오지 않는다. 《지킬 박사와 하이드》의 주인공처럼 점점 악독한 하이드로 변한다.

너그럽던 경영자는 콩 한 쪽도 허투루 세지 않는 지독한 구두쇠가 된다. 친근했던 사업가는 분노 가득한 눈으로 복수의 기회만 엿본다. 경영 자문을 맡았던 학자는 자폐증 환자처럼 체념한 채 슬금슬금 꽁무니만 뺀다. 줄곧 법과 규정을 무시해온 경영인은 무력, 곧 처벌과 해고 위협으로 반응한다. 분위기는 험악해져 서로에게 고함을 지르는 것이 습관처럼 돼버린다. 존중과 배려는 사라진 지 오래다. 이런 분위기에서 스트레스에 시달리지 않는 사람은 공격의 대상이 되기 십상이다. 놈팡이 같으니라고! "뭐하는 거야, 업무 중에 노래를 흥얼거리고 커피를 마셔?" "일이 그만큼 잘 되니까. 업무가 매우 만족스러워, 곧 수영장에 갈 거야." "뭐? 넌 힘들지도 않은가 보지?" "응, 전혀 힘들지 않은데? 나는 자연의 순리에 따라 내 노동력의 85%를 넘기지 않고 일하고 있으니까." "그래도 돼?" "그래야만 해!" "나는 그럴 수 없어, 게으름 피우는 것도 아닌데 일거리는 산더미 같네. 너 그렇게 여유 부리다간 사장 눈에 띄지 않겠어?"

> **"**
> 과중한 부담 아래 집단은 노이로제에 걸린다. 과중한 부담에 시달리는 사람은 그렇지 않은 사람을 함께 곤경으로 끌어들인다. 어리석음이 전염병처럼 퍼진다.
> **"**

## 체계적으로 위임하라

쳇바퀴 밖의 사람을 놈팡이나 게으름뱅이로 여기는 태도는 더 큰 파국을 불러온다. 모든 직원, 특히 자청해서 일을 떠맡는 직원(야심가)은 놈팡이로 보이지 않으려 안간힘을 쓰며 일이 삶의 전부인 양 달려든다. 근본적으로 잘못된 태도, 즉 집단 어리석음이 자행되는 전형적인 사례다.

대기행렬 공식은 다음 사실을 분명하게 증명한다. 중요한 직책을 맡은 사람은 중요도 혹은 자격 요건이 떨어지는 사람보다 훨씬 더 적은 부담을 갖고 일해야 한다. 고위 경영자가 중요한 몇 가지 사안에만 집중할 수 있다면, 누구도 오랫동안 결정을 기다리지 않아도 된다. 모든 것이 물 흐르듯 매끄러우리라. 최고 전문가가 시간 여유를 누리는 덕에 모든 문제가 깔끔하게 해결될 것이기 때문이다.

자동차 정비공장을 보라. 장인은 느긋하게 여유를 갖고 자동차에 어떤 이상이 있는지 진단한다. 장인은 도제가 어디를 어떻게 수리해야 할지 결정한다. 도제는 아직 진단에 서툰 탓에 장인이 자리를 비우면 공장은 매끄럽게 운영되지 않는다.

바로 이러한 이유로 장인, 경영자, 각료, 최고 전문가는 과중한 부담 없이 전체적인 맥락을 고려하여 결정을 내려주어야 한다. 그래야 벨트컨베이어의 노동자가 침착하게 작업을 수행할 수 있다. 그러면 일이 매끄럽게 처리되어 대기행렬은 생겨나지 않는다. 이것이 바로 벨트컨베이어, 즉 부드럽게 진행되는 작업의 본질이다(물론 부품 공급이 제대로 이루어지도록 공장장이 위에서 느긋하게 살펴야 한다).

우리는 IBM에서 최고 경영진의 업무 부담이 40%에 머물도록 했다. 이 수준은 이론을 그대로 따른 결과다. 그러나 내가 아는 거의 모든 기업에서 최고경영자는 항상 숨 돌릴 틈 없이 일한다. 이따금 계약을 따내지 못해 일거리가 없는 때가 있다. 이를테면 9·11 테러 이후나 경제 위기 때가 그렇다. 그럴 때는 일이 없는 탓에 직원들이 "벤치에서 빈둥거릴" 수밖에 없다. 회사를 위해 일하지 못하는 이런 상황은 물론 좋지 않다. 직원을 최대한 활용하고픈 사장은 속이 쓰린다. 사장은 내심 직원이 "사라져주기를" 바란다. 일이 없는 직원은 해고당하지 않을까 불안하다. 일거리 부족으로 휴식을 피할 수 없게 되었다면 집

테라스에서 느긋하게 여유를 즐기거나 집수리를 하는 데 시간을 쓰면 되는 것 아닌가. 그러나 직원들은 그러지 못하고 떨기만 한다. 반대로 최고경영자는 그 어느 때보다 "분주하다". 일거리를 따내느라 동분서주하기 때문이다. 그러니까 일거리가 부족해지면 일은 위로 몰리기 마련이다.

이 모든 것이 집단 어리석음의 결과가 아닐까? '모두'를 위한 일거리가 충분하지 않다면 직원들이 재충전을 할 수 있도록 휴가를 주거나 교육시간으로 활용할 생각은 왜 하지 못할까. 최고경영자는 새로운 전략과 혁신과 개혁과 변화를 이끌어낼 구상을 하고 자신과 직원을 위한 교육에 매진하면 된다. 그러나 누구도 그런 생각을 하지 않는다. 그저 일에만 매달리고 싶어 한다. 경영자는 평범한 직원에게 넘겨도 좋을 일마저 자신이 하려고 안간힘을 쓴다. 가능한 한 일을 아래로 위임하는 것이 좋다는 생각은 애써 하지 않으려 한다!

자동차 정비 장인이 어리석게 구는 것을 본 적 있는가? 도제보다 더 열심히 일하겠다고 장인이 손수 타이어를 갈던가? 그런데 대기업은 항상 정반대로 돌아간다. 직급이 올라갈수록 부하 직원의 일거리를 가로채는 행태가 벌어진다. 상사에게 그만큼 열심히 일한다는 것을 보여주려 애쓴다. 바로 이 때문에 간부급에게 좋지 못한 회사 사정에 대한 책임을 묻기 어려워진다. 그들은 쉴 새 없이 일하고 있다! 그저 아랫것들만 벤치에서 빈둥거린다. 에휴, 저들을 치워라! 비용만 잡아먹고 손실만 일으키는 저들을 해고하라!

미국의 경영 이론은 이 문제를 '체계적 권한위임의 부족systemic under-delegation'이라 부른다. 이는 매우 끔찍한 참상을 야기한다. 실력자는 회사를 구하겠다며 녹초가 되어 나가떨어질 때까지 일하는 반면, 아래의 '평범한 직원'은 한가하게 빈둥거린다.

> **"**
> '체계적 권한위임의 부족'은 기업이 완전하게 작동하지 않는 경우에도 관리자들을 격무에 시달리게 한다. 바로 이러한 이유로 작은(!) 위기에도 기업은 무너지고 만다.
> **"**

한 모임에서 과도한 업무 스트레스에 시달리는 어떤 기업의 중간 관리자가 더는 경비 절감 방안이 떠오르지 않는다며 이런 말을 했다. "우리는 아마 경비의 15%를 더 줄일 수 있을 겁니다. 고객을 버릴 각오를 한다면 말이죠. 하지만 그렇게 한다면 정말 끝장입니다."

생각해보라! 오로지 성장만을 외치며 매년 두 자릿수 이상의 수익 상승률을 요구하는 기업은 지나치게 많은 업무, 실수, 일정 지연, 권력 싸움, 공포에 시달린다. 수없이 전화 통화와 회의를 하며 난리법석을 피운다. 그럼에도 결정되는 것이 없다. 상황은 갈수록 나빠지고 고객은 거세게 항의한다. 모두 한숨을 쉬며 탄식한다. "우리는 오로지 우리 자신과 씨름할 뿐이오. 고객을 위한 시간을 낼 수가 없어요."

실로 심각한 상황이다. 그렇지 않은가? 이런 말을 회장이 듣는다면! 아마도 회장은 어쩌다 이 지경에 이르렀는지 당장 보고서를 써내라고 할 것이다. 당황한 직원들은 저마다 고객을 위해 얼마나 많은 시간을 썼는지 정신없이 보고서를 쓰리라. 이렇게 다시 추가 업무가 생겨난다. 이런 식으로 대다수의 기업이 과부하 파국을 맞는다. 반작용은 또 다른 반작용을 낳으며 악순환이 계속된다.

나는 앞서 업무에 과부하가 걸리면 당장 급한 일부터 처리하려는 행태가 나타난다고 말했다. 지극히 정상적으로 일하는 직원이 놈팡이라 욕을 먹게 된다고도 했다. 나는 이러한 현상을 좀 더 명확하게 분석해보고자 한다. 과부하가 걸리면 당장 급하지 않은 모든 일이 '여가 활동'으로 여겨진다. 혁신, 성탄절 파티 혹은 지속적인 관리가 필요한 사안이 모두 등한시된다.


## 착각 증후군
## —시급한 것이 중요한 것이다?

### 아이는 떨어져 사는 아버지와 멀어지게 된다

'부모 소외 증후군PAS, Parental Alienation Syndrome'을 들어본 적 있는가? 이혼한 부부의 아이가 한쪽 부모와 살면서 이따금 주말에만 다른 한쪽의 부모를 만나 함께 시간을 보낸다고 가정해보자. 아이는 양쪽 부모를 똑같이 매우 사랑한다. 그러나 통계에 따르면 떨어져 사는 아버지나 어머니와 1년 이상 연락을 지속하는 아이는 거의 없다고 한다.

서로 소외되기 때문이다. 그저 마음이 멀어지는 것이다. 대개 이런 식이다. 아이는 아버지(아버지가 주로 '떨어져 사는 쪽'이다)와 즐거운 주말을 보낸다. 아이는 집으로 돌아와 어머니 앞에서 행복한 표정을 짓는다. 홀로 아이를 키우는 어머니는 그 모습을 보는 것이 언짢아진다.

그런 일이 몇 번 되풀이되면 어머니는 이런 생각을 하게 된다. "아이 아빠는 아이의 밝은 면만 볼 뿐이야. 학교 문제로 속이 썩는 쪽은 나쁜 이지. 아빠가 애한테 사주는 만찬을 집에서 매일 해줄 수는 없어. 아이 가 아이스크림을 계속 먹도록 내버려둘 수도 없고. 아이스크림은 일주 일에 한 번이면 족해. 그런데 애 아빠가 버릇을 잘못 들여놓은 탓에 아 이스크림을 못 먹게 하는 나만 나쁜 엄마가 돼. 정말 불쾌해. 나만 애 키우느라 힘들어. 그가 갈수록 더 미워져. 애가 아빠와 시간을 보내고 행복한 얼굴로 돌아오면 정말이지 한 대 때려주고 싶어." 나중에는 이 런 생각을 아이에게 직접 말하기도 한다.

아이는 어머니의 이런 기분을 곧 알아차리거나 직접 듣는다. 그러 면 아이는 1인 2역을 연기하기 시작한다. 아이는 아빠와 함께 보낸 행 복한 시간을 겉으로 표현하지 않고 은밀히 즐긴다. 집으로 돌아와서 는 어머니에게 행복한 모습을 보이지 않으려 안간힘을 쓴다. 귀갓길에 는 지루해 죽겠다는 표정을 짓는다. 어머니는 마음이 철렁해서 묻는 다. "왜, 별로였어?" "아 뭐, 해야 되는 일이니까요, 아빠가 꼭 오라고 하니까, 어쩔 수 없이 가는 거죠." "어쩔 수 없다는 거, 무슨 뜻이야?" "아빠는 영화 보러 가자면서 내가 보고 싶은 영화는 싫대요." "아빠와 함께 있고 싶지 않다는 거야?" "아니에요, 그냥 저 좀 내버려두세요. 가끔은 아빠가 잘해주기도 해요."

아이는 몇 달 동안 이런 연기를 하며 계속해서 정신적 부담을 받는 다. 그러다 점차 마음이 멀어지고 서서히 아버지와의 이별을 준비하게 된다. 아버지와의 연결 고리는 차츰 끊어진다. 앞서 통계가 밝힌 바대 로, 이런 관계는 평균 1년 이상 지속되지 못한다.

부모의 어느 한쪽(앞의 예시에서는 어머니)이 다른 한쪽과의 멀어짐을 적극적으로 유도한다면 아이에게 심리적 범죄를 저지르는 것이나 다름 없다. 프랑스의 경우 이런 의도적 분리를 아동 학대로 처벌한다. 독일에 는 이런 제도적 장치가 아직 마련되지 않았다. 그저 묵인하는 것일까?

## 업무는 질투가 심해 오로지 자신에게만 집중하기를 요구한다

부모 소외 증후군은 얼마든지 확대 적용할 수 있다. 외부에서 자신이 정말 좋아하는 근사한 일이 벌어지고 있다고 상상해보자. 하지만 당장 감당해야 하는 업무를 피할 수 없다. 이 업무는 완전한 집중을 요구하 며 오로지 자기만 사랑해달라고 보챈다. 외부에서 벌어지는 축제를 흘 깃거리는 태도를 용납하지 않는다. 이것이 바로 우리가 직장에서 경험 하는 일상이다.

무조건적인 업무 강도 극대화를 추구하는 기업은 '부모 소외 증후 군'의 어머니와 같은 태도를 보인다. 과부하가 걸린 시스템은 뻔뻔하 게 모든 신경을 자신에게 집중해달라고 요구한다. 그리고 이런 요구는 결국 '인생 소외 증후군Life Alienation Syndrome'이라는 결과를 낳는다.

제시간에 정확히 퇴근하려 할 때 듣게 되는 빈정거림을 아는가? 물 론 그저 흘려들으면 그만이다. 한 동료가 눈을 껌벅이며 묻는다. "조퇴 하는 거야?" 나쁜 뜻으로 하는 말은 아니지만 말에 가시가 있다는 느 낌을 지울 수 없다. 우리는 그런 소리를 듣기 싫어 조용히 몰래 사무실 을 빠져나간다. 아무도 나를 보지 않았기를 바라는 마음으로. 나는 언 젠가 회의를 하던 중 오후 6시 정각에 자리에서 일어났다. 그리고 오 늘이 아들 생일이라고 말하며 양해를 구했다. 그때 누군가 한마디 했다. "아하, 자네 이제 '일과 삶의 균형Work-Life Balance'을 추구하는 모양이지." 나는 그 말이 은근히 귀에 거슬렸다. "아니, 아들 생일을 축하해주려는 거야." 그 뒤로 무슨 말이 오갔는지는 정확히 기억나지 않지만 당시 상황만큼은 똑똑히 기억한다. 나는 터무니없는 공격을 당한 기분이었다. 물론 그 말이 당시 직장에 막 생겨난 '일과 삶의 균형' 모임을 염두에 둔 고차원적인 농담이었을 수도 있다. 이 모임은 업무와 사생활 사이에 발생하는 불가피한 갈등을 스트레스 없이 풀 수 있도록 도와주는 것을 목표로 하고 있었다. 동료의 촌평도 정확히 이 문제를 꼬집었다! 한번 진지하게 생각해봐야 한다. 왜 우리는 항상 일에만 매달리며 인생을 즐기지 못할까?

어쨌거나 그날 조롱당했다는 꺼림칙한 기분은 좀체 가시지 않았다. 그는 내가 일찍 퇴근하는 것을 비난하고 싶었던 걸까? 아니면 그저 겉으로만 빈정거렸을 뿐, 내심 좋은 시간 보내라는 친근한 인사를 하고 싶었던 것일까? 그러니까 이렇게 말하고 싶었던 것일까. "잘 가시게, 나는 계속 일을 할 터이니."

아무튼 일찍 일을 마치고 퇴근하는 사람은 동료의 질투심을 자극하는 모양이다. 겉으로 말은 하지 않지만 그런 분위기가 사무실에 만연하다. 물론 실제로는 누구도 그런 감정을 품고 있지 않을 수도 있다. 그렇지만 우리를 어쩐지 예민하게 만드는 것은 사실이다. 예를 들어 나는 중요한 사안을 두고 집에서 고객이나 동료와 화상회의를 하곤 한다. 내가 회의 중이라는 것을 모르는 아내가 아래층에서 외친다. "여보, 케이크 드세요!" 나는 움찔한다. 사업 이야기를 하느라 몰두해 있는데 갑자기 분위기가 묘해진다. "흠, 흠" 상대방이 헛기침을 한다. 또는 통화 도중 상대방 쪽에서 아기 울음소리가 들려온다. 상대방은 귀가 벌게진다. 혹은 개 짖는 소리로 회의를 방해받을 때도 있다. 아무튼 인터넷 시대에 공과 사를 정확히 구분하기란 쉬운 일이 아니다.

이러한 이유로 업무와 관련해서는 모두가 가능한 한 사적인 일을 감추려 한다. 부모 소외 증후군 증상을 가진 아이가 어머니 앞에서 아버지를 부정하듯, 우리는 업무 앞에서 사생활을 감추기 시작한다. 아이가 아버지의 좋은 점을 애써 깎아내리는 것과 마찬가지로 우리는 사적인 일상에서도 업무 처리를 한다고 부풀려 말한다. "날씨가 기막히게 좋은 주말이었어. 우리는 테라스에서 일광욕을 했지. 테라스에서도 인터넷이 되더라고. 거기서 업무와 관련된 모든 메일을 처리했어. 회장님과 잠깐 채팅도 했지. 테라스에서도 업무를 볼 수 있다니, 얼마나 좋아!" 또 이런 말도 천연덕스럽게 한다. "왜 기획안을 아직도 못 끝냈죠? 나는 주말에 집에서 처리했는데……." 누군가 이런 식으로 이야기하기만 해도 분위기는 썰렁해진다. 머지않아 아무도 행복한 사생활을 이야기할 수 없게 되고 모두가 이중으로 분열된 삶을 살게 된다.

오늘날 주말에 집에서 업무 처리를 하는 것이 옳은지, 일요일에도 회장의 전화를 받아야 하는지를 놓고 많은 기업에서 논쟁을 벌인다. 미처 처리하지 못한 일을 집으로 가져가는 것이야 나쁘다고 할 수 없다. 또 회장이 주말에 전화하는 것이야 어쩌다 있는 일이지 않은가. 그러나 항상 업무를 우선시해야 하고 사생활은 포기해야 한다는 사실은 참으로 가슴을 무겁게 만든다. 그래서 사람들은 사생활을 머릿속에 떠올리기만 해도 불편한 기분에 사로잡힌다. 업무가 사생활을 질투하는 탓에 우리는 인생에게 소외당한다.

고용주나 상사는 이런 '인생 소외 증후군'을 두 팔 벌려 환영할 것이다. 자신 역시 중증의 환자라는 사실은 까맣게 모른 채! 이렇게 업무는 우리의 사생활을 다각도로 침범한다. 이러다 본래 인생을 잃어버리는 게 아닌가 하는 생각이 들 정도다. 최근 독일의 한 일간지는 "이런 상황에서 중요한 것은 그나마 충족감을 주는 일"이라는, 사뭇 자조적인 기사를 냈다. 그래야 일만으로 인생을 채우는 것이 파괴적이지 않을 것이라나. 아뿔싸, 이제 우리는 그저 연금을 받을 나이에 도달하기 위해 일할 뿐이다.

## 일상 업무는 혁신과 창의성을 질투한다

의학적으로 공인된 것은 아니지만 다른 소외 증후군도 있다! 일만 "인생을 질투하며" 우리를 괴롭히는 것이 아니다. 무엇보다도 항상 반복되는 '일상 업무'가 다른 모든 것을 심하게 질투한다. 진을 빼놓는 일상 업무의 질투는 우리 인생을 행복하게 하는 모든 것을 흘깃거린다. 심한 압박을 받는 직원은 저 푸른 초원, 그러니까 편안하고 즐거운 곳에 있는 모든 것을 질투의 눈초리로 바라본다.

극심한 스트레스를 받고 있는 직원이 식사 중 혁신 부서 직원에게서 이런 말을 듣는다고 가정해보자. "우리가 신상품 아이디어를 낼 수 있도록 경영진이 예산을 충분히 확보해주어야 해. 그래야 계속 변명을 늘어놓지 않고 긴 시간 침착하게 작업할 수 있으니까. 좋은 아이디어는 오랜 시간을 필요로 해. 우리는 열정적으로 작업해야 하고 전체가 즐거워야만 해. 그렇지 않으면 좋은 결과물이 나올 수 없어. 물론 우리 기획이 전혀 통하지 않을 수도 있어. 알잖아, 혁신이라는 건 거듭된 실패를 통해 이뤄지는 거야. 누구나 아는 이야기지. 모든 것이 수포로 돌아갔다고 해서 우리가 불이익 당하는 일은 없어야 해. 우리는 기업에 지속적인 토대를 마련해주어야 하니까. 장기적인 전략이 절실해. 우리를 평범한 직원 취급하면 안 되지. 혁신이란 예술 같은 거니까."

이른바 혁신 부서 직원이나 개발 엔지니어는 항상 이런 투로 말을 한다. 기술 전문가와 교수 역시 언제나 언론에 같은 논리를 펼친다. 극도의 스트레스에 시달리는 지원 부서 직원이 그런 말을 들으면 분노로 완전히 꼭지가 돌아버린다는 것을 그들은 알고 있을까?

평범한 직원은 이내 이렇게 중얼거린다. "그런 일이라면 얼마든지 하겠네." 그 후에는 속이 부글부글 끓어오른다. "저들은 정말 편하게 일하는군." 질투심이 걷잡을 수 없이 커져 분노로 폭발할 지경이다. "저런 한가한 건달이 자기가 최고라고 뻐기고 있으니! 정말 욕 나오네. 뭐? 자기는 평범한 직원과 다르다고? 뭐, 천연기념물로 보호라도 받겠다는 거야? 내가 이렇게 힘들게 일하는 게 쟤네들 편하라고 그런 거였어? 뭐가 조금만 잘못되어도 사장은 매일 월급을 주지 않겠다고 우리를 협박하는데, 저들은 빈둥거리기만 하면서 프로젝트 성공 여부에 책임을 지지 않겠다는 거 아냐? 내가 사장이면 저들은 전부 해고야! 아무래도 안 되겠어, 이사회에 진정서를 올리자!"

여유와 즐거움, 자원과 지원을 필요로 하는 연구 개발자와 지원 부서 직원 사이에는 팽팽한 긴장이 존재한다. 평범한 직원은 질투에 사로잡혀 혁신에 필요한 요건을 지원하려 하지 않는다. 20년 전 한 고위 경영자가 나에게 퍼부었던 증오에 가까운 비난이 아직도 귓가에 맴돈다. 당시 문제는 하이델베르크의 IBM 연구 센터였다. 그는 대략 다음과 같은 의미의 말을 했다. "하이델베르크 친구들은 더욱 다듬겠다는 말만 입에 달고 사는군. 학자라는 사람들이 다 그렇지. 다듬고, 다듬고, 또 다듬겠다는 거야, 제길!" 나는 어깨를 으쓱하며 답했다. "그거야 원래 그런 거죠!" 이 일이 있은 후 나는 과학에 대한 칭송을 삼가려 애써왔다. 그 대신 연구에는 무수히 고된 작업과 불확실함이 잠재해 있음을 밝히려 노력했다. 내 의지와 달리 나는 아빠를 좋아하면서도 그 마음을 겉으로 드러내지 못하는 부모 소외 증후군 증상을 가진 아이처럼 처신하고 말았다. 이런 태도는 곧 떨쳐냈지만, 그 후로도 얼마간 비슷한 비난이 귓가에 맴돌았다. "뒤크는 책을 쓰면서 고객에게 박수갈채를 받지. 우리 회사 소속으로 일하면서 그런 여유를 누려도 된다고 여기는 모양이야." 불평을 하자는 것이 아니다. 내게 자유를 허락해준 IBM에게 정말 감사하다. 다만 내가 말하고자 하는 것은 일종의 '혁신 소외 증후군'이 존재한다는 사실이다.

## 일상 업무는 여유롭게 일하는 직원을 시기한다

좀 더 일반화하자면, 분명 '내적 동기 소외 증후군'이 있다. 여유를 가지고 자신의 일을 하는 직원을 보면서 "저 친구는 별로 힘들지도 않은 모양이야"라고 질투하는 현상이다.

스트레스에 시달리는 사람이 스트레스를 받지 않는 모든 이를 향해 분출하는 이런 질투는 엄청난 집단 어리석음을 만들어낸다. 스트레스를 받는 집단은 연구, 개발, 혁신을 시기한다. 비전을 추구하는 사람, 디자이너, 최고 경영인, 마케팅 전문가를 보며 끓어오르는 화를 삭이느라 안간힘을 쓴다. 고객과 함께 식사를 하고 골프를 치러 다니는 영업 사원이 못마땅해 미칠 지경이다. 특별한 임무(이를테면 두 달 동안 아프리카에서 홍보대사로 일한다든지)를 맡은 직원을 보면 속이 쓰린다. 스트레스를 받는 사람의 눈에는 이런 생각이 고스란히 드러난다. "다들 놀고먹는데, 나만 죽을 지경이군!"

결국 시기의 대상이 된 동료는 스트레스에 시달리는 사람 앞에서 자신의 일을 부정하거나 감출 수밖에 없다. 결국 필요한 만큼 능력이 발휘되지 않는다.

집단 지성 하면 우리는 '팀으로 일하는 기쁨'과 전체를 위해 매진하는 모두의 뜨거운 내적 동기를 떠올린다. 그러나 스트레스에 시달리는 사람의 '내적 동기 소외 증후군'은 이런 열정을 없애버린다. 집단의 다수가 좋아하지 않는 것을 드러내놓고 사랑하기란 거의 불가능하다. '내적 동기 소외 증후군'이 심각한 이유가 바로 여기에 있다. 혁신은 질투를 유발할 뿐 아니라, 그 결과에 대한 두려움도 불러일으킨다. 혁신에 실패하면, 남을 고생시키고도 프로젝트를 성공시키지 못했다며 손가락질을 받고, 담당자는 곤욕을 치른다. 스트레스에 시달리는 사람은 한결같이 입을 모아 말한다. "대부분의 직원에게 변화는 상황의 악화를 뜻한다." 그래서 성공적인 혁신은 원망의 대상이 된다.

66

스트레스는 집단 지성으로 무장한, 물 흐르듯 부드럽게 협동하는 팀을 증오하게 만든다.

99

## 스트레스는 타인의 '자기 관리'를 싫어한다

'건강 소외 증후군'이라는 것도 있다. 건강관리에 힘쓰는 사람을 향한 못마땅함이 그것이다. 건강관리를 핑계로 근무시간을 축낸다고 생각하는 속 좁은 태도랄까. "자전거로 20km를 달려 출근했어. 좀 씻어야겠네." 스트레스에 시달리는 직원은 이런 동료를 보고 상반된 감정을 느낀다. 부러운 한편, 얄미운 것이다. 차로 출근하면 샤워할 필요 없이 더 오래 일할 수 있잖아? 자전거로 출근하면 피곤해서 업무에 지장은 없나?

직무 교육을 향한 반감도 생겨난다. "일주일간 자리를 비워야 해. 호텔에서 연수를 받으라나. 일거리는 쌓여 있는데 나더러 어쩌라는 거야?" 진심일까? 아니면, 아빠를 좋아하면서도 겉으로 표현하지 못하는 아이처럼 내심 연수를 반기는 건 아닐까? 물론 '교육 및 트레이닝 소외 증후군'도 있다.

지금까지 과중한 업무 부담으로 발생하는 문제를 일일이 살펴보았다. 이제 업무 과중이 혁신이나 연구 혹은 건강한 직장생활을 어떻게 방해하는지 독자 여러분도 충분히 이해했을 것이다. 실제 상황은 더욱 열악하다. 여전히 혁신이나 연수, 건강관리를 위해 시간을 내는 사람은 업무에 열중하지 않는다는 의심을 받는다. 이 상황이 불편하고 불쾌한 나머지 당사자는 능력을 감추거나 그저 남들이 하는 대로 따를 뿐이다.

요약해보겠다. 무턱대고 성장만 외치는 헛된 망상은 스트레스를 발생시켜 당장에 중요하지 않은 모든 것에 반감을 가지게 만든다. 이런 반감은 눈앞의 문제에만 매달리는 근시안적 태도를 낳는다. 그런데 이 눈앞의 문제라는 것은 늘어난 업무로 생기는 것이라 정작 중요한 사안은 뒷전으로 내몰린다. 스트레스는 계속해서 커진다. 대기행렬은 지나치게 길어진다. 본래 업무 외에도 실수를 바로잡고 고객의 불만을 처리하느라 다른 부서 및 동료와 끊임없이 갈등을 겪는다. 근시안적인 업무 태도는 전체 혹은 전체적인 목표를 시야에서 사라지게 한다. 전체 혹은 지속적인 안정을 추구하는 사람은 스트레스에 시달리는 동료의 비난이 불편한 나머지 자신의 의사를 관철하지 않는다.


## '고객 소외 증후군'에서 '번아웃'까지

우리는 스트레스에 절어 퇴근한다. 귀갓길에서야 간신히 한숨을 돌린다. 일단 번화가를 걷기로 한다. 이제는 내가 고객이다. 마음이 한결 느긋해져 기분이 나아진다. 이제 충분한 시간을 갖고 매장 직원에게 찾는 물건이 무엇인지 설명한다. 별것 아닌 거라도 상담원에게 충분히 상담을 받고 싶다.

어쩐지 세계들이 충돌하고 있지 않은가? 고객은 구매욕을 갖고 기분 좋게 판매원이나 상담원 혹은 (전화로) 콜센터 직원을 찾는다. 콜센터 본부는 직원들에게 고객 1명당 최대 4분만 쓰라고 엄격히 제한하면서, 이 짧은 시간 동안 최대한의 매출을 끌어내라고 강요한다.

고객과 상담원의 감정 차이는 뇌파에서 분명하게 드러난다. 편안한 상태의 고객은 알파 파장을, 스트레스에 시달리는 상담원은 더 높은 주파수의 베타 파장을 보인다. 고객은 모든 것을 기분 좋게 즐기려 하는 반면, 상담원은 엄청난 중압감에 시달린다. 심지어 물리적으로도 고객과 상담원의 파장은 전혀 일치하지 않는다.

한 대형 은행의 경영자가 세미나에서 1인당 4분으로 정해진 고객 상담시간을 왜 변경했는지 설명했다. "고객은 상담원의 조급한 태도를 불편하게 여겼습니다. 그런 중압감 아래서 최선의 상담이 가능한지 의아하게 생각했습니다. 고객과 상담원의 분위기가 좋을 리 없었습니다. 상담원 자신도 충분한 상담을 제공하지 못한 것에 불만을 드러냈습니다. 일을 소홀히 한다는 죄책감으로 심리적인 스트레스가 컸죠. '번아웃 증후군'에 시달릴 정도였으며, 화가 난 고객을 상대할 때는 더욱 심한 고통을 받았습니다. 최장 상담시간을 6분으로 늘리자 상담원의 상태가 다시 좋아졌습니다. 자신의 상담을 만족스러워 했죠. 고객도 적절한 상담을 받았다고 느꼈습니다. 이제 우리는 고객에게 50% 더 많은 시간을 할애하기로 했습니다. 보상이 충분할까요? 더 많은 상담원을 고용해야 하는 만큼 그에 상응하는 성과가 나타날까요? 우리는 실험을 계속하면서 최선의 방법을 찾을 것입니다."

과중한 업무 부담은 번아웃 증후군의 위험을 키운다. 심리적인 탈진 상태가 바로 번아웃 증후군이다. 위 사례의 4분이라는 상담시간 규제는 고객에게도, 상담원에게도 전혀 만족감을 주지 못한다. 고객은 불만과 짜증을 고스란히 표현한다. 고객은 상담원을 경멸하며 '무능력자' 또는 '사기꾼'이라 욕한다. 상담원은 근무시간 내내 고통스럽게 시간에 쫓기며 이렇게 살아야 하는가 하는 회의에 사로잡힌다. 일과 자신을 동일시하는 긍정적인 태도는 흥미와 함께 깨끗이 자취를 감춘다.

상담원은 피로감, 무력감, 우울증, 근심 등 번아웃 증후군의 전형적인 증상을 보인다.

은행 콜센터 사례의 경우 '6분 상담시간' 도입만으로 많은 것이 정상화되었다. 고객과 상담원 모두가 만족하게 되었다. 그럼에도 은행은 만족하는 고객에게 질투를 느낀다. 고객의 행복한 미소는 그만큼의 추가 예산 투입을 요구하기 때문이다. 은행이 이윤을 내세워 다시 5분 상담으로 정책을 바꿔야 할까? 이윤 극대화를 내세워 과중한 업무를 안기는 기업은 고객과 직원을 서로 소외시킬 뿐이다.

# 집단 어리석음의 온상

유토피아적인 요구와 사소한 것까지 하나하나 따지는 과중한 업무는 인간을 부정적으로 만든다. 이러한 변화를 간단하게 요약해보겠다. 모두 앞서 한 차례 심도 깊게 다룬 양상들이다. 그런 다음 나는 과도한 자극을 주는 체계가 어떤 문제를 야기하는지 살펴보려 한다.

집단 어리석음을 키우는 바탕에는 다음 요소들이 공통으로 존재한다.

■ 끊임없는 재촉과 끝없는 과제 스트레스: 눈앞의 가장 시급한 일부터 처리하려는 경향은 결국 아무것도 하지 못했다는 죄책감과 두려움, 허탈감을 불러일으킨다.

■ 성과에 대한 불안: 많은 미결 과제를 책상 위에 쌓아둔 사람은 당장 처리하지 않으면 문제가 생길 일에만 매달린다. 사장의 관심이 많은 일이다, 마감이 임박했다, 제안서를 제출해야만 한다, 분기 실적이 위험하다, 고객이 불평한다 등의 핑계를 대며 정작 반드시 필요한 중요 업무는 미루기만 한다.

■ 근시안적 해결: 조급함에 사로잡힌 인간은 코앞의 일에만 매달리고, 모든 업무는 대충 처리되어 폭탄 돌리기처럼 남에게 떠넘겨진다. 기업 차원이나 고객의 안목으로 전체를 바라보는 태도는 사라진다.

■ 이기적인 태도: 급박한 상황에 처한 사람은 누구나 자기부터 살아남으려 한다. 오로지 이기적인 태도만 만연하다. 전체를 관망하는 태도로 행동하라는 모든 경고는 깨끗이 무시된다.

■ 능력 저하를 부르는 압박: 스트레스로 인해 빠른 해결책만 선호된다. 어려운 문제는 뜨거운 감자처럼 남에게 떠넘겨지고, 시간 부족 탓에 더 배우려는 의욕은 사라지며, 문제나 과제를 더 높은 차원에서 해결하려는 시도도 없어진다. 집단은 무능해진다.

■ 무능함은 압력 아래서 양으로만 승부한다! 업무 역량이 부족한 직원은 좀 더 성과를 내라는 요구를 대개 양적인 것으로 이해한다. 그들은 더 나은 품질을 바라는 사장의 말을 더 빠르고, 더 부지런하며, 무엇보다 더 오래 일하라는 요구("추가 수당을 받지 않는 야근")로만 받아들인다. 즉, 더 스마트하게 일하지 않는다!

■ 열심히 일한다고 믿는 무능력자의 자만: 야근하는 무능력자는 자신이 비난받을 이유가 없다고 생각한다. 예를 들어 고객이 더 스마트한 해결책을 요구하면 "여기서 뭘 더 어떻게 하라는 말이오? 지금도

밤낮없이 일하는 마당에!"라며 궤변을 늘어놓는다. 스트레스는 일의 본래 목적을 잊게 한다. "일단 약간의 속임수로 당장의 위기만 모면하고 보는 거야."

다시 강조하지만 나는 팀의 어리석음, 혹은 집단 전체의 어리석음을 이 책의 주제로 삼았을 뿐, 개인이 어리석다고 하지는 않았다. 정도의 차이는 있겠지만 개인은 무능하지 않다! 그러나 성급함이 만연한 집단에서 발생하는 스트레스는 최고 전문가라 할지라도 피할 수 없다. 전문가 역시 타인의 급한 일부터 처리해야 하기 때문에 에너지 소모로 애를 먹는다.

어떻게 하면 이런 불행을 막을 수 있을까? 나는 오래전 한 신문에 대기행렬 문제를 다룬 칼럼을 기고한 적이 있다. 이 칼럼을 읽은 어떤 독자가 나에게 심술궂은 편지를 보내왔다. "뒤크 선생, 뜬구름 잡는 소리는 그만하고 구체적으로 뭘 어떻게 하라는 것인지 알려주시기 바랍니다. 좋습니다, 당신의 칼럼을 읽고 우리가 어처구니없는 상황에 사로잡혀 부담만 극대화하느라 미칠 지경에 내몰렸다는 사실을 알았습니다. 부디 부탁하건대 똑똑한 선생께서 일상 업무에 잡아먹히지 않으려면 개인인 내가 무엇을 어떻게 해야 하는지 알려주시기 바랍니다. 칼럼에서 구체적인 실천 방안까지 다루기는 어려우셨나요?" 나는 답장을 썼다. "구체적으로 뭘 해야 하는지는 칼럼에서 분명히 밝혔는데요? 흘려 읽으셨나요? 우리는 딱 85%의 업무 부담만 가져야 합니다." 곧장 답이 돌아왔다. "그건 읽었습니다. 그런데 누가 그럴 수 있단 말이죠? 제가 알고 싶은 것은 구체적인 실천 방안입니다!" 나는 더 이상의 설명을 포기했다.

쳇바퀴 돌리는 업무는 갈수록 더 많은 야근과 더 빠른 업무처리를 요구한다. 앞서 우리는 과중한 업무 부담이 문제를 거듭 발생시키고 돌발 상황을 초래하는 탓에 다시 엄청난 양의 부수적인 업무가 생겨나는 상황을 살펴보았다. 고객은 항의하고, 동료는 녹초가 되어 나가떨어진다. 경영진은 늘 새로운 개선책, 특단의 해결책을 찾으려 회의를 소집한다. 감찰과 감사는 시도 때도 없이 쏟아진다.

어떻게 하면 이런 흐름을 바로잡을 수 있을까? 나는 '개선한다'는 뜻의 일본어 '카이젠改善*'에 주목했다. 위키피디아에 '카이젠kaizen'을 검색하면 카이젠 혁신법인 '3무無 개선' 원칙이 나온다.

- 낭비하지 말라!—무다無駄
- 직원과 기계에 과중한 부담을 주지 말라!—무리無理
- 업무 처리 과정의 불규칙함, 불균일함을 피하라!—무라無斑

이 원칙을 실행한 많은 일본 기업이 큰 성공을 이루었다. 서구의 기업은 낭비되는 부분을 철저하게 따져 아끼는 것만을 효율적인 경영이라 여겼다. 그러나 모든 것을 줄이거나 절약하는 것만이 능사일 수는 없다. 새로운 효율 경영 원리로 직원과 기계에 '무리無理'를 없애는 과부하 줄이기를 강조해야만 한다. 그러나 우리는 지금껏 오로지 '무다

---

* 지속적인 업무 환경 개선을 통해 경영 효율성을 극대화하자는 개념이다. 일본의 도요타Toyota 기업이 도입해 세계적인 반향을 이끌어냈다.

줄이기'에만 주목하고 이를 극단으로 밀어붙였다. 그 결과 도처에 과부하가 걸려 불규칙한 생산 공정이라는 결과를 피할 수 없었다. 오늘날 독일 철도는 거의 매일 이런 안내 방송을 내보낸다. "운영상의 장애로 인한 열차 운행 지연에 사과 말씀 드립니다." 열차와 승무원, 선로에 지나친 부담을 가한 나머지 늘 실수가 발생한다.

어떻게 하면 이런 실수를 막을 수 있을까? 하지만 누구도 과중한 부담을 줄이려고 하지 않는다! 그저 항상 실수를 피하려 하고, 사과하며, 직원에게 경고만 남발한다. 직원은 자신의 체력이 허락하는 한, 초과 근무에 필사적으로 매달린다.

다시 말해 더 높은 차원에서 문제를 산뜻하게 해결하려는 시도를 하는 사람이 없다. 과부하가 걸린 기업은 유급을 걱정하는 열등생처럼 행동한다. 이것저것 닥치는 대로 외우려고만 할 뿐, 전체를 이해하고 성적을 끌어올리려고 하지 않는다. 사장이나 회장은 항상 "우리는 1등이 되어야 한다!"고 요구하는데도 말이다.

절약은 누구나 한다. 그러나 '무다'와 '무리'와 '무라'를 없애는 '3무 개선 원칙'은 과부하를 줄이는 좋은 경영을 요구한다. 이것이 지나친 요구일까?


# 어리석은 집단 속 눈에 띄는 능력자

첫 장부터 여기까지 차례로 이 책을 읽어온 독자라면 과중한 부담과 실현 불가능한 유토피아적 목표의 어리석음을 깨달은 똑똑한 사람을 떠올려보자. 아니, 그럴 필요 없다. 그 사람은 바로 당신이니까! 이제 함께 머리를 맞대고 개선 방안을 찾아보자.

■ 현실적인 목표를 세우자! "1등이 되어야 한다"는 말이 공허한 목표임을 인정하고 꾸준히 더 나은 미래를 꾸려갈 수 있는 현실적인 목표를 세워야 한다. 그러면 회의에서 팀장이 이런 말을 할지도 모른다. "뭐요? 우리의 목표를 따르지 않겠다고요? 1등이 될 야심은 없다고요? 그러니까 1등이 되자는 내 말을 믿지 않겠다? 내 말이 우습게 들린다는 건가요? 나는 당신에게 제대로 된 팀장이 아닌 모양이군요. 아니면 당신이 나에게 제대로 된 부하 직원이 아닌가 보군요?" 이런 말을 하면서 팀장은 위협적인 몸짓으로 회의 참석자들을 둘러본다. 참석자들은 침묵한다. 양들의 침묵. 모든 참석자가 제발 싸움만은 피해달라고 내심 당신에게 부탁하는 것 같다. 팀장이 "이 팀은 참 끔찍하군!"이라 말할까 봐 두려워하는 기색이 역력하다. '유토피아 증후군'은 유토피아에 대한 의심을 금기시하는 것으로 생명력을 얻는다. 의심하지 말라! 금기다! 그러나 당신은 금기를 깸으로써 얼마든지 똑똑해질 수 있다.

■ 성급함과 조급함을 벗어던지자! 대기행렬 공식이 가르쳐주는 대로 논리적이고 합리적인 수준의 업무 부담만 갖도록 한다. 대개 합리적인 업무 부담 비율(인력 활용도)로는 85%가 적당하다. 다만 문제는 "누구도 그럴 엄두를 내지 못한다!"는 점이다. 스트레스에 시달리는 집단 한가운데서 느긋하고 행복하게 일하는 사람은 아이들이 쓰는 말로 '디

스'를 당하거나 집단 괴롭힘의 표적이 된다. 똑똑하게 일하는 당신을 보고 상사는 이런 말을 할 것이다. "혼신의 노력을 하지 않는군!" 그리고 집단은 습관처럼 모든 것을 상사의 눈으로 본다. 어릴 적부터 배워온 그대로다. "그런 짓 하면 엄마가 혼낼 거야! 하느님은 네가 뭘 하는지 다 보고 있다고!" 집단은 자연법칙을 무시하는 상사의 희망대로 과중한 스트레스와 그로 비롯된 아드레날린 환각에 빠진다. 이를 따르지 않는 당신은 풍파를 견디는 늠름한 바위가 아니라 경멸의 대상이 될 뿐이다.

■ 모든 일을 빠르게, 마감에 임박해서만 처리하라는 요구를 거부하자! 스트레스 없이도 얼마든지 유의미하게 일할 수 있다. '이벤트 집착'을 거부하자! 고객사에게 제안서를 쓰거나, 회의를 조직하는 데 2주의 시간이 주어졌다고 가정해보자. 아마도 당신은 당장 일에 착수하리라. 동료로부터 기술 제원과 가격 정보를 얻고, 회의에 반드시 참석해야 할 중요한 인물의 일정을 확인하느라 전화에 매달린다. 그러면 상대는 이렇게 말한다. "지금은 바쁘니까 메일로 보내. 시간 나는 대로 답장해줄게." 당신은 곧장 메일을 쓴다. 아무런 답이 없다. 다시 전화를 하거나 메일을 쓴다. 타인의 시간 부족으로 생기는 추가 업무다. 그래도 답이 없다. 2주 내내 독촉하고 캐묻는다. 답은 없다. 그저 변명과 핑계만 돌아올 뿐이다. 이런 식으로 2주를 모두 허비하고 만다. 마지막 날, 이룬 것은 아무것도 없으며 심지어 맡은 업무를 완전히 그르칠 위기에 처했다는 것을 깨달은 당신은 속이 터진다. 이제 전화를 붙들고 고함을 질러댄다. 상대방 역시 신경질적인 반응을 보여 분위기는 매우 험악해진다. 마감은 말 그대로 코앞에 닥쳤다. '이벤트에 집착'하게 된 동

료들은 그제야 서둘러 정보를 보내온다. 이들은 정말 마감이 임박해야만 일한다. 당신에게 2주라는 시간을 준 상사는 분통을 터뜨린다. "2주에 업무 하나 처리하라는 게 지나친 요구요?" 이틀을 더 허비하고 나서야 당신은 일을 진행할 수 있는 실질적 정보를 손에 넣는다. 당신의 속은 부글부글 끓는다. 업무에 몰두하고 있는데 동료가 전화를 걸어 이번에는 당신에게 정보를 달라고 보챈다. "시간 없어!" 당신은 고함치고 만다. 고객사에서는 제안서에 몇몇 정보와 가격이 빠졌다며 불평한다. "빠진 정보는 곧 추가해드리죠. 데이터가 방금 바뀌었거든요. 저는 항상 최신 정보를 제공하기 위해 노력합니다." 고객은 당신이 날림으로 일을 처리했다는 것을 알아차린다. 당신도 아는 사실이다. 모든 것이 이런 식으로만 처리된다.

■ 중요한 개선은 다른 부서와 함께할 때만 성공한다! 이 사실만큼은 마음 깊이 새겨라! 당신은 개선을 위한 제안을 가지고 부서장을 찾는다. 부서장은 어리둥절한 표정을 짓는다. 극심한 스트레스에 시달리는 부서장은 이것이 자신의 일이 아니라고 말한다. "개선은 모두 함께 의견을 모아야 하기 때문에 내 권한 밖의 일이오. 먼저 모든 부서가 모여 개선 시 득을 볼 사람과 일을 감당해야 할 사람이 누구인지를 따져봐야 합니다. 물론 당신의 제안대로 된다면 좋겠지만, 득실은 계산해봐야 하니까요. 이득이야 누구나 원하는 것이고, 나 역시 마찬가지입니다. 솔깃한 제안이기는 하지만 누가 이득을 볼지 먼저 헤아려봅시다. 가장 좋은 방법은 제안을 좀 더 다듬어 우리 부서가 최고로 이득을 볼 수 있게 하는 겁니다. 그러면 제안을 관철시킬 생각이 있습니다." 당신은 대답한다. "그렇게 하면 다른 부서가 수락하기 어려운 제안이 되

어 모든 것이 수포로 돌아갑니다." 부서장은 고개를 끄덕인다. "항상 그렇습니다. 알고 있습니까? 우리 부서에만 이득이 되고 나 혼자 결정할 수 있는 사안만 제안하세요. 그렇지만 그 제안으로 인해 내 업무가 더 늘어나서는 안 됩니다. 그런 일은 당신이 대신 떠맡아야 하겠죠. 그렇습니다, 당장의 가시적인 이득이어야만 합니다. 이번 분기에 성과가 나와야죠. 그럼 내 승진에도 큰 도움이 되죠. 나는 계속 승진하고 싶습니다, 그건 당신도 마찬가지 아니오? 그렇지 않다면 갑자기 이런 개선 제안을 가져올 이유가 없지 않소? 아무래도 지금 업무로는 충분하지 않은가 보네요? 제안을 나무라는 것이 아닙니다. 그러나 당신이 그런 생각을 하는 1분 1초가 우리 부서에, 내 경력에 해를 끼칩니다."

아무튼 집단 전체가 성급함과 조급함, 과중한 부담과 유토피아적인 목표에 사로잡히면, 개인은 그런 조직에서 벗어날 수 없다. 집단 어리석음을 감지하고 퇴치하려는 똑똑한 사람이 당신 한 명뿐일 것이라는 생각은 하지 말자. 다른 사람들도 집단 어리석음으로 야기된 복잡한 문제를 틀림없이 알아차렸다. 자판기 앞에서 뱉어내는 불평들을 들어보라. 다만 그들은 너무 지친 나머지 저항을 포기했을 뿐이다. 충심으로 세계를 개선하고자 하는 당신이 보기에는 어처구니없겠지만 최악의 상황은 아니다.

**[ advice & summary ]** ................................................

이 책을 관통하는 핵심 질문은 다음과 같다. 개인인 우리가 성공하리라는 기대를 가지고 집단 어리석음에 맞서 싸울 수 있을까? 아니면, 모든 것이 너무 복잡하기 때문에 실패할 수밖에 없는 것일까?

프리드리히 실러Friedrich Schiller, 1759~1805[*]는 그의 논문 〈숭고함에 대하여Über das Erhabene〉에서 이렇게 썼다. "자신이 바꿀 수 없는 것을 감당하며, 구할 수 없는 것은 품위 있게 포기할 줄 아는 법을 배운 사람에게 축복 있으라." 우리는 무엇을 바꿀 수 있을까? 바꿀 수 없는 것은 무엇일까? 집단 어리석음은 우리가 그저 감당해야만 하는 것일까? 스마트한 전체는 정말 우리에게 유용한 대안이 되어줄까? 과연 희망이 있을까?

불가능한 것을 무작정 이루려 하는 사람은 결국 스트레스 없이도 충분히 해낼 수 있는 일조차 이루지 못한다. 모든 일이 실패로 돌아갈 뿐이다. 이것이야말로 극단적인 집단 어리석음이다.

내가 아는 한 사업가는 금요일 업무 마감 후 간단한 파티에 모든 직원을 초대한다. 흥미가 있는 직원들만 참석해도 좋다. 퇴근하기 전에 잠깐 모여 물이나 주스, 또는 약간의 샴페인을 마신다. 매주 금요일마다! 그리고 그 사업가는 지켜본다. "이 파티에 나타나지 않고 그 시간에 빨리 잔무를 처리하려는 직원은 과부하에 시달리는 경향이 있다고 봅니다. 저는 대략 몇 명이 파티에 참석했는지 헤아려보죠. 그 수가 너

---

[*] 독일의 고전주의 극작가이자 철학자, 시인, 문학이론가이다. 〈숭고함에 대하여〉는 그가 1801년에 발표한 철학 논문이다.

무 적다면, 저는 직원의 업무 부담을 줄여줘야 합니다." 바로 이것이 핵심이다. 전체의 균형을 잡는 것이 중요하다. 이게 어려운 일인가?

—

너무 많은 일을 계획하거나 불가능한 것을 성취하려 안간힘을 쓰는 사람은 과도한 스트레스에 시달리다 점차 부분적인 성과에만 집착한다. 다음 분기, 다음 실적! 이로써 전체를 보는 시각을 잃어버리며, 당장 필요하지 않은 모든 것을 무시하기 시작한다. 결국 오늘과 내일 사이의 균형이 무너지고, 지속적인 관리가 필요한 모든 일이 외면당한다.

충분히 달성 가능한 합리적인 목표 A를 두고서도 지나치게 높은 목표 B를 추구하다 실패를 거듭하면, 종내에는 분통을 터뜨리며 A는 보지 않고 오로지 B에만 집착하게 된다. 결국 어리석을 정도로 일을 많이 하는 데 비해 A조차 달성하지 못하는 결과를 얻게 된다.

목표 A는 달성 가능했으나, A의 추구는 많은 목표 사이의 균형과 지속을 요구하는 일이기에 스트레스로 A까지 물거품이 되고 만다.

## 03
# 중압감이 초래하는
# 집단의 기회주의

**지나친 부담, 독촉, 짜증은**

끊임없이 문제를 발생시키며 개인을 기회주의자로 만든
다. 개인은 업무의 본래 목표를 잊고 오로지 '어떻게 하면
내가 손해를 입지 않을 것인지'만 생각한다.

지나친 요구로 생기는 과중한 부담은 끔찍한 결과를 불러온다. 이런 부담 때문에 많은 일들이 미결 업무로 남게 되거나 날림으로 처리된다. 그것을 본 경영진은 '직원이 의도적으로 근무를 태만하게 하면서 은근히 반항하는 것은 아닐까' 하는 해묵은 의심을 키운다. 경영진은 직원을 통제하기 시작하면서 업무 규정을 세밀하게 지시한다. 이제 직원은 고객을 위해서라기보다는 통제를 피하기 위해 일한다. 경영자와 직원이 서로 눈치를 보며 생존 투쟁을 벌이는 탓에 양쪽이 모두 기회주의자가 된다. 직장이 아닌 빈민가에서 이런 행태를 보았다면 우리는 '거리에서 살아남아야만 하는 건달패'를 떠올렸으리라.

## 빠르게, 하지만 대충대충
## ─일단 처리하고 본다?

과중한 부담을 받으면 평소처럼 일을 잘 처리하지 않고 오로지 화를 면할 정도로만 때우게 된다. 이는 평범한 사람이 흔히 보이는 태도다. 공부하라는 잔소리만 듣는 학생은 그저 꾸지람을 면할 정도에 만족하지 않는가? 그러나 경영자는 직원이 탁월한 성과를 올리기를 기대한다.

　나는 콩 농사를 짓던 아버지의 모습을 요즘도 가끔 선명하게 떠올린다. 밭은 콩을 수확하는 마을 사람들로 가득했다. 아버지는 완두콩 5백 그램에 1마르크Mark를 쳐주었다. 누구나 자유롭게 아버지에게 찾아와 자루 하나를 얻어 콩을 따러 갔다. 사람들이 자루를 채워 가져오면 아버지는 무게를 쟀다. 그러니까 이때 재는 무게가 중요했다. 그래서 사람들은 한 번의 손길로 가능한 많은 완두 꼬투리를 잡아챘다. 깍지가 많이 들어가야 무게가 더 나가기 때문이다. 남은 줄기는 그냥 주위에 던져버렸다. 그 줄기에도 몇 개의 완두콩이 매달려 있었지만 아무도 신경 쓰지 않았다. 그러나 아버지는 콩 한 알도 허투루 버려지는 일 없이 모두 수확되기를 바랐다. 그래서 아버지는 항상 일하는 사람들 꽁무니를 쫓아다니며 버려지는 완두콩이 없는지 일일이 확인해야 했다.

이런 식으로 사장은 언제나 직원들이 깔끔하게 일해주기를 바란다! 아버지가 잠시만 감독을 소홀히 해도 밭의 수확량은 10%에서 크게는 20%까지 떨어졌다. 하지만 아버지는 밭을 그렇게 철저하게 감독하지는 않았고, 그저 어떤 사람이 믿을 만한 사람인지를 경험에 의존해 판단했다. 일을 열심히 해야 할 뿐만 아니라 잘해야 한다는 것은 분명한 이야기다.

그러나 콩 수확처럼 비교적 전체를 잘 조망할 수 있는 일조차 사람들은 속임수를 써서 무게를 늘리려 하는데, 은행 직원이 순전히 '고객 상담 건수'를 기준으로 봉급을 받는다면 과연 어떤 일이 벌어질까? "당신의 임무는 하루 평균 25명의 고객을 상담하는 것입니다." 참으로 편리하고 간단한 요구다. 그러나 '좋은 상담'은 어찌될까? 여기서 '좋은 상담'이란 어느 쪽도 스트레스를 받지 않고 원하는 해결책을 찾는 상담이다. 의문이 있어 은행을 찾은 고객은 상담원으로부터 만족스런 답을 얻어야 돌아간다. 그러나 은행장이 어처구니없을 정도로 높은 목표, 즉 하루에 25명의 고객을 상담하라는 목표를 요구한다면, 상담은 그저 머릿수를 채우는 식으로 빠르게 처리될 뿐이다. 자, 자, 서두르세요. 고객이 만족할 리 없다. 직원은 대충 절반 정도만 고객에게 설명해주고 다음에 다시 오라고 한다. 그 후 은행을 다시 찾은 고객은 별개의 상담으로 처리해 행장에게 보고한다.

지나치게 높은 목표는 필연적으로 꼼수를 강제한다. 자연스럽게 상사는 부하 직원이 무슨 속임수를 쓴 것이 아닐까 하는 해묵은 불신을 키운다. 사장은 직원이 일을 품격에 맞게 처리하는지 살피며 모든 것을 통제하려 하고 업무 성과를 매우 깐깐하게 측정하려 든다.

앞서 나는 지나친 부담이 어떤 파국을 가져오는지를 설명했다. 이번 장에서는 불신에 찬 윗선의 업무 성과 측정이 직원의 업무 태도를 어떻게 비윤리적으로 변화시키는지를 설명하고자 한다. 직원은 일의 본래 목표를 잊고 오로지 업무 성과 수치에만 주의를 기울인다. 학생은 시험 점수만, 정치인은 선거 결과만 중시하듯 경영자는 수치로 나타난 성과에만 집착한다. 결국 전체는 질이 더 나빠진 상품만 만든다. 고객은 형편없는 상담만 받는다. 기회주의적인 정치인에게 지배당하는 상황과 마찬가지로, 우리는 정신적인 측면에서만 보아도 계속해서 피곤해지고 어리석어진다. 오로지 시험만을 위해 공부하는 학생은 많은 것을 배우지 못하는 법이다.

이상주의자의 불평처럼 들리는가? 그렇지만 모두가 기회주의자가 되는 이런 상황은 다들 한 번쯤 겪어보았으리라. 이제부터 어떻게 이런 심리가 발달하게 되는지 그 내적 작동 원리를 분석해보자. 왜 우리는 계속해서 집단 어리석음이라는 깊은 늪에 빠지는 것일까?

# 성과에 따른
# 합당한 보상 문제

## 부당함을 목격할 때의 불편함

오늘날 우리는 '노동의 대가로 얼마나 받아야 하는가'를 놓고 설전을 벌인다. 노동의 대가만으로 먹고살 정도는 되어야 하지 않을까? 그래서 우리는 '최저 임금'이라는 것을 정해두고 있지 않은가? 아니면 모든 것을 시장의 법칙에 맡겨야 할까? 시장은 고용주가 가능한 한 낮은 가격에 노동력을 구하는 장소다. 오래전 내가 첫 직장에 취직했을 때만 하더라도 청년은 적당한 나이에 결혼해 가정을 꾸리고 최소 두 명의 자녀를 두는 것을 자연스럽게 여기는 사회적 분위기가 있었다. 여성은 가정주부로 살림을 하며 두 자녀를 교육했다. 그러니까 당시 임금은 평범한 4인 가족이 외벌이만으로도 먹고살 수 있을 정도로 책정되었다.

그런데 오늘날은 '가정주부'라는 존재를 구경하기 힘든 사회가 되었다. 역할 변화로 여성들도 밖에서 일을 한다. 노동인구가 급증한 탓(?!)에 임금은 오랫동안 오르지 않았다. 그 결과 이제는 단 한 명의 자녀를 홀로 키우는 아버지나 어머니조차 임금만으로 생활하기가 빠듯해졌다. 단출한 2인 가족도 먹고살기가 힘들어졌다는 이야기다. 예전에는 두 명의 성인과 두 자녀가 생활하기에 충분했던 임금 수준이 이제는 한 명의 성인과 한 아이의 생활을 지탱하기에도 힘들 정도로 떨어지고 말았다. 이런 경향은 갈수록 더 심해지고 있으며 개선의 여지는 보이지 않는다. 심지어 오늘날에는 성인 한 명으로 구성된 1인 가구조차도 임금만으로 생활을 영위하는 데 어려움을 겪으며 곤궁함에 허덕인다. 한참 후에 받을 연금은 거론하기조차 민망할 정도로 조촐하다. 모든 것의 균형을 잡아준다는 위대한 '시장의 힘'이라는 말을 듣는 우리의 속은 쓰라리기만 하다. 노동 착취에 혈안이 된 고용주는 부끄러운 줄 알아야 한다!

그러나 생각해보면 우리도 매우 싼 가격으로 다양한 과일과 야채를 구입한다. 농부는 생산비도 건지지 못할 수준의 수입에 허덕인다. 또한 우리는 인도의 허름한 판자촌에서 '아이들의 손'으로 만든 스마트폰이나 옷을 산다. 나는 때마침 완전히 산업화한 시설에서 닭을 도륙하고 포장하는 장면이 담긴 동영상을 보았다. 콤바인 같은 기계가 축사 한쪽 벽으로 내몰린 닭들을 진공청소기처럼 빨아들인다. 요란한 소리와 함께 닭을 죽이고 분해하는 과정이 시작된다. 곧이어 화면에는 널찍한 홀이 나타나고 기이한 위생복을 입은 인부들이 마스크를 쓴 채 벨트컨베이어 앞에 서서 이 닭들을 처리한다. 이렇게 생산, 포장된 닭고기는 할인점에서 1kg당 2유로에 판매된다. 동영상을 본 사람들은 놀란 입을 다물지 못했다. 불쌍한 닭!

생명에 대한 존중이라고는 눈 씻고 봐도 찾을 수 없다! 나는 동영상을 두 차례 시청했다. 처음에는 닭을, 두 번째에는 일하는 사람을 주의 깊게 보았다. 이런 동영상은 누구나 한 번쯤 꼭 봐야 한다! 닭을 보지 말고 인부를 보라. 어찌 보면 우리가 바로 노동 착취를 일삼는 고용주다! 우리는 모든 고용주를 싸잡아 욕하며, 내 고용주가 인간을 학대한다고 불평을 터뜨리지만, 우리도 똑같은 학대를 저지른다. 다만 우리는 학대당하는 인간 혹은 동물의 눈을 보지 않으려 외면할 뿐이다. 나는 마음이 착잡해졌고 자연스레 프란츠 레하르Franz Lehár, 1870~1948의 오페레타 〈미소의 땅Das Land des Lächelns〉에 나오는 한 구절을 떠올렸다.[*]

그저 끝없이 이어지는 일뿐이로구나,

쓰라림과 엄청난 아픔에도 미소를 짓는다,

---

[*] 프란츠 레하르는 헝가리 출신의 작곡가로 오스트리아 빈에서 활동하며 많은 오페레타를 창작했다. 〈미소의 땅〉은 〈노란 재킷Die gelbe Jacke〉이라는 제목으로 1912년에 초연된 오페레타이다. 바뀐 제목으로는 1929년에 초연되었다.

그렇지만 일의 참상이 어떤지, 누구도 보려 하지 않네.

우리가 이런 상황을 원했던가? 우리는 그저 나와는 상관없는 문제라며 시선을 피할 뿐이다. 지금 이 책을 읽고 있는 독자라면 아마도 그런 비참한 지경까지는 이르지 않았으리라. 그러나 파국의 순간은 마른 하늘의 날벼락처럼 찾아온다. 나는 오래전부터 파국을 경고해왔다. 전작 《강박 이상의 광기—책임 인간에서 점수 인간으로》(2003)의 "맹수의 시대" 장에서 나는 이 문제를 상세하게 다룬 바 있다. 지난 20년 동안 우리는 책임을 다하는 직원에서 오로지 점수만으로 평가받는 '점수 인간'으로 변모해왔다. 이 점수는 이른바 '인센티브 체계'에 따라 돈으로 환산된다. 오늘날 만연한 믿음은 우리가 '실력대로', 즉 달성한 성과에 따라 정확하게 보수를 받는다는 것이다. 실력을 돈으로 환산한 가치는 그때그때 시장의 노동력 수요에 따라 달라진다. 평가를 위한 '객관적인 체계'── 자극 체계 혹은 인센티브 체계, 최고경영자의 경우 주식, 스톡옵션, 법인 차량 등을 제공하는 '보상 제도Compensation Schemes'── 라는 것이 등장했다. 이 체계의 주요 기능은 다음과 같다.

- 누구나 실적에 따라 공정한 보상을 받는다.
- 더 많은 실적을 올리도록 동기부여를 해준다.
- '최고 성과를 거둔 직원Top-Performer'을 가려 승진 기회를 준다.

윗선에서는 흔히 자극이 있어야 더 많은 실적을 올린다는 말을 한다. 그것도 공식적으로! 이 장에서 나는 '공정한 보상'이 얼마나 어려운 문제인지를 밝히고자 한다. 이 문제의 심각성을 아무도 의식하지 못하고 있다. 특히 최고 경영진은 스트레스와 시간 부족에 시달리며 업무 목표를 바로바로 쥐어짜느라 이 문제에 관심조차 가지지 않는다. 그렇다, 다시 한 번 읽어두자. '공정한 보상'이라는 문제에 관심조차 갖지 않는다! 최고 경영진은 직원 개개인의 내년도 목표를 어떤 기준으로 수립하면 좋을지 일주일도 채 고민하지 않는다. 그저 회의 중간중간의 빈 시간을 이용해 뚝딱 도표를 만들어놓고 이것이 내년 목표라고 선포할 뿐이다. 아마추어처럼 날림으로 만든 보상 체계를 '공식화'하는 통에 엄청난 수고와 비용이 필요한 성과 평가가 수행된다. 이로써 직원 간의 엄청난 갈등은 피할 수 없다. 가혹한 평가 시스템과 이를 다루는 경영자의 아마추어적인 태도가 바로 집단 어리석음을 만드는 주범이라고 나는 확신한다.

이제부터 '성과에 따른 보상 체계'의 역사를 잠시 살펴보려 한다. 오늘날 우리를 노예로 만든 이 보상 체계가 어디에서 비롯되었는지 먼저 알아야 한다. 이후 나는 여러분을 한 은행의 작은 지점으로 초대해 일종의 생각 실험을 해볼 계획이다. 이곳 지점장은 상담 직원 세 명에게 공정한 목표를 제시해야 한다. 이내 깨닫게 되겠지만, 이 문제는 전혀 간단하지 않다! 나는 이 문제가 천재적으로 간단하게 해결되기는커녕, 어처구니없을 정도로 어리석게 마무리되는 실상을 보여줄 생각이다.

## 과학적 관리법과 테일러리즘의 기원

역사적으로 '공정한 보상'을 모색한 사례는 거의 찾아볼 수 없다. 문제의 핵심은 고용주가 피고용인에게 갖는 깊은 불신이다. 고용주는 언제나 피고용인이 일을 설렁설렁 해치운 다음 몰래 휴식을 즐기면서 한가하게 빈둥거리거나, 약간의 업무로도 죽겠다고 엄살을 피운다고 생각했다. 과거에는 노동자가 자신의 할 일을 정확히 알기만 하면 되었고, 실제로 잘 알고 있었다. 지금처럼 성과로 시달리지 않았다는 뜻이다. 오늘날에는 완두콩을 '얼마나 많이 땄는지' 그 무게에 따라 임금을 받는다. 고용주는 흔히 노동자들을 채찍으로 위협해야만 일이 제대로 돌아간다고 생각했다. 반면, 18세기부터 존재해온 노동조합은 근본적으로 모든 일이 '살인적으로 힘들다'고 간주하고 노동착취를 막아야 한다고 목청을 높였다. 서로를 향한 이런 깊은 불신은 정치에도 고스란히 반영되었다. '보수'와 '진보' 양쪽은 서로를 불신하며 삿대질만 일삼았다. 그러다 언제부터인가 '노동정책'이 생겨났다.

이런 흐름에서 프레더릭 테일러Frederick W. Taylor, 1856~1915[*]가 '과학적 관리법'이라는 구상을 발표한다. 테일러는 노동이 수행되는 과정을 단계별로 나누어 분석했다. 그는 각각의 업무가 빠르면서도 능숙하게 처리될 수 있는 최선의 방법을 알아내고자 했다. 그런 다음 이렇게 최적화한 업무를 노동자로 하여금 수행하게 하고 그 결과를 확인하는 실험으로 '과학적으로 최적화된 작업 방식'을 찾아낸다. 테일러는 이 방식이 모든 노동자의 의무가 되어야 한다고 주장했다. 이로써 모든 노동자가 단위 시간당 처리해야 할 업무량을 할당받았다. 이렇게 하면 양쪽의 불신, 즉 경영자(경우에 따라서는 자산가)와 노동자(경우에 따라서는 노조) 사이의 불신을 만드는 근본 토대가 사라질 것이라고 생각했다.

---

[*] 미국 출신의 기계기사로 노동의 최초 과학적 관리법인 '테일러 시스템'을 창시한 인물이다.

이제 모든 것이 투명하고 공정하게, 최선의 방법으로 규제될 것이다. 이 방식만 있으면 경영자가 압박이나 위협을 하지 않아도 최고의 성과를 얻을 수 있다는 것이 테일러의 생각이었다. 이것이 바로 과학적 관리법의 핵심 내용이다. 더 나아가 테일러는 이 방법으로 노동자가 더 많은 임금을 받아야 마땅하며 또 그럴 수 있어야만 한다고 생각했다. 이제 노동자는 아마추어처럼 일하는 것이 아니라 공인된 최선의 방식으로 일하기 때문이다. 그리고 이로써 최선의 타협점을 찾을 수 있을 것이라 기대했다. 경영자가 가장 좋은 실적을 얻으면 노동자에게 그에 맞는 높은 임금을 지불하리라는 기대를 했던 것이다. 이처럼 테일러는 본래 모두(!)를 위한 풍요를 추구했다.

테일러는 기획 업무와 수행 업무를 분리했다. 기획자는 최고의 작업 성과를 올릴 최적의 방안을 고민하며, 구상을 적절히 다듬고 테스트해가며 최종적으로 구속력을 가진 작업 계획안을 마련한다. 그런 다음 실무는 수행을 위탁받은 경영자에게 넘긴다. 경영자는 업무 수행을 지시하고 감독한다.

당시 테일러는 모든 노동자가 동일한 재능을 갖는 것은 아니며, 일 처리의 오류가 드물지 않게 발견된다는 점에 집중했다. 때문에 모든 노동자가 최상의 성과를 올리려면 이른바 '기능 장인Funktionsmeister'이 반드시 투입되어야 한다. 기능 장인은 테일러가 고안한 개념이다. 위키피디아에 따르면 "기능 장인은 각각의 노동자가 맡은 임무를 성공적으로 수행하도록 세부적인 지시를 내리며 노동자를 훈련시키는 역할을 한다. 따라서 기능 장인은 노동자에게 언제라도 모범을 보일 수 있도록 각 작업 과정을 숙지하고 필요한 기술을 능숙하게 구사할 수 있어야 한다". 테일러는 노동자도 경영자도 최선의 업무 수행 방법을 모르기 때문에 업무 현장에서 이러한 기능 장인의 코치가 필수적이라고 보았다. 최선의 업무 수행 방식은 과학적인 형태로 정교하게 훈련되어야 한다. 그러나 안타깝게도 기능 장인이라는 테일러의 구상은 지금껏 단 한 번도 실현되지 않았다. "너무 비싸!" 틀림없이 그런 장인은 극소수다. 존재한다 하더라도 과중한 업무 부담에 좀처럼 시간을 내지 못하리라(앞 장을 참고할 것). 위키피디아에 따르면 테일러의 실험 프로젝트에서조차도 진짜 장인을 투입하지 못했다고 한다. 실제로 비용과 수고가 너무 많이 들었기 때문이다! 오늘날에도 사정은 마찬가지다. 경영인은 필요한 교육을 받기보다 직원을 비난하는 데만 열을 올린다. 무능한 사람은 실력을 키우려 하지 않고 그저 미안하다는 말만 입에 달고 산다.

## 자극과 보상 체계로 은행 지점장이 치르는 곤욕

세 명의 상담 직원이 일하는 은행 지점으로 가보자. 새로 취임한 지점장은 본점으로부터 이번 분기 목표 수익에 대한 지시를 받았다. 지점의 영업 실적이 신통치 않아 본점은 초조해했다. 새 지점장은 지점의 실상을 파악하라는 지시를 받고 파견되었다. 그는 앞서 은행의 감사 업무를 맡았고 본점으로 돌아가 중책을 맡기 전에 부서장 경험을 쌓아야 한다. 그는 세 명의 지점 직원에게 '목표 의식'을 제대로 주입하라는 지시를 받았다. 그는 직원 세 명과 목표 합의서를 작성하고, 목표를 초과 달성할 경우 총 5천 유로의 보너스를 나눠주어야 한다. 자, 어떻게 하면 좋을까?

순진한 독자들은 직원 세 명에게 업무를 똑같이 분배하면 되지 않겠느냐고 생각할 것이다. 단편적으로 생각하면 그렇다. 저마다 자루를 하나씩 들고 완두콩을 따는 것처럼. 그러나 한 직원만 유달리 뛰어나다면? 그는 자신이 맡은 분량인 1/3을 거뜬히 해치우는데, 남은 두 명은 허덕이기만 한다면? 이 경우 지점의 전체 목표는 달성되지 않을 것이며 상대적으로 실력이 좋은 직원은 반나절만 근무한 셈이 된다. 지점장은 고민하지 않을 수 없다.

세 명의 직원에게 각각 어떤 장단이 있는지 살펴보자.

■ 노련한 베테랑: 수십 년간 이 지점에서 근무해온 베테랑으로, 현지 고객들을 잘 알고 있으며 동네에 도는 소문도 환하게 꿰고 있다. 고객들은 그를 특별히 좋아하지는 않지만, 오랜 시간 봐왔기 때문에 그가 익숙하다. 고객들은 은행 앞을 지나다 그냥 그가 생각난다거나 심심하다는 이유로 은행을 들르기도 하는데, 그저 수다만 떨다가 갈 때도 있다. 그만큼 그를 오랫동안 보고 지냈고, 그에 대한 신뢰감이 쌓였단 소리다. 서로에게 허물없는 사이가 된 것이다. 그의 능력이 출중하다고 생각해 고객이 찾아오는 것이 아니다. 지금껏 그의 능력을 높이 평가한 고객은 극소수뿐이었다. 하지만 이 베테랑은 현재 지점에서 가장 높은 실적을 올리는 직원이며 그만큼 잘난 체도 심하다. 지점장이 뭔가 싫은 소리를 하면 그는 콧방귀부터 뀐다. 그는 5천 유로의 보너스가 당연히 자신의 몫이라 생각한다. 그렇지 않아도 근속연한이 높아 꽤 많은 연봉을 받는데도 보너스를 포기하려 하지 않는다. 물론 객관적으로 그의 근무 성적은 매우 좋다. 그러나 최근 몇 년 동안 계속해서

성과가 감소하는 경향을 보였다.

■ 항상 최선을 생각하는 신입: 입사 후 바로 이 지점으로 발령을 받은 젊은 신입 직원이다. 은퇴한 직원의 고객을 인계받았다. 이제 막 고객을 알아가는 참이다. 깔끔하고 상냥한 업무 태도로 최선의 고객 관리를 위해 항상 고민하고 연구한다. 이 지점에 자주 들르던 고객이 지금껏 보지 못했던 열의와 성의다. 고객은 이 직원을 입이 닳도록 칭찬한다. 늘 최선을 다하는 신입 직원 덕분에 고객은 재산 관리 측면에서 최고의 인생 설계를 받는다. 오늘날 흔히 말하는 '지속 가능한 계획'이다. 정성을 다하는 상담 덕에 고객의 계좌는 정말로 주인을 위해 일한다. 전문적인 투자 상담으로 안정적이고 확실한 재테크를 하게 된 고객은 매우 기뻐한다. 어떤 사람은 이 직원의 소문을 듣고 찾아와 계좌를 개설했다. 하지만 신입의 서비스로 은행이 돈을 벌지는 못한다. 그는 은행에 유리한 쪽보다는 고객에게 유리한 쪽으로 상담을 해주기 때문이다. 하지만 장기적으로 보면 이 직원은 분명 은행에 큰 이익을 가져다줄 것이다. 다만 이번 분기에는 아니다. 이 직원은 5천 유로의 보너스에는 큰 관심이 없다. 그는 그저 지점장이 현명한 결정을 내릴 것이라 기대한다. 정확히 1/3씩 나누어준다면? 그렇게 된다면야 그에게는 최고의 결정이다.

■ 한시적인 업무를 담당한 야심 가득한 비정규직 신입: 이 신입 직원은 무조건 은행의 정직원이 되어 화려한 경력을 꾸리고 싶어 한다. 그는 기회가 있을 때마다 지점장과 식사를 했고 무엇이 문제인지를 알아냈다. 지점의 수익이 너무 적다. 영업 실적을 올리려면 고객의 입장이 아닌 은행의 입장에서 세계를 보아야 한다는 것이 이 야심가의 생각

이다. 그러니까 은행에 유리한, 고객에게 수수료를 많이 받아낼 수 있는 상품——오늘날에는 실제 은행 계좌를 노골적으로 '상품'이라 부른다!——을 팔아야 한다. 이 야심가는 동료들을 주도면밀하게 관찰한다. 그는 곧 나이 지긋한 선배가 고객이 많기는 하지만 은행에게는 별다른 실익을 가져다주지 못하는 이유를 간파한다. 그저 오랜 단골을 상대로 수다나 떨 뿐 실질적인 매출을 올리지 못하기 때문이다. 그도 그럴 것이 이 중늙은이는 창구에 앉아 고객과 시시덕대는 것만으로도 그동안 잘 살아왔다. 선배는 더 성장하고 싶은 생각이 전혀 없다. 오랜 기간 정체된 채로 일해온 탓에 뺀들거리는 퇴물이 되었을 뿐이다. 야심가는 만약 자신에게 결정권이 있었다면 이 선배를 당장 해고했을 것이다. 항상 최선을 생각하는 신입을 보면서는 시기심을 느끼기는 하지만, 그의 일하는 방식은 탐탁지 않게 여긴다. 성실한 신입 직원은 은행에 이익을 안겨주기보다 외려 비용만 발생시키는 상품을 판매하기 때문이다. 은행이 아닌 고객에게 이득이 되는 상품을 판매하는 탓에 그는 오히려 은행에게 손해를 입힌다고 야심가는 평가한다. 그는 강제로라도 우선순위를 바꿔야 한다고 생각한다. 그러면서 고령의 고객을 설득해 리스크가 큰 증권 상품을 팔거나, 당장 높은 수수료를 받을 수 있는 계약을 맺도록 하는 기획안을 지점장에게 제출했다. 5천 유로라는 돈에 큰 관심이 있는 것은 아니지만 자신의 능력을 증명하기 위해 반드시 이 보너스를 차지하겠다고 투지를 불태운다. 그래야 정규직으로 올라설 좋은 구실을 얻을 수 있지 않은가. 정규직이 되지 못한다면 고객 따위야 아무래도 좋다는 것이 야심가의 태도다. "그거야 분명한 얘기지." 어쨌거나 이것이 그의 관점이다.

오늘날의 지극히 평범한 직장 풍경이다. 업무 분담과 실적 평가는 완두콩 수확처럼 간단하지 않다…….

새 지점장은 직원들과 차례로 면담을 가졌다. 그는 각 직원의 어떤 특징에 주목했을까?

지점장은 베테랑 직원에게 왜 근무 실적이 꾸준히 줄고 있는지 그 원인을 물었다. 중년의 직원은 몹시 불쾌하다는 반응을 보였다. 그는 최선만 생각하는 신입 직원이 고객에게 나쁜 버릇을 들여놓았다고 주장했다. 심지어 자신의 고객 몇 명이 젊고 친절한 직원에게 상담을 받겠다며 그쪽으로 가버리는 바람에 그에게 고객을 뺏겼다고 흥분했다. 그러나 신입 직원은 상담을 마친 후 계약은 선배와 해야 한다며 고객을 선배에게 정중히 돌려보냈다. 그렇지만 이 신입이 멍청하게도 은행에 득이 되는 쪽이 아니라 고객에게 유리한 쪽으로 상담하는 바람에 자신의 실적은 떨어질 수밖에 없었다고 항변했다. 화가 나서 참을 수 없다는 말도 더했다. 그는 야심가형 직원에게도 불쾌한 감정을 고스란히 드러냈다. 감히 비정규직인 주제에 건방지게 자신의 면전에 대고 선배의 근무 실적이 좋지 않다고 했다나. 그리고 이 야심가가 틈만 나면 지점장님과 식사하러 다닌다는 이야기를 동네 사람들에게 들었다는 말도 했다. 그래서 왜 지금 지점장님이 면담을 하려는지 그 이유가 짐작 간다고도 했다. 지금 분명 자신을 상대로 한 일종의 음모가 있는 것이라며 흥분했다. 이 중년의 직원은 내심 이 면담이 어떻게 진행되는지에 따라 본점에 간부로 있는 입사 동기에게 전화해 상황을 정확히 파악해야겠다고 다짐했다. 그는 아무래도 명예퇴직을 권고받지 않을까 짐작했다. 명퇴만큼은 절대 안 된다고 그는 이를 악물었다. 은행이라는 편안한 직장을 포기할 이유가 전혀 없으며, 지금 시점에 퇴직하면 받게 될 연금이 너무 적기 때문이다.

다음으로 지점장은 늘 최선을 생각하는 신입 직원과 면담을 가졌다. 그는 지점장에게 컴퓨터 화면으로 계좌의 흐름을 명확하게 보여주며 베테랑 선배는 거의 일을 하지 않는 것과 마찬가지이며 자신보다 훨씬 적은 수익만 올린다고 상황을 냉철하게 분석했다. "선배를 연수에 보내거나 아니면 적어도 고객 상당수를 담당하지 않게 해야 지점의 실적이 다시 올라갈 겁니다." 신입은 또 야심가형 직원을 두고서는 참으로 부도덕해 보인다는 말을 했다. 야심가는 정말 위험한 투자, 은행에게만 유리한 투자를 하도록 고객을 유도한다는 것이다. "이걸 좀 보시죠. 이 경우는 정말 '범죄'라고밖에 할 수 없습니다. 만약 이런 소문이 퍼진다면 우리 지점은 곧 신문 1면을 장식할 겁니다. 그렇게 되면 지점장님이 모든 책임을 감당해야 하지 않나요? 제가 지점장님이라면 밤잠을 이루지 못할 겁니다."

자, 이제 생각해보자. 누가 어떤 목표를 할당받아야 좋을까? 어느 직원이 어떤 고객을 담당해야 할까? 세 직원 가운데 누가 일을 가장 잘하는가? 어떤 기준으로 5천 유로의 보너스를 나눠야 할까? 지점을 위해서는 어떤 대책을 세워야 할까? 무슨 정책을 따라야 할까? 고객을 위한 최선의 상담? 위험한 투자 권유로 실적을 올려 승진? 아무리 생각해도 확실한 답을 얻을 수 없다. "도대체 뭐가 옳은 거야? 어떤 것이 정당한 결정이지? 은행 직원과 고객과 은행 사이의 이해관계는 어떻게 균형을 맞춰야 할까?"

이 문제를 다루기 전에 먼저 한 가지 말해두고 싶은 것이 있다. 이런 상황은 최고 경영진에게 매우 흔히 일어나는 지극히 일상적인 일이다. 억지로 꾸며낸 것이 전혀 아니라는 말이다. 고객을 중심으로 생각하면, 즉 이익만을 목표로 하는 것을 삼가고 고객을 최우선으로 생각하면 상황은 매우 복잡해진다. 무수히 많은 요소를 동시에 고려해야 한다. 서비스 비즈니스는 과학적 관리법에 따른 닭의 도축이나 완두콩 수확처럼 간단한 일이 결코 아니다. 안타깝게도 많은 경영자가 아직도 이 문제를 제대로 이해하지 못한다.

다음은 문제 해결을 위한 제안이다.

1. 항상 최선을 생각하는 신입의 서비스 방식을 모든 직원의 의무로 규정하고, 두 명의 다른 직원도 그렇게 일하도록 부드럽게 압박하며 코치한다. 두 직원은 처음에는 못마땅해하겠지만, 점점 적응할 것이다. 곧 모든 고객이 만족할 것이고 은행의 분위기는 더할 나위 없이 좋아진다. 직원들은 친밀도가 높아져 서로 우정을 나눈다. 물론 지점의 실적은 한두 해 정체하겠지만, 그 이후로는 높아진 고객 만족도와 늘어난 신규 고객으로 꾸준히 상승한다. 지점장의 승진은 단기적으로는 위협을 받겠지만, 지점의 영업 실적이 좋아질 때까지 본점이 인내심을 가져준다면, 지점장은 더 밝은 미래를 보장받는다.

2. 권위를 내세우는 지점장이라면 베테랑 직원에게 고객으로부터 더 많은 것을 끌어내라고 호통치며, 야심가 직원에게는 현행범으로 잡히지만 말라고 귀띔하리라. 그리고 항상 최선을 생각하는 신입에게는 더 높은 목표 수익률을 정해줌으로써 고객에게 유리한 쪽으로만 상담하지 못하게 한다(그러면 아마 실망한 신입은 윤리적으로 일할 수 있는 다른 은행을 찾

겠다는 생각으로 머지않아 사표를 던지리라). 지점의 실적은 즉시 올라간다. 지점장은 본점에 성공을 자랑한다("모든 것을 번개처럼 바로잡았다!"). 이후 문제야 내 알 바 아니라고 지점장은 자위한다. 그는 곧 승진하고, 지점은 새로운 지점장을 맞는다.

3. 지점장은 모든 고객과의 상담을 기록으로 남기는 관리 체계를 도입한다. 고객이 방문하는 시간, 상담의 빈도와 성과, 은행이 올리는 수익까지 모든 것을 일일이 기록하는 시스템이다. 이렇게 확인한 자료로 세 명의 상담 직원에게 고객을 각각 배분한다. 이로써 상담 직원 사이에 치열한 경쟁이 일어나도록 한다. 지점장은 컴퓨터로 어떤 직원이 어느 고객에게 어떤 상품을 언제 얼마나 상담해 판매했는지 정보를 취합한다. 지점장은 불시에 무작위로 감찰을 벌여 지시를 위반한 직원과 면담을 한다. 오랫동안 상담만 받고 아무것도 구입하지 않는 고객은 냉대를 해서 발길을 돌리게 만든다. 손실을 일으키는 고객에게 관용이란 없다! 이제 야심가형 직원은 새로운 고객이 올 때마다 쪼르르 달려가 고객을 구워삶는다. 늘 눈앞에서 고객을 빼앗기는 두 직원의 심사는 불편하기만 하다. 항상 최선을 생각하는 신입 직원은 예전과 다름없이 근무하지만 이런 분위기에 절망감을 느낀다. 게다가 업무를 기록하고 그 기록을 정리하느라 일은 늘어나기만 했다. 그는 심적인 중압감과 시간 부족에 허덕인다. 베테랑 직원은 차라리 지금 명퇴를 하고 연금을 받는 게 낫지 않을까 고민한다. 그는 자신의 나이에 일일이 근무 기록을 남기고 지점장 앞에서 아이처럼 변명을 늘어놓아야 하는 처지가 못마땅하기만 하다. 지점의 분위기는 점차 독기로 물든다. 고객은 직원이 받는 중압감과 자연스레 전염되는 짜증 섞인 분위기를 감지한다. 고객은 모든 것이 편하기만 했던 과거

처럼 가벼운 마음으로 은행을 찾지 않는다. 고객은 온라인뱅킹에 관심을 보이기 시작한다. 지점의 실적은 처음에는 급상승했으나 시간이 지나면서 계속 떨어지기만 한다. 지점장은 새로운 체계를 도입했다는 이유만으로 승진했으며, 그가 도입한 새로운 체계는 윗선의 압력으로 다른 지점에도 똑같이 도입되었다. 이 체계는 앞의 두 방법과는 달리 쉽사리 복제될 수 있기 때문이다.

이쯤에서 한 가지 더 짚고 넘어가야 할 것이 있다. 위의 예처럼 실제 상황은 과학적 관리법이라는 순수한 이상보다 훨씬 더 복잡하다는 사실이다. 과학적 관리법은 모든 과제에 최선의 해결책이 있다고 주장한다. 그렇다면 은행의 고객 관리를 최선으로 해결할 방법은 무엇인가? 직원의 실적을 어떻게 평가할 것인가? 무엇이 정당한 평가인가? 과학적 관리법이라는 테일러리즘은 은행 고객 관리에 있어 무엇이 최선의 해결책이라 말할 것인가?

# 컴퓨터로 수행되는
# 과학적 관리법

지난 20년 동안 생산뿐 아니라 서비스도 산업화의 대상이 되었다. 상담을 산업화하려는 노력은 숱한 난제에 부딪혔지만 서비스 제공 방법은 계속해서 확장되었고 더 정밀하게 진화했다. 그렇게 되도록 쥐어짜내졌다. 모든 서비스는 제조업계의 벨트컨베이어 시스템처럼 단계별로 잘게 분해되었고 각 단계의 업무가 직원 한 명 한 명에게 분담되었다. 서비스업 종사자가 컴퓨터에게 조종당하는 일은 빈번하게 발생한다.

"안녕하세요, 무엇을 도와드릴까요?"

"투자를 하고 싶습니다."

"네, 몇 가지 정보 먼저 확인하겠습니다, 얼마나 투자하실 계획인가요?"

"1만 유로요."

"리스크는 어느 정도를 원하세요?"

"네? 무슨 뜻이죠?"

"리스크 정도를 낮음, 중간, 높음 중에 고르실 수 있습니다."

"차이가 뭔가요?"

"리스크가 높은 상품에 투자하시면 그만큼 더 큰 이익을 얻으실 수 있습니다. 물론 경우에 따라 큰 손실을 입을 수도 있습니다."

"무슨 말씀인지 잘……."

"1번, 2번, 3번 가운데 하나를 선택해주세요, 그렇지 않으면 다음 단계로 넘어갈 수 없습니다."

"중간이요."

"일시적인 건가요, 아니면 확정적인 건가요? 가능하면 확정적인 것이 좋습니다. 아니면 다음번 상담 시 모든 것을 다시 처음부터 시작해야 할지도 모릅니다."

"알겠습니다. 확정적이요."

"감사합니다. 이제 선생님에게 최적화한 투자 상품을 찾아보겠습니다. 최적화는 국제 시장의 시세 흐름을 분석하는 컴퓨터로 수행됩니다. 컴퓨터가 그린란드 석유 탐사를 추천할 수도 있습니다."

"그건 싫은데요."

"죄송합니다만, 투자처 결정 과정에서 선생님의 의사는 반영되기 어렵습니다. 컴퓨터는 최적화한 최고의 해결책을 제시하니까요. 저도 어쩔 수가 없습니다. 아, 잠시만요, 컴퓨터가 다른 제안을 하는군요. 이제 막 최적화를 마친 모양입니다. 자, 드디어 컴퓨터가 결정을 내렸네요. 자금 절반은 저희 증권사의 유가증권에, 나머지 절반은 부동산펀드에 투자하라는 결정입니다."

"아, 다행이네요, 그린란드가 아니라서."

"그럼 이대로 처리할까요?"

"네."

"지금 이게 최적화한 해결책이라는 설명은 해드렸지요?"

"네."

"그럼 컴퓨터가 최적으로 계산해낸 투자처가 최선임을 인정하십니까?"

"네? 그걸 제가 어떻게 알죠? 컴퓨터 시스템을 제가 프로그래밍한 것도 아닌데요."

"하지만 동의하셔야만 합니다. 그렇지 않으면 투자를 하실 수 없습니다. 좀 더 생각해보시겠습니까? 그럼 내일 다시 방문해주세요. 그런데 그러면 오늘분의 이자는 잃어버리는 것이 됩니다."

"어휴, 맙소사. 그렇군요. 네, 알겠습니다."


이처럼 '컴퓨터에 의존한 상담 체계'가 도입되면, 고객은 제대로 된 상담을 받는 것이 아니라 마치 생산 라인의 부품처럼 컴퓨터로 처리된다. 오늘날의 보험 계약, 자동차 매매 계약 혹은 여행 상품 계약은 공항의 체크인 과정처럼 진행된다. 이 과정은 상당히 철저하게 조직화해 고객이 스스로 컴퓨터 앞에서 모든 것을 해결할 수 있을 정도다. 온라인 은행도 곧 그렇게 되지 않을까. "1만 유로를 최적화해서 투자하라."

오늘날의 서비스는 점점 더 컴퓨터 모니터 상담이 되어간다. '컴퓨터 모니터 상담'은 내가 만들어낸 용어로 2011년 레:푸블리카re:publica 대회*에서 사용한 이래 어느 정도 세간에 알려졌다. 형식적으로는 대면 서비스 혹은 상담이 이루어지고 있는 것처럼 보이지만 그 사이에는 컴퓨터 모니터가 떡 하니 놓여 있다. 고객은 그저 '아무것도 모르는 쪽'에 앉아 얼핏 보기에도 그리 뛰어나 보이지 않는 아르바이트생이 자신의 중요한 문제를 멋대로 주무르는 것을 (대부분의 경우 부들부들 떨면서) 지켜보기만 해야 한다. 최근 나는 호텔에서 체크인하는 데만 15분 이상을 소요했다. 프런트 직원이 컴퓨터에서 내 예약 내역을 찾지 못했기 때문이다. 그는 진땀을 흘리면서 잠시만 기다려달라고 했다. 모니터 옆에는 이튿날 열릴 학술 토론회의 참석자 명단이 놓여 있었고, 내 이름도 명단에 있었다. 나는 명단을 가리켰다. 그러나 직원은 내 얼굴은 쳐다보지도 않고 컴퓨터와 씨름만 했다. 클릭에 클릭을 거듭하며 몇 차례나 "잠시만요"를 중얼거린 끝에 그는 나에게 카드 키를 넘겨주었다. 내가 받은 객실은 국빈이나 묵을 법한 번쩍번쩍한 스위트룸이었다. 아하! 호텔 측이 내 예약을 실수로 누락해 눈물을 머금고 비싼 객

---

* 웹 2.0 환경을 기반으로 한 특수 블로그, 소셜네트워크 서비스, 디지털 사회를 주제로 열리는 강연과 토론회. 2007년부터 매년 개최되고 있다. 독일 연방정부의 지원을 받아 베를린에서 진행된다.

실을 내준 것이다.

컴퓨터 모니터 상담은 분야를 가리지 않고 도처에서 무서운 기세로 늘어난다. 우리는 본래 컴퓨터의 도움을 받아 일한다고 믿는다. 그러니까 순진하게도 우리는 업무를 위해 컴퓨터를 이용한다고 믿는다. 그러나 현실은 정반대다. 우리는 컴퓨터에게 조종당한다. 우리가 하는 일은 고작해야 결정에 있어 중요한 정보를 컴퓨터에게 먹여주는 것뿐이다. 컴퓨터는 업무 성과 평가 시스템으로 우리를 평가하며 등급을 매긴다. 테일러리즘은 전체를 장악했다. 호텔 직원은 아무것도 스스로 결정할 수 없다. 그저 체크인 과정에서 '건물 전면의 창문 쪽 아니면 복도 쪽 객실' 정도만을 선택할 수 있을 뿐이다……

늘 최선을 생각하는 신입과 베테랑 직원과 야심가 직원이 등장하는 위의 은행 사례는 머지않아 과거가 된다. 베테랑 직원이 단골 고객을 가졌는지 아닌지 하는 문제는 앞으로 무의미해진다. 은행 컴퓨터 앞에서는 직원이든 고객이든 모두 하나의 부품일 뿐이다.

내가 아는 어떤 시골 은행의 지점장은 마을 주민 전체의 분노를 사서 곤욕을 치렀다. 지점장의 컴퓨터(지점장이 아니라)가 이 거대한 대가족(마을의 모든 '원주민'은 혈연 관계였다)의 신용 대출 요청을 모조리 거부했기 때문이다. 물론 마을 주민 중에는 신용 대출 요건을 갖추지 못한 사람들이 꽤 있었다. 그러나 전체적으로 볼 때 모두 성실하고 정확하게 이자와 빚을 갚아왔다. 하지만 컴퓨터(그리고 법)는 오로지 개인의 신용 대출 요건만을 본다! 그러니까 마을 주민 전체의 신용 대출을 막아버리거나, 몹시 나쁜 조건으로만 대출을 해주는 바람에 일대 소동이 일어났다. 곧이어 컴퓨터는 당해 지점장의 신용 대출 실적이 너무 낮다는 것을 확인하고 지점 직원 모두를 무능하다고 낙인찍어버렸다! 컴퓨터가 문제의 주범이며, '지점장'은 달리 어쩔 도리가 없었다는 것을 마을 주민은 몰랐거나 적어도 인정하려 들지 않았기 때문에 소동은 더욱 커졌다. 도대체 이런 상황을 어떻게 이해해야 할까?

우리의 예를 다시 살펴보자. 늘 최선만을 생각하는 신입 직원은 컴퓨터가 은행의 주식을 최적 상품으로 '계산'해낸 탓에 고객에게 국채 증권은 전혀 추천하지 못했다. 야심가형 직원 역시 컴퓨터의 명령에만 복종했다. 이들의 업무는 공장의 생산 라인처럼 수행될 뿐이다. 컴퓨터가 '건설업 관련 주식 주간'을 선포한 탓에 생산 라인의 일꾼(즉, 은행 직원들)은 닷새 동안 건설업 관련 주식만 팔았다. 다음 열흘 동안은 모든 상담원이 수해 보상 보험만을 권유하도록 했다. 그래야만 상담원이 더 많은 보너스 점수를 얻을 수 있었다. 이런 식으로 프로그래밍된 중앙의 인공지능은 갈수록 우리를 쥐고 흔들며 조종한다!

서비스업은 컴퓨터 탓에 점점 더 표준화된다. 표준에서 벗어나는 예외 조항과 특수한 요구는 이루 말할 수 없이 비싼 탓에 우리는 울며 겨자 먹기로 컴퓨터가 제시하는 표준을 받아들인다. 이제 전체에는 무슨 일이 일어날까? 독자 여러분들은 나의 예상을 충분히 짐작할 수 있을 것이다. 우리가 강요받는 표준은 천재적으로 단순하지 않다. 불친절한 단순함이다. 다음 그래프를 살펴보자. 모든 것이 그저 필요한 정도로만 기능하는 탓에 속 시원하게 해결되는 일이 없다. 결국 우리도 모니터에 나오는 내용을 읽기만 하는 직원이 되고 만다. 방송 아나운서가 프롬프터 화면의 글자들을 앵무새 같이 읽기만 하는 것처럼! 서비스업의 각 과정을 분절해 컴퓨터에게 떠넘긴 탓에 복잡했던 상담 업

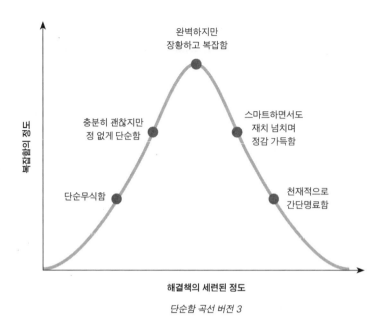

완벽하지만
장황하고 복잡함

스마트하면서도
재치 넘치며
정감 가득함

충분히 괜찮지만
정 없게 단순함

천재적으로
간단명료함

단순무식함

복잡함의 정도

해결책의 세련된 정도

*단순함 곡선 버전 3*

무는 완두콩 수확 일처럼 단순 노동이 되어버렸다. 서비스업 경영 역
시 수확한 완두콩의 수를 헤아리는 일처럼 간단해져버렸다. 이처럼 어
리석게 단순화된 업무는 인간의 온기를 송두리째 앗아갈 정도로 단순
무식해졌다.


## 기회주의자의 정보 선점 악용으로 발생하는
## 죽음의 소용돌이

상황은 불친절한 단순함에서 끝나지 않는다. 문제는 최악의 범죄가 자
행될 수 있다는 점에서 더욱 심각하다. 우리는 그야말로 세계적인 차

원의 범죄 행각에 속수무책으로 당할 수밖에 없다. 어떻게 해도 어리석음을 피할 수가 없는 것이다! '윗선'의 의도대로 프로그래밍된 컴퓨터의 '최적 조건' 명령은 얼마든지 윗선에 유리한 방향으로 조작되어 사람들을 속이거나 아예 대놓고 사기 행각을 벌일 수 있다. 다양한 상품을 서로 비교하는 것만 해도 어려운 일이다. 예술 작품의 비교 및 평가는 더욱 더 어렵다. 모네와 마네, 누가 더 뛰어난 예술가인가? 그렇다면 서비스 상품은 어떤가? 내 운명을 서비스업 종사자의 손에 맡겨버리는 일이 과연 온당한가? 다음 질문들에 답해보자.

- 의사가 환자를 위해 정말 최선을 다하고 있다고 믿는가? 온갖 검사와 테스트라는 것이 그저 진료비를 올리려는 꼼수가 아닐까? 값비싼 의료 기기를 이용한 각종 진단이 모두 질병 치료에 반드시 필요한 것인가?

- 진료비를 높이려는 목적으로 끝없이 계속되는 화학 요법에 하루도 편하지 못할 바에야 차라리 평화롭게 죽음을 맞는 것이 낫지 않을까?

- 자동차 정비는 정말 꼭 필요한 항목들로만 구성된 것일까? 엄청나게 비싼 레이싱용 엔진 오일이 내 차에 적절한 것일까?

- 은행 직원은 정말 최선을 다해 상담을 해준 것일까? 그저 컴퓨터의 지시를 따르기만 한 것은 아닐까? 저 직원은 혹시 임시로 고용된 비전문가가 아닐까? 저 직원이 증권 투자를 알기는 할까?

- 온라인뱅킹 사이트에 로그인할 때마다 신규 고객을 유치하려는 광고에서 최고 우대 조건이 달라지는 것을 보곤 한다. 그렇다면 나에게는? 은행은 단골 고객인 나를 위해서는 어떤 조건을 내놓는가?

- 단 한 번의 계약으로 모든 것을 해결할 수 있다는 엄청나게 비싼 종합

보험에 가입하는 것이 정말 옳은 선택일까?

- 주변의 레스토랑은 신선한 식재료를 사용하고 있을까? 원산지 표기는 정확한가?

- 무사고 차량이라고 해서 중고 자동차를 구입했는데 결국 사기당한 것이 아닐까?

- 상품에 표시된 권장 가격을 전부 다 지불하고 물건을 구입하는 것은 멍청한 짓이 아닐까?

- 내 세무사는 꼼꼼하게 모든 공제 사항들을 확인한 것일까? 그냥 대충 서류를 작성하고 보수를 요구한 것은 아닐까?

- 나는 정말 휴대전화 계약을 유리한 조건에 한 것일까?

- 부동산 중개사가 정말 몇 천 유로의 중개료를 챙길 만한 일을 한 것일까? 그냥 인터넷 검색만 한 게 아닐까?

- 고작 몇 백 미터 떨어져 있을 뿐인데 왜 이 주유소는 1L당 12센트나 더 쌀까? 바로 앞 주유소에서 기름을 넣은 나는 속이 쓰리기만 하다.

- 항공권 값은 왜 이렇게 천차만별일까? 나는 최근 오스트리아 빈에서 취리히로 가는 저먼 윙스German Wings 편도 항공권의 가격이 54.99유로 라는 것을 발견했다. 오스트리아 항공Austrian Airlines이 제공하는 같은 시간 같은 노선의 항공권은 438유로였다. 티켓에 깨알 같은 글자로 인쇄된 문구를 읽어보니 이 오스트리아 항공의 항공기는 저먼 윙스가 운항한다고 되어 있다. 그러니까 가격은 엄청나게 차이 나지만 비행기는 똑같은 것이다! 그리고 저먼 윙스와 오스트리아 항공은 모두 루프트한 자Lufthansa의 자회사다!

- 1L당 69센트짜리 우유와 1L당 1.29유로짜리 우유의 차이점은? 같은 암

소에서 난 우유가 아닌 것일까? 물론 축산업자는 아니라고 말한다. 맞
을까?

- 친환경 제품은 정말 친환경적일까? 똑같은 공산품에 그저 친환경이라
  는 이름을 붙여 더 비싸게 받는 것은 아닐까?

모든 서비스업 종사자가 사기꾼이라 말하려는 것은 물론 아니다.
그러나 대다수의 서비스업계 종사자가 경계를 교묘하게 넘나드는 기
회주의자가 되어버렸고 우리는 그들을 불신할 수밖에 없게 되었다. 이
는 분명한 사실이다. 오늘날 우리는 거의 모든 업체를 의심의 눈으로
바라보며 가장 먼저 믿을 만한 업체인지를 따져보곤 한다. 확실한 것
이라고는 찾기 힘든 시대가 되었기 때문이다.

우리가 구사할 수 있는 방어 전략은 인터넷이나 스마트폰으로 검색
하고 비교해보는 것뿐이다. 나는 뮌헨에서 마음에 드는 옷을 찾았고
검색 결과 이베이에서는 119유로에 즉시 구입할 수 있는 반면, 매장에
서는 298유로에 구입해야 한다는 것을 깨달았다. 면세점의 상품 가격
은 인터넷 쇼핑몰보다 훨씬 더 비싸다. 스마트폰의 아마존 앱으로 면
세점과 인터넷 쇼핑몰의 가격을 비교해보라. 아일랜드로 휴가를 떠나
양조장에서 직접 판매하는 유명한 브랜드의 위스키를 발견했다. 저렴
한 가격이라고 하는데, 정말일까? 나는 곧장 스마트폰을 꺼내 독일 아
마존 사이트에서 검색해보았다. 아마존에서 파는 위스키는 10~15%
더 쌌을 뿐만 아니라 그것을 들고 다니는 수고를 하지 않아도 된다.

아무튼 오늘날의 우리는 항상 '사기당하는 것은 아닐까' 하는 의심
을 떨치지 못한다. 그래도 서비스 공급자는 자신이 제공하는 서비스의

가치가 얼마나 되는지 우리보다는 훨씬 더 잘 알 것이다. 경제학 이론은 어떤 일을 위임하는 사람(본인)과 위임받은 일을 처리하는 사람(대리인) 사이에 정보의 비대칭이 발생한다고 설명한다. 이른바 '본인-대리인 이론Principal-Agent Theory*'은 본인과 대리인 양쪽이 기회주의 행태를 보일 때 발생하는 문제를 연구한다.

그러나 우리에게 과도한 이익을 취하고자 하는 이들은 기업 혹은 서비스 제공자에서 그치지 않는다. 우리 역시 의료보험의 혜택을 누리며 자주 의사를 찾는다. 병가를 내고 월급을 계속 받기도 한다. 정해진 시간보다 훨씬 더 긴 점심시간을 즐기며, 쉽게 해고할 수 없다는 점을 이용해 근무시간에 딴청을 피우기도 한다(대개 공무원이 이런 비난을 많이 받는다). 또는 다이어트를 한답시고 요양 처방을 받아 실컷 먹고 놀다가 더 육중해진 몸집으로 다시 나타나는 사람도 있다. 그래서 고용주 역시 언제나 우리를 불신의 눈초리로 바라본다. 눈에 띄지 않게 공동체를 약탈하고 착취하는 도덕적 해이를 경계하는 시선은 쌍방이 똑같이 지니고 있다.

조지 애컬로프George A. Akerlof**는 1970년 '레몬 시장Market for Lemon' 이론을 다룬 유명한 논문을 발표해 2001년 노벨 경제학상을 수상했다. 그는 2014년에 15대 연방준비제도Federal Reserve System 의장이 된 경제학

---

* '본인-대리인 문제principal-agent problem' 혹은 '대리인 딜레마agency dilemma'라고도 한다. 일을 위임하는 쪽과 위탁받는 쪽, 양측 간에 생기는 정보의 불균형과 불완전한 감시로 발생하는 도덕적 해이 문제 등을 다루는 이론이다. 1976년 미국의 경제학자 마이클 젠센Michael Jensen이 처음으로 언급했다.
** 미국의 경제학자로 '역선택adverse selection' 문제 연구로 유명세를 얻었다. 미국과 영국의 여러 대학교에서 교수를 역임했다.

자 재닛 옐런Janet Yellen의 남편이기도 하다. 미국에서 '레몬Lemon'은 과일 레몬뿐 아니라 '품질이 떨어지는 제품', 곧 '하자 상품'을 뜻하기도 한다. 말하자면 '월요일에 조립된 자동차'가 레몬인 셈이다.* 그런데 이런 배경을 잘 모르는 독일의 경제학자가 그의 이론을 그냥 '레몬 시장' 이론이라 번역했고 그 결과 독일에서도 '하자 상품' 문제를 레몬 문제로 언급하게 되었다.

애컬로프는 구매자가 자신이 구입하는 상품(중고차)의 품질을 제대로 파악할 수 없는 중고차 시장을 연구 대상으로 삼았다. 특히 그는 중고차 중개상이 레몬, 즉 사고 이력이 있는 중고차를 팔아 악평이 자자한 지역의 시장을 찾아다니며 연구를 진행했다. 교활한 중개상의 간계에 속아 넘어간 고객의 분노는 거의 폭발 직전이었다. 고객은 시장을 불신의 눈길로만 바라보았다. 그 결과 해당 지역의 고객은 매물로 나온 중고차에 별다른 기대를 하지 않고, 평균 가격을 치르려 하지 않았다. 고객은 사고 차량으로 밝혀질 위험에 대비한다며 차량의 가격을 깎으려 들었다. 이러한 이유로 중고차의 가격은 상당히 떨어졌다. 가격의 낙폭이 너무 커서 질 좋은 매물을 중개하던 상인도 큰 손실을 입을 정도였다는 사실을 그의 연구에서 확인할 수 있다. 질 좋은 매물을 합리적인 가격에 판매할 수 없게 되자 양심적인 중개상은 계속해서 시장을 떠났다. 그 결과 이제 시장에서는 질 좋은 중고차를 거의 찾아볼 수 없게 되었다. 이내 이 사실을 알아차린 고객은 다시금 중고차의 품

---

* '월요일 자동차Montagsauto'라는 표현은 독일에서 흔히 사용하는 관용어로, 주말에 휴식을 취하고 출근한 노동자의 노동 의욕이 크게 떨어지는 월요일에는 자동차 조립공장의 노동자들도 실수를 많이 저질러 월요일에 조립된 자동차는 질이 크게 떨어진다는 데서 유래했다.

질에 기대를 접는다. 시세는 더욱 낮아지고 말았다. 그나마 버티던 '차선'의 중개상마저 큰 손실을 입었고 영업을 중단하게 되었다. 이런 식으로 시작된 죽음의 소용돌이는 저 바닥까지 집어삼켰다. 시장에 남은 것이라고는 그야말로 싸구려 고물뿐이었으며, 이마저도 서로 불신하는 탓에 덤핑의 대상이 되었다. 시장은 완전히 무너졌다.

구매자는 질 좋은 중고차를, 중개상은 높은 수익을 내는 거래를 원한다. 그러나 결국 남은 것은 누구도 원하지 않았던 시장의 붕괴였다. 모두 어찌할 바를 모르고 곤욕스러운 표정만 지었다.

애컬로프의 연구는 경제학 분야에서 절대 진리처럼 여겨지던 원리에 의문을 던졌다는 성과를 인정받아 노벨상이라는 영예를 차지했다. 경제학 분야의 절대 진리란 다름 아닌 '시장의 자유', 즉 시장은 수요와 공급을 통해 가격을 조절함으로써 일찍이 애덤 스미스가 주장한 '보이지 않는 손'의 작용으로 균형을 이룬다는 통설이다. 이 (성스러운) 시장 이론은 오늘날까지도 많은 추종자를 거느리고 있다. 그러나 애컬로프의 연구 결과는 이런 시장 원리가 정보의 비대칭성에 지배당하는 시장에서는 전혀 통하지 않음을 보여준다. 정보의 비대칭성이란 구매자와 판매자가 다른 양의 정보를 가진 탓에, 많은 정보를 가진 판매자가 상대적으로 적은 양의 정보를 가진 구매자에게 기회주의적인 행태를 보이며, 나아가 (정도의 차이는 있겠지만) 판매자가 구매자를 거리낌 없이 착취하는 상태를 의미한다.

나는 앞에서 시장과 영업의 실태를 보여주는 질문 목록을 나열한 바 있다. 아마도 독자 여러분은 그저 목록을 슬쩍 훑고 지나쳤으리라. "다 그렇고 그런 이야기 아냐?!" 자신도 모르는 사이에 혀를 차면서 그

런 생각을 했을 것이다. 지금이라도 다시 앞으로 돌아가 차분히 읽어
보자. 목록의 사례는 모두 정보의 비대칭성이 지배하는 시장의 사례
다. 원한다면 이렇게 바꿔 말해도 좋을 것이다. 정보가 불균형적으로
나뉘는 예외 상황은, 그런 예외 상황이 지배적인 시장에서는 예외가
아닌 정상이다.


## 판매자와 소비자는 수단 방법을 가리지 않고 서로를 이용한다

우리도 모르는 사이에 전 세계는 슬그머니 '경제화'되고 말았다. 기업
과 인간이 비대칭적인 정보를 가지는 상황에서 모두가 기회주의적인
행태를 보이며, 심지어 그렇게 하라고 선동까지 일삼는 주체가 바로
'경제화'다. 정보의 우위를 점한 사람은 이를 철저히 이용한다. 그렇지
못한 사람은 철저히 이용당한다. 정보가 권력이다, 철저히 써먹어라.
잡아먹어라, 그렇지 않으면 잡아먹힐지니.
　사회 전반의 엄청난 변화가 이러한 상황을 만드는 데 일조했다.

- 컴퓨터와 인터넷은 어마어마한 효용 혁신을 달성했다. 자동화, 시각화,
  리엔지니어링(조직 재충전), 효율 경영, 다운사이징(감축), 아웃소싱(외주,
  위탁)······.
- 컴퓨터와 인터넷은 기업의 중앙 통제를 지금껏 알지 못했던 차원으로
  끌어올렸다. 마이크로소프트 사의 엑셀, 빅데이터, 고객 데이터시스템,

데이터 분석, 직원 보고 체계 등.

- 세계화는 세계 인구의 극빈층을 상상하기도 어려울 정도의 저임금으로 혹사하는 파렴치한 노동착취를 가능하게 만들었다. 이들 극빈층이야말로 비대칭성의 실제 희생자이며 '현대판 노예'다.
- 경영 이론은 '주주 가치론shareholder value'을 성스러운 주문인 양 읊조린다. 모두가 자신이 소속된 기업 가치를 끌어올리려 노력하기만 하면 세상이 좋아질 것이라는 미신이 바로 주주 가치론이다.

1960년대와 70년대, 그리고 80년대에도 시장의 성공은 주로 개선과 혁신을 통해 성취되었다. 고객은 더욱 근사해진 자동차, 더욱 탁월해진 기술, 이전에는 볼 수 없던 새로운 텔레비전, 눈부시게 개선된 전자제품, 더욱 깔끔해진 주택, 유연함을 자랑하는 일자리를 누렸다. 이런 성공은 주당 35시간 일하며, 무엇보다도 근심 걱정 없는 멋진 인생을 살고 싶어 하는 사람들의 노력으로 가능했다. 이런 풍요는 마치 영원한 성장을 이룰 것처럼 보였다.

그러다 자동화 시도가 이어지면서 모든 것을 돈으로 평가하려는 컴퓨터 데이터 시스템(SAP R/3* 등)이 등장했다. 이러한 새로운 경영 수단은 기업 가치에 주목하고 이를 끌어올리는 일에만 집중한다. 과거의 경제 구조는 고객을 위한 서비스 향상을 의무로 여기며 고객 봉사라는 본래의 의미에 충실했다. 하지만 오늘날에는 기업 가치라는 과도한 유

---

* SAP는 IBM 출신의 엔지니어 다섯 명이 1972년 독일 만하임에 설립한 소프트웨어 개발사이다. SAP R/3는 효과적인 비즈니스 어플리케이션을 구축하는 SAP 사의 프로그램으로 프레젠테이션, 어플리케이션, 데이터베이스, 세 개의 모듈을 가진다.

토피아 설정, 지나친 업무 부담, 강박에 가까운 효율성 추구가 수단과 목적을 바꿔버릴 정도로 파괴적인 경쟁을 조장했고, 결국 도덕적 해이와 기회주의가 만연한 혼란을 야기하고 말았다. 과거의 고객 중심 사고는 갈수록 냉혹해지는 계산적인 행태에 설 자리를 잃고 말았다.

애컬로프는 오로지 중고차 시장만을 연구 대상으로 삼았다. 이 시장은 기회주의적인 몇몇 중개상이 고객을 속이기 시작한 것을 계기로 몰락의 길을 걸었다. 기회주의에 사로잡힌 중개상은 중고차의 상태에 대한 정보를 고객이 따라잡지 못할 정도로 완전하게 꿰고서 고객의 신뢰를 악용하는 행태를 보였다. 고객은 낡았다는 생각에 분통을 터뜨리며 경계심을 높여 질 좋은 중고차에도 예전 가격을 지불하기를 거부했다. 양심적인 중개상은 이런 상황을 버틸 수 없어 시장을 떠났다. 여기까지는 앞서 설명한 그대로다. 이제 결정적으로 중요한 새로운 국면이 이어진다.

레몬 문제를 어떤 특정한 나라의 중고차 시장에 국한하지 않고 세계적인 차원으로 바라본다면, 최고 품질의 상품을 제공하는 중개상은 어려움을 겪는다고 해서 시장으로부터 빠져나갈 수 없다. 모두 사기를 치는 마당에 양심적인 업체라고 해서 그저 간단하게 "우리는 그렇지 않다"고 항변만 할 수는 없는 노릇이다. 그렇다고 생업을 포기할까? 그럴 수는 없다. 어쩔 수 없이 시장에서 살아남을 방법을 찾아야 한다. 그 결과 양심적인 업체마저도 사기 행각에 동참한다.

- 금융 위기: 모든 은행은 리스크를 잘 모르는 고객, 기업, 도시, 기관, 국가 그리고 또 '멍청한 은행'을 악용하기 시작했다. 리스크가 얼마나 높은

지 판단이 어려운 사람은 더 많은 정보를 가진 은행이 '리스크 없음'이라 포장한 상품을 구입할 수밖에 없다. 고물이나 다름없는 중고차를 멍청한 고객에게 팔아치우듯, 리스크는 무지한 고객에게 떠넘겨졌다. 그런 다음 은행은 입을 모아 고객이 최상의 상담에 필요한 대가를 지불하지 않으려 한다고 볼멘소리를 했다(고객은 중고차를 정확하게 진단하는 데 필요한 비용도 부담하지 않으려 했다).

■ 통신사는 '첫 세 달 동안 통신비 무료'라는 파격적인 상품을 내놓으면서 계약서 하단에 깨알 같은 글씨로 무수한 조건을 달았다. 이동통신 사업은 말 그대로 레몬 시장이 되어버렸다. 이제 고객은 끊임없이 업체를 갈아탄다. 계약을 맺고 나서도 이게 정말 좋은 선택인지 불안해한다. 그렇다면 우리는 '정직한 상품'에 정직한 가격을 치를 각오가 되었는가? 또 그것이 정말 정직한지 어떻게 알 수 있는가?

■ 자동차 대리점에서는 재고 차량("다섯 달이나 매장에 진열되어 있었기 때문에 바로 탈 수 있다")을 인수한다면 첫 보험료를 대납해주고, 무이자 할부 서비스 및 자동차 색과 같은 색의 스마트폰을 제공하겠다고 한다. 게다가 뭔지 모를 패키지가 따라붙는다. 과거 신차를 주문하고 오랫동안 기다려야 했던 고객은 귀가 솔깃한다. 그러나 대리점이 공장 출고 가격에서 터무니없이 부풀린 가격을 받으려 했다는 사실이 드러난다. 고객은 완전히 불신에 사로잡힌다.

■ 전력 사업이 민영인 독일에서 전기 공급 업자는 '1년 동안 최저 요금 보장'이라는 미끼로 고객을 유혹하며, '전문가'를 집으로 보내 현지 업자를 형편없다는 말로 비방해댄다. 우리는 대체 어느 쪽이 맞는 말인지 몰라 어리둥절해한다.

- 어떤 보험사는 타사와 비교 불가능한 종합 보험을 새로 출시했다고 유혹해댄다. 그러나 자세히 살펴보니 무의미한 약관이 너무 많이 포함되었으며, 가격은 엄청나게 비싸다. 심지어 80대 노인에게 교육 보험이라니, 그런 것이 왜 필요한가. 다단계 냄새가 심하게 난다.

- 반값 세일로 나오는 의류를 보며, 그것을 정상 가격으로 구매했던 사람은 뒤통수를 맞은 기분에 분통이 터진다.

- 건설사는 어떤 때는 부가세를 대신 부담해주겠다고 하고 어떤 때는….

- 정치인은 가능한 모든 것을 공약으로 내건다. 예를 들면 2백억 유로 이하의 예산으로 베를린에 새 공항을 짓겠다고 하거나, "모든 섬과 목장까지" 포괄하는 초고속 인터넷망(2008년에 열린 정보통신 정상회담에서 독일 장관이 실제로 쓴 표현)을 구축하겠다고 하는 등이다. 하지만 실현되는 것이라고는 두 눈을 씻고 봐도 찾을 수 없다. 이제 우리는 어떤 공약도 믿지 못하며 정치에 혐오감을 느낀다.

- 화장실 관리인은 약간의 봉사료를 고려해달라고 하지만, 그 돈은 기업의 차지가 될 뿐이다.[*] 화장실 청소라는 궂은일을 생각하고 준 돈까지 노리는 기업을 생각하면 괘씸해서 돈을 조금도 주고 싶지 않다. 아무튼 요즘에는 걸인까지도 가짜가 너무 많아 베풀고자 하는 마음마저도 잃어간다.

- 철도와 공항은 끊임없이 사과 방송을 한다. 그러나 우리는 그 많은 장애가 과중한 부담의 결과임을 정확히 알고 있다. 기관차와 항공기를 쉴 틈

---

[*] 독일에서는 화장실을 관리하는 인력을 별도로 두고 사용자에게 약 50센트의 이용료를 받는다. 반드시 지불해야 하는 것은 아니지만, 사람들에게 따가운 시선을 받게 되므로 지불하는 편이 정신 건강에 좋다.

없이 가동시키는 탓에 언제 어디서든 문제가 터질 수밖에 없다. 이제 그 부담은 고스란히 고객에게로 떠넘겨진다.

어떤 것이 "정직하다" 할지라도 대체 우리는 그 정직함을 어떻게 알 수 있는가? 갈수록 믿기 어려운 일만 벌어지는 탓에 우리의 신경은 잔뜩 곤두서고 만다. 유리한 정보를 가진 판매자와의 정보 비대칭성을 조금이나마 줄여보려고 늘 따져보고 계산해보아야만 직성이 풀린다. 가격을 비교하고 상품평을 확인할 수 있도록 해주는 인터넷은 어느 정도 투명성을 확보해주는 고마운 수단이다. 그만큼 우리는 계산적인 소비자가 되었다. 적어도 속수무책으로 당하는 일은 없도록 스스로 방어하려는 안간힘이다. 판매자가 요구하는 가격을 온전히 치르는 것은 이제 바보짓이다. 그만큼 불신은 깊어졌다. 제대로 된 상담에 합당한 값을 치르지 않으려고 우리도 상대방을 속인다. 그러나 이런 불신이야말로, 그것이 아무리 정당한 근거를 가진다 하더라도, 고품질의 상품을 제공하는 정직한 상인에게는 결정적 타격이 된다. 애컬로프가 예견한 그대로다.

- 우리는 대형 할인점에서 싼값에 전자제품을 구입한다("미쳤어? 제값 주고 사게?"). 그리고 AS만 동네 전문점에서 받는다. 전문점은 아무런 상품도 팔지 못해 운영난에 시달리다 결국 문을 닫는다.
- 우리는 고급 인테리어 전문점을 두세 곳 찾아다니며, 전문가에게 거실 인테리어 디자인을 얻는다. 그런 다음 그 가운데 가장 좋은 것을 고르고 재료는 다른 곳에서 싸게 구입한다. 이는 상담이라는 서비스를 훔치는

완전한 도둑질이다.

- 매장에서 고급 의류를 입어본 다음, 주문은 이베이에서 한다.
- 저작권자의 허락을 구하지 않고 책과 음반을 복사해대는 파렴치한 행동은 새로운 상품이 만들어질 토대를 고사시킨다.

다시 말해 소비자인 우리 역시 기회주의적이고 비열한 행태를 보이며 상품 공급자(판매자)에게 사기를 친다. 이로써 우리는 질 좋은 제품을 제공하는 양심적인 업자가 사라지도록 하는 데 일조한다. 또는 업자를 기회주의자로 만들기도 한다. 우리는 정직한 기업이 살아남지 못하게 만든다.

죽음의 소용돌이는 차례로 모든 것을 집어삼킨다. 결국 우리는 형편없는 품질의 제품만 놓고 누가 더 할인을 받을 것인지 이전투구를 벌인다. 아무튼 누구에게서든 유리한 조건으로 싸게 무엇인가 빼앗지 못해 안달 내는 상황이 연출된다. 우리가 살아가는 세상은 '교활한 행동'으로 서로에게 사기를 치는 매우 열악한 환경이 되어버리고 만다. 이런 환경은 고객과 기업 어느 쪽도 원치 않던 것이다. 이처럼 우리는 집단적으로 어리석어졌으며, 기회주의적이고 계산적인 행태로 우리 인생의 아름다운 부분을 파괴해버린다.

사실 우리 각 개인은 매우 똑똑하며, 집단 어리석음이 어떤 것인지 직관적으로 안다. 그러나 우리는 지능을 적대적으로만 이용해온 탓에 저마다 앞다투어 신뢰의 바탕을 무너뜨려버렸다. 적대적인 지능은 상대의 존재 기반을 흔들었고 결국 거대한 집단 어리석음을 생성했다.

집단 어리석음은 우리 대다수가 계산적이고 기회주의적인 태도를 버리고 다시금 집단 지성의 의미를 회복할 때에만 제거할 수 있다. 그런데 이미 죽음의 소용돌이가 상당히 진전된 마당에 어떻게 하면 집단 지성을 회복할 수 있을지 나는 짐작조차 못 하겠다. 소용돌이로부터 벗어나는 일은 갈수록 더 어려워진다. 그나마 가장 쉬운 방법은 안정적인 경제 호황이 다시 찾아와 오래 지속되는 것이리라. 그래야 서로가 여유를 갖고 너그러운 마음을 회복해 모두가 잘 살도록 하는 지혜를 발휘할 수 있을 것 같다.

## 컴퓨터에 의존한 기회주의

세계적인 차원으로 나타나는 모든 집단 어리석음은 일상에 만연한 기회주의에서 면모를 분명하게 드러낸다. 기업의 존재 목적은 무엇인가? 이 질문에는 적어도 두 가지 관점이 공존한다.

- 기업의 목적은 소비자의 니즈를 충족시키는 것이다.
- 기업의 목적은 기업의 가치를 끌어올리는 것이다.

첫 번째 관점은 사전적 정의와 비슷한 '공식적 정의'다.("경제활동은 소비자의 니즈를 충족시키는 일에 종사한다.") 두 번째 관점은 주주 가치론자들의 주장으로 흔히 다음과 같은 논리가 전개된다. 소비자의 니즈를 충족시키며 높은 수익을 올리는 기업의 가치는 전반적으로 상승한다.

소비자의 니즈를 충족시키지 못하고 수익을 올리지 못하는 기업의 가치는 떨어진다. 때문에 두 관점의 주요 골자는 동일한 것처럼 보인다. 가치가 높은 기업은 동시에 소비자에게 특별한 서비스를 제공하는 기업이다.

그러나 멀쩡해 보이는 이런 논리에는 엄청난 오류가 숨어 있다. 정보의 비대칭성이 지배하는 시장에서는 소비자를 체계적으로 착취하는 기회주의적인 태도로 기업이 엄청난 이익을 얻을 수 있고 이로 인해 기업의 가치도 올라갈 수밖에 없다. 대략적으로 요점을 정리하면, 돈을 버는 방법은 딱 두 가지라 할 수 있다. 정말 열심히 일하든가, 아니면 그냥 훔쳐라. 주주 가치론 신봉자에게 이런 지적을 하면 돌아오는 답은 한결같다. 이들은 장기적인 안목으로 기업의 가치 성장을 추구하기 때문에 결국 소비자를 위해 일하게 된다는 주장을 편다.

그러나 애컬로프의 중고차 시장 사례는 기회주의적인 중개상을 향한 소비자의 불신 증가가 상품의 가격 및 품질의 하락 모두를 야기한다는 사실을 분명하게 증명한다. 장기적인 안목으로 소비자를 위해 정직하고 성실하게 질 좋은 상품을 제공하는 중개상은 단기적으로 교활한 기회주의자와 경쟁할 수 없는 탓에 시장에서 사라지고 만다. 이내 시장에 등을 돌리고 아예 전업하거나 아니면 기회주의적인 중개상으로 변하는 경향을 보인다.

결론은 이렇다. 기업이 자신의 가치를 끌어올리려는 목적만 가지고 기회주의에 사로잡히게 되면, 모두 이 흐름을 따라갈 수밖에 없다. 이는 장기적으로 볼 때 함께 죽는 길이다. 기회주의에 빠진 기업은 소비자로부터 가능한 모든 것을 쥐어짜내려 한다. 그러면 소비자도 이를 눈치채고 빠르게 기회주의적인 태도로 반응한다. 한때 높은 신뢰도를 자랑했던 관계는 냉철한 계산이 지배하는 적대적인 관계로 변한다.

> **"**
> 기업은 기회주의적인 경제 질서에서 더는 소비자의 니즈를 충족시키려 하지 않는다. 기업은 오로지 이익을 높이기 위해 고객의 희망과 무지를 악용한다. 고객이 필요로 하는 서비스를 제공한다는 구실은 오로지 목적을 이루려는 수단일 뿐이다.
> **"**

이제 이 장의 서두에서 살펴본 은행 지점으로 돌아가보자. 독자 여러분이 이 책을 읽는 동안 이 지점은 윗선, 즉 본점으로부터 기회주의적인 태도를 가지라는 지시를 받았다. 컴퓨터로 모든 고객의 데이터를 철저히 분석해 은행이 가장 많은 수익을 올리는 쪽으로 고객의 투자를 유도하라는 것이 지시의 구체적인 내용이다.

지점의 모든 고객은 은행의 상담에 응해달라는 정중하지만 어딘가 모르게 강압적인 초대를 받았다. 이 상담을 통해 지점은 은행의 수익 목표에 맞게 고객이 돈을 투자하도록 설득해야만 한다. "증권을 구입하시거나 저희 은행의 펀드 상품에 가입하시죠!"

이게 무슨 말도 안 되는 소리냐고? 당신은 여전히 은행을 신뢰한다고? 어떻게? 물론 독자 여러분은 위의 묘사들을 그저 하나의 이론이나 비판으로만 받아들이고 믿지 않을 수도 있다. 그래서 나는 실상을 확인할 수 있는 사례를 하나 보여주려 한다. 이 사례만으로도 충분히 현실을 파악할 수 있을 것이다.

한 은행이 당신에게 어떤 투자 펀드 상품을 판매했다. 증권은 발행가를 치러야 했다. 펀드를 다시 되팔려고 하자 투자 신탁 회사는 이른바 '환매 가격'을 요구한다. 발행가는 펀드에 따라 환매 가격보다 3~5% 더 비싸다. 다시 말해 이 차이만큼 당신은 손해를 보아야만 한다. 3~5.5%의 손실을! 연금 펀드의 경우 이 차이는 3%이며, 주식 펀드는 5%다.

당신은 대형 은행(폴크스방크Volksbank, 슈파카세Sparkasse, 도이체 방크 Deutsche Bank, 코메르츠방크Commerzbank, 알리안츠Allianz)*의 투자 신탁 증서가 독일 주식시장에서 발행가에 한참 못 미치는 가격으로 거래되는 일이 지극히 정상이라 여겨진다는 사실을 알고 있었는가? 은행 직원이 당신에게 이런 사실을 말해주던가? 투자 펀드의 주식시세는 일반적으로 환매 가격과 거의 같다는 사실을 알고 있었는가? 다시 말해 은행이 요구한 발행가보다 3~5.5% 낮은 가격이 투자 펀드의 주식시세다.

지금이라도 여러분이 소유한 투자 펀드 증권을 살펴보라. 그리고 은행 웹사이트(다른 은행이라도 좋다)에서 주식시세를 확인해보라. 함부르크와 슈투트가르트와 프랑크푸르트의 증권시장에서 발행가와 환매가, 그날의 주식시세를 모두 확인할 수 있다. 온라인뱅킹을 통해 주식을 거래하면 약 0.3%의 수수료가 든다. 그러니까 온라인뱅킹을 이용하면 5%나 부담할 필요 없이 4.7% 더 유리한 조건으로 주식을 거래

---

* 독일의 5대 금융기관이다.

할 수 있다. 다시 말해 은행이 권유하는 투자 펀드를 통해 여러분은 투자한 돈의 4.7%를 잃는 것이다! 물론 은행은 내심 미소를 지으리라. 그래서 은행의 객장에는 커다란 현수막이 걸린다. "당신을 위한 최고의 상품! 은행 펀드에 투자하시면 6개월간 3%의 콜금리를 제공해드립니다!" 현재 콜금리는 거의 제로이기 때문에 은행은 여러분이 투자한 돈의 4.7%를 가져가고 3%를 되돌려준다고 생색을 내는 꼴이다. 결국 투자자는 투자 금액의 약 1.5%를 은행에 선물했다!

이런 모든 사항을 검증해보고 생각해보라. 은행이 과연 당신의 재산을 늘려주려고 노력하는 것일까? 아니, 거의 모든 투자 펀드 상담은 당신의 무지를 이용한 착취라 할 수 있지 않을까? 연방 국채가 매년 약 1%의 이자를 쳐주는 마당에 연금 펀드가 발행가의 3%를 수수료로 요구하는 상황이 과연 윤리적인가?

앞선 은행 지점 사례에서 늘 최선만을 생각하는 신입 직원이 정직한 태도로 '펀드 구매는 주식시장에서 하는 것이 좋다'고 고객에게 조언할 생각을 했다고 가정해보자. 그는 당장 은행으로부터 경고를 받으리라. "그런 상담으로는 우리가 살아남을 수 없다!" 심지어 이 경고는 맞는 말이다. 사정을 잘 모르는 평범한 고객을 상대로 기회주의적 행태를 벌이지 않았다면 은행은 벌써 파산했으리라. 나는 위의 투자 펀드 사례를 은행가에게 보여주며 따져 물은 적이 있다. 그러자 그는 기묘한 미소를 지으며 나에게 말했다. "신은 당신 같은 검색 전문가로부터 우리를 지켜주실 겁니다." 결국 은행은 정보의 비대칭성('고객의 무지')을 이용해 기회주의적으로 우리를 착취하며 살아간다는 뜻이다.

항상 최선만을 생각하는 신입은 그래서 곤욕을 치렀다. 그는 오로지 컴퓨터가 내놓은 '최적화한 권유'만 고객에게 제시하라는 강요를 받았다. "제발 생각 좀 하지 마세요!" 베테랑 직원은 모든 단골 고객에게 '컴퓨터에 의존한 최적의 상담'만 제공하라는 준엄한 명령을 받았다. 야심가형 직원 역시 경고를 받았다. 감사 결과 이익만을 노린 잘못된 상담을 해준 사실이 드러났기 때문이다. 은행은 책임을 뒤집어쓰고 싶지 않았다. 이내 모든 직원은 컴퓨터 프로그램의 상담 결과를 구속력을 가진 명령으로 간주하라는 지시를 받는다. 그러니까 세 직원은 이제 컴퓨터 프로그램의 일부 혹은 기회주의의 로봇 또는 컴퓨터의 노예가 되고 말았다.

- 최선만을 생각하는 신입 직원은 알면서도 나쁜 상담을 해주었다는 양심의 가책으로 괴로워했다. 그는 영혼이 불타버린 번아웃 증후군에 시달렸다. '대체 의미 있는 일이 뭐지?' — '돈 버는 것!' — '그럼 우리 삶의 원칙은 뭐야?' — '돈 버는 거라니까!'

- 베테랑 직원은 이제 다른 직원들처럼 바쁘고 고단하게 일해야만 했다. 그는 저주를 퍼부으며 탄식했다. '옛날이 좋았어!'

- 야심가형 직원은 오랫동안 컴퓨터 프로그램과 씨름하며 가능한 모든 경우의 수를 파악했다. 어떻게 하면 고객을 가장 쉽게 약탈할 수 있을지 그 방법을 알아내려는 노력이었다. 그는 야근을 밥 먹듯 하며 알아낸 꼼수로 자신의 실력을 모두에게, 심지어 은행 전체에 과시할 야심을 품었다.

# 기회주의를 부추기는
# 과학적 관리법을 향한 맹신

은행은 직원들에게 다양한 목표를 제시해주었다. 각 부서의 목표는 물론이고 전체적인 목표 달성률도 컴퓨터가 측정한다.

- 유료 상담
- 계좌 개설 및 거래
- 증권
- 주택부금
- 부동산 투자
- 보험
- 재산 관리
- 노후 대비
- 여행 보험
- 신용카드
- 신규 고객 유치

(위의 은행 부서는 독자 여러분도 익히 아는 것이기에 나열해보았다. 거의 모든 대기업이 비슷한 방식으로 다양한 부서를 구성한다. 내가 IBM에서 일하던 시절에도 하드웨어, 소프트웨어, 상담, 클라우드 서비스, 프린터, 정보통신 센터 건립, 정보통신 서비스, 아웃소싱, 연구 개발 등 엄청나게 많은 부서가 있었다.)

은행에는 이렇게 다양한 부서가 있고, 부서마다 책임자가 존재한다. 부동산 부서 부장, 연금 관리 부서 부장, 주택부금 부서 부장 같은 직책 말이다. 이들은 최고 경영진으로부터 '야심적'인(일부 유토피아적인) 목표를 할당받는다. 저마다 해당 부서에서 달성해야 하는 목표다. 최고 경영진은 대개 경쟁력을 높이기 위해 목표를 아주 높게 잡는다. 이처럼 높게 설정된 목표 탓에 과중한 부담과 함께 유토피아 증후군이 나타난다. 부서장들은 틈만 나면 증권이나 부동산에 투자가 이루어지도록 고객 홍보를 하라고 직원을 닦달한다. 윗선이 정한 목표를 달성하기 위한 안간힘이다. 또 최고 경영진에게 부서의 핵심 사안을 위해 특별 캠페인을 벌이게 해달라고 간청하기도 한다. 이를테면 세계 저축의 날을 맞아 '노후 대비 주간'이라는 캠페인이 기획된다. 보통 이런 명분이 내세워진다. "노후 대비 상품은 수익률이 매우 높습니다. 그렇기 때문에 더욱 강조할 필요가 있습니다." 또는 반대로 "현재 연금 상품은 손실을 낳고 있습니다. 그렇기 때문에 바로 지금 강조를 해줘야 회복세를 탈 수 있습니다. 그래야 연금 관리 부장이 보너스도 받을 수 있고요." 어떤 제안이 최종 결정으로 선택될 것인가 하는 문제는 일종의 권력 다툼이다. 근거는 그다지 중요하지 않다. 내부의 권력 구조에 따라 결정이 내려지면 구체적인 사안이 추진될 뿐이다.

말단 직원은 속이 부글부글 끓는다. "세계 저축의 날은 모든 고객과 상품을 위한 날이지, 노후 대비 상품에만 집중하는 날이 아닙니다. 세계 저축의 날에는 워낙 고객이 많이 찾아와 직원들이 두 시간이나 따로 시간을 내서 연금 관련 상담만 해줄 수는 없습니다. 게다가 직원들이 연금에 대해서는 잘 모르기 때문에 중앙에서 전문가를 파견해야만 합니다. 우리는 그저 상품만 판매할 뿐이니까요!"

어쨌거나 직원들은 이런 식으로 부서장의 꼭두각시가 되고 만다. 부서장은 꼭두각시를 조종할 끈을 놓치지 않으려 안간힘을 쓴다. 앞에서는 매우 상냥한 표정으로 고객을 응대하지만 뒤로는 직원을 몰아세워 모든 상품을 판매하도록 강요한다. 하지만 부서장들 간의 이해관계가 서로 다르기 때문에 무엇을 우선순위로 잡을 것인가를 두고 걸핏하면 싸움을 벌인다. 고객이 주택부금과 투자 펀드 사이에서 망설인다면, 지점의 말단 직원은 고객의 관심을 어느 쪽으로 유도해야 할까? 이런 문제를 놓고 부서장들이 서로 다투며 저마다 다른 쪽으로 끈을 잡아당기는 탓에 꼭두각시인형은 이리저리 흔들리다 팔이 빠지고 만다.

부서장들의 다툼은 직원의 등 뒤에서만 벌어지는 것이 아니다. 부장들은 저마다 자신의 우선순위가 바로 은행의 목표라며 컴퓨터에 입력한다. 직원은 가능한 많은 신규 고객을 유치해야 하며, 다양한 펀드를 판매하고, 보험이나 주택부금 상품도 팔아야 한다. 부서장들의 목표가 서로 충돌하며 극심한 경쟁을 벌이는 통에 모두를 만족시킬 수 없는(고객은 보통 한 가지 상품만 구입하기 때문에), '수많은 주인을 섬겨야 하는 종'의 스트레스는 극에 달한다. 또한 모든 목표를 동시에 만족시킬 수 없기 때문에 직원은 이런저런 것을 뒤섞은 상품을 판매할 수밖에 없다. 하지만 이런 상품은 고객의 관심사를 전혀 고려하고 있지 않기 때문에 판매가 거의 불가능하다. 이 사실을 깨달은 직원은 한숨만 내쉴 뿐이다. 그러니까 직원이 달성해야 할 목표는 오로지 부서장들의 이해관계만 대변할 뿐 고객은 고려 대상에서 아예 빠져 있는 것이다.

결국 직원은 목표를 달성하지 못한 부분에 대해 끊임없이 변명을 늘어놓아야 한다. "보험은 많이 팔았네요, 그렇지만 왜 신규 고객이 이렇게 적죠? 어떻게 좀 해봐요! 안 그러면 당신 보너스는 없을 거야!"

기회주의로 물든 조직은 갈수록 복잡해지기만 한다. 이것저것 마구잡이로 뒤섞인 탓에 목표 설정에서 고객은 무시되기 일쑤다(부장에게 고객은 저 멀리 있는 존재다. 고객의 관심사 따위는 안중에도 없다). 은행은 일관성을 유지하기 위해 계속해서 목표를 수정하고, 이에 따라 고객이 느끼는 혼란도 가중된다.

결과적으로 고객에게 주어지는 것은 정감 없는 불친절한 단순함이다. 여기에 참을 수 없는 짜증과 기막힘도 추가된다. 고객은 경영진에게 고함이라도 지르고 싶어진다("아니, 내가 원하는 것은 펀드가 아냐! 여행 보험 따위도 필요 없어! 나를 알고 있으면서도 왜 항상 그런 것만 내밀지?"). 아, 그저 통장 정리만 하면 되던 옛날이 좋았다! 예전의 은행은 나의 친구였으며 나를 좋아해주었거늘. 수익 목표 운운하는 돈독 오른 눈빛 따위는 볼 수 없었는데.

이제 직원에게 상담은 스트레스를 배가시키는 중노동이 된다. 도저히 달성할 수 없는 목표를 의식하며 직원은 과거와는 전혀 다른 시선으로 고객을 바라본다. 직원은 고객의 눈을 더는 똑바로 보지 못한다. '고객이 진정 원하는 것은 무엇일까, 어떻게 하면 고객을 도울 수 있을까?' 이런 태도는 이미 오래전에 사라졌다. '고객이 서명을 해줄까?' 직원은 초조한 마음으로 고객의 손만 뚫어져라 쳐다본다. 아니면 자신의 소중한 상담시간을 훔치기만 하는 것은 아닐지 걱정한다. '끊임없이 주절대기만 하면서 내 시간만 훔치네.'

애컬로프가 언급한 죽음의 소용돌이는 쉴 틈 없이 휘몰아친다. 은행을 찾는 고객의 수가 확연히 줄어든 탓에 지점은 몇 곳으로 축소, 통합된다. 은행이 고객을 갖고 논다는 느낌을 받은 사람들이 은행에 발길을 끊었기 때문이다. 한 곳으로 통합된 은행 지점은 규모가 너무 커져서 이제 직원과 고객이 서로 누가 누구인지 모른다. 은행은 인력을 대폭 감축하고 기존의 인력도 모두 계약직으로 대체했다. 컴퓨터(그 배후에는 부장이 있다)가 추천하는 목록만 읽으면 그만일 뿐 전문 지식을 필요로 하지 않는 탓에 일어난 변화다. 다음에는 모두 콜센터로 사라졌다가, 결국에는 인터넷으로 옮겨가리라.

이것이 바로 기회주의의 소용돌이가 몰고오는 파국이다. 사태가 이 지경에 이르기까지 우리 모두가 일조했다. 한쪽은 진정 어린 상담을 해주지 않았고, 다른 쪽은 성실한 상담에 적절한 대가를 치르려 하지 않았다. 모두 앞다투어 레몬 시장을 만들었고 그 결과 우리 모두가 서로 소외되었다. 직원은 서로 다른 이해관계의 꼭두각시가 되어 천박한 춤을 추었다. 고객은 처음에는 어느 정도 참을성을 보였으나 갈수록 상담원을 존중하기가 힘들어졌다. 그 결과 정당한 대가마저 치르기를 아까워했다. "우리 모두 그저 (무의미한) 직장생활을 할 뿐이야." 왜 이 대목에서 '과학적 관리 실패'라는 단어가 떠오르는 것일까.

과학적 관리법은 최적화한 기회주의적 방식으로 일을 해결하는 것이 최선의 방식이라 굳게 믿은 탓에 실패를 자초하고 말았다. 서로를 향한 기본적인 신뢰는 기회주의적 관계로 대체되었다. 고객, 서비스 제공자, 직원, 부장, 회장, 주주 모두가 상대의 무지를 악용해 이득을 취하려 혈안이 되었을 뿐이다.

> **❝**
> '똑똑한 개인'으로 구성된 집단이 다른 쪽을 '멍청하다' 여
> 기고 속이기 시작하면, 집단 전체는 어리석어지며 서로를
> 향한 불신에 사로잡힌다.
> **❞**

　집단 지성은 언제나 공통의 이해관계, 같은 목표와 비전을 강조한다. 집단 어리석음이 만연한 조직에도 그런 비전과 목표가 있지만 그것이 절대 '팀 전체의 목표'로 떠오르지 않는다. 앞의 사례에서 '팀의 목표'는 지점 전체의 수익률 상승이었으나 직원은 저마다 개인적인 목표만 의식했고 그 순간 팀과 지점, 나아가 은행 전체, 결국 인간 전체(고객을 포함한)에 대한 관심을 완전히 잃고 말았다. 시스템이 이런 상황을 만든 탓에 모두 각개전투를 벌일 따름이다. 사정은 더욱 열악해진다. 은행이 갈수록 더 많은 계약직 인력을 고용하면서 '노동 유연성'을 강조하자 진정한 의미의 팀 자체가 완전히 사라져버렸다. 특히 경영진의 다음과 같은 비열한 시각은 팀을 허무는 데 결정적 역할을 한다. "한시적인 계약으로 고용한 비정규직은 더 잘 착취할 수 있을 뿐만 아니라, 그 존재 자체로 다른 직원들에게 위협을 주어 정규직을 더욱 강하게 장악할 수 있도록 해준다."

# 기회주의 집단 한복판에서
# 보내는 외로운 경고

이런 집단에서 이성적인 개인은 무엇을 할 수 있을까? 나는 한 기업의 위촉을 받아 경영 컨설팅을 해주면서 논리적으로 보면 기업이 곧 파국을 맞게 될 것이라 최고 경영진에게 경고한 바 있다. 분위기는 더할 수 없이 썰렁해졌다. 그때 한 이사가 나에게 한 말이 아직도 귓전을 맴돈다. "선생의 말이 논리적이긴 합니다. 심지어 맞을 수도 있습니다. 하지만 지금까지 아무도 그런 말을 하지 않았습니다. 오로지 선생만 그런 지적을 하는군요. 좋습니다, 그 지적을 실천에 옮겼다고 해봅시다. 그런데 상황이 원하는 쪽으로 풀리지 않았다면요? 그러면 주주들이 저에게 왜 그런 결정을 했느냐고 묻겠죠. 다른 기업도 다 그렇게 하는데, 왜 당신만 다른 결정을 했냐고요. 그럼 저는 군터 뒤크 씨가 그렇게 권유했다고 대답할 겁니다. 하지만 유감스럽게도 주주들은 뒤크라는 사람을 모릅니다. 저는 당장 일자리를 잃겠죠. 왜 누구도 하지 않는 제안을 당신이 했다고 해서 제가 들어야만 하죠?" 나는 대답했다. "논리적으로 파국을 피할 수 없으니까요. 제 제안을 들으셔야 합니다." 상대는 눈을 동그랗게 떴다. "그렇지만 뒤크 선생, 그게 제 잘못은 아니죠. 다른 모든 기업도 똑같이 파국을 맞게 될 거니까요. 주주들이 왜 실패했느냐고 묻는다면, 업계에서 다 그렇게 하는 것을 우리만 예외적으로 굴 수는 없었다고 둘러대면 그만입니다. 선생은 매우 현명한 사람입니다, 뒤크 씨, 그런데 저도 멍청하지는 않습니다. 제 말을 이해하셨나요?"

모두 어리석게 군다고 해서 자신도 대세에 순응하겠다니, 정말이지 최악의 어리석음이 아닐 수 없다. 인생은 이 어리석음에 맞서는 것이 현명한 선택임을 분명히 말해준다. 그렇기 때문에 최고경영자는 일이 잘못될 위험을 감수하고서라도 용기를 갖고 남이 가지 않는 길을 가야 한다는 말에 귀를 기울인다. 그렇지만 대세 순응주의자에게 이런 현명한 조언은 공염불일 뿐이다. 전혀 귀담아듣지 않는다. 리스크를 두려워하지 않아야 기업에게도 자신에게도 새로운 길이 열린다는 자명한 진리는 아쉽게도 이내 잊혀버린다. 새롭게 일을 꾸미려면 해야 할 일이 너무 많다는 소극적인 자세도 이런 망각을 거든다.

　그래서 그 기업은 어찌되었느냐고? 논리는 논리다. 6개월 뒤 파국은 현실로 나타났다. 다행히도 내 충고를 기억해준 경영인들이 혼신의 힘을 다해 문제의 원인을 제거하려 노력했고 가까스로 파산은 면할 수 있었다. 집단은 꼭 문제가 목전에 닥쳐야만 허둥거리며 해결책을 찾는다. 그런 다음에는 다시 느긋하게 다음 문제가 나타날 때까지 기다린다(집단 어리석음?). 아직 나타나지도 않은 문제를 왜 고민하느냐고 집단은 능청을 부린다. 많은 문제는 저절로 해결되며, 대개 잘 나타나지도 않는다나. 저런 예민한 비관론자의 말에 귀 기울일 필요가 없다고 집단 어리석음은 애써 자위한다.

## '북 스마트'로 교육받았지만
## '스트리트 스마트'로 변모하는 우리

이성 대 교활함. 영어에는 '북 스마트Book Smart'라는 표현이 있다. '책을 통해 터득한 스마트함'이라는 뜻이다. '북 스마트'는 흔히 '스트리트 스마트Street Smart'와 대비를 이룬다. 높은 수준의 교육을 받은 북 스마트는 모든 것을 정확하게 알고 싶어 한다. 반면, 스트리트 스마트는 거리에서 주먹다짐을 벌이며 어떤 싸움 방식이 유리한지를 터득한 교활한 건달이다. 스트리트 스마트는 위기 순간에서도 정확한 판단을 내리는 생존 기술로 무장한 스마트함이다. 북 스마트는 모든 것을 이성으로 해결하려 노력하는 반면, 스트리트 스마트는 싸움에서 민첩한 본능을 자랑한다.

온라인 사전 어번 딕셔너리Urban Dictionary는 스트리트 스마트를 이렇게 정의한다. "다양한 상식으로 무장한, 세상살이 방식을 알고 있는 사람이다. 이들은 일상에서 만나는 다양한 사람을 어떻게 다루어야 할지를 알고 주변의 모든 그룹을 꿰뚫어보며 어떤 상황에도 적절히 대응할 줄 안다. 이런 사람은 거리와 빈민가 그 어디에서라도 어리석은 일들이 일어나는지 잘 알고 있으며, 항상 정확한 결정을 내리고 다양한 상황에 대처하며, 독립적인 태도를 보인다. 스트리트 스마트는 고집을 부리지 않으며, 모든 바보 같은 허튼소리를 귀담아듣고, 또 이해할 줄도 안다."

이 설명이야말로 진짜 스트리트 스마트가 작성한 것이리라, 그렇지 않은가?

스트리트 스마트는 북 스마트를 가소롭게 여긴다. 특히 어찌하면 좋을지 모르는 상황에서 북 스마트가 책을 통해 얻은 지식을 뽐내면 스트리트 스마트는 어이없는 표정으로 코웃음부터 친다. 나는 일종의 북 스마트다. IBM에서 지도자 급 위치에 올라서려는 사람은 아주 혹독한 시험을 치러야만 한다. 업무 추진력을 입증해야 하는 이틀간의 훈련이 끝난 후 나는 평가 결과를 확인할 수 있었다. 시험관은 내가 경영 능력을 갖추고는 있지만 너무 이성적이어서 타인도 이성적으로 행동할 것이라 기대하는 경향이 크다고 말했다. 물론 얼마든지 좋은 중역이 될 수 있다는 평가를 내려주었지만 만약 부하 직원이 불손하며 비합리적이고 비윤리적인 태도를 보일 경우, 북 스마트인 나는 상황을 충분히 장악할 수 없어 실패한 지도자가 될 가능성이 높다고도 했다. 선발 위원회는 내가 지도자로 적합한 인물인지 심사숙고한 끝에 '완전한 북 스마트인 것'이 결점일 수는 없다는 결론을 내렸다. 그동안 내가 주로 대학에서만 생활했기 때문에 북 스마트가 된 것을 충분히 이해할 수 있다는 결론이었다. 변화가 필요하다면 얼마든지 감당할 것으로 기대된다는 내용의 최종 심사평이었다.

나는 솔직히 당시에는 그 평가를 온전히 이해하지 못했다. 이성이 뭐 어때서, 이성은 좋은 것 아닌가? 어쨌거나 나는 중역이 되었다. 그리고 수많은 비이성적인 상황과 씨름해야 했다. 와우! 내가 스트리트 스마트로는 많이 부족하다는 그들의 진단은 매우 정확했다! 나는 큰소리를 내야 할 상황마다 속절없이 실패하고 말았다. 나는 큰소리를 지를 수 없었다. 사람들이 나를 이용해도 똑같은 방법으로 갚아줄 수 없었다. 마치 책이라는 이성적인 지식의 감옥에 꼼짝없이 갇힌 느낌이었다. 나는 많은 순간 무력감에 사로잡혔다. "이런 빌어먹을 놈들 같으니!" 나는 스트리트 스마트가 바보 같은 모든 말들을 귀담아듣고, 또 이해할 줄도 알며, 그에 맞는 적절한 대응을 한다는 것이 무슨 뜻인지 그제야 알 수 있었다.

당시 나는 논쟁과 협상에서 어떻게 하면 우위를 점할 수 있는지에 대한 책을 열심히 찾아 읽었다. 하하, 결국 나는 북 스마트 샌님이었다. 책에는 다양한 유형의 인간이 등장했는데 그 분류법에 따라서도 나는 북 스마트였다. "여보세요, 당신은 언제나 몇 가지 윤리 원칙을 고집하며 전체를 위해 싸우죠. 바로 그래서 상대는 당신이 어떤 행동을 취할지 환히 내다볼 수 있습니다. 다음 순간 어떤 결정을 내리리라는 것을 짐작하고도 남죠. 협상을 일종의 포커 게임이라고 생각해보세요. 당신은 상대에게 카드를 공개하고 포커를 하는 것이나 다름없습니다. 그런 당신이 포커페이스에 능한 고수를 이길 수 있다고 생각하세요?" 나 같은 유형에게 던지는 충고도 차고 넘쳤다. 핵심은 한결같았다. 협상 능력이 턱없이 부족하며, 개선의 여지도 거의 보이지 않는다. 막판에는 잊을 만하면 극도로 흥분하며 분노를 표출하는 것이 대단히 실용적인 방법이라는 충고가 등장했다. 제대로 분을 터뜨려 주위 사람이 의사를 불러야 하는 건 아닐까 걱정할 정도로 공포 분위기를 조성하라. 이런 분노 표출은 한동안 사람들이 당신을 두려워하게 만들고, 예전처럼 당신을 마음대로 이용하지 못하게 한다.

한창 대학 입시를 준비하던 고등학생 시절이 떠오른다. 같은 반 친구들은 숙제를 해왔다는 이유로 나를 놀려댔다. 그냥 그렇게 무턱대고 놀렸다. 그런 일이 잦아지면서 나는 참을 수가 없어졌다. 화학 선생님이 교실로 들어왔고, 모두가 인사하려고 자리에서 일어섰다. 나는 침착하게 교실 앞으로 나가 하얀 분필가루가 잔뜩 묻은 칠판지우개를 물에 적셨다. 그리고 여전히 인사를 위해 차렷 자세를 하고 있던 놀림 주동자 뒤로 가서 지우개를 그의 머리 위에 쥐어짰다. 그는 아무런 반응을 보이지 않았다. 교실은 썰렁할 만큼 조용했다. 나는 내 자리로 돌아가 앉았다. 이 사건을 두고 뭐라고 하는 사람은 아무도 없었다. 수업이 끝난 후 쉬는 시간에도 선생님은 물론이고 친구들 역시 한마디도 하지 않았다. 그리고 나는 다시는 놀림을 받지 않았다.

협상 기술을 다룬 책을 읽고 나서 나는 내 안의 스트리트 스마트를 깨우려고 조금은 노력해보았다……. 누구든 약간의 스트리트 스마트 기질을 가지고 있어야 한다는 것을 나도 모르지는 않는다. 하지만 오늘날의 과중한 업무 부담과 지나친 경쟁에서 우리는 오히려 정반대의 걱정을 해야 하지 않을까? '비열하기 짝이 없는 난장판'과도 같은 기회주의자의 정글은 우리 안의 북 스마트를 완전히 몰아내려 위협한다.

> 66
> 북 스마트는 어떤 세상이 좋은 세상이며 어떻게 하면 좋은 세상을 만들 수 있을지 고민한다. 반면 스트리트 스마트는 세계를 그저 있는 그대로 받아들인다.
> 99

본래의 테일러리즘 혹은 과학적 관리법은 근본적으로 북 스마트가 고안한 고상한 생각이다. 대학에서 가르치는 이론 역시 모든 것을 규칙과 지성으로 포장하는 일종의 북 스마트다. 대학의 경영학 강의에서 스트리트 스마트는 등장하지 않는다. 경영학은 순진한 생각, 곧 수학과 과학적 관리법으로 지구의 부족한 자원을 어떻게 하면 최선으로 활용할 수 있을지에 대해서만 설명한다. 과학적 관리법은 바로 이것을 원했을 뿐이다.

그러나 현실의 경제에서 인간은 서로 더 많은 이득을 차지하려 싸운다. 경기가 불황이냐 호황이냐에 따라 더 치열한 경쟁을 벌이는가 하면, 때로는 협력을 모색하기도 하는 것이 현실의 경제다. 그런데 오래전부터 컴퓨터와 최적화 소프트웨어로 무장한 싸움은 가격 경쟁과 임금 덤핑에만 집중해왔다. 노동자는 실직의 두려움과 인센티브의 압박으로 꼼짝없이 길들여졌다.

이런 식으로 생각과 행동은 점점 더 강하게 분열 양상을 띤다. 북 스마트는 모두가 공평하게 누릴 풍요를 주장한다. 반면, 스트리트 스마트는 경쟁의 승리나 생존만 외칠 뿐이다. 스트리트 스마트의 행태는 무의미한 과부하를 초래했으며, 시장 참여자의 기회주의적인 태도를 묵인하게 만들었다. 이제 경제는 말 그대로 기회주의자들의 정글이 되어버렸다. 정보의 우위를 선점한 쪽은 이를 철저히 악용한다("정보로 돈을 번다!"). 이런 모든 스트리트 스마트 효과가 함께 어울려 악순환, 즉 애컬로프가 말하는 죽음의 소용돌이를 빚어낸다. 갈수록 더 기회주의가 득세하며, 고객의 신뢰는 사라지고, 상품의 품질은 계속 나빠지기만 한다("다 그러는데 뭐!").

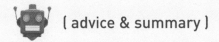 **〔 advice & summary 〕** ⋯⋯⋯⋯⋯⋯⋯⋯⋯⋯⋯⋯⋯

좋은 공동체가 기회주의적인 개인들의 느슨한 집합보다 훨씬 더 생산적이라는 것은 자명한 사실이다.

신뢰, 성실함, 솔직함은 불신과 스트레스로 허둥대는 기회주의와 비교할 수 없을 정도의 가치를 지닌다. 기회주의적인 이득 추구로 인간 간의 모든 신뢰를 무너뜨려버린 지금(바로 이것이 앞으로도 오랫동안 수습해야 하는 금융 위기의 진정한 원인이다) "팀! 신뢰! 기업의 사회적 책임! 기업 윤리! 모이면 강력하다! 이제 모두 함께! 필요한 것은 비전이다!" 같은 기합이 울려 퍼지지만 어쩐지 공허하게만 들린다. 소비자와 노동자의 신뢰를 악용해 지나치게 높은 목표를 강제하고 높은 보너스로 노동자들을 유혹하며 돈을 벌 때는 언제고 이제 와서 이성 회복을 위해 다시 믿어 달라? 다시 믿으면 뭐가 어떻게 되는데? 당장 다시 희생양이 되어 내 세금으로 위기를 막아 달라?

나는 직원들에게 만성적인 부담을 떠넘기고 소비자를 교활하게 착취하라고 요구하는 경영 이론을 알지 못한다. 그 어떤 경영 이론도 단기적인 시각으로 자원을 고갈시키거나, 일상적인 업무가 아닌 모든 생각을 금지하라고 가르치지 않는다. 어떤 이론이 직원에게 컴퓨터 모니터 상담을 강요하며, 의도적으로 실직 공포를 조장하던가?

2차대전 이후 일본 산업의 번영에 결정적인 기여를 한 윌리엄 에드워드 데밍William Edwards Deming, 1900~1993[*]은 이런 경고를 남겼다. "노동

---

[*] 미국의 물리학자이자 통계학자이며 이른바 '품질 관리 경영'의 선구자로 알려져 있다. 1950년 일본으로 건너가 경영 혁신을 주도했다.

자에게 잘못을 돌리지 말라. 노동자는 잘못의 15%에만 책임이 있을 뿐, 나머지 85%는 경영진이 만든 체계가 초래한 잘못된 결과다."

그러나 나만 해도 직원들을 닦달해대는 경영자를 너무나 많이 알고 있다. 이런 경영자는 불완전한 시스템에 불평하지 말고 너희부터 최선을 다하라고 항상 직원들을 몰아세운다. "나도 이 시스템을 감당할 수밖에 없어, 너희도 그래야만 한다고."

—

북 스마트의 과학적 관리법은 스트리트 스마트의 과학적 착취법이 되어버렸다. 이 잘못된 경영이 바로 집단 어리석음을 만든 주범이다. 그리고 이 집단 어리석음은 계속해서 세계 경제를, 특히 대기업을 장악하고 있다. 집단 어리석음은 교양 있는 똑똑한 사람(북 스마트)에게 "거리라는 정글에서 살아남으려면" 스트리트 스마트가 되라고 강요한다.

정말 정글의 법칙에 순응하는 인생을 살고 싶은가? 끊임없이 전쟁의 위험성을 강조하며 군비 경쟁으로 국민을 힘겹게 하지 않았다면 지금보다 훨씬 더 잘 살 수 있었다는 사실을 우리는 이미 오래전에 깨닫지 않았던가? 그럼에도 왜 우리는 경제와 사생활에서 '생존 투쟁'이 건강한 이성보다 더 낫다고 믿는가? 집단 어리석음이야말로 우리 모두를 억압하는 커다란 장애물이다.

# 04
## 퍼스트클래스 안목을 앗아가는
## 끝없는 일상 업무

**일상 업무는 시간을 잡아먹는다.**

그 폐해로 우리는 퍼스트클래스를 알아보는 안목을 키우지 못하고 그 감각을 완전히 상실한다. 상관이 탁월함을 요구하면 누구도 그것이 무엇인지 몰라 어리둥절해한다. 사실 상관도 탁월함이 무엇인지 모른다.

북 스마트는 끊임없이 경영의 신화를 찾아 그들을 공부하고 연구한다. 그러나 일상의 스트레스로 오로지 분기 실적('생존')에만 몰두하게 되면 우리는 최고의 것을 구별하는 능력을 잃는다. 스트리트 스마트로 그저 '매일의 바보 같은 일'에만 매달릴 뿐이다. 늦든 빠르든 기업은 쏟아지는 비판과 비난을 피할 수 없다. 정확히는 소비자와 주주가 보내는 비난이다. 그러면 기업은 어떻게든 최고를 꾸며내려 꼼수를 쓴다. 진짜 퍼스트클래스를 찾아내기에는 능력이 턱없이 부족하다. "이 정도면 되지" 하고 만족하던 직원은 어떤 것이 퍼스트클래스인지 전혀 모른다. 최고를 갈망하지 않는 집단은 차츰 이류, 삼류로 명청해져간다. 그야말로 악순환이다. 최고를 추구하는 자세야말로 집단 지성을 키우는 토양이다. 이 토양이 없으면, 집단 어리석음이 생겨난다.

# 퍼스트클래스는 퍼스트클래스를,
# 세컨드클래스는 서드클래스를 고용한다

위의 문장은 내가 주변에서 흔히 들었던 말이다. 나는 이 문장의 저작권자가 누구인지 궁금했으나 알아내지는 못했다. 나는 이 말을 박사과정 때 지도교수 루돌프 알스베데Rudolf Ahlswede, 1938~2010*에게서 처음으로 들었다. 알스베데 교수는 이 말로 학계의 전반적인 분위기를 꼬집었다. 말이 나온 김에 짚고 넘어가자면 내 지도교수는 자신의 연구 분야에서 '세계 최고의 실력'을 자랑했다. 다시 말해 퍼스트클래스 중에서도 단연 최고였다.

알스베데는 평소처럼 감정을 절제하고 매우 간결하게 이 말의 의미를 설명했다. "세컨드클래스는 무엇이 퍼스트클래스인지 알아보지 못한다. 천재적이며 카리스마 넘치는 독창적인 위대함이 무엇인지 전혀 모른다. 이들은 그저 모든 것을 규칙과 기준에 따라 평가할 뿐이다. 아는 것이 없어서! 아무것도!" 세컨드클래스는 뭐가 뭔지 알지 못해서 결

---

* 독일의 수학자로 최대한의 데이터를 매체에 저장하기 위해 데이터를 정량화하는 응용수학인 '정보 이론'의 세계적인 권위자다. 독일 빌레펠트 대학교에서 교수를 지냈다.

국 학문을 파괴한다. 그저 서류철이나 꼼꼼하게 챙기는 동사무소 서기랄까. 거기다 누군가 자신보다 더 뛰어난 것은 아닌지 늘 두려워한다! 세컨드클래스 교수는 후임을 채용할 때 자신보다 못한 서드클래스만 찾는다. 그래야 자신의 입지가 흔들리지 않는다고 믿기 때문이다. 그러니까 세컨드클래스는 어리석은 동시에 교활하다. 퍼스트클래스를 알아보지 못해 어리석으며, 자신보다 실력이 떨어지는 사람만 채용해 교활하다. 그래서 영어에는 이런 표현이 있다. 퍼스트클래스는 퍼스트클래스를, 세컨드클래스는 서드클래스를 고용한다First class hires first class, second class hires third class." 자신의 분야에 아무런 업적을 남기지 못하는, 절대 어떤 업적도 남길 수 없는 삼류가 학계에 득시글거리는 이유가 바로 여기에 있다. 어이없을 정도로 웃기는 사실은 이 삼류가 대부분 최고를 채용한다는 점이다. 삼류는 그저 순진하게 실력이 좋은 사람을 찾기 때문이다. 물론 삼류도 최고를 알아보지 못한다. 삼류는 흔히 최고를 이류와 혼동한다. 그러나 최고를 삼류와 혼동하는 일은 없다. 최고는 삼류와 확연한 차이를 드러내기 때문이다. 그런데 최고는 삼류에게 채용되기를 원치 않는다. 삼류의 영향력 아래서는 제대로 된 연구를 진행할 수 없기 때문이다. 분명히 말해두지만 동사무소 서기가 지나친 영향력을 행사하기 시작하면, 모든 것이 엉망이 되어버린다. 그러나 안타깝게도 이류와 삼류는 꾸준히 영향력을 키워간다. 연구에서 아무런 성과를 보이지 못하는 탓에 차라리 보직을 맡거나 위원회에서 한 자리라도 더 차지하려고 눈에 불을 켠다. 최고는 연구에 방해가 된다며 그런 보직이나 자리를 거부할 뿐이다. 아뿔싸, 이런 식이라면 언젠가는 이류가 일류 사이에서 떡하니 자리를 차지한다! 이류가 학장이 된다. 일류는 학장 자리에 관심을 갖지 않기 때문이다. 최고가 아니라 서기가 학장이 되었다고 생각해보라. 그 뒤로는 삼류가 줄줄이 따라온다.

플라톤의 대화편을 보면 소크라테스는 최고라는 경지가 가르칠 수 있는 것인가 하는 물음을 놓고 여러 차례 토론을 벌인다. 덕, 용기 혹은 카리스마가 교육될 수 있는 성질의 것일까? '아레테arete'를 알아보는 안목은 교육될 수 있을까? 플라톤은 '아레테'라는 말로 사물이나 인간의 탁월함을 표현했다. 플라톤은 본래 그래야 하는 모습 그대로, 그것도 매우 두드러지게 그 본모습을 나타내는 존재가 아레테를 가진다고 말한다. 영어로는 흔히 'outstanding' 또는 'sound'라 표현한다. 모든 것이 완벽하게 맞아떨어지는 것, 이것이 곧 아레테다. 물론 무엇이 탁월한 것인지, 무엇이 위대한 예술이며, 어떤 것이 싸구려 통속인지, 아니면 그저 그런 평균인지, 이를 묘사하기란 쉽지 않다. 진정한 아름다움이 어떤 것인지 가르칠 수 있을까? 정의正義는? 지혜는? 의미는? 품격은? 취향은? 다시 말해 퍼스트클래스는 원칙적으로 무엇이 퍼스트클래스인지 세컨드클래스에게 가르칠 수 있을까? 내가 '천재적으로 간단한 것'이라 표현한 개념 역시 탁월함이라는 범주에 속한다. 이 탁월함이 무엇인지 설명하기란 절대 쉽지 않다.

다시 한 번 인용하자면 더닝과 크루거는 '능력이 떨어지는 사람'과 '멍청하기 짝이 없는 사람'은 다음과 같은 성향이 강하다는 사실을 확인했다.

■ 자신의 능력을 과대평가한다.

- 타인의 뛰어난 능력을 알아보지 못한다.
- 자신의 무능함을 정확히 인지하지 못한다.

그러니까 최고와 이류 사이에는 넘을 수 없는 높은 벽이 존재한다. 최고는 천재적으로 단순하게 탁월한 것을 창조하려는 목표를 추구한다. 그리고 그에 알맞은 방법을 찾는다. 충분한 시간을 가지고 끈질기게 목표를 달성하려 노력한다. 연습을 거듭하며 진땀을 흘린다. 반면 이류의 북 스마트는 좌우를 살피기 바쁘다. 타인과 자신을 비교해가며 '이대로 좋은지' 전전긍긍한다. 나는 의무를 다한 것일까? 다른 사람은 뭘 할까? 그들이 나보다 훨씬 더 뛰어나면 어쩌지? 1등은 누구일까? 나는 평균 이상인가? 이류의 스트리트 스마트는 이런 생각도 한다. 지금 나에게 이득이 되는 것이 뭘까? 당장 무엇을 얻을 수 있을까?

퍼스트클래스의 절대적인 관점과 세컨드클래스의 상대적인 관점 사이에는 엄청난 차이가 있다. 집단에서 이류가 다수를 차지하게 되면, 이류의 사고방식이 그 집단을 지배한다. 이류는 공동의 목표를 생각하지 않으며, 그저 업무만 처리하려 든다. 최고가 이류를 막지 못해 집단 어리석음이 시작되는 순간이다. 기업의 규모가 지나치게 커지는 경우 이런 상황을 흔히 볼 수 있다. 규모를 키울 때 그 무게를 감당하는 기업은 극소수일 뿐이다. 자신의 크기에 취한 집단 어리석음은 이내 그 크기가 바로 퍼스트클래스라고 착각한다. 그렇지만 집단 어디에도 최고인 것은 전혀 없으며, 그냥 최고라고 착각만 할 뿐이다(취한 나머지). "우리는 혁신과 지속성을 중시합니다! 우리는 고객을 이해하려 노력하고, 우리의 상품을 사랑합니다!" 말은 언제나 그럴싸하다……

# 퍼스트클래스는 절대적 기준을,
# 세컨드클래스는 상대적 기준을 적용한다

최고란 무엇일까? 최고를 묘사하기란 매우 어렵다는 것은 플라톤 이래 잘 알고 있는 사실이지만, 그럼에도 시도는 해볼 수 있지 않을까? 최고가 되기 위해서는 재능과 그에 합당한 성격과 태도와 자신감과 자제할 줄 아는 열정이 필요하리라. 이것으로 충분할까? 재능은 대개 큰 꿈이 없는 탓에 향상되지 못한다. 그래서 사람들은 이런 말을 하곤 한다. "퍼스트클래스 태도를 갖춘 사람을 채용해, 그에게 직장에서 할 일을 가르치자!" 영어로는 더욱 간단하게 표현된다. "태도를 채용해 기술을 훈련시켜라Hire for attitude, train for skills." 이 말에는 많은 진실이 담겨 있다! 축구 경기만 봐도 이 경구의 의미를 이해할 수 있다. 최고의 축구선수는 카리스마를 자랑하며 책임을 떠맡고 이류에게 동기를 심어주어 승부욕에 불을 지른다. 이류를 이끄는 지도자형 선수가 소속된 팀이 바로 승리를 구가한다. 최고는 패배로부터 배우고, 축구를 사랑하고, 상대의 실력을 존중할 줄 안다. 물론 이런 태도가 전부는 아니다. 탁월한 최고가 되려면 재능과 감각이 필수다!

전문성과 인간성을 두루 겸비한 최고의 인간은 그리 많지 않다. 전문적인 최고의 솜씨는 훌륭한 전문가가 보여줄 따름이다. 리더십은 별개의 문제다. 너그러우면서도 단호하게 팀을 이끌 줄 아는 탁월한 인간성을 갖춘 인물을 찾기란 무척 어려운 일이다. 그래서 기업은 대개 태도와 성격을 기준으로 리더 후보를 고른다. 그런 다음 지도하고 이끄는 방법을 가르친다. 그러나 탁월함을 이렇게 좁게 해석하면 숱한 문제가 발생한다. 실력이 뛰어난 전문가는 너무 복잡하게 생각하고, 천재적으로 단순한 것이 무엇인지 알지 못한다. 재능은 뛰어난데 카리스마가 부족해 탈락하는 사람도 의외로 많다. 태도는 올바르지만 전문가적 식견이 부족한 경영자에게 우리는 불만을 가지기 마련이다. 진정한 최고란 과연 무엇일까? 정말 어려운 문제다.

## 퍼스트클래스의 징후
### —절대적인 최고란 무엇일까?

최고를 구별하는 일은 근원적인 질문을 던지게 한다. 최고의 축구 경기는 어떻게 하는 것일까? 소비자는 어떤 상품과 서비스를 천재적으로 단순한 것이라 생각할까? 가장 아름다운 자동차는 어떤 모습을 하고 있을까? 우리는 미래에 어떤 주거 환경에서 살고 싶어 할까? 어떤 교통 체계가 이상적인 체계일까? 지식사회에서 최고의 교육이란 무엇일까? 어떻게 하면 우리는 문인과 사상가와 엔지니어인 국민으로 살아가며 '메이드 인 저머니Made in Germany'라는 자부심을 계속해서 누릴수 있을까? 미래에 우리가 필요로 할 인물은 어떤 사람이며, 어떻게 그를 키워낼 수 있을까? 우리의 인생이 추구해야 할 의미는 무엇일까? 직업이라는 단순한 차원을 넘어 우리는 어떤 책임을 감당해야 마땅할까? 무엇이 최고의 연구이며 개발이자 업무인가? 어떻게 하면 최고를 실현해낼 수 있을까? 이처럼 퍼스트클래스는 절대적인 기준으로 살펴야 할 수많은 질문을 제시한다. 우리의 생각, 그리고 행동은(다시 한 번 강조하겠다. '그리고 행동은') 이 질문을 푸는 데 집중해야 한다. 성공은 최고를 이루려는 생각과 행동의 실현이다. 최고가 되려면 선구자와 기업가는 불타는 열정을 보여야만 한다.

　퍼스트클래스를 어떻게 알아볼지를 묻는 질문은 항상 논란을 불러왔다. 플라톤의 대화편을 보면 소크라테스는 이 문제를 가지고 오랫동안 토론을 벌였으나, 정작 최고가 무엇인지를 묻는 질문에는 답을 거의 하지 않았다. 소크라테스는 그저 무엇이 퍼스트클래스인지 직관적으로 알거나 느낄 수 있어야 한다고 했다. 또 다른 한편으로는 최고를 언어로 묘사할 수는 없다고도 했다. 최고를 가리기 위한 모든 기준은 핵심을 포착하지 못하기 때문이다. 그러니까 천재성 같은 것은 경험하거나 감각적으로 알아볼 수 있는 것이기는 하지만, 교육될 수 있는 성격의 것은 아니다.

　역사 속 거의 모든 위인은 저마다 독특한 특징을 가진다. 새로운 학문을 만들어냈거나, 자신의 분야에서 최고의 창의력을 발휘했거나, 자신만의 스타일을 다졌다. 위인의 특성은 대부분 쉽게 구별할 수 있지만, 워낙 다양하고 놀라울 정도로 저마다 독특해서 '일관된 기준'을 가지고 묘사하기가 무척 어렵다. 위대함은 그저 전체적으로 파악될 따름이다. 그리고 안타깝게도 천재성은 세월이 한참 흐른 뒤에야 인정받기도 한다(가엾은 반 고흐).

　내가 보기에 플라톤이 아레테를 다루며 하려고 했던 말은 이런 것 같다. 사람들은 흔히 현재하는 최고를 느끼기는 하지만, 최고를 구별하는 순수한 경험으로 직접 최고를 창출할 수는 없다. 세컨드클래스는 어떤 것을 만들어내기 위해 법칙과 지시와 해결 방안을 가져야만 한다. 그러나 최고를 만들어낼 법칙과 지시와 해결 방안 같은 것은 존재하지 않는다.

## 북 스마트인 세컨드클래스의 특징

### —누가 최고인가?

대다수 사람에게 최고란 비교에서 가장 높은 평가(순위)를 얻거나 '최고의 성적'을 얻는 것이다. 분명한 이야기다. 너무 간단해서 싱거울 지경이다! 스포츠에서는 평점이, 학교에서는 성적이, 기업에서는 실적과 직급과 연봉이 최고 기준이다. 경영자는 기업이 올린 수익이나 맡은 부서의 실적에 따라 평가받는다. 스타는 한 해에 얼마나 벌어들였는지 총수입으로 평가받는다. 누가 가장 부자인지 순위를 매긴 명단이 도는가 하면, 각국의 피사PISA 성적*이 공개되기도 한다. 간단히 말해 순위표의 가장 위에 선 사람이 최고다. 누구나 생각은 그렇게 하지만, 이른바 전교 1등에 가지는 반감도 크다. 전교 1등은 어디서나 올바르게 행동하며, 그 어떤 기준에도 항상 순위의 정점을 차지하는 달갑지 않은 야심가다. 야심가는 모든 규칙을 완벽하게 지키며, 선생이나 부모의 지시를 실행함에 있어 실수를 저지르지 않는다. 이들은 대개 아는 척을 일삼는 북 스마트다. 아무튼 모르는 것이 없다. 이들은 능력(기술)은 갖추었으나, 퍼스트클래스로서의 태도는 한참 부족하다. 전교 1등이 창의성을 보이는 경우는 드물다. 그저 안전한 쪽으로만 행동하기에 인생의 무게를 고스란히 감당하지 못한다. 이들은 절대 스트리트 스마트일 수가 없기 때문이다. 스트리트 스마트는 기준 따위를 필요로 하지 않는다. 결국 전교 1등은 완벽주의자이기는 하지만, 어디까지나 세컨

---

* Programme for International Student Assessment의 약어로 OECD 국제 학생 평가 프로그램이다. OECD 회원국의 15세 학생(의무교육 마지막 단계 연령)을 대상으로 읽기, 수학, 과학, 문제 해결 능력을 평가한다.

드클래스 가운데 최고일 뿐이다. 세컨드클래스는 전체적으로 기준과 지시 사항 목록에 따라 행동한다. 칭찬받기에 필요한 의무만 다할 뿐이다.

세컨드클래스는 어떻게 좋은 성적을 올릴지 많은 고민을 한다. 그러나 늘 상대적으로만 생각할 뿐, 절대적으로 생각하는 일이 거의 없다(반면 퍼스트클래스는 비교를 허락하지 않는 절대적인 생각만 한다!). "진짜 최고가 되는 건 인생에 별 도움이 되지 않아. 그저 남보다 한 발만 더 앞서가면 되는 거야. 그러면 가능한 오랫동안 이 바닥에 머물 수 있어." 이것이 그리 완벽하지 않은 세컨드클래스의 신조다. 그저 경쟁자보다 약간 더 앞서기만 하면 될 뿐이다.

예를 들어보자. 내 아들 요하네스는 수학을 전공으로 선택할 당시 고민을 거듭했다. 아들은 불평을 늘어놓으며 수학을 포기하겠다고 했다. 나는 어찌할 바를 몰라 슬쩍 의중을 떠보았다. "그렇지만 네 수학 성적은 아주 좋잖아. 걱정하지 않아도 될 성적인데!" 요하네스는 대답했다. "아버지, 성적이 문제가 아니에요. 저는 수학을 완전하고 충분하게 이해하고 싶어요. 다른 친구가 저보다 수학을 못한다고 해서 그게 위로가 되지는 않아요. 전 그저 모든 것이 명확했으면 좋겠어요." 헉, 나는 그 순간 아들이 무척 자랑스러웠다. 수학이야 내가 얼마든지 가르쳐줄 수 있다. 중요한 것은 바로 이런 내면의 태도다. 상대적 평가는 아무런 의미가 없다. 절대적인 관점으로 자신을 바라보고 평가하는 것이 퍼스트클래스의 자세다!

## 스트리트 스마트인 세컨드클래스의 특징
### —어떻게 하면 내가 충분한 이득을 얻을까?

세컨드클래스인 북 스마트는 항상 중간치에 만족하며, 이 정도면 누구나 인정할 만한 실력을 갖췄다고 믿는다. 또한 진짜 실력자로 행세할 보증, 즉 공인 도장이 찍힌 보증을 얻어냈다고 생각한다. 이들의 신조는 이렇다. "나는 대학 졸업장을 가졌다, 그러므로 나는 실력자다!" 에리히 프롬Erich Fromm, 1900~1980*이 이 말을 들었다면 무덤 안에서 끙 하며 돌아누우리라······.

세컨드클래스인 스트리트 스마트는 그저 졸업장이나 최종적인 성공만 원한다. 이들은 매우 목적 지향적이며 실용적이다. 오로지 사안을 효율적으로 '장악'하는 데에만 관심을 가진다. 예를 들면 수학 문제의 답은 그냥 베껴 쓴다. 스트리트 스마트는 창의적이며, 효율성 또는 효용의 대가다. 이들은 필요한 경우 또는 흥미가 없는 일 등 아무튼 틈만 보이면 거침없이 '꼼수'를 써가며 상대를 속인다. 곤경에 빠져야만 속임수를 쓰는 세컨드클래스 북 스마트와는 다르다("그건 어쩔 수 없는 선의의 거짓말이었어, 그 정도는 괜찮아!" 어머니는 평생 두 번 정도 이렇게 말씀하셨지만, 현장이 발각되었을 때뿐이었다). 최고를 꾸며내거나 조작하면 절대성이 위협을 받는 탓에 퍼스트클래스는 절대 속이는 일이 없다.

스트리트 스마트는 뭔가 얻어낼 것이 있을 때에만 본격적으로 달려든다. 예를 들어 연봉 인상이라거나 승진이라거나 승리의 기회가 엿보

---

* 독일 출신의 사회심리학자이자 정신분석학자이며 인문주의 철학자이다. 소유와 존재를 대비시켜 물질적 풍요보다는 내면의 올바른 마음가짐을 강조하는 글로 커다란 반향을 불러일으켰다. 저자 역시 겉모습보다 진정성을 우선시하는 그의 태도를 염두에 두고 있다.

일 때만 말이다. "대학생활하느라 힘들었겠구나. 하지만 졸업장은 평생 딱 한 번만 써먹으면 된다는 거 잘 알잖아. 첫 직장에 입사할 때 보여주고 나면 끝이야. 대학에서 배운 지식은 아무런 쓸모가 없다고 모두 입을 모아 얘기하잖아. 맞는 말이야, 아비투어Abitur(독일의 대학 입시 시험) 성적 증명서도 대학 입학할 때 딱 한 번 써먹었잖아. 그때 배운 것은 벌써 다 잊어버렸어, 그런다고 손해 보는 것도 없잖아. 그러니까 이게 다 무슨 소용이야? 왜 학업에 열중해야 하지?"

다수의 퍼스트클래스 인재가 대단히 높은 비판력을 가진 집단(실리콘밸리 등)으로 모여 영화 속 '일곱 명의 사무라이' 같은 탁월한 팀을 이룬다면, 드높은 집단 지성이 출현한다. 그러나 대개 집단에 몇 명뿐인 퍼스트클래스는 수많은 북 스마트(점수만을 위해 일하는 무리)와 스트리트 스마트(이득만 노리는 무리) 가운데서 부대끼느라 제 목소리를 내지 못한다. 소수파로 내몰린 퍼스트클래스는 탁월함, 걸출함 그리고 천재적인 단순함이라는 문제에 대해 타인의 관심을 유도하지 못한다. 그런 것에 점수란 없으니까!

항상 다른 것이 문제의 중심을 차지한다! 회장은 실적과 열의와 근무시간과 업무 집중도를 따져가며 늘 다른 부서와 비교해 성공 정도를 가늠하고 경쟁 업체와 비교해 판단을 내린다. 경영자는 통상적으로 거의 항상 경쟁 상대보다 한 걸음 더 앞서가기만을 요구한다. 이런 상대적인 관점이 장기적으로는 어떤 결과를 초래할 것인가 따위의 질문은 깨끗이 무시된다. 이런 현실에서 승리는 십중팔구 세컨드클래스의 몫이다. 최고의 스트리트 스마트가 경영진의 다수를 차지하는 놀라운 상황은 이렇게 해서 벌어진다.

앞 장의 은행 지점 사례에서 야심가형 직원은 스트리트 스마트다. 베테랑 직원은 틀림없이 과거에 북 스마트였으리라. 그러나 그가 책을 통해 배운 내용은 유효기간이 지난 것들이다. 하지만 그는 여전히 낡은 이론에만 집착하며, 그 이론에 따라 자신의 업무를 평가할 뿐이다. 늘 최선을 생각하는 신입 직원은 이상적인 퍼스트클래스 상담, 즉 절대적으로 고객을 생각하는 관점에서 상담을 해주고자 한다. 하지만 그런 최고의 상담으로 은행에게는 손해를 입혀 상부의 불만을 사고 말았다. 그는 고객의 이해관계를 은행의 이해관계와 따로 분리해 생각해야 한다는 것, 특히 그 자신이 성공하려면 균형 잡힌 안목으로 사안을 보아야 한다는 것을 잊고 말았다. "그런즉 가이사의 것은 가이사에게, 하나님의 것은 하나님께 바치라 하시니!"(《누가복음》 20장 25절)

이처럼 퍼스트클래스의 이상과 세컨드클래스의 현실을 조화시킬 수 있는 사람은 많지 않다. 바로 이러한 이유로 퍼스트클래스의 자질을 갖춘 많은 사람들이 좌절에 빠진다. 혼자서 안간힘을 다해 절대적인 경지를 이루려 하는 것만으로 탁월함이 성취되지는 않는다. 중요한 것은 탁월하고 절대적인 것을 창출하기 위해 북 스마트와 스트리트 스마트를 함께 묶어낼 줄 아는 능력이다. 아니면 오로지 퍼스트클래스만 주변으로 끌어모으던가.

위대한 신전을 지을 탁월한 능력을 갖춘 수도사는 매우 많았다. 하지만 단 한 명의 성인이라는 기둥만으로 신전이 세워지지는 않는다. 사람들의 마음을 사로잡고 움직이기 위해서는…… 탁월함이 카리스마의 빛을 발휘해야만 한다……. 즉 진정한 퍼스트클래스라면 그에 맞는 스트리트 스마트의 자질도 갖추어야 한다.

# 스트레스는 퍼스트클래스를 향한 열정에 찬물을 끼얹는다

나는 앞서 이런 지적을 했다. 오늘날 기업 직원들은 지나친 업무 부담에 시달리며 실현 불가능한 유토피아적 목표로 엄청난 스트레스에 짓눌린다. 실현 가능성이 없는 목표 탓에 땅이 꺼져라 한숨만 쉰다. "집중! 우리는 집중해야만 해!" 경영진은 이렇게 호통치며 기업에 유리한 기회주의적 태도로 고객을 응대하라며 직원에게 노골적으로 요구한다. "무엇을 요구하든 먼저 가이사에게 몰아줘, 그러고도 남는 것이 있다면 하나님께 바치자!"

지나치게 높은 목표가 주는 과중한 압박감은 직원의 시야를 극한으로 좁혀 오로지 목전의 업무에만 매달리게 만든다. 저마다 오직 자신의 목표에만 몰두한다. 그때그때 발생하는 문제는 타인에게 미뤄버린다. 저마다 입을 모아 '어리석은 시스템'에 불평을 쏟아낸다. 이 참상의 책임은 최대라 해봐야 85%만 시스템에 물을 수 있다는 사실은 누구도 주목하지 않는다. 정작 모두를 짓누르는 것은 실현 불가능한 목표다. 대다수가 자신이 소속된 분과나 부서의 목표에만 매달린다. 이처럼 위에서 지시한 극단의 집중은 사람들로 하여금 전체의 극히 일부분만 보게 만든다. 직원들은 코끼리를 더듬는 맹인처럼 자신이 만지고 있는 부분이 전체 모습이라고 착각한다. 그 결과 절대적인 퍼스트클래스의 안목은 누구도 갖지 못한다.

> ❝
> 목표의 독재는 사람들을 퍼스트클래스와 멀어지게 만든다.
> ❞

이제 점수에 연연하고 이득에 중독된 사람만 득시글댄다. 집단은 절대적 관점과 의미를 고민하는 태도와 작별하고, 미래를 내다보며 탁월함을 이룰 생각도 전혀 하지 않는다. 집단은 갈수록 어리석음을 키운다. 상대적으로 경쟁에 뒤처지지 않는 한, 집단은 자기만족으로 흥겨워한다. 그러나 세컨드클래스 집단이 어떤 다른 집단과 비교해 자신의 약점을 인정하지 않을 수 없는 상황에 이르면(대개 평점이 '좋다'에서 '그럭저럭 현상은 유지한다'로 떨어질 때), 집단 구성원들은 화들짝 놀라 '본래 어땠어야 하는가'라는 고민에 사로잡힌다. 대체 퍼스트클래스란 무엇인가?


## 궁지에 몰리면
## 퍼스트클래스가 조작된다

상대적으로 떨어진 순위에 위기의식을 느낀 세컨드클래스 집단의 반응은 이런 식이다.

- "스트레스로 병이 날 지경이다."
- "이러다 가족 얼굴도 잊어버리겠다."

- "더는 배우려 하지 않는 탓에 우리는 일을 너무 형편없이 처리한다."
- "우리는 고객에게 가까이 다가갈 수 없어. 여태껏 고객을 생각해본 적이 없어서 어떻게 접근해야 할지도 모르겠어(!)"
- "혁신이라는 건 생각조차 할 수 없어."
- "우리는 항상 서로 싸우기만 해. 각각의 부서가 다른 모든 부서를 상대로 싸우지."
- "우리는 지속 가능한 대안으로 대응하지 못해."
- "미래에 투자할 것이 없어."
- "우리는 환경을 파괴하고 있어. 남아나는 것이 없어. 일관성 있는 대책으로 문제를 개선하지도 못해."

집단 어리석음에 젖어 유별날 정도로 자의식이 강한 기업 경영진은 이런 불평들을 '미치광이처럼 과장'되었다거나 '의도적으로 부정적인 분위기를 조장하려는 공격적인 의견'이라 평가하며 오랫동안 무시해왔다. 비판하는 사람은 반란을 모의한다는 누명을 썼다. 경영진은 그런 불평을 진지하게 받아들이고 대책을 세우게 되면 상당한 손실을 감수해야 할 것이라 생각한다. 이런 생각은 이미 지칠 대로 지친 직원, 번아웃되면서도 혹여 승진 심사에서 낙오할까 두려워 병원에 가는 것을 거부하는 직원만큼이나 어리석다.

이런 어리석음에 사로잡힌 기업은 문제를 생산적으로 해결할 자세를 갖지 못한다. 그렇지만 비판의 목소리는 사라져야만 한다. 그대로 두었다가는 집단의 의욕이 저하되기 때문이다. 그래서 개별 문제를 '안심시키는 쪽'으로 유도하는 전문가나 경영자가 투입된다. 말하자면 마치 퍼스트클래스처럼 문제를 해결하는 양 조작하는 상황이 연출된다. 대략 이런 식이다.

기업은 양성평등, 다양성, 혁신, 복지, 건강, 고용 증대, 고객 만족, 탁월한 커뮤니케이션, 지속 가능성, 환경, 일과 삶의 균형 따위의 그럴싸한 이름을 붙여가며 각종 부서를 조직하고 그 책임자를 부회장 급으로 격상시킨다. 앞서 언급한 바 있지만, 미국을 비롯한 많은 문화가 양성평등이나 다양성 등의 가치를 매우 중시한다. 때문에 '비전 담당 최고책임자Chief Vision Officer', '다양성 담당 최고책임자Chief Diversity Officer' 따위의 직함이 생겨난다. 이런 기업의 중역들은 '엄청나게 중요한 과제'를 맡아 각자가 담당하는 가치를 기업 문화의 '탁월한 위치'에 심어주어야 한다.

이제 경영진 회의와 직원 회의가 소집된다. 대개 이렇게 진행된다.

- 사회자가 5분 동안 장광설로 포문을 연다("오늘 우리는 매우 중요한 의제들을 논의하기 위해 이 자리에 모였습니다. 이렇게 중요한 의제를 논의할 정도로 우리 기업이 성장했다는 사실에 가슴이 벅차오릅니다. 오늘 이 흥미진진한 회의의 사회를 맡게 되어 정말 영광입니다. 어제까지만 해도 저는 우리 기업이 이렇게 훌륭한지 잘 몰랐습니다. 대체 지금까지 어떻게 살아온 걸까요?").

- 10분간 분위기를 띄우고 의욕을 고취시키는 각종 의식이 거행된다. 그것도 매우 요란하고 시끄럽게. 참석자는 마치 자신에게 채찍질이라도 하듯 박수를 보낸다.

- 이후 10분간 회장 혹은 부서 책임자의 연설이 이어진다. 연설은 (회장이

나 책임자의 유형에 따라) 마치 조문이라도 읽듯 숨 막힐 정도로 진지하거나("우리 기업은 직위 고하를 막론하고 모든 구성원을 매우 소중하게 생각합니다!"), 직원의 환심을 사려고 끝없이 떠들어대는 통에 시끄럽기만 하다. 참석자들은 저마다 속으로 '이제 그만 마이크 좀 내려놓지'라는 생각을 하며 진절머리를 친다. 중요한 의제를 논의할 회의 일정은 이미 쓰레기통에 처박혔다.

- 이제 1시간 내내 '재무 담당 최고책임자Chief Finance Officer'가 송장처럼 창백한 낯빛으로 현재의 목표 달성 정도를 질타하며, 뻔뻔해 보일 만큼 위협적인 태도로 더 높은 실적을 요구한다.

- 이후에는 각 15분 동안(실제로는 20분 이상, 도중의 혼란 상황으로 계속해서 지연됨) 비전, 복지 등등을 담당하는 부회장들이 직원들에게 자신을 소개한다. 그리고 저마다 맡은 '가치'를 최선을 다해 살피겠다고 힘주어 강조한다. 구체적으로 뭘 어떻게 하겠다는 것인지 아는 사람은 아무도 없다. 그들은 모두 신임 임원이 아닌가(매년 그렇듯). 그러나 기업에 중요한 사안을 도울 수 있어 너무나 만족한다는 그들의 표정은 한결같이 매우 밝다.

- 회의가 한없이 길어지기만 하는 것을 모두 침묵으로 받아들인다("이렇게 중요한 일에 시간을 내는 것이 당연하지, 모두 그만큼 진지하게 다뤄야 할 사안이니까"). 마침내 회의가 끝나자 모두 한숨 덜었다는 듯 안도의 표정을 짓는다.

최근에는 '고객 담당 최고책임자CCO, Chief Client Officer'라는 직함도 등장했다. 그 임무는 '고객을 정성으로 돌보는 것'으로 고객의 항의를 관리하고 달래는 일이다("정중하게 양해를 구합니다!"). 기업에 그런 부서와 직함이 있다면, 그 기업의 고객 서비스는 그야말로 퍼스트클래스처럼 보이지 않겠는가.

> 66
> 기업아 기업아, 너의 'OO 담당 최고책임자cxo'가 몇 명인
> 지 알려주렴, 그럼 나는 네 정체를 말해주마.
> 99

회의가 끝나자 많은 직원이 상기된 표정을 지었다. 회사가 이처럼 적극적으로 모든 문제에 신경을 쓴다는 사실이 감격스러웠기 때문이다. "이제 틀림없이 모든 것이 더 좋아질 거야. 마침내 문제를 알아차리고 대처를 하겠다니 안심이 되네. 문제를 인식하지 못하는 건지, 아니면 알면서도 무시하는 것인지 걱정했거든. 이렇게 공개적인 방식으로 문제에 대처하는 것이 마음에 들어. 이제 틀림없이 빙하처럼 단단하던 문제를 해결하기 시작할 거야. 머지않아 우리는 다시 일류가 될 거야." 이런 회의를 벌써 몇 년째 경험해온 중년의 직원은 또 속는구나 하는 허탈감에 고함이라도 지르고 싶지만, 이 속임수가 윗선에서 기획된 것임을 알기에 애써 참는다.

중년의 직원은 새로 임명된 부회장이 많아야 다섯 명에서 심지어 단 한 명의 부하 직원도 없는 소규모 부서를 이끈다는 사실을 잘 알고 있다. 그런 부회장이 어떤 변화를 이끌어낼 수 있을까. 회의에서 그저 잠깐 동안 발언 기회나 얻는 부회장이 기업을 건강하게 혹은 더 나아

지게 만들 수는 없다.

그러나 적어도 형식적으로는 모든 문제가 '적시'되었으며, 이로써 마치 문제가 해결된 것 같은 분위기가 연출된다. 이것이 바로 속임수가 노리는 효과다. 누가 혁신 걱정을 한다고? "여보세요, 당신 귀머거리야? 회의에서 못 들었어? 이제 우리에겐 '혁신 담당 최고책임자'가 있다고!" 누군가 번아웃 증후군을 두려워한다고? "빨리 '건강 담당 최고책임자'에게 가봐. 그 사무실에는 모든 종류의 스트레스 대처법이 담긴 멋진 소책자가 있다고!" 아무튼 이런 식으로 모든 문제에 대한 담당자가 인내심을 갖고 이야기를 들어주며 안심까지 시켜준다. 그 많은 부서장 자리, 즉 CXO는 사실 기업의 약점을 가려주는 무성한 무화과 잎일 뿐이다. 이런 환각에 가까운 속임수를 영어에서는 '킥오프Kick-Off'라 표현한다.

처음으로 '킥오프'라는 말을 들었을 때 나는 순진하게도 좌중에게 그게 도대체 무슨 뜻이냐 물었다. 어떤 나이 지긋한 동료가 그건 '회색 거위가 지르는 승리의 고함'이라고 간단하게 설명했다. 응? 이게 무슨 소리지? "회색 거위가 적을 만나면, 예를 들어 여우와 마주치면 매우 시끄러운 소리로 울면서 날개를 비스듬하게 꺾어 힘차게 흔들며 적의를 드러내. 그럼 여우가 도망을 가거든. 그러면 회색 거위는 한동안 승리의 기쁨에 취해 계속 큰소리로 울어대. 그러니까 승리의 기쁨에 겨운 고함이지." "아하." 나는 반문했다. "그게 킥오프하고 무슨 상관이지?" "사실 회색 거위는 여우가 나타나지도 않았는데 그냥 즐기려고 고함을 질러. 이게 킥오프야. 기업은 스스로 문제에 올바른 대처를 했다고 여기고 킥오프를 즐기지."

솔직히 회의에서 어떤 주제를 심도 깊게 논의하거나 전략을 심사숙고하는 경우는 거의 없다. 나는 도처의 수많은 행사에 초대받아 그냥 자리만 차지하고 있었을 뿐이다. 행사나 회의를 지켜보며 뭐가 본래 주제인지 가늠해보려는 집단 지성이 모두 사라져버렸다는 사실을 확인할 때마다 정말 안타깝고 서글펐다. 대체 무엇을 해야 할지 누구도 관심을 가지지 않는다. 그저 얼마나 많이, 또 얼마나 빨리 하느냐가 관심을 사로잡을 뿐이다. 가령 제4차 세계평화회의에 참석했다고 하자. 주최자의 축사에는 이제 마틴 루서 킹Martin Luther King의 이름이 더 이상 등장하지 않는다. 주최자는 대개 이런 말로 환영 인사를 전할 뿐이다. "저희가 네 번째로 조직한 대단히 성공적인 회의에 오신 것을 진심으로 환영합니다. 앞서 열린 세 차례 회의의 좋은 결과로 올해는 최대 방문자 기록을 달성할 것이라 예상했지만 공교롭게도 저희 행사와 동시에 샌프란시스코에서 '세계평화컨퍼런스World Peace Conference'가 열리는 바람에 신기록은 수포로 돌아갔습니다. 그런 탓에 이번 대회의 수익은 조촐하지만, 그럼에도 입장권을 구매해주신 청중 여러분과 소중한 후원자 분들께 자부심을 갖고 감사 인사를 드립니다. 청중과 후원자 여러분이 아니었다면 이런 규모의 세계평화대회는 열릴 수 없었을 것입니다. 방문객 및 후원자 여러분의 관심이야말로 이번 대회가 대단히 뛰어난 성과를 이루었다는 확실한 증거입니다. 저희가 주최한 세계평화대회에 진심을 보여주세요. 저희는 여러분의 성원으로 생명력을 얻습니다."

이제 헛헛한 우스갯소리는 그만두자. 무엇이든 오로지 숫자와 성공 여부만을 거론한다는 것은 참으로 씁쓸한 사실이다. 세계 평화라는 사안 자체에는 아무런 관심도 없고, 오직 몇 명의 입장객과 후원자가 있었는지만 따지는 현실을 대체 어떻게 받아들여야 할까. 이제 사안 자체는 핵심이 아니다. 마치 기업이 상품이나 서비스를 수익이라는 잣대로만 다루듯이.

## '최고책임자'를 상대할 수 없는 무기력한 지성

다시금 강조하지만 수익의 극대화에만 매달리면 전체를 보는 안목은 생겨나지 않는다. 이익을 높이는 것에 혈안이 된 나머지 완성도가 형편없는 상품을 내놓고, 고객은 이에 실망하고 분노한다. 목표 달성 압박에 시달리는 직원은 스트레스로 녹초가 된다. 이런 식으로 부자가 될 수는 없는 노릇이다. 수익을 높이라는 압박과 그 결과로 생겨나는 기회주의는 전체, 다시 말해 기업의 목적을 위협하는 문제를 발생시킨다. 항상 다음과 같은 문제들로 잡음이 끊이지 않는다.

- 고객의 신뢰와 만족도 하락
- 직원의 의욕, 신뢰, 급여 하락
- 경영진의 리더십 결여
- 상품의 완성도와 서비스 품질 하락
- 혁신 의지와 창의성 하락
- 내부 커뮤니케이션 부족

- 교육·연수 기회 부족

- 다양성 부족

- 지속성 부족

- 사생활 및 자녀 양육 기회 부족

- 건강(번아웃 증후군, 우울증) 악화

- 융통성 없는 결정으로 나타나는 직원의 책임감 결여


집단 어리석음에 사로잡힌 기업은 이런 문제들을 무시한다. 경영진은 '모든 게 다 돈 드는 일'이라고 여기며 목전의 수익에 눈이 먼 나머지 이 문제에 대해서는 신경조차 쓰지 않는다. 이를 악물고 목표 달성에만 매달려 각각의 직원이 가진 재능은 사장되고 만다. 이런 문제를 관리하라는 임무를 부여받은 이른바 '최고책임자'는 경영에 있어 정상급 실력을 가진 경우가 거의 없다. 이들은 그저 '개발'이라는 명분으로 다양한 CXO로 임명될 뿐이다. 위키피디아에 따르면 현재 이런 직함이 26개에 달한다고 한다.

그런 '최고책임자'가 부여받은 공식적 혹은 형식적 과제는 "해당 가치를 기업 문화 전체에 퍼뜨려 모든 직원이 그 가치를 자신의 것으로 여기고 일하며 생각하고 생활하게 하라"는 것이다. 그러니까 그들의 목표는 "모든 직원이 고객과의 신뢰 형성에 기여하며, 혁신에 참여하고, 끊임없이 연구하고 개발하는 자세로 자신의 능력을 키우며, 자녀를 사랑하고 자녀를 위해 흔쾌히 시간을 낼 줄 알며, 기업 전체의 비전에 헌신하는 자세로 근무하게 만드는" 것이다.

도대체 그런 직장은 어떤 모습일까? 경영진은 그저 간단하게 '최고

책임자'를 임명하는 것만으로 모든 것이 최상의 상태로 변하기를 바라며 해당 문제에 더는 신경이 쓰이지 않게 해달라고 요구한다. 그러니까 그런 휘황찬란한 가치는 모두 최고책임자의 과제일 뿐이다. 경영진은 대개 시급한 당면 과제("대체 왜 이런 엉터리 언론 보도로 우리를 공격하는 거요? 당장 대책을 세웁시다!")에 부딪히고 최고책임자를 임명하는 것으로 문제를 완전히 해결해야 한다고 믿는다. 시급한 과제는 수없이 많다. 투자자가 수익에만 신경 쓸 것이 아니라 혁신이 필요하다고 경고했다. 주가가 곤두박질칠 조짐이 보인다. 질병으로 병가를 낸 직원이 너무 많다. 노조는 이 문제로 언론과 인터뷰를 했다. 경영진이 이 문제를 어떻게 처리할지 알려달라고 언론이 요구해왔다. 또는 노조가 재교육 기회 부족을 호소하며 경영진을 비난했다.

새로 임명된 CXO는 당장 이런 문제가 다시 수면 위로 떠오르지 않도록 처리해야만 한다. 조용히 처리하지 못하면 경영진의 분노를 사서 짐을 싸야만 할 것이다. 문제가 공개적으로 불거지지 않게 되면, 경영진은 다시 차분하게 직원에게 압력을 높이며 수익 극대화에만 매달린다. 더욱이 CXO는 자신이 맡은 분야의 문제를 잠재우는 것을 넘어 수익 극대화에도 탁월하게 기여해야만 한다. 경영진은 그런 CXO를 환영하며 기꺼이 보고 싶어 한다. 그러나 CXO는 어디까지나 시급한 문제의 불을 끄러 다니는 소방관일 뿐, 기업에 중요한 존재가 아니다.

수익 극대화 이외의 모든 문제를 그저 짓누르고 숨기거나 심지어 분칠하는 이런 태도가 집단 어리석음을 빚어내는 주범이다.

> 기업은 가장 우수한 실적을 올릴 것을 요구하지만, 언제
> 나 낙제점을 받을 뿐이다.

나는 지금 특수한 문제를 담당하는 모든 CXO가 형편없는 능력을 가졌다고 말하는 것이 아니다. CXO는 기업으로부터 발군의 실력을 발휘할 기회를 부여받지 못할 뿐이다. 권한이라고는 전혀 없이 각개 전투를 벌이는 투사랄까. 최고 경영진(예를 들면 수익 달성을 책임지는 생산 부서의 이사)은 CXO의 존재를 그리 중시하지 않는다. CXO는 자신이 맡은 분야에서 그저 성직자처럼 고결할 뿐이다. 죄를 짓지 말라고 목사처럼 큰소리로 외치지만, 요행히 누리는 예외 사례('등대 프로젝트 Lighthouse Project[*]')가 아니고는 인간을 전혀 구원하지 못한다.

아무튼 CXO가 구사해야 하는 기술은 그럴 듯하게 외관을 꾸미며 고객과 직원과 기자와 투자자가 문제를 알아차리지 못하게 만드는 것이다. 그 전형적인 사례는 회장이 지사를 방문해 직원과 질의응답을 나누는 회의에서 나타난다. 이런 회의에서 회장은 전체, 이를테면 동기부여, 혁신, 지속성을 진심으로 걱정하는 시늉을 한다.

- 질문: "미래의 새로운 기술 개발을 위해 우리 회사는 무엇을 하고 있습니까?"

---

[*] 기업이 노선 변화를 꾀해 새로운 방향으로 나아가고자 할 때 홍보를 위해 윤리적 가치를 전면에 내세우는 프로젝트를 말한다. 즉 홍보를 위해 이른바 '최고책임자'를 이용하는 것이다.

답: "'혁신 담당 최고책임자'에게 제가 친히 예산을 주었습니다. 그가 맡은 과제는 우리 모두의 미래를 준비하는 것입니다."

질문: "'혁신 담당 최고책임자'는 구체적으로 어떤 일을 합니까?"

답: "그는 최근에야 그 자리에 임명되었습니다. 지금은 직원의 아이디어 가운데 어떤 것이 활용되지 못하고 있는지 확인하는 일을 하고 있습니다. 우리는 다양한 제안을 기꺼이 환영합니다."

질문: "구체적으로 작업에 들어간 것이 있습니까?"

답: "물론입니다. 책임자가 현재 언론 보도 자료를 준비 중에 있습니다. 지금 그 내용을 밝힐 수 없어 안타깝군요. 어쨌거나 핵심은 언제나 우리가 최고라는 것입니다."

■ 질문: "우리는 생산과정에서 지나치게 많은 전력을 낭비합니다. 그런데 지속 가능성 보고서에서는 이 문제를 언급하지 않았군요. 이 문제를 알고는 계십니까?"

답: "좋은 지적이십니다. 이미 문제를 파악했습니다만, 당장 어떤 해결책을 찾기가 어렵습니다. 시간이 나는 대로 제가 직접 문제를 살피겠습니다. 맞는 말씀이십니다. 우리는 단호하게 행동해야만 합니다. 하지만 수익 문제도 만만치 않습니다. 지금은 수익성 문제로 너무 바빠서 저로서는 신중하게 말씀드릴 수밖에 없습니다. 하나하나 차근차근 해결하겠습니다. 먼저 가장 중요한 수익 문제부터!"

■ 질문: "왜 우리 직원들은 더 이상 직무 교육을 받지 못하고 있습니까?"

답: "그런 문제 제기는 오래전부터 있었습니다. 이번에 직접 거론해주셔서 대단히 감사합니다. 그런데 혹시 잘못 알고 계신 건 아닌지요? 저로서는 교육에 대한 문제 제기를 진지하게 받아들이기 어렵습니다. 저

는 직접 교육 담당 최고책임자에게 지시를 내려 보고서를 받아보았습니다. 그가 정리한 통계에 따르면 우리는 유럽의 동종 업계 평균보다 1년에 0.3일 더 많은 교육을 실시하고 있습니다. 저는 이 사실이 무척 자랑스럽습니다."

질문: "저희는 전혀 자랑스럽지 않습니다. 통계가 아니라 고객이 진정 무엇을 원하는지 헤아릴 줄 아는 우리의 지식이 중요합니다."

답: "업계의 통상적인 교육시간이 부족하다고 보시는 건가요?"

질문: "교육 참여자가 등록 허가를 얻지 못해 취소된 교육 과정이 너무 많습니다. 통계는 이렇게 취소된 것까지 교육시간에 포함시킨 것으로 알고 있습니다만."

답: "그런 주장은 노조만 하고 있습니다! 전형적인 선동입니다! 사안을 좀 냉철하게 보시죠! 유럽 기업의 통계 수치가 조작되었다고 말씀하고 싶은 것은 아니시겠죠? 물론 오류가 없지는 않습니다. 하지만 한 건의 오류만 가지고 비난하지는 말아주세요! 그 오류는 이미 교육 담당 최고책임자가 수정 작업을 진행하고 있는 것으로 압니다. 저는 그처럼 성실하게 일하는 책임자를 보호해야 할 의무가 있습니다. 제발 우리 기업을 통계로 확인한 것보다 나쁘게 보지는 말아주세요. 그리고 친애하는 직원 여러분, 저는 이런 우울한 관점이 싫습니다. 제가 기대했던 열정은 찾아보기 어렵군요. 이런 식으로 대체 어떻게 성공을 이룰 수 있을까요?"

■ 질문: "우리 회사에 번아웃 증후군으로 괴로워하는 직원이 몇 명이나 되는지 알고 계신가요? 정말 끔찍합니다. 모두가 그런 사례를 알고 있을 정도니까요. 우리의 건강이 이런 상태여도 괜찮은 것인지 두렵습니다."

답: "건강 담당 최고책임자는 우리 회사의 환자 수가 업계 평균을 밑돈

다고 하던데요."

질문: "그럼 정확히 몇 명인가요?"

답: "그렇게 몇 명이다 하고 정확히 확인할 수 없는 사안입니다. 번아웃 증후군이라는 것이 명확하게 확진되는 병은 아니니까요. 가족 문제로 과중한 부담을 받는 직원도 적지 않습니다. 우리 모두 누구나 한 번쯤 겪는 실망이나 좌절 또는 알레르기 증상일 수도 있습니다. 아무튼 모두를 번아웃 증후군이라 보기는 어렵습니다. 그리고 부탁인데 제발 모든 소문을 그렇게 진지하게 받아들이지 마세요. 무능한 직원이 번아웃 증후군이라는 핑계를 대는 일도 많습니다."

질문: "방금 우리 기업의 환자가 업계 평균보다 적다고 하셨잖아요, 그럼 그게 대체 몇 명입니까?"

답: "에, 그게 그러니까 아무튼 심각하지 않아요. 그저 이야깃거리가 될 정도의 몇몇 예외일 뿐입니다."

질문: "그래도 확진을 받은 환자 수는 알고 계실 거 아닙니까?"

답: "오, 그건 개인정보입니다, 반드시 보호해야 한다고 데이터 보안 담당 최고책임자가 말하더군요."

■ 질문: "왜 우리 기업의 커뮤니케이션 과정은 그렇게 불투명한가요?"

답: "어떻게 그런 생각을 하실 수 있죠? 저는 오늘 공식적으로 이 자리에서 여러분과 만나 소통을 하고 있습니다. 여러분과의 커뮤니케이션을 위해 족히 두 시간을 희생했습니다. 나중에 메일로 물어보지 말고 궁금한 것은 지금 이 자리에서 질문해주시기 바랍니다. 대체 뭐가 불투명하다는 거죠?"

질문: "저는 지금껏 나눈 대화 내용을 기록했습니다. 혁신, 교육, 번아웃

증후군 등을 말이죠. 그런데 죄송하지만 질문에 답을 하시기보다 질문의 핵심을 피하기만 하시는군요. 우리가 문제를 제기하면, 회장님은 그저 그 문제는 이미 알고 있으며, 어떤 CXO가 처리하는 중이라고만 답하셨습니다. 분명 문제의 실상을 더 자세히 알고 계실 텐데 말이죠."

답: "아뇨, 저는 아는 것을 모두 말씀드렸습니다."

상황은 이 지경이다. 심지어 회장은 솔직했다. 그는 아는 게 없다!

직원은 기업 전체를 두고 많은 걱정을 한다. 직원은 자신이 소속된 기업을 고객의 안목으로 바라보기 때문이다. 직원은 이런 관점에서 자신이 다니는 회사에 자부심을 갖길 원한다. 혁신을, 기꺼이 일하고 싶은 직장 분위기를, 열린 소통을, 전문성 향상을, 승진 가능성을, 의욕 넘치는 업무 처리로 만족을 표하는 고객을 절실하게 갈망하고 이들을 위해 노력한다. 이제껏 내가 봐온 많은 기업에서는 노조의 대표가 훨씬 더 훌륭한 경영인이었다. 직원과 고객은 기업이 갖추었으면 하는 스마트한 전체를 매우 날카로운 안목으로 바라본다.

회의를 마친 후 회장은 최고급 세단의 뒷좌석에 앉아 비서에게 짜증을 폭발시킨다. "아무튼 매번 똑같은 질문이야. 도대체 이 따위 회의를 왜 해야 하는 거야? 저들은 보스인 내가 받는 중압감은 전혀 알려고 들질 않아."

구제불능의 얼간이는 항상 프로젝트에 착수했다(!), 계획을 짰다(!), 이번에야말로 실천할 것이다(!), 이제는 "정말 숙제만 하면 된다!" 같은 말을 입에 달고 산다. 최악의 성적으로 낙제할 위기에 처했으면서도 숙제를 전혀 하지 않는 학생의 말투다.

평균적인 지성을 가진 사람이라면 학생이 이렇게 이야기하는 것을 듣고 무슨 생각을 할까? "내 앞에 놓인 길이 어떤 것인지 정확히 알아요. 무엇을 배워야 하는지도요. 이제 곧 시작할 거예요. 이 방향이 옳다고 확신해요. 제 전략은 숙제를 하고 공부에 열정을 느끼며 목표 달성에 헌신하는 것입니다. 단호한 마음으로 'C 학점' 취득을 목표로 선언합니다. 밤이라도 새울 겁니다. 기초는 다졌어요. 계획한 것을 실천할 각오를 가졌다는 점에서 저는 제 자신에게 자부심을 느낍니다. 모든 것을 너무 쉽게 보지 말라고 경고하는 부모님과 선생님이 가지는 의심을 혐오합니다. 물론 쉽지 않죠. 하지만 저는 열정을 보일 겁니다. 네, 과거에 저지른 실수는 인정합니다. 그러나 그건 이미 지나간 얘기죠. 깨끗이 잊어버리세요. 물론 다른 사람에게는 쉬운 'C 학점'이 저에게도 쉬울 것이란 말을 하는 게 아닙니다. 그렇지만 이제 열심히 공부할 거니까 분명 쉬워질 겁니다. 어떤 보상을 받을지 벌써부터 기대가 되는군요. 저는 대가 없는 일은 하지 않거든요. 휴가를 다녀와서 곧 시작할 겁니다. 저를 믿어주시는 여러분께 감사합니다."

틀림없이 이런 생각이 들 것이다. "이런 식으로 말하는 인간은 절대 아무것도 못 해! 그럴싸한 계획으로 용돈이나 더 받으려고 엄마를 속이는 애들이나 하는 말이지." 그런데 알고 있는가? 어리석음에 사로잡힌 집단에서 고액 연봉을 받는 간부는 꼭 이런 식으로 말한다.

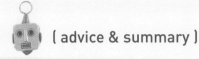 

그럼 어떻게 하면 집단이 퍼스트클래스가 되려는 의지를 품을까? 적어도 최고책임자는 이 문제의 답을 얻는 데 전력을 쏟아야 한다. 스티브 잡스Steve Jobs는 이런 동기부여에 성공했다. 빌 게이츠도 마찬가지였다. 퍼스트클래스는 그에 마땅한 내용을 읽을 줄 아는 감각을 요구한다. 퍼스트클래스는 정확히 무엇일까? 대다수의 기업 회장은 이런 물음에 전혀 관심을 갖지 않으며, 심지어 좋은 아이디어를 내놓는 직원을 다음과 같은 판에 박힌 말로 좌절하게 만든다. "그래, 그럼 그게 얼마나 빨리 될까?"

세컨드클래스 급 기업에서 퍼스트클래스 급 제안이나 동기부여는 세컨드클래스를 겨눈 비판이나 비난으로 받아들여지기 십상이다. 퍼스트클래스를 갈망하는 사람은 그런 인상을 주지 않으려 고민해야만 한다. 비난은 역풍을 불러 마찬가지로 비난의 대상이 되기 때문이다. 그러니까 비난은 하지 않는 것이 좋다!

마찬가지로 회의도 그만두자! 세컨드클래스가 퍼스트클래스 격의 제안을 인정하고 실천하려는 의지를 품으려면 먼저 '문제를 인정'하고 이 문제를 해결하려는 '도전'을 감행해야 한다. 그럼 정치에서처럼 위원회를 가동시키거나 일종의 작업 그룹을 결성해야 한다. 이런 그룹이나 위원회에서 퍼스트클래스의 갈망이 얼마나 빨리 식는지 아는가? "우리가 계속해서 나아져야만 한다는 점은 십분 이해하지만, 그렇다고 우리가 정말 형편없는 것은 아니잖아요. 다른 기업을 보세요, 그들은 그저 물만 가지고 요리할 뿐이라고요. 재료가 풍성한 우리와는 비교할 수가 없죠. 적어도 상대적으로 보자면." 이런 회의는 퍼스트클래스의 싹을 짓밟는다. "왜 하필 지금 별을 따야만 한다는 겁니까. 왜 우리가 그런 일을 시도하는 첫 주자가 되어야 하죠? 우리 실력을 과대평가하지 말아야 합니다. 과거 여러 차례 그런 시도를 한 탓에 얼마나 많은 비용을 치렀습니까! 지금도 기억이 생생합니다. 저는 우리가 모험가가 되어야 한다고 생각하지 않습니다. 정확한 계획도 없이 무작정 불길로 뛰어드는 건 성숙한 기업이 갖춰야 할 성격과 맞지 않습니다. 그런 건 우리 유전자에서 찾아볼 수 없죠. 절대 모험을 해서는 안 됩니다. 우리가 가장 잘할 수 있는 것, 우리는 그것에 집중해야만 합니다. 그게 뭐냐고요? 에, 그거야…… 다 아는 이야기 아닌가요."

기자들 앞에서 혁신적인 아이디어를 목청 높여 칭송하고 입에 침이 마르도록 그 혁신의 힘을 칭찬하는 경영자라 할지라도 회의에서는 말을 삼가기 마련이다. 그만큼 겉모습과 내면의 차이는 크기만 하다.

집단 어리석음에 사로잡힌 기업에 퍼스트클래스의 숨결을 불어넣고자 하는 갈망은 회의와 위원회에서 살아남을 수 있을지 의심이 들 정도로 무기력해 보인다. 퍼스트클래스를 추구하는 분위기를 조성하기에 가장 좋은 시기는 바로 창업 직후다. 완전히 새롭게 시작하는 경우에는 집단 지성을 결집해 키우기에 유리한 조건이 형성되기 때문이다. 그러니까 창업 시기의 집단 지성을 가능한 오래 키우고 유지하는 것이 중요하다. 나는 SAP이나 구글의 성공 비결이 바로 이것이라 생각한다. 그러나 안타깝게도 기업 규모가 '너무 커지면' 퍼스트클래스를 향한 갈망은 빛이 바래고 만다.

아마도 가장 손쉬운 방법은 기업 내부에 항상 신선한 공기가 유입되도록 새로운 아이디어를 적극 장려해 언제나 창업 시기의 분위기가 지속되도록 하는 것이다. 나의 IBM 재직 시절 경험으로 미루어볼 때, 기술 분야를 담당할 최고책임자는 반드시 퍼스트클래스 자질을 갖춘 인물이어야만 한다. 그러면 성공은 자연스럽게 이루어진다! 물론 해당 인물이 정말 퍼스트클래스 급 자질을 갖췄는지 검증하고 확인하는 일에 있어서는 한 치의 소홀함도 없어야 한다. 그리고 제발, 거듭 반복해 말하지만 비용 운운하는 것 좀 삼가라! 세컨드클래스는 오로지 규모, 수익 또는 매출 따위에만 주목할 뿐, 진정으로 퍼스트클래스의 자질을 갖추었는지 하는 문제에는 관심조차 갖지 않는다. 기술 분야를 담당하는 고위직이 퍼스트클래스 인물일 때만 기업은 최고가 될 기회를 가진다. 퍼스트클래스는 퍼스트클래스를 채용한다! 퍼스트클래스는 최고 경영진에게 비판적인 소수로나마 반드시 남아 있어야 한다. 성공의 비결은 이처럼 간단하다. 이것이 나의 소박한 지혜다!

—

기업과 제도와 정당과 교회는 그 어떤 비교 대상도 고려하지 않는 절대적인 자세로 거울에 비친 자신을 직시해야 한다. 다른 대상이나 역사를 잣대로 사용하는 상대적 태도는 절대 금물이다.

퍼스트클래스는 주의력을 키우고 배우는 자세를 잃지 않으려 매일 거울에 비친 자신의 모습을 바라본다. 퍼스트클래스는 자발적으로 반응을 살피며, 고객과 시장, 페이스북과 트위터를 주의 깊게 관찰한다. '최고의 걸작'과 장인의 솜씨를 갖추기 위해 활발하게, 그리고 열정적으로 토론을 벌인다. 퍼스트클래스는 어떤 경우에도 코끼리 곁에서 전체를 보지 못하는 장님처럼 우두커니 서 있지 않는다.

세컨드클래스는 거울에 비친 자신의 모습에서 좋은 점만 찾으려 든다. 칭찬이나 보상에만 목을 맨다. 거울에 비친 자신의 모습을 있는 그대로 직시하게 하려면 세컨드클래스에게 커다란 압력을 가해야만 한다. 그러나 세컨드클래스는 거울 앞에서 말끝을 흐려가며 알아듣지 못할 사과의 말만 중얼거리고, 모든 문제를 두고 뭐가 뭔지 알 수 없을 지경으로 상대적인 비교만 되풀이하거나, 거울이 이상하다거나 조명이 너무 강하다고 트집을 잡는다. 이런 부분에서 세컨드클래스와 퍼스트클래스의 차이가 확연히 드러난다.

집단 지성은 "탁월함이란 무엇인가?"라는 물음을 중시한다. 이런 물음을 소홀히 여기거나 도외시할 때 집단 어리석음이 생겨난다. 이처럼 지성과 어리석음의 차이는 간단하다. 거울을 바라보는 법, 이것이 바로 결정적인 차이를 만든다.

기업은 퍼스트클래스를 고집하는 비판적인 직원을 가져야만 성공한다. 업계 경쟁자와 비교를 하거나, 내용을 알지도 못하면서 탁월함 운운하는 입에 발린 칭찬은 아무런 도움이 되지 않는다. 스트리트 스마트가 일상의 비즈니스를 장악한 기업, 즉 모든 것을 숫자와 도표만으로 소통하는, 집단 어리석음에 사로잡힌 기업은 계속해서 모든 탁월함과 멀어질 수밖에 없다.

# 눈앞의 문제만 보는
# 근시안적 태도

### 사방에서 불길이 치솟는데

경영진은 그저 눈앞의 문제에만 매달린다. 비용 절감이 좋은 예다! 모든 다른 문제는 그대로 버려진 채 계속 불탄다.

"결국 성과만 중요할 뿐이다." 일상 업무에 사로잡힌 직원은 외친다. "그냥 바로 다음에 일어날 일에만 집중해. 이게 지금 최선이야." 경영진은 이런 식으로 그저 순간의 위기만 모면하려 든다. 매출이 너무 적어? 영업을 공격적으로 해. 비용이 너무 많아? 당장 모든 지출을 줄여. 그래도 안 된다고? "컨퍼런스나 강연을 여러 차례 다니면서 들어봤어. 가격 할인 이벤트나 기업 페이스북 홍보가 좋아야 한다더라고. 아무튼 즉각적으로 대응하기만 하면 문제는 해결돼." 참으로 어리석은 근시안이다.

# 스트리트 스마트는
# 눈앞의 승리만 노린다

대학 교육은 우리에게 기적적인 통찰을 선물한다! 고급 이론은 모든 상황이 이성적으로 돌아간다는 가정하에 어떻게 경제 문제를 순조롭게 풀어갈 수 있는지, 그 방법을 가르쳐준다. 그러나 유감스럽게도 현실은 다르다. IBM의 임원이 되기 위해 치렀던 시험에서 내가 받았던 평가를 떠올려보라.

지금부터 경제학 이론이 당연시하는 사고방식이 어떤 것인지 여러분에게 간단하게나마 설명해보겠다. 워낙 자주 들어서 지겹고 지루하게 느낄 독자도 있으리라. 하지만 학계의 이론을 북 스마트와 스트리트 스마트의 관점에서 각각 살펴보면 흥미로운 차이를 발견할 수 있다. 바로 알게 되겠지만 학계의 이론은 대학의 북 스마트가 고안해낸 것이다. 그러면 기업의 북 스마트는 이 이론을 충실하게 현실에 적용하려 하고(내가 오랫동안 그랬던 것처럼), 그러다 지적 수준이 떨어지는 스트리트 스마트와 충돌을 빚는다. 북 스마트는 모욕당했다는 기분에 욕설을 퍼부으며(과거의 나처럼), 자신의 상처를 어루만진다. 그렇지만 북 스마트는 책에서 배운 지혜와 거리를 두는 것을 무척 어려워한다

(나는 간신히 어느 정도나마 거리를 두게 되었다!). 북 스마트는 항상 책에서 배운 대로 행동하다가 패배하고 만다. 정글을 지배하는 법칙은 전혀 다른 법칙이기 때문이다.

이론과 현실의 차이를 극명하게 보여주는 좋은 예가 있다. 바로 애덤 스미스Adam Smith, 1723~1790*의 유명한 이론이다. 정도의 차이는 있겠지만 우리 모두 익히 아는 이야기다. 애덤 스미스는 《국부론The Wealth of Nations》에서 사회가 정한 테두리 안에서 개인이 행복을 추구한다면, 사회의 보편적인 행복도 극대화될 것이라 강조했다. 얼핏 보면 반론의 여지가 없는 지당한 이야기다! 천재적으로 단순하다. 그렇지 않은가? 스미스는 모든 개인이 저마다 '내면의 심판관', 즉 일종의 양심 같은 것을 지니고 있다고 설명한다. 오늘날 흔히 인용되는 프로이트의 개념을 빌리자면 '초자아'라 할까. 애덤 스미스는 개인의 행동이 사회가 정한 규범 안에서 허용되는 것인지는 개인 내면의 양심에 따라 스스로 판단한다고 주장했다. 그는 인간이 자신의 행복을 극대화하면서 법과 윤리와 도덕을 철저하게 지킬 것이라고 철석같이 믿은 모양이다.

어쩐지 익숙한 이야기가 아닌가? 스미스의 주장은 흔히 이런 식으로 요약되기도 한다. 개인이 저마다 이기적으로 자신의 행복을 추구하면, 모두를 위한 최고의 행복이 얻어진다. 간결하게 다듬은 문장이지만 핵심은 교묘하게 빠져 있다. 스미스의 이론을 단순무식하게 비튼 말이랄까.

---

* 영국의 경제학자. 고전 경제학의 창시자로 자유경쟁이 사회 발달의 기본 요건이라 주장한 인물이다. '보이지 않는 손'이 시장을 조절한다는 유명한 말을 남겼다.

스트리트 스마트는 애덤 스미스의 이론에서 '사회가 정한 규범'이라는 표현을 무자비하게 도려냈다. 이제 법과 도덕은 깨끗이 무시된다. 스트리트 스마트는 일관되게 법과 도덕을 무시한다. 이득이 된다? 해라! 타인의 몫을 가로채 이득을 올려 행복을 극대화한다면, 빼앗긴 사람은 뼈아픈 교훈을 얻어 이후에는 생존 투쟁을 더 잘 견뎌내리라! 스트리트 스마트는 이처럼 낯이 두껍다. 애덤 스미스는 어느 모로 보나 북 스마트였다. 그에게 중요한 것은 국가의 부이지 정글에서 거두는 승리가 아니었다.

좀 더 잘 알려진 두 번째 사례는 이른바 '주주 가치론'이다. 주가의 상승은 곧 기업의 번영과 같다고 여기는 이론이다. 때문에 이 이론은 주식시세라는 척도에 따라 경영 상태의 좋고 나쁨을 평가한다.

이를 겨눈 비판의 목소리도 있다. "하하, 주가가 오르면 호들갑은 얼마든지 떨 수 있지! 하지만 주가는 그저 수치가 주는 환상일 뿐이야! 주가를 끌어올려 단기적으로 이득을 볼 수 있을지는 모르지만, 장기적으로는 기업 전체를 파괴하는 행위야!" 그러면 대학의 북 스마트는 이런 반론을 제기한다. "지속 가능성이라는 관점에서 그런 비판을 할 수도 있지만, 그건 우리의 소중한 이론을 완전히 이해하지 못해서 생기는 오해일 뿐이야. 주식을 팔기 위해 파산 위험을 무릅쓰고 단기적으로 주가를 끌어올리는 일은 주주에게 전혀 도움이 되지 않아. 자신이 감당해야 할 책임을 아는 기업의 회장이 그런 일을 하지는 않지. 그건 이성이 막을 테니까."

책임감을 중시하는 북 스마트는 자신이 고안한 '주주 가치론'을 절대 나쁘게 평가하지 않는다. 그러나 스트리트 스마트는 자신에게 유리한 것만, 즉 자신의 행복만 극대화하려 든다. 스트리트 스마트는 '책임감'이라는 말에 코웃음부터 친다. 그러니까 이들의 입장에서 주식은 그저 오르기만 하면 되는 것이다. 돈으로 매수한 박수 부대를 동원해 사람들을 선동하거나, 심지어 주가 조작도 서슴지 않는다. 그래야 돈을 벌 테니까!

북 스마트는 언제나 천재적으로 단순하게 들리는 것을 생각해낸다. 스트리트 스마트는 이렇게 만들어진 것을 자신에게 유리한 쪽으로 교활하게 해석한다. 조작으로 속임수에 넘어간 순진한 사람이 책임감에 자신의 억울함을 호소하는 반면, 스트리트 스마트는 자신의 양 떼를 안전한 곳으로 멀찌감치 옮겨놓는다.

이론과 현실의 차이를 보여주는 세 번째 예는 "잘나가는 기업이라면 수익을 올려야 한다"는 요구에서 확인할 수 있다. 스트리트 스마트로 가득한 경제의 정글에서 이 요구는 지극히 간결하다. 수익을 올려라! 기업은 수단과 방법을 가리지 않고 최고의 수익을 올려야 마땅하다. 다른 모든 것은 아무래도 좋다.

아무튼 이런 식이다! 내가 말하고 싶은 핵심은 선량한 북 스마트가 학술대회에서 읊는 이론과 스트리트 스마트가 꾸려가는 현실은 완전히 다르다는 것이다! 스트리트 스마트는 항상 자신의 행복을 최대치로 끌어올리려 한다. 이들은 언제나 모든 것이 자신에게 유리한 쪽으로 돌아가도록 만드는 단순한 수단, 말하자면 그저 누르기만 하면 모든 것이 해결되는 마법의 단추 같은 것을 찾는다. 정글의 사냥꾼이 가진 총처럼 그저 누르기만 하면 팟 하고 행복에 불이 켜지는 스위치를!

오로지 이득이라는 목표만을 이루기 위한 수단으로 세계를 바라보는 이런 경향은 무한할 정도로 많은 어리석음을 빚어낸다. 나는 이 이야기를 좀 더 자세히 해보려고 한다.


# 단 몇 개의 수치로
# 왜곡되는 기업

주주 가운데도 스트리트 스마트가 매우 많다. 이들은 주가가 오르는 것을 보고 싶어 한다. 그것도 당장! 지속 가능성 따위는 아무래도 좋다. 이런 주주는 기업의 건강 따위에 관심조차 갖지 않는다. 이런 태도를 매정하다고만은 평가할 수 없다. 많은 북 스마트 역시 자금을 투자 펀드에 넣어놓고 높은 배당금을 기대한다. 자신이 어떤 기업에 투자한 것인지 아는 경우는 거의 없다. 그저 신문에서 환매 가격만 찾아볼 뿐이다. 이들은 자신이 오직 수익에만 목을 매는 무자비한 자본주의자라는 사실조차 알아차리지 못한다.

어쨌거나 주주들은 대개 주식을 기업의 수익으로만 평가한다. 주주들은 주식시세를 매우 간단하게, 어리석을 정도로 단순하게만 이해할 뿐이다. 거의 모든 주주가 지속 가능성을 살피지 않으며 그저 인터넷으로 쉽게 찾아볼 수 있는 분기 수익 수치에만 관심을 가진다. 오늘날 주식시세라는 것이 어떻게 결정되는지 간단하게 설명해보겠다. 기업의 매출과 수익은 통상적으로 은행이나 중개인이 평가한다. 은행과 중개인은 다음 두 분기, 그러니까 당장 바로 다음 분기와 이듬해 전체 매출 및 예상 수익률을 발표한다.

여러 은행의 평가를 종합해 그 평균값을 공표하는 인터넷 포털이 있다. 예를 들면 이런 식이다. "14개의 금융기관이 XY 주식의 다음 분기 주가가 1주당 80~95센트 상승할 것으로 평가했다. 평균 88센트 상승을 예측한 것이다. 기업 매출은 40~42억 달러가 될 것으로 보인다. 평균값은 40억 8천만 달러다." 실제 결과가 발표되기 며칠 전 주식시세를 알리는 소식지에는 이런 보도가 올라온다. "XY의 주가는 5월 8일 장 마감 이후에 결정된다." 이 주식은 뉴욕에서 거래되는 것이고 뉴욕의 주식시장은 독일 시간으로 밤 10시에 마감된다.

5월 8일, 장 마감 5분 후 소식지에 짤막한 보도가 올라온다. 대충 이런 내용이다. "XY의 주가는 예상보다 2센트 올랐으며, 매출은 예상보다 5천만 달러 적었다. 관망세는 유지될 것이며 2분기에는 매출이 더 떨어질 것으로 전망된다. 장 마감 후 주가는 7% 폭락했다."

위 내용은 XY 기업의 1분기(1~3월) 성적표다. 1분기 수치는 일반적으로 4월 15일~5월 15일 사이에 발표된다. 위 보도에 따르면 주가는 예상치인 88센트보다 2센트 더 오른 반면 매출은 예상보다 5천만 달러가 적은 40억 3천만 달러로 발표되었다. 이 포털은 연초의 전체 예상을 조금도 교정하지 않는다("관망세 유지keeps view"). 하지만 2분기 상황은 예상보다 나빠질 것으로 전망한다. 전혀 좋은 결과가 아니다! 또한 포털은 XY의 주가가 7% 폭락했다고 언급한다.

기업 전체를 이보다 더 간결하고 냉정하게 다룰 수 있을까? 실제 결과가 공표되기 이전에 어떤 상황이 예상되었는지를 누구나 알 수 있다. 발표 후에는 예상 수치와의 비교만 이루어진다. 주가가 올랐다(기대 이상beat expectations)거나 떨어졌다(기대에 못 미침expectation miss)는 식이다. 경영진은 다음 분기(4~6월) 예상 수치를 직접 내기도 한다. 즉 이 사례에서 알 수 있듯 우리는 5월 8일에 미래를 아주 많이 알게 된다.

이 예상들이 실제로 실현될까? 이를 두고 끊임없는 분석이 이루어진다. 다양한 주식과 시세 차익, 주가 상승률 등이 분석 대상이 된다. 펩시보다 코카콜라가 더 나은가? BMW가 벤츠보다 더 뛰어난가? 여기에는 상품 평가도 개입된다. 삼성의 스마트폰이 애플의 아이폰보다 더 좋은가?

주식시장은 기본적으로 예측이 얼마나 맞았는지, 기업이 시장의 경쟁 업체와 비교해 어떤 상황에 있는지에만 주목한다. 분기 수익을 '하향 조정'해야 하는 경우는 매우 나쁜 상황이다. 때문에 기업 주가는 폭락이라는 '처벌'을 받는다. 주주와 최고 경영진은 이런 처벌이 무서워서 벌벌 떤다. 사실 이런 상황은 주식시장에서만 발생하는 것은 아니다. 축구도 마찬가지다. 경기에서 한 번 지기만 해도 감독을 갈아치우라는 원성이 자자해진다. 감독과 기업의 회장은 실패의 책임을 져야 한다. 이들은 사퇴 압박에 시달리는 각료처럼 머리를 조아려야만 한다.

때문에 주주와 최고 경영진은 주로 다음의 문제에 관심을 집중한다.

- 1주당 수익과 영업 마진(업계 비교도 포함)
- 매출과 지출 비용의 추이(시장의 상대적인 추이 포함)
- 시장점유율 추이
- 고객 만족도와 상품의 품질

수익과 매출은 분기별로 그리고 경쟁 업체와의 비교로 평가된다.

꾸준히 성장하는 기업이라도 경쟁 업체보다 성장 속도가 느리면 시장 점유율은 떨어진다. 그러면 상품가를 낮춰 다시 시장점유율을 끌어올릴 수 있다. 하지만 그렇게 하면 영업 마진이 떨어질 수밖에 없다.

요컨대 기업은 자신이 수행해야 할 다양한 '과제' 중 지극히 한정된 분야에서 산출된 '성적'으로만 평가받는다. 그냥 좋기만 해서는 충분하지 않으며 경쟁자보다 더 뛰어나야만 한다. 바로 이러한 이유로 회장은 직원들에게 다음과 같은 구호를 끊임없이 주입시킨다. "우리는 시장보다 더 강하게 성장해야 한다."

기업이 큰 수익을 올리거나 번영하는 것만으로는 충분하지 않다. 항상 다른 기업을 앞서야 한다. 그렇지 않으면 상대적으로 뒤처진다. 때문에 주주는 항상 1등이 되라고 요구한다. 정치에서 정당은 다른 정당보다 더 나아야만 표를 잃지 않는다. 축구팀은 좋은 경기를 하는 것을 넘어 항상 승리하고 1위 자리를 놓치지 않아야만 팬의 분노를 사지 않는다.

주주는 자신이 투자한 기업의 고객 만족도를 어떻게 확인할까? 그들은 대개 언론 보도를 믿는다. 그러나 언론 보도는 객관적이지 않다. 입에 침이 마르도록 칭찬을 하다가도(광고를 주기 때문에?) 돌연 상품에 저주와 악담을 퍼붓는다(이념의 차이 때문에?). 그런 신문 보도가 주식시세에 어떤 영향을 미치는지 주주들은 거의 알 수 없다. 극단적인 기사가 실리면 그 배경을 헤아릴 수 있어야 하는데 개인이 그런 정보를 얻기란 쉽지 않기 때문이다. 한 가지 예를 들어보자. 500ml짜리 에너지 음료를 판매하는 기업 몬스터 베버리지Monster Beverage가 어느 날 한 부모에게 고소를 당했다. 그들은 이 '치명적인 에너지 음료' 두세 캔 때문에 자신의 아이가 사망했다고 주장했다. 이를 둘러싼 논란은 몇 달 동안 계속되었다. 정치적으로 상반된 이념을 가진 두 신문이 이 '건강하지 못한 음료' 사건을 자신에게 유리한 쪽으로 해석하며 보도를 계속했기 때문이다. 두 신문은 이 사건을 두고 일대 전투를 벌였다. 기업의 주가는 거의 절반 가까이 꺾였다. 이 다툼에서 논리는 아무런 기능을 하지 못했다. 감정싸움이 그만큼 뜨거웠다. 이 에너지 음료 100ml에는 32mg의 카페인 성분이 함유되어 있다. 흔히 건강에 좋지 않다고 인식되는 코카콜라의 카페인 함유량은 100ml당 10~12mg이며 차는 35mg, 드립 커피는 80mg이다. 하지만 이같은 냉철한 논리적 사실은 깨끗이 무시되었다. 1L의 차를 마시고 죽은 사람이 있던가? 이 사례에서 볼 수 있듯 주가의 상승이나 하락을 판단하기란 그리 간단한 일이 아니다. 현재 몬스터 베버리지의 주가는 소동 전의 주가보다 더 상승한 상태다.

기업은 이런 어려운 상황을 마주하게 될까 봐 언제나 전전긍긍한다. 브레이크 장치에 이상이 있는 자동차, 천식을 유발하는 장난감, 휴대전화 제조공장에서 일하다 사망한 중국의 저임금 아동 노동자, 부작용을 일으킨 의약품 따위가 뉴스로 보도되면 기업은 최악의 상황을 맞는다. 때문에 기업은 이를 예방하고자 오직 이미지 관리만을 전담하는 위기관리 부서를 따로 구성한다. 앞의 사례에서 보았듯 수익보다 부정적인 언론 보도가 더 나쁜 영향을 미친다.

하지만 그런 최악의 상황이 자주 발생하는 것은 아니다. 그래서 기업은 오로지 수익과 그 전망에만 매달린다. 주주, 곧 주식시장은 분기 실적 발표에만 반응할 뿐이다. 때문에 회장은 오로지 분기 실적만 관리한다! 주가를 끌어올리는 것에만 집중하고, 주가를 떨어뜨리는 것은 어떻게든 막으려 한다. 이처럼 기업을 운용하는 시야는 점점 좁아지기만 한다. 이득에만 목을 매는 스트리트 스마트의 전형이다.


## 눈앞에 닥친 것에만 매달리는 편집증적 태도

특히 스트리트 스마트는 당장 코앞에 닥친 문제만 본다. 아이가 학교생활을 잘 못하는 것 같으면 스트리트 스마트 유형의 부모는 욕설부터 퍼붓는다. 매출이 좋지 않으면 스트리트 스마트 유형의 최고 경영진은 영업부를 다그친다. 이런 근시안적이고 편집증적인 태도는 기업 전체를 완전히 무너뜨릴 수 있다. 곰곰이 생각해보자.

학교생활에 잘 적응하지 못하는 아이의 부모는 가장 먼저 무엇을 살필까? 바로 성적표다. 형편없는 성적은 그 자체만으로 많은 것을 이야기한다. 성적이 나쁘면 아이가 나쁘다. 이것이 스트리트 스마트 부모의 논리다. 문제의 원인을 정확히 찾으려 하기보다는 당장 눈에 보이는 것부터 트집을 잡는다.

- 아이가 게으르다(그러면 동기를 부여해주자).
- 아이가 의지박약하며 버릇이 나쁘다(그러면 엄하게 벌을 주자).
- 아이가 학교 수업을 잘 따라가지 못한다(그럼 과외를 시키자).
- 아이가 아프다(의사에게 데려가자).

- 아이가 정서장애 증상을 보인다(심리 치료를 받게 하거나 '리탈린*'을 먹인다).
- 아이가 학교에서 따돌림을 당한다(학교에 찾아가 교사에게 항의한다).

이런 논리에는 결정적인 허점이 있다. 부모는 언제나 근본적인 문제가 아이에게 있거나 가족과 가정 밖에 있다고만 생각한다. 그런데 부모가 아이를 교육시키지 못했거나, 아이를 충분히 돌보지 않았거나, 아이와는 맞지 않는 학교에 보냈거나, 집에서 부부 싸움하는 모습만 보였거나, 아이가 보는 앞에서 술주정을 일삼았을 수도 있지 않을까? 아이를 너무 거칠게 다루거나, 툭하면 욕하고 때리면서 굴욕감을 준 건 아닐까? 학교에서 돌아온 아이에게 아르바이트를 하라고 다그치지는 않았나?("네 용돈은 네가 벌어서 써.") 조용하게 공부할 수 있는 공간을 따로 마련해주지 않았다거나, 다른 아이만을 편애한 것은 아닌가? 어떤 방식으로든 올바르게 사랑을 베풀지 않은 것은 아닌가? 하지만 스트리트 스마트 부모는 자신에게는 잘못이 절대 없다고 우긴다! 가족 상담 치료사는 많은 경우 문제의 원인이 부모 자신에게 있는 것은 아닌지 생각해보라고 유도한다. 그러나 이를 인정하는 부모는 거의 없다.

나는 텔레비전 방송 프로그램 〈슈퍼 내니Super Nanny〉**를 몇 차례 본

---

* 리탈린Ritalin은 주의력 결핍이나 과다행동장애에 처방되는 향정신성 의약품으로, 메틸페니데이트methylphenidate 성분으로 제조된다.
** 교육 문제를 주로 다루는 독일의 가상 다큐멘터리 프로그램이다. 2004년에 영국에서 처음 방영되었으며 큰 인기를 얻어 이후 각국에서 다양한 버전으로 제작되었다. 독일판의 출연자인 카타리나 잘프랑크는 교육학 석사로 이 프로그램 덕에 유명세를 얻었다.

적 있다. 자녀의 교육 문제로 고민하는 부모를 도와주는 카타리나 잘프랑크Katharina Saalfrank는 이 프로그램 덕에 일약 스타가 되었다. 경영이 무엇인지 이해하고 싶다면 이 방송을 꼭 보기 바란다! 프로그램에 등장하는 문제 사례의 원인은 모두 자녀가 아닌 부모에게 있었다. 부모는 늘 아이를 훈육할 방법과 요령만을 원한다. 하지만 그들이 자녀 교육에 서툴러서(혹은 교육에 문외한이기 때문에) 요령만 찾는다는 사실을 스스로 전혀 깨닫지 못한다.

나는 또한 반려견의 문제 행동을 교정해주는 방송도 몇 차례 시청한 적 있다. 여기에서도 역시 모든 문제의 주된 원인은 주인이 개를 전혀 이해하지 못한다는 데 있었다. "생선은 머리부터 썩어 악취를 풍긴다"라는 속담이 있다. 자신이 썩은 머리를 갖지 않은 이상 누구나 아는 이야기다. 썩을 대로 썩은 머리를 가진 것이 아니고서야 어떻게 아이에게 고함을 지르고 개를 '엉망으로 망쳐놓을까'.

경영 문제도 마찬가지다. 차이가 있다면 아이의 성적표를 보는 것이 아니라 직원의 머릿수를 헤아리는 것이랄까. 대개는 이런 식이다. 일반적으로 기업의 실패는 급감하는 매출로 나타난다. 경영진은 바로 영업에 문제가 있다고 생각한다. 매출과 관련해 가장 먼저 떠오르는 것이 영업이기 때문이다. 분기 실적 미달을 확인한 경영진은 당장 영업 부장의 "엉덩이부터 걷어찬다".

- 영업이 "배가 불러서 굼떠졌어"(당장 연봉을 깎겠다고 위협하자).
- 영업이 용기가 없어(실적에 따른 특별 보너스로 자극을 주자).
- 영업에 과부하가 걸렸어(다른 부서의 직원들에게 지원사격을 하게 하자.

"당장 모두 영업을 도와라, 제군들이여 돌격!").

　게다가 경영진은 직원의 스트레스를 더 높이는 각종 감사와 시험을 계속해서 내려보낸다. 영업 사원은 얼마나 자주 고객을 찾는가? 1회 고객 상담 시 소요시간은 얼마나 되는가? 고객이 묻는 것 이상으로 모든 상품을 골고루 보이며 충분히 설명했는가? 이들은 답을 받으려 질문을 하는 것이 아니다. 고객을 더 많이 찾고, 고객에게 더 많은 상품을 추천하고, 고객에게 더욱 스트레스를 주라고 몽둥이를 들고 위협하는 것일 뿐이다. 이렇게 영업부에는 청천벽력이 떨어진다. 때마침 입사한 북 스마트 유형의 신입 사원은 "인내심을 갖고 고객의 말을 경청하라!"는 가르침과는 정반대의 현실에 얼이 나가고 만다.

　이런 경영 논리, 그리고 이를 따르는 일련의 대책은 항상 같은 결점을 가진다. 경영진은 거의 무조건적으로 영업에 문제가 있다고 반응한다. 상품의 질이 좋지 않거나, 최신 상품처럼 보이지 않거나, 가격이 너무 비싸서 판매가 미진할 수도 있는데 말이다. 혹은 너무 자주 방문하는 영업 사원 때문에 짜증이 난 나머지 고객이 변심했을 수도 있다. 그리고 영업 사원은 왜 그렇게 자주 바뀌는 것일까? (은행을 직접 방문한 지 오래되었음에도 나는 나를 담당하게 되었다는 새로운 상담원의 인사 전화를 매달 받고 있다.) 즉 경영진은 문제의 원인이 자신에게 있다는 생각은 꿈에도 하지 못한다. 데밍이 말하지 않았던가? "노동자에게 잘못을 돌리지 말라. 노동자는 잘못의 15%에만 책임이 있을 뿐, 나머지 85%는 경영진이 만든 체계가 초래한 결과다."

　경영진은 회의에서 영업 부장에게 이렇게 호통친다. "빌어먹을, 제발 좀 더 열정을 보일 수 없소?" 그리고 처음 몇 번은 가만히 참던 부장의 분노가 결국에는 폭발한다. "팔 수 있는 걸 팔라고 하세요!" 현재의 상품으로는 고객의 마음을 절대 사로잡을 수 없다는 영업부의 분노다. 그러나 경영진은 이런 반론을 절대 인정하지 않는다. 오히려 다른 상품, 지금처럼 장황하게 설명하지 않아도 되는 상품이 필요하다는 영업부의 주장에 지금 경영진의 지성을 의심하는 것이냐고 되묻는다. 경영진은 이렇게 실적 부진의 책임이 오로지 영업에만 있다는 일종의 부동적 확신에 사로잡힌다(그들은 진심으로 그렇게 믿는다. 진정한 무지에서 비롯되는 확신이랄까). 상품이 좋지 않아서 구입하지 않는다는 고객의 말을 들려주면 경영진은 이렇게 말한다. "그렇게 빨리 신상품을 내놓을 수는 없어. 그렇지만 분기 목표는 달성해야만 해. 어떻게든 해내야만 한다고." 미국 기업에서는 흔히 이렇게 말한다. "트럭에 있는 것이 무엇이든 일단 팔아라Sell what's on the truck." 말하자면 이런 뜻이리라. "우리가 가진 게 무엇이든 일단 팔기만 하면 돼. 다른 상품 어쩌고 하는 말 좀 하지 마. 지금 가진 건 이 뿐이야. 우리 상품이 나쁘다는 것을 알고 있으면 열정적으로 팔 수 없을 테니 좋지는 않지. 그렇지만 어쩌겠어. 달리 어쩔 도리가 없잖아. 있는 그대로 받아들여. 눈 딱 감고 돌격하는 수밖에. 누가 보너스를 차지하느냐는 너희에게 달렸어. 고객을 찾아가고 또 찾아가! 영업은 저절로 팔리는 것만 팔 수 없는 어려운 영역이야. 팔리는 것만 팔게 해달라는 영업 사원은 게으른 놈이라는 욕만 먹을 뿐이라고." "아니, 아냐! 더는 안 돼. 고객이 우리가 곤란한 상황에 처했다는 걸 알아버렸어. 더는 아무것도 사지 않으려고 해. 제발 전화 좀 하지 말라더군. 부담스럽다나. 이러다 기존 고객까지 놓치고 말겠어. 그저 보너스 때문에 전화한다는 것을 고객이 알아버리면, 장기적으로 고객의 마음을 사로잡을 수 없잖아." "별걸 다 걱정하네. 안심해도 좋아. 보너스야 누구한테나 소중한 것 아냐? 고객도 자기 직장에서 보너스를 받으려고 할 텐데. 우리 모두 보너스의 유혹에서 자유롭지 못해. 그걸 나쁘게 받아들여야 할 이유는 없어. 자, 여러분 일합시다, 열정은 의무요! 성공을 믿지 않는 사람은 성공할 수 없지. 나는 우리 상품이 좋다고 굳게 믿습니다. 그러니까 여러분은 많이 팔 수 있을 겁니다." 좌중은 뭐라 하면 좋을지 몰라 침묵만 지킨다.

최근 한 신문에서 은행의 미숙한 신입 직원이 노련한 전문가보다 단기 대출 상품을 훨씬 더 잘 판매한다는 내용의 기사를 보았다. 단기 대출 상품에 붙는 이자는 25%로, 엄청난 고금리다! 사정을 잘 아는 전문가는 그런 상품을 고객에게 권한다는 사실만으로도 얼굴이 달아오를 정도의 부끄러움을 느낀다. 그러나 뭐가 뭔지 잘 모르는 신입 직원은 급전이 필요한 고객에게 컴퓨터 모니터에 나오는 고금리 단기 대출 상품을 별 생각 없이 권유한다. 즉 무지와 어리석음이 자신감 넘치는 권유를 만드는 셈이다.

"편집증 환자 같다!"는 말은 고정관념에 집착하는 태도를 꼬집는 표현이다. 이와 비슷하게 경영진은 영업부가 제대로 열정을 보이기만 한다면 모든 일이 순조로울 것이라는 고정관념에서 좀체 빠져나오지 못한다. 교사는 물론이고 부모 역시 아이가 부지런하기만 하면 성적이 좋아질 것이라는 고정관념을 버리지 못한다. 그러나 그것이 문제의 원인이 아니라면? 상품이 좋지 않아서 팔리지 않는다면? 부모와의 사이가 좋지 않아 아이에게 문제가 생기는 것이라면? 그러면 당연히 영업 사원의 열정과 아이의 부지런함은 시들해진다. 그 즉시 경영진과 부모는 그 사실을 알아차린다. 결국 고정관념만 더욱 확고해진다. 부지런해져라! 열정을 발휘하라! 끊임없이 다그치지만, 상황은 좀처럼 나아지지 않는다. 부지런함과 열정은 계속해서 시들해지고, 주가는 곤두박질친다. 욕설과 다그침은 더욱 커진다.

다시금 애컬로프가 언급한 죽음의 소용돌이가 휘몰아친다. 소용돌이는 저 아래 바닥까지 모든 것을 집어삼킬 기세다. 소용돌이의 강도는 갈수록 심각해지고 전체가 죽을 지경에 이른다. 하지만 잘못된 편집증적 치료만 고집한다. 병이 생겼는데, 엉뚱한 진단을 내려 잘못된 치료법을 고집하는 것이다. 그래서 병세는 더욱 깊어진다. 그럼에도 잘못된 치료법을 계속 강요한다. 병은 갈수록 더 심해진다. 잘못된 치료법을……

## 고정관념을 돼지처럼 마을에 풀어놓다

"또 마을에 돼지를 풀어 난리를 만드는군." 기업에서 산전수전을 모두 경험한 중년 직원들은 속으로 머리를 절레절레 흔든다. '돼지를 마을에 풀다'라는 관용구는 더는 통하지 않는 고정관념을 절대 진리인 양 윽박지르는 태도를 뜻한다. 상품의 개선에 신경 쓰기보다 영업 실적에 목을 매는 경영진에게 딱 어울리는 말이다.

경영진은 영업부의 동기를 자극하기 위해 온갖 요란한 프로그램을 제시하며(엉덩이를 걷어차도 통하지 않을 때) 목표 달성을 다그친다. 이런 특별 프로그램은 대부분 진부한 아이디어를 새로 포장한 것에 불과하다. 새 포도주를 새 부대에 담는 것이 아니라 해묵은 포도주를 새 부대에 담는 식이다. 각종 세미나 혹은 강연에서 만병통치약처럼 추앙받는 미사여구가 포장의 주된 재료로 쓰인다. 문제는 이런 식으로 풀어놓는 돼지가 다른 기업의 그것과 똑같다는 점이다. 뭔가 대단한 일을 벌이는 것 같지만 결국 경쟁자와 다를 것이 하나도 없는 수법에 고객은 식상함을 느낄 뿐이다. 그럼에도 "다른 대기업이 쓰는 방식이 나쁠 까닭이 없잖아" 하는 어처구니없는 논리까지 등장한다. 기가 막힐 노릇이다. "모두가 이용하는 새로운 방법으로 우리도 경쟁자를 누르고 우위를 차지하자!"

- 대대적인 마케팅 공세
- 인터넷 가격 할인 이벤트
- 완전히 '새로운', '오늘 한정' 특별 할인 서비스(여기에서 '오늘'은 이번 분기 말까지다)
- 페이스북을 이용한 팬 서비스(모든 직원을 동원해 댓글을 달게 하고, 링크를 걸어 상품을 구매하도록 유도한다.)
- 품질 개선을 소리 높여 외친다("고객님, 이제는 만족하실 겁니다!").
- 서비스 혁명("저희 고객 서비스는 커다란 하트를 새 로고로 정했습니다!")
- 직원의 선행 홍보("저희 직원이 고양이에게 물릴 위험에 처한 강아지를 구했습니다!")
- 등대 프로젝트 참여

- 지속성 과시(마침내 여성 임원이 탄생하다!)
- 친환경 에코 기업 인증받기, 산재로 더 이상 일하지 못하는 인도 노동자
  에게 상품 1개 구입 시 1센트 기증하기
- 고객 아이디어 응모 대회("여러분의 아이디어를 환영합니다! 신상품 아이
  디어를 주시면 저희가 특허를 내서 여러분에게 판매하겠습니다!")
- 큰소리로 정부에게 경제 회복과 세금 감면, 규제 철폐 요구하기
- 장관 몇 명 교체한 것을 두고 완전히 새로운 내각 구성이라며 호들갑 떠
  는 정부 흉내 내기

어쩐지 갈수록 빈정대는 말투가 된 것 같다. 독자 여러분의 양해를 구한다. 어쨌든 이런 식의 접근은 기업이 안고 있는 심층적인 문제를 전혀 해결하지 못한다. 그저 열정 운운하는 그럴싸한 말로 완전히 새로운 매출을 올릴 수 있다는 환상만 심어줄 뿐이다. 더욱 놀라운 것은 이런 식의 겉만 요란한 대책으로 경영진은 매출 상승을 위해 자신이 최선을 다했다고 굳게 믿는다(!)는 사실이다. 이렇게 해서 중요한 문제는 전혀 해결되지 못한 채 안타까운 시간만 흐른다. 대책을 세웠으니 성과가 나올 때까지 지켜보자는 시간 낭비다. 저마다 백 일의 유예 기간은 줘야 마땅하다며 그저 기다리기만 한다.

기적의 만병통치약만 있으면 어떤 문제도 빨리 해결할 수 있다는 이런 순진한 단순함은 개인의 사생활에서도 흔히 발견된다. 그러나 집단 지성을 지녀야 할 경영진에게도 이런 어처구니없는 믿음이 널리 퍼져 있다. 평범한 개인은 만병통치약이 실제 병을 치료해줄 것이라 기대한다. 하지만 경영진의 사고방식은 이보다 더 기괴하다. 경영진은

그저 그럴싸하게 꾸민 것 자체를 '치료'라 말하는 것만으로 위로를 받는다. 경영인이 즐겨 읽는 경제·경영 분야의 베스트셀러 도서를 보라. 쓸데없이 진부한 이야기를 기적의 묘약인 것처럼 포장한 경제·경영서가 서점에 차고 넘친다. 아마도 경영진은 이 책들을 읽고 대책을 꾸미며 그것을 따르기만 해도 모든 문제가 해결되리라고 철석같이 믿는 것이리라.

- 시간을 절약하는 건강한 식생활 습관을 가져라!
- 성공 트레이닝 — 부자들의 생각하는 법을 배워라!
- 좀처럼 오르지 않는 매출을 끌어올릴 만병통치약
- 자신감을 키워라("나는 내가 좋아", "나는 예뻐").
- 인기 관리를 해라("친구를 만들어라").
- 인맥을 키워라("네트워크를 구축하고 동호회 회원이 되어라").
- 다음 50권의 책을 읽고 외워라, 교양인이 될 수 있다!
- 사무실 의자와 벽의 색을 바꾸기만 해도 성공은 보장된다!
- 재치를 익히고 화술을 배워라!
- 통계 수치를 정확히 외워 감명을 주어라!
- '유행'이든 '퇴출'이든 모든 트렌드를 파악하라!
- 정신력을 키우는 트레이닝("너는 할 수 있다!")
- 화장과 패션("타고난 카리스마를 강조하라!")
- 기억력 향상 훈련
- 게임에서 이겨라!
- 경청이야말로 소통의 지름길이다!

- 모든 것을 팔아치우는 비법을 배워라—설득의 기술
- 몸이 말하게 하라, 상대의 마음을 사로잡는다!
- 타인보다 더 빨리 귀담아들어서 시간을 절약하라!
- 어떤 종류든 운동으로 건강을 키워라!
- 적절한 타이밍에 "감사합니다!"라고 말하는 법을 배워라!

빠른 성공 혹은 즉각적인 목표 달성을 보장한다는 이런 구호는 만병을 치료한다는 신비의 묘약과 다를 바가 없다(실제 이런 구호만으로 해결되는 것은 아무것도 없다). 어느 한쪽의 단편적인 일에만 매달리는 편집증적인 방법은 성공의 내용이 실제로 어때야 하는지를 고민하는 데 조금도 도움이 되지 않는다. 목적도 모르면서 유용한 방법만 모으는 행태가 바로 저런 베스트셀러를 읽는 것이다. 먼저 목표부터 정확히 설정한 후에 그에 필요한 방법을 마련하는 것이 낫지 않을까?

언제부턴가 스트리트 스마트들이 내가 사랑하는 작가 생텍쥐페리의 말을 제멋대로 인용하곤 하는데, 그럴 때마다 너무 속상한 나머지 화를 내고 만다. "만약 배를 짓고 싶다면, 북을 쳐서 남자들을 모아 목재를 마련하고 임무를 부여하고 일을 나누어줄 것이 아니라 그들에게 무한히 넓은 바다를 동경하도록 가르쳐라." 스트리트 스마트는 이 문장에 담긴 심오한 뜻을 음미하기도 전에 먼저 방법만 끌어모은다! 대부분의 경영자가 이 말을 '갈망을 가져야 한다'는 의미로 인용한다. "그러니까 말이야, 매출 향상을 향해 갈망을 가지라고! 여보게들, 이제 자네들의 열정을 보고 싶네!" 스트리트 스마트에게는 생텍쥐페리의 글을 금지시켜야 한다.

# 만병통치약이라면
# 의심부터 하자

"매일 아침 거울을 보면서 '나는 내가 좋아!' 하고 외치라는 충고가 담긴 책을 99유로로 구입했어. 이제 한결 좋아진 것 같아. 매일 자신감이 부쩍 커지는 것 같아."

"드디어 페이스북에 내 페이지를 만들었어. 그리고 친구가 될 만한 사람들을 모두 클릭해봤어. 정말 대단해! 드디어 나에게 친구가 생겼다고!"

"이제 죽기 전에 꼭 읽어봐야 한다는 50권의 책을 읽었어. 《율리시스》는 무슨 소리인지 잘 모르겠지만, 어쨌든 끝까지 읽었어. 다음 책은 《잃어버린 시간을 찾아서》야. 휴, 무슨 소설이 4천 쪽이나 되는지. 교양을 갖춘 사람이 극소수인 것이 이해되더라고. 이제 나는 엘리트야. 다음번 파티에서 단테의 《신곡》이 화제가 된다면, 나도 사람들과 함께 웃을 수 있어."

실로 광적인 편집증이 아닐 수 없다. 처음에는 이런 만병통치약이 기분을 좋게 해주기는 한다. 플라세보 효과 때문이다. 가짜 약을 진짜라 믿고, '이제 모든 것이 좋아질 거야!'라고 느끼는 것이 플라세보 효과다. 고정관념에 사로잡힌 사람이 도취감에 빠지는 이 단계에서는 플라세보 효과가 오래가지 않고 효과 자체도 빠르게 감소한다. 그러나 이 사실을 아무리 말해줘도 소용이 없다. 또한 이런 방법은 대개 팀 혹은 조직으로 함께 시도된다. 집단 최면 효과로 기쁨이 배가되는 것을 노린 수법이다.

하지만 이런 사실에 근거해 진심으로 경고를 해주어도 상대는 코웃음만 친다. 인내심을 갖고 지켜보다가 적절한 때에 다시 충고하면 상대는 이미 새로운 만병통치약을 찾은 상태다. "더 좋은 방법을 찾았어! 거울 앞에서 '나는 내가 좋아'라고 말하는 것보다 '나는 할 수 있어'라고 외치는 것이 훨씬 더 효과적이래. 그저 자신을 좋아하는 것 이상으로 더 많은 것을 해낼 수 있다는 확신을 준다니까. 거기다 이 방법은 돈도 전혀 들지 않아!" 아니면 이런 경우도 있다. "거의 변한 게 없어 보여, 오이 다이어트가 효과가 없었나 봐?" "아냐, 효과가 있었어. 그런데 더 효과적인 방법을 발견했어. 이 다이어트의 특징은 원하는 만큼 마음껏 먹어도 된다는 거야. 다만 음식을 삼키기 전에 222번 씹어야 해. 그런데 그러니까 하루 종일 먹기만 하는 것 같아." "아, 그래서 살이 잘 안 빠지나?" "그러게 말이야. 아무튼 (그렇게) 오래 씹으면 음식에 들어 있는 칼로리가 파괴된대."

만병통치약은 사람들을 열광시킨다! 이 열광의 힘은 너무 강해서 다른 모든 이성을 초라하게 만들어버린다. 바로 이러한 이유로 경영진은 마을에 새 돼지를 풀어놓을 때마다 환상적인 열정을 요구한다. 새로운 만병통치약은 기업에게 시간을 벌어주며, 비판에서 자유롭게 해준다. 최신의 만병통치약을 이용하는 사람, 그가 곧 선구자다. 그는 시대를 앞서간다. 그럼 모든 것을 이성적으로 바라보는 사람은? 평화를 어지럽히는 훼방꾼일 뿐이다.

만병통치약이라며 싸구려 충고를 늘어놓는 베스트셀러 자기계발서처럼 나도 충고를 해야만 할까? 아니다, 그건 아니다. 충고란 새겨들으면 좋은 것이지만, 만병통치의 효과를 가지지는 않는다! 정말 만병통치의 효험을 보인다면, 그런 충고는 처방전에 적혀야 할 것이다. 하지만 플라세보 효과가 병원 진료비보다 더 저렴하다 할지라도 처방전에는 그런 처방이 등장하지 않는다. 의료보험이 그 정도로 멍청하지는 않으니까. 그럼에도 만병통치약에 취한 사람은 편집증적인 집착을 좀처럼 버리지 못한다. 오히려 의료보험이 무지해서 만병통치약을 인정하지 않는다고 고집을 피운다.

회의론자들은 과학적인 연구를 충고로 삼으라고 한다. 그러나 학문적인 연구라는 것도 대단히 애매모호한 측면이 있다. 그래서 다음 장에서는 자신에게 유리한 쪽으로 통계를 해석하는 태도를 설명하려고 한다. 만병통치약은 2.5등 또는 3등에게나 통할 뿐이다. 이성을 가진 사람이라면 만병통치약 따위에 한눈팔지 않는다. 그 이유는 다음 장에서 상세하게 밝힐 것이다. 지금 당장 내가 할 수 있는 말은 나는 만병통치를 향한 열광을 다스리는 방법을 모른다는 것뿐이다. 통계 해석을 다룰 다음 장에서는 더 나은 설명을 할 수 있으리라.

—

당장의 성공을 약속하며 눈앞의 문제에만 매달리는 스트리트 스마트의 전략은 성공을 급조하는 만병통치약을 포장지만 바꿔가며 계속해서 제공하는 것과 같다. 북 스마트의 반론과 경고는 전혀 먹히지 않는다. 만병통치 약속이 도움이 되지 않는 것 같으면 이듬해의 구호를 바꿔댄다. 이를테면 "혁신 2009"에 이은 "고객 중심 2010"이라거나 "다양성 2011"에 이은 "클라우드 컴퓨팅 2012", "빅데이터 2013", "나눔으로 초과 성과 달성하는 2014", "디자인 컨트롤 2015" 식이다. 대기업 직원이라면 이런 구호가 적힌 기념 컵이나 맥주잔을 수집해보는 것도 나쁘지 않을 것이다.

# 06

# 통계 맹신자는
# 성공 공식에만 집착한다

**인과관계를 단순하게 생각하는 사람,**

이를테면 "페이스북에 '좋아요' 수가 많은 기업이 높은 수익을 올린다"는 식의 맹신에 사로잡힌 사람은 정말이지 어이없을 정도로 멍청한 짓을 벌인다. 모든 직원에게 '좋아요'만 클릭하게 하는 것이다. 경영진은 이것만으로 더 높은 수익을 올릴 것이라 기대한다. 통계를 이해하지 못하는 무지함은 집단 어리석음을 초래할 뿐 아니라 개인까지도 멍청하게 만든다.

단기적인 성공에 집착하는 사람은 만병통치약이나 세계
를 단번에 움직일 지렛대를 찾기 위해 연구 결과물, 특히
과학적인 연구 결과물을 탐독한다. 과학적인 연구들은
대개 서로 다른 현상 사이의 맥락이나 상관관계를 확인
한다. 그러나 이런 관계성이 정확히 무엇을 의미하는지
는 거의 밝히지 않는다. 그럼에도 통계를 맹신하는 사람
은 엉터리로 간단한 설명을 꾸며내 이것이 바로 만병통
치약이라 호들갑을 떤다.

# 연구가 말해주는 것과
# 말하지 않는 것

연구는 대개 새롭게 찾아낸 맥락을 밝힌다. 연구 결과는 다음과 같은 어법으로 가능한 정확히 표현되어야 한다.

- "축구 경기에서 볼 점유율과 승리 사이에는 긍정적인 상관관계가 성립한다."
- "여성의 외모와 연봉 사이에는 아무런 상관관계가 없다."
- "흡연과 지능 사이에는 부정적인 상관관계가 성립한다."

위의 전제가 참이라면 다음과 같은 사실을 알 수 있다.

- "더 많은 골, 더 높은 볼 점유율" 혹은 "더 높은 볼 점유율, 더 많은 골"이라는 등식이 성립한다. 일반적으로 두 요인은 동시에 높아지거나 낮아진다.
- 외모와 연봉 사이에는 별다른 관련성이 없다. 아름다운 여성이 높은 연봉을 받는 경우도 있지만 낮은 연봉을 받는 아름다운 여성도 많다. 아름

다운 여성들 사이의 급여 차이는 일반 여성들에게서 나타나는 급여 차이와 거의 같다.

- "담배를 많이 피울수록 지능이 떨어진다." 또는 "지능이 높을수록 담배를 적게 피운다." 일반적으로 두 요인 사이에는 반비례 관계가 성립한다.

## 이런 사실을 어떻게 확인했는가?

- 다양한 경기 데이터를 종합해 팀의 볼 점유율을 X라 하고, 득점률을 Y라 설정한 다음 X와 Y의 값을 그래프로 나타내고 관찰한다. "아하, 볼 점유율과 득점률 간에는 긍정적인 상관관계가 성립한다."
- 많은 여성의 외모와 연봉을 수치로 측정하고 위의 경우처럼 상관관계를 확인한다. 다만, '여성의 외모를 어떻게 측정할 것인가'가 문제다. 외모를 어떻게 수치화할 수 있을까? '미'란 무엇인가? 매우 어려운 질문이다. 이에 비하면 볼 점유율과 득점률 추정은 어린아이 장난이나 다름없다! 측정의 어려움 탓에 연구는 매우 까다롭겠지만 원칙대로라면 위의 경우처럼 몇 가지 측정값을 얻을 수 있다.
- 흡연자와 비흡연자에게 지능검사를 실시하고 그 결과를 비교한다. 이 경우는 위의 첫 번째 예처럼 원칙적으로 간단하다. 그러나 실제 연구에서는 객관적인 비교를 위해 매우 많은 사람을 검사에 참여시켜야 하는 어려움이 있다. 또한 지능검사를 즐겨 하는 참여자가 있는지도 조사해야 한다(자신의 높은 지능을 인정받고 자랑하기 위해 자주 검사를 받는 사람이 있다). 즉, 실제로는 전혀 간단하지 않다! 그러나 최종 결과는 역시 그래프로 비교할 수 있는 두 개의 측정값으로 도출된다.

이러한 연구는 어떤 의미를 가질까? 연구 결과에 담긴 의미를 곰곰이 생각해보자.

- 경기에서 승리하는 팀은 분명 높은 볼 점유율을 자랑하리라. 그렇지 않은가? 나는 이런 확인이 심오한 근거를 가진다고 생각한다. 축구 경기에서는 선수들의 적극적인 태도와 지구력, 경기를 즐기는 마음이 보상을 받는다. 승리하고자 하는 간절한 염원을 가지고 일대일 싸움에서 지지 않으며 축구를 즐기는 선수는 분명 두 가지를 동시에, 즉 높은 볼 점유율과 골을 동시에 얻을 것이다. 그러나 하나 마나 한 진부한 이야기가 아닐까. 경기를 잘하는 선수는 더 많은 볼을 점유해서 골을 얻기 마련이다. 그렇지 않으면 두 가지 다 얻지 못한다.

- 나를 포함한 많은 사람들이 아름다운 여성이 돈을 더 많이 벌 것이라 생각한다. 그런데 그렇지 않다고? 어째서? 아름다운 여성은 왜 대기업 회장의 비서가 될 수 있는 가능성, 혹은 부자와 결혼할 수 있는 가능성을 이용하지 않을까? 혹은 평범한 직장인에 비해서는 조금 유리하겠지만, 아름다운 여성은 엄격한 여사장이라는 이미지와 어울리지 않아 고액 연봉을 받지 못할 수도 있다. 솔직히 잘 모르겠다! 이 문제에 있어 나는 선입견과 짐작만 늘어놓을 수 있을 뿐이다. 이 문제에 관해 내가 확언할 수 있는 것은 없다! 그러니까 패스!

- 흡연자가 비흡연자보다 머리가 더 나쁠까? 나는 그렇게 생각하지 않는다. 지능지수는 흡연과 아무런 연관성이 없다고 생각한다. 교육 수준이 낮은 사람이 높은 수준의 교육을 받은 사람보다 담배를 더 많이 피운다는 기사를 본 적이 있다. 그렇지만 지능지수와 흡연 사이의 관계는 훨씬

더 복잡하다. 교양 수준이 같은 사람이라 할지라도 생활 방식은 많은 차이를 보이지 않는가.

아무튼 서로 다른 두 정보를 확인할 수 있다면 둘 사이의 관련성은 비교적 쉽게 확인할 수 있다. 하지만 정확히 어떤 관계가 성립하는지를 알아내기 위해서는 오랜 탐구가 필요하다. 이런 식으로 관련성을 파악하는 일은 무한한 대륙을 누비는 일종의 지적 탐험과도 같다. 가능한 모든 설명을 고려해야 하기 때문이다. 진리를 갈구하는 연구자는 가능한 설명을 새로운 데이터로 굳힐 수 있는 새로운 연구를 시작해야겠다는 자극을 받는다.

- 투지와 열정을 가진 축구팀이 얼마나 높은 볼 점유율과 득점을 기록하는지 계속해서 측정한다.
- 다양한 직업군에 있는 여성의 외모와 그들 연봉의 상관관계를 비교 분석한다. 계층에 따른 비교도 진행하면서 차이가 있는지 살핀다. 차이가 없다면 연구를 중단한다.
- 다양한 생활 방식을 가진 동일한 연령대의 흡연 비율을 연구한다. 내 예상대로라면 동일한 환경에서 흡연과 지능지수 사이에는 실질적인 연관성이 없을 것이다. 물론 다른 환경에서는 차이가 있을 수 있다.

이로써 내가 하고 싶은 말이 분명해졌다. 데이터를 통한 상관관계 분석은 대개 전체적인 연관성을 설명하지 못한다(이 말을 하기 위해 앞에 너무 긴 설명을 한 것 같아 미안하지만). 개별 데이터 간의 상관관계는 비교적 쉽게 찾아볼 수 있다. 하지만 이것만으로 전체적인 관련성을 남김없이 설명하기란 매우 어려운 일이다. 연구는 대부분 두 요인 사이의 상관관계만 확인할 뿐, 관련성의 의미를 설명하는 진리를 제시하지는 못한다. 진리에 가까이 가기 위해서는 계속해서 새로운 연구를 진행해야만 한다. 대단히 어렵고 고된 작업이다.

## 통계 맹신자가
## 성공 공식을 유도하는 방법

현실에서 학술 연구는 학위 논문, 그러니까 박사학위 논문이나 연구용역을 통해 진행된다. 연구자는 해당 데이터를 확인하고 연관성을 찾아낸 경우 그것을 정리해 발표한다. 그 후에는 연구 결과를 자신에게 유리한 쪽으로 이용하려는 기자나 경영인이 논문을 읽는다. 한쪽은 가능한 한 흥미로운 논문을 쓰려고 하고, 다른 한쪽은 연구 결과에서 현실에 유용한 지침을 끌어내려 한다. 연구자는 당연히 자신의 연구가 주목받기를 원한다. 경영 컨설턴트는 연구 결과를 읽으며 새로운 성공 비법을 이끌어낸다. 이렇게 얻은 비법을 컨설턴트는 대기업 등에 비싸게 판매한다. 대기업 경영진은 연구 결과를 직접 읽고 분석할 시간적 여유가 없기 때문에 이를 기꺼이 구입한다. 결국 이 과정에 참여하는 수많은 사람들이 집단 어리석음을 빚어낸다. 다시 말해 집단 어리석음을 만드는 주범은 학문적인 연구 결과를 자신에게 유리한 쪽으로 악용하는 세력이라 할 수 있다.

화젯거리를 만들기 위해 과장을 일삼는 언론은 연구 결과를 이런 식으로 포장한다.

- "볼 점유율이야말로 새로운 메가 성공 공식이다."
- "여성이 화장한다고 해서 연봉을 더 받는 것은 아니다."
- "흡연은 머리를 나쁘게 만든다."

연구 결과는 이런 식으로 해석되거나 설명된다. 말이 되지 않는 이야기다. 논문에 이런 기세등등한 주장은 절대 등장하지 않는다. 즉, 거짓말이다. 그러나 이런 주장은 환상적인 울림을 준다. 사람들을 자극해 거센 논쟁을 불러일으킨다. 부모들은 즉각적인 반응을 보이며 자녀에게서 담배를 빼앗는다. 감독은 볼 점유율을 높이라고 팀에게 호통을 친다. 축구 중계 화면에는 볼 점유율이 표시된다. 백 년 축구 역사에서 한 번도 거론되지 않았던 볼 점유율이 돌연 초미의 관심사가 된다. 이제 볼 점유율만큼 중요한 것은 없다! 새로운 열풍이 생겨난다. 리포터는 패배한 팀에게 볼 점유율이 낮았던 이유를 묻는다. 볼 점유율 노이로제에 시달리는 팀은 계속해서 공을 골키퍼에게 백패스한다. 그래야 볼 점유율이 낮다는 비난을 피할 수 있을 테니까. 흡연자는 도처에서 비난의 눈초리를 받는다. 왜 자진해서 자신의 머리를 나쁘게 만드는지 이해할 수 없다는 증오의 시선이다. 고용주는 흡연자인 직원들에게 대놓고 경고한다. 아름다운 여성은 희롱의 대상이 된다. "예쁘다고 더 많이 버는 게 아니라며? 속상해서 어째? 우리보다 나을 게 없네."

잘못된 해석과 설명의 영향력은 이처럼 무시무시하다. 이런 거짓은 곧 집단 어리석음으로 퍼져나간다. 이런 식의 어리석음이 확산되는 과정은 항상 비슷한 방식으로 진행된다. 다음 사례를 살펴보자.

1. 어떤 연구가 X와 Y 두 가지 값 사이의 연관성을 확인했다. 이를테면 X는 연봉이고, Y는 "검은색 정장을 입는가?" 하는 조건이다.

2. 연구는 언제나 "X라면 Y이다"라거나 "Y라면 X이다"라는 식의 인과관계로 간단하게 설명된다. 그러나 "만약 ~하면, ~한다"라는 구조로 표현되는 인과관계는 현실을 설명하기에 턱없이 부족하고 어리석다. 즉, 잘못된 주장이다. 우리의 삶은 물리학 법칙처럼 진행되지 않는다. "검은색 정장을 입으면, 더 많은 연봉을 받는다!"는 주장은 터무니없는 설명, 곧 비약이며 거짓말이다. "검은색 정장을 입으면, 시간이 지날수록 더 많은 돈을 번다." 이게 말이 되는 소리인가?

3. 하지만 기자는 이런 엉뚱한 논리를 가지고 대중의 시선을 사로잡는 헤드라인을 뽑아낸다. "검은색 정장을 입어라, 연봉이 올라갈지니!"

4. 텔레비전 토크쇼 역시 '연구 결과'를 두고 활발한 토론을 벌인다. 똑똑한 출연자는 연구 결과를 여러 가지로 다양하게 해석한다. 그러나 대중은 토론 내용은 완전히 잊어버리고 이런 것만 기억한다. "돈을 벌고 싶다면 검은색 정장을 입자. 틀림없이 뭔가 진리가 담긴 주장일 거야."

5. 결과: 나는 작년에 한 기업의 경영진 앞에서 보험 관련 강의를 할 때 남색 정장을 입었다. 그리고 연단에 올라 청중을 보고서는 어리둥절했다. 약 4백 명의 청중 가운데 열 명 정도는 검은색 정장이 아닌 옷을 입고 있었다. 그 열 명은 최고위직 임원이었다. 저들이 남보다 적은 연봉을 받고 있던가? 혹시 연구 결과를 읽고도 반항심에 다른 색 정장을 입은 것일까? 요즘 대기업의 회장만 넥타이를 매지 않는다. 혼자서만 눈에 띄는 것은 일종의 권력 과시 방법이다.

핵심을 정리해보자. X와 Y 사이에 어떤 상관관계가 성립한다면, 오랜 시간을 투자해 그 관계의 의미를 탐구해야 한다. 하지만 대부분의 경우 그럴싸하게 급조된 설명뿐이다. 그리고 이는 곧 성공 공식으로 포장되어 빠르게 퍼져나간다. 너도 그 말 들었지? 나도 들었어! 그러니까 맞을 거야. 방송에도 나왔잖아!

- 경영자는 간단한 성공 공식을 원한다.
- 기자는 그럴싸한 헤드라인을 원한다.
- 방송은 강하고 자극적인 표현을 좋아한다.
- 시청자는 간단하거나 기묘한 진리를 원한다.
- 컨설턴트는 만병통치약을 파는 약장수다.
- 로비스트는 간단한 성공 공식을 원한다.
- 정치인은 표를 끌어모을 선동적인 메시지를 원한다.
- 대기업 경영진은 기념 컵에 새길 그럴싸한 문구를 원한다.

모두가 "만약 ~하면, ~한다"는 형식의 간단한 어리석음을 원한다.

- 텔레비전을 많이 보면 머리가 나빠진다(2008년까지).
- 인터넷 서핑을 많이 하면 머리가 나빠진다(2008년 이후부터).
- 노년에 태블릿 PC를 사용하면 두뇌 건강에 도움이 된다.
- 폭력적인 게임이 '묻지 마 살인'을 낳는다.
- 사냥과 스포츠에서 무기는 중요하다. 모두가 총기를 소유해야 한다.
- 많은 돈은 불행의 원인이다.
- 높은 세금은 국가를 망친다.
- 바이에른에 좋은 것은 세계를 구원한다.<sup>*</sup>
- 유로화를 버리고 마르크화를 다시 도입하면 모두가 잘살게 될 것이다.
- 높은 수익을 올리는 기업의 직원은 자부심이 강하다.
- 높은 시청률을 기록하는 방송이 고품격 방송이다.
- 페이스북 친구가 많아야 멋진 사람이다.
- ○○○ 방법을 쓰는 기업은 성공한다.
- 누텔라Nutella<sup>**</sup>는 머리를 좋게 만든다.
- 누텔라는 건강을 해친다.
- 샐러드를 많이 먹는 사람이 더 긍정적이다.
- 일을 사랑할 줄 아는 직원이 일을 잘한다.
- 사장이 자리를 비우면 직원은 책상 위에 다리를 올린다.

---

\* 독일 바이에른 지역의 거주민이 자주 입에 올리는 자화자찬이다. 자신의 지역을 향한 자부심이 강한 독일인들은 경쟁적으로 자주 이런 말을 한다.
\*\* 이탈리아 초콜릿 제조업체 페레로Ferrero가 생산하는 제품으로, 헤이즐넛과 초콜릿을 섞어 만든 스프레드(잼)이다.

- 컨설팅을 받지 않는 기업은 성공할 수 없다.

　기자, 이미지(동기부여) 트레이너, 로비스트, 컨설턴트에게서 흔히 들을 수 있는 주장들이다. 이들은 연구로 입증된 상관관계(그러나 의미는 설명되지 않은 관계)를 간단하게 인과관계로 비틀어 그럴싸한 말로 포장할 뿐, 심오한 진리가 무엇인지는 조금도 신경 쓰지 않는다. 이들에게 중요한 일은 오직 조작한 메시지로 돈을 버는 것일 뿐이다. 잘못된 인과관계를 진리라 주장하거나 암시하는 일은 판매, 정치 선동, 성급한 선입견 조성, 여론 조작에 이용되는 매우 환상적인 기술이며, 집단 어리석음을 조장하는 주요한 수법이다.

　북 스마트는 이런 꼼수를 어떻게 생각할까? 경제학, 심리학, 법학, 사회학을 전공하는 대학생은 절대 상관관계로 인과관계를 도출하지 말라는 가르침을 귀 따갑게 듣는다. 학문은 그런 비약을 허용하지 않는다. 누구든! 절대 비약해서는 안 된다! 그렇다면 스트리트 스마트는 어떤 생각을 할까. 아, 저거 쓸모 있겠는데! 한번 써먹어볼까!

> 66
> 연관관계만 확인한 연구에서 인과관계를 꾸며내며 이에
> 따라 행동하도록 영향력을 행사하려는 경향이야말로 집단
> 어리석음을 조장하는 최대 주범이다.
> 99

　회의, 정당, 대회에서 이같은 어리석은 인과관계의 함정에 빠지는

사람이 일부라도 있다면, 진실을 아는 사람은 패배하고 만다. 상관관계에 담긴 심층적인 진실을 잘 설명하더라도 아무도 귀를 기울이지 않기 때문이다.

이런 어리석은 인과관계를 악용하는 실제 사례를 도처에서 찾을 수 있다. 하지만 그 전에 먼저 흔히 오용되는 전형적인 상관관계를 더 자세히 논의할 필요가 있다. 그런 다음 실제 사례들을 살펴보자.

## 다양한 배경의
## 상관관계 설명하기

X값과 Y값의 상관관계는 제3의 변수 Z('배경 변수')로 더 잘 설명되는 경우가 있다. 심지어는 Z로 완전히 해명되기도 한다. 다음은 대학 강의에서 주로 사용되는 상관관계 사례들이다.

- 사람의 신발 사이즈와 수입 사이에는 신발 사이즈가 클수록 수입도 늘어난다는 상관관계가 확인되었다.
- 아이스크림 소비량과 일광 화상(햇빛 화상) 빈도는 밀접한 비례관계를 보인다.
- 독일의 출생률과 황새의 개체 수 사이에 긍정적인 상관관계가 확인되었다.

그러면 언론은 곧장 이런 헤드라인을 뽑아낸다.

- 발이 클수록 돈을 많이 번다!
- 아이스크림 소비는 피부 건강을 해친다!
- 아기는 황새가 데려다준다!

그러나 '수수께끼'는 의외로 간단히 해결된다.

- 발이 작은 아동은 금전적인 수입이 거의 없다. 여성은 상대적으로 발이 큰 남성보다 수입이 더 적다.
- 아이스크림 소비와 일광 화상 빈도는 해가 뜨거운 여름에 최고조에 달하며, 겨울에는 최하로 떨어진다.
- 신생아는 대개 황새가 찾아오는 계절, 즉 봄과 여름에 더 많이 태어난다.

수입과 신발 크기 사이에는 직접적인 상관관계가 없다. 설혹 관계가 있다고 해도 성별과 연령이라는 변수로 모두 설명된다. 예를 들어 관찰 대상을 40대 이상의 남성으로 한정한다면, 신발의 크기와 수입 사이의 관련성을 찾을 수 없다. 아이스크림 소비량과 일광 화상 빈도는 날씨에 큰 영향을 받는다. 시간을 여름으로 국한시키면 둘 사이에서 아무런 연관성도 찾을 수 없다. 출생률과 황새 개체 수 변화 역시 날씨로 설명된다. 겨울에는 황새를 볼 수 없으며, 출생률도 상대적으로 낮다. 여름에는 둘 다 늘어난다!
위의 사례에서는 날씨와 성별, 나이가 배경 변수(중개 변수 또는 매개 변수)로 두 요소에 똑같은 영향을 미친다. 확인된 상관관계는 가상일 뿐 직접적으로 성립되는 것이 아니다. 우리는 배경 변수를 통해 둘 사이에는 어떤 관계도 성립하지 않는다는 사실을 확인할 수 있다. 그러니까 앞의 세 가지 전제는 가상 상관관계에 불과하다.

수학적으로 정리해보자. X와 Y 두 값 사이에 상관관계가 성립하더라도 앞의 예들처럼 제3의 값 Z(나이, 성별, 날씨)를 통해 두 요인 사이의 직접적인 상관관계 성립 여부를 완전히 설명할 수 있는 경우가 있다. X와 Y는 Z값에 따라 동일하게 움직인다. 이를테면 Z값이 여름 날씨가 되면 아이스크림 소비량인 X와 일광 화상 빈도인 Y가 함께 증가하고 겨울 날씨가 되면 감소한다. 얼핏 보면 두 값이 동시에 위아래로 움직이는 것 같지만 두 값 사이에 인과관계는 전혀 성립하지 않는다. 일광 화상을 입은 사람이 화상 때문에 아이스크림을 사 먹지는 않는 것이다. 반대로 아이스크림을 먹는다고 해서 일광 화상을 입는 것도 아니다.

배경 변수 Z는 이 경우 문제의 요점이자 핵심이다. 이 핵심은 개별 변수에 작용해 그 값을 결정한다. 이 핵심, 즉 배경 변수라는 개념을 사용하면 우리의 인생을 더욱 잘 이해하고 분석할 수 있다. X와 Y의 관계는 핵심 Z로 간단하게 설명되기 때문이다.

인생에서 아주 많은 문제를 해명해주는 탁월하고 중요한 배경 변수는 바로 '전체의 생동감'이다. 이를 좀 더 자세히 살펴보자.

# '생동감' 혹은 '문제없음'이라는
# 슈퍼 배경 변수

이제껏 이 배경 변수를 본격적으로 다룬 연구는 거의 없었다. 앞으로 좀 더 많은 연구가 진행되기를 희망한다. 배경 변수는 다음과 같다.

- 문제없는 인간 혹은 생동감 넘치는 인간
- 문제없는 기업 혹은 생동감 넘치는 기업

문제없는, 혹은 생동감 넘치는 인간은 대개 다음과 같은 특징을 가진다. 이 특징들을 전부 보이는 경우도 있다.

- 활발하고 생생하며 역동적이고 적극적이다. 활기차고 민첩하다.
- 잘 자랐다.
- 좋은 친구가 있다.
- 좋은 가족이 있다.
- 대개 좋은 직장에서 적절한 임금을 받는다.
- 좋은 인맥을 갖고 있다.
- 어느 정도 행복한 인생을 산다.
- 건강이 매우 좋다.
- 절대 무절제하지 않으며, '모든 것을 적당히' 즐긴다.
- 책임감이 강하며 공정하다. 질서를 잘 지킨다.

한마디로 많은 사람들이 선호하는 특징을 가진 사람이 바로 생동감 넘치는 인간이다. 일반적으로 '문제적' 인간은 다양한 문제에 시달린다. 자주 화를 내고 할 일을 하지 않으며 수입이 적고 일자리를 잃을까 전전긍긍한다. 나는 인터넷에서 '생동감'의 반대말을 검색해보았으나 적절한 단어를 찾지 못했다. 영어에도 반대말은 없었다. 그래서 '문제적'이라는 표현을 골랐다. 나는 모든 것을 '생동감'과 '생동감 없음'으로 대비해 표현하고 싶었다.

문제없는 혹은 생동감 넘치는 기업의 특징은 다음과 같다.

- 활발하고 생생하며 역동적이고 적극적이다.
- 매출과 지출 비용을 적절하게 통제하며, 견실히 수익을 올린다.
- 조직 분위기가 좋으며, 높은 교육열을 자랑한다.
- 이성적으로 혁신에 힘쓴다.
- 직원은 자신의 직장을 좋아하며, 적극적으로 일한다.
- 기업 운영 상태가 좋고 경영진은 직원으로부터 좋은 평가를 받는다.
- 실현 가능한 목표를 세우며, 이를 달성한다.
- 윤리적이고 지속 가능한 경영을 한다.
- 기타 등등.

나는 앞서 축구를 예로 들면서 팀이 게임을 즐기듯 경기에 임하면 높은 볼 점유율과 득점 기회를 모두 얻을 수 있다고 설명한 바 있다. 바로 그런 것이 생동감이다. 문제없는, 혹은 생동감 넘치는 사람은 다양한 긍정적인 특징을 보인다. 반면 문제적인 사람은 부정적인 특징을 보인다. 기업도 마찬가지다. 생동감 넘치는 사람은 충분한 에너지와 생기로 인생의 모든 부분을 잘 감당하고 견뎌낸다. 문제적인 사람은 늘 지쳐 있으며 과중한 부담에 시달린다. 애컬로프가 언급한 죽음의 소용돌이에서 좀처럼 빠져나오지 못한다.

기업이라면 마땅히 생동감을 자랑하며 기꺼이 혁신에 힘써야 한다. 한번 무력해지기 시작하면 점차 어두운 늪에 빠져 헤어날 수 없다.

이제 '양극화'는 어디서나 들을 수 있는 말이 되었다. 빈부의 격차, 교육 수준의 격차, 건강의 격차는 하루가 다르게 커져간다. 자신의 일에 소명의식을 가진 사람과 항상 과중한 부담에 쇠약해지는 사람 사이의 간극은 클 수밖에 없다. 애컬로프의 소용돌이는 위로 상승하는 모양과 아래로 곤두박질치는 모양, 이렇게 두 가지이지 않을까?

- 성공하는 인생을 사는 사람은 끊임없이 자신을 발전시키며 성공의 정도를 높여간다. 자기 발전 노력을 아끼지 않았기에 누릴 수 있는 성공이다. 성공이 성공을 키운다고 할까. 성공은 위로 올라가는 소용돌이를 탄다. "나는 새로운 도전을 찾는다."

- 실패하는 사람은 스트레스를 받으며 어떻게든 실패에서 헤어나려 안간힘을 쓴다. 스트레스는 불행을 몰고온다. 거듭 일이 꼬이며 곤경이 꼬리에 꼬리를 문다. 눈앞에 닥친 시험을 준비하느라 벼락치기 공부를 하며, 항상 마감에 쫓겨 일처리를 한다. 과제는 줄어들기는커녕 산처럼 쌓여만 간다. 문제를 처리하지 못하고 쌓아두는 통에 더욱 큰 문제가 생긴다. 결국 죽음의 소용돌이에 휘말려 끝도 없이 추락한다. "문제가 산처럼 쌓였다."

이런 식으로 위아래 다른 방향으로 소용돌이가 휘몰아치기 때문에 좋은 쪽은 좋게, 나쁜 쪽은 나쁘게 흘러간다. 문제없는 사람은 자기 발전을 위해 무엇을 어떻게 해야 하는지를 정확히 알고 있다. 중압감에 시달리는 사람은 어디에서부터 무엇을 해야 할지 몰라 난감하기만 하다.

어떻게 하면 아래를 향한 소용돌이에서 빠져나와 위로 올라갈 수 있을까? 결정적인 질문이다. 답은 이미 여러분 손에 있다. 철저하게 방향을 바꿔라! 하지만 정치인, 경영자, 로비스트, 컨설턴트 그리고 개인은 방향을 바꿀 생각은 조금도 하지 않는다. 이들은 그저 빠른 해결을 가져다줄 간단한 성공 공식만을 찾을 뿐이다. "즉효 약Quick fix!" 그러나 그런 묘약은 없다.


## 문제적 인간은
## 단 하나의 원인만 찾는다

문제적인 사람과 기업은 만병통치약을 찾는다. 산처럼 쌓인 문제를 바라보며 그 가운데 하나만을 골라 처리하려 한다. 그러나 그 문제는 지금 당장 처리하지 않으면 안 될 시급한 문제일 뿐이다. 부모는 나쁜 성적을 받은 아이를 꾸짖는다. 회장은 영업부만 닦달하며 위협한다. 문제적인 인간과 기업은 그 문제를 전체적으로 바라볼 능력이 없다. 아니, 전체적으로 보기를 원하지 않는다. 어리석을 정도로 간단한 구호가 구명튜브처럼 던져지면 그것에만 매달릴 뿐이다. 앞뒤를 따져가며 고민할 시간이 없다는 핑계만 대면서 터널처럼 좁은 시각을 가질 수밖에 없다고 항변한다.

터널 시야에 사로잡힌 사람과 기업은 늪에서 빠져나오기 위해 안간힘을 쓰느라 정신이 없다. 때문에 철저하게 방향을 바꿔야 한다는 주장을 뻔뻔하고 어리석은 요구라며 무시한다(!). "그런 말은 한가한 북스마트나 하는 소리야!" 문제적인 사람은 자신이 처한 문제 상황에서 유일하게 스마트한 해결책을 어리석은 것으로 치부한다. 그저 만병통치약만 찾으며 '그 어딘가'에서 시작하려 한다.

- 자신감 키우기, 동기부여, 패션, 피아노 배우기, 세미나 따위를 찾아다닌다.
- 자기계발서에 등장하는 특효약을 찾으며, 누군가 자신의 상황을 알고 있다는 확인만으로 흐뭇해한다("너는 친구가 필요해").
- '과외'를 받거나 다른 일자리를 알아본다.
- 건강식품을 사들이며, 심리 치료를 받아보고, 자립 프로그램에 참가한다.

생기를 잃어 상태가 악화된 기업 역시 비슷한 방식으로 충고와 도움을 구한다. 무조건 성공을 약속한다는, 최신 유행법이라면 무엇이든 가리지 않고 시도한다. 그런 만병통치약을 찾으려 최신 연구 자료들을 읽어댄다. 그런 자료들은 언제나 넘쳐난다.

- 모든 것을 아웃소싱하라. 모든 업무는 해당 분야 최고가 처리해야 하며,

그래야만 비용을 최소화할 수 있다(이것이 아웃소싱의 목적이다).

- 고객에게 기업을 맞춰라.

- 일관성 있게 효율적으로 경영하라.

- 기준은 수익성이다. 손길이 닿는 곳마다 수익이 발생해야만 한다.

- 최고 명문대 출신만 고용한다.

- 중앙집권 방식을 버리고 직원에게 '더 많은 권한'을 부여하라. 직원이 스스로 결정하게 하라. 시험 삼아 믿어보라.

- 모든 일을 중앙집권적으로 결정하라. 부서 직원은 신뢰도가 떨어진다. 중앙집권적인 결정이 추진력을 키운다.

- 효과적으로 상품을 더 많이 노출해야 한다. 정치권에서는 이렇게 말한다. "우리의 업적을 더 널리 알리고 소통해야 해."

- 효과가 검증된 마케팅 기법만 이용하라. 그래야만 비용을 절감시켜 매출을 끌어올릴 수 있다.

문제없는 기업은 고객과 활발하게 소통하며 훌륭한 상품을 출시한다. 운영 방식도 매우 효율적이다. 대개는 중앙집권적인 운영을 하지만 이런 운영 방식이 문제를 일으키지 않는다. 중앙집권 운영을 피해 현장 직원의 자율권을 보장하는 기업도 있으며 이런 식의 운영이 통하기도 한다. 다양한 마케팅 기법을 이용하는 기업도 있고 그저 질 좋은 상품만으로 빛이 나는 기업도 있다. 문제없는 기업은 이상적인 균형을 이루며, 전반적으로 훌륭한 실적을 올린다. 문제적인 기업이나 개인은 이런 균형을 이루지 못해 애컬로프의 소용돌이에 사로잡힌다.

전체적으로 무너진 균형은 단 하나의 해결책에 집중한다고 해서 절대 회복되지 않는다. '생기 없음'에서 '넘치는 생동감'으로 넘어가기 위해서는 매우 근본적인, 전체를 포괄하는 전환을 해야 한다. 즉 전체가 변화해야 한다.

하지만 문제적인 존재(인간이든 기업이든)는 대체로 전체에서 하나만 골라 그 문제에 집중하며 국부적인 개선을 기대한다. "성형수술로 가슴을 예쁘게 만든다면, 모두 나를 사랑하게 되어서 승진이 쉬워질 거야." 이 여직원은 외모와 인기 사이의 상관관계를 다룬 연구를 어리석게도(!) 인과관계로 해석한다. "내가 X를 성취한다면, 성공할 거야." 이것이 그녀의 어리석은 독법이다. X(예를 들면 가슴 성형수술)는 다른 모든 것을 좋은 쪽으로 이끄는 단 하나의 요인이다. 대다수 기업에게 X는 주주 가치다. "주주 가치가 좋아지면, 모든 것이 좋아진다."

X는 '모노카우자Monocausa', 즉 유일한 원인이다. 결국 X만 해결되면 모든 것이 좋아지리라는 기대가 생기고 모든 '열정과 격정'을 X에만 쏟아붓게 된다. 이로써 잘못된 모노카우자는 모두의 고정관념으로 자리 잡아 노이로제 현상을 낳는다. 엄청난 에너지와 집착을 요구하는 고정관념은 사람들의 신경을 곤두서게 만들어 정상적인 사람은 두 손을 들 수밖에 없게 하는 상황을 초래한다. 전체는 균형을 잃고 망상에 사로잡힌다.

경영자가 가장 중시하는 만병통치약은 역시 직원의 게으름을 제거하는 것이다. 어떤 이유에서인지는 모르겠지만 과학적 관리법이 등장한 이래 수십 년이 흘렀음에도 "노동자는 게으르다"는 경영진의 고정관념은 요지부동이다. "직원이 조금만 더 근면하면 모든 것이 해결될 거야." 게으름만 퇴치된다면 모든 상황이 좋아질 거라는 믿음이 팽배하다. 그러니까 기업가에게 성공의 모노카우자는 직원의 부지런함이다.

나는 게으름이라는 이 숙명적인 모노카우자를 하나의 독립된 단락으로 설명하려 한다. 하지만 그 전에 먼저 상관관계라는 전체의 문제와 그에 대한 어리석은 해석이 잘 드러나는 일상 속 사례를 몇 가지 살펴보았으면 한다. 이를 통해 상관관계를 해석하는 방법을 조금이나마 연습해볼 수 있을 것이다. 이를 이미 잘 알고 있다 생각하는 독자라면 다음 단락은 그냥 건너뛰어도 좋다.


## 일상 속 집단 어리석음의 원인

'인과적'으로 해석된 상관관계가 어떻게 잘못된 행동 방식으로 발전되는지 일상 속 사례를 몇 가지 살펴보자.


### 영향력 있는 기자의 성급한 결론, "만약 ~하면, ~한다"

2009년 9월 9일, 《한델스블라트Handelsblatt》*는 '학문과 토론' 시리즈의 기획 기사로 "충격적인 결과"라는 제목의 기사를 게재했다. 부제는 "창업 열기 높이기 위해 개설한 기업가정신 교육, 하지만 결과는 정반대"였다. 대체 무슨 일일까?

창업 열기를 북돋우기 위해 대학과 여러 교육 단체가 엄청난 규모

---

\* 1946년에 창간된 독일 최대의 경제신문으로, 본사는 뒤셀도르프에 있다.

의 비용을 투자한다. 우리는 신천지를 개척해가는 젊은 기업가를 보고 싶어 한다. 정부는 이를 위해 막대한 예산을 투입해 관련 교육 과정을 개설한다. 새롭게 임명된 석좌교수만 수십 명에 달한다. 모두 이런 방향이 옳다고 굳게 믿었다. 그러나 '충격적인 결과'를 보여주는 연구 논문 한 편이 발표된다. 설문 조사에 따르면 이런 교육 과정이 오히려 창업 욕구를 "저하시켰다". 연구를 주도한 네덜란드의 학자들은 그들 자신도 결과에 매우 놀랐다고 털어놓았다. 본래의 연구 목적은 창업 열기가 어떻게 고조되는지 그 과정을 확인하는 것이었기 때문이다. 그러나 정작 결과는 정반대였다. 막대한 국가 예산을 투입한 네덜란드 정부는 큰 충격을 받았다. 그리고 《한델스블라트》는 이 연구의 잠재적 영향력을 고스란히 믿고 "기업가정신 교육 과정"이 근본적으로 흔들릴 것이라 전망했다. 신문은 몇몇 전문가의 의견을 인용하며 그런 과정은 대학 졸업자를 대상으로 실시하는 게 더 나을 것이라는 진단도 내놓았다. 다른 전문가는 상대적인 이야기라며 연구 결과에 큰 의미를 두려하지 않았다. 교육 전과 후에 창업 의지만 물었을 뿐, 이후 실제 창업 여부는 전혀 조사하지 않았기 때문이다. 그런 과정을 수료한 사람이 얼마나 창업에 성공했는지를 확인해주는 자료란 없다! 또 다른 전문가는 어쨌거나 연구 결과 자체는 충격적이라고 했다. 다시금 다른 전문가는 해당 교육 과정을 개선할 필요가 있다는 의견을 내놓았다. 그럼 모든 것이 좋아질 것이라고도 덧붙였다. 다만 부퍼탈의 크리스티네 폴크만Christine Volkmann 교수는 학생들이 교육을 받으며 좀 더 현실적인 안목을 기르게 되고 창업의 위험성을 전보다 더 잘 알게 되기 때문에 창업 열기가 떨어지는 것이라는 냉철한 진단을 내렸다. 이 대목에서 나는 한마디 하지 않을 수 없다. 대체 왜 저렇게 성급한 판단을 내리는 것일까? 해당 교육 과정을 찾는 학생 가운데 일부는 실제로 구체적인 사업 구상을 갖고 있다. 하지만 내 상담 경험으로 미루어볼 때 현실적인 고민을 거친 구체적인 아이디어는 10%에도 미치지 못한다. 창업을 꿈꾸는 학생은 재정적인 위험을 거의 인식하지 못하며, 그저 창업만 하면 투자자가 신이 나서 돈을 투자할 것으로 착각하기 일쑤다. 좋은 교육 과정은 그런 순진한 착각을 가차 없이 일깨워주며 무계획적인 창업을 막아 창업 이후 모든 관련자가 감당해야 할 엄청난 손실을 미연에 방지해주는 효과를 가진다. 폴크만 교수의 반응을 제외한 모든 이들의 반응은 사안을 정확하게 알지 못하는 무지함에서 비롯된 것이다. 그럼에도 "충격을 받았다"와 "근본에서부터 흔들릴 것"이라는 수식어로 무장한 《한델스블라트》의 기사는 틀림없이 정부를 위축시켜 그런 교육 과정을 향한 지원을 축소시킬 것이다.

한번 생각해보라. 수학이나 물리학이나 기계공학처럼 어려운 전공을 택하려는 학생에게 전공이 실제로 요구하는 수준의 학습 과정을 모두 수료하게 한다면 어떻게 될까? 틀림없이 학과 지망생이 대폭 감소할 것이다. 현재의 단순화한 교육 과정 중에도 전체 학생의 약 50%가 중도에 공부를 포기한다. 교육 수준을 더 끌어올린다면, 엄청난 비용과 걱정을 절약할 수 있으리라. 하지만 대학들은 모두 많은 신입생 수를 자랑하고 싶어 하며 더 많은 정부 지원을 받고 싶어 한다. 그러다 시간이 지난 후에야 중도에 학업을 포기한 학생들을 보면서 대학과 정부는 '큰 충격과 허탈감'에 사로잡힌다. "우리 대학만 그런 게 아니에요, 다 그런데 뭐." 맞는 말이다. 실로 엄청난 집단 어리석음이다!

## 고객과의 소통

영업 직원이 고객을 잘 이해하면, 신뢰감 넘치는 대화를 나누며 유용한 충고를 주고받아 실제로 더 많은 매출을 올린다. 이처럼 영업에 있어 건설적인 소통은 매우 중요하다.

기업의 매출이 떨어진다면 그 책임은 누구에게 있을까? 앞서 몇 차례 언급했듯, 경영진은 당연히 영업부가 책임을 져야 한다고 생각한다. 그밖에 누가 책임을 질까? 그러면 경영진은 데이터뱅크를 살피며 "무엇이 문제인지" 확인한다. 확인 결과, 영업부가 고객과 잡는 약속이 현저하게 줄었다. 약속은 매출을 올리는 데 매우 중요한 요소다. 누구나 아는 이야기다! 영업부는 이제 고객과 자주 만나라는 거센 압력을 받는다. 그래야 매출이 올라가니까.

이 사례에서 X는 고객과의 접촉 횟수이며 Y는 매출이다. X와 Y는 긍정적인 상관관계를 가져야 한다. 그러나 집단 어리석음 혹은 수학적 무지함은 X를 끌어올리면 Y도 상승하리라는 인과관계를 상정한다. 더 깊은 관련성을 연구해야 한다는 중요한 사실은 잊혀버리고 만다.

더 깊은 관련성은 쉽게 발견된다. 기업과 고객의 관계가 문제적이 된 것이다. 매우 나쁜 상황이다! 관계를 다시 문제없는 방향으로 돌려놓아야 한다. 그러나 경영진은 이 문제를 인정하지 않거나, 인정하고 싶어 하지 않는다. 그저 영업부만 닦달하며 고객과의 접촉을 "늘리라"고 요구한다. 이런 식으로는 절대 문제를 해결할 수 없다. 기업에게 관계를 강요받는 고객은 대개 기분이 나쁘다는 반응을 보인다. 더욱이 매출을 올리려는 노골적인 시도는 고객의 분노를 키우기만 할 뿐이다. 특정한 원인 탓에 나빠진 관계는 이렇게 점점 더 문제적이 된다.

"X를 끌어올리면 Y도 올라간다!"는 식의 인과관계 해석은 아래로 곤두박질치는 애컬로프의 소용돌이를 초래한다. 고객은 영업 사원의 잦은 전화에도 약속을 거절한다. 기업은 점점 더 곤경에 처한다.

## 잦은 상담이 새로운 거래를 만들어낸다

오늘날의 은행은 각 지점의 작은 공간에 자동화기기를 설치해 과거 직원의 업무를 고객이 스스로 처리하게 만들었다. 이로써 은행은 엄청난 비용을 절약하게 되었지만 예상하지 못한 부작용을 얻었다. 이제 고객은 지점 안쪽으로 더 이상 들어오지 않는다. 예전처럼 편안하게 고객과 대화를 나누기가 힘들어졌다. 고객이 통장을 들고 직접 찾아와 입출금 내역을 확인하던 예전에는 직원이 고객의 통장을 잠깐 훑어보며 자연스레 말을 건넬 수 있었다. "선생님, 계좌에 저축해두신 예금이 많네요, 더 높은 이자를 받으실 수 있게 투자해드릴까요?" 오늘날의 지점장 역시 컴퓨터로 예금액이 많은 고객 명단을 확인할 수 있다. 하지만 고객은 지점은커녕 자동화기기가 놓인 공간에조차 찾아오는 일이 거의 없다. 어떻게 하면 좋을까? 고객에게 적극적으로 전화를 걸어야 할까? "상담을 해드리고 싶습니다." "왜요?" "예금액이 많더군요." "뭐요? 나를 감시하는 거요?" 상황은 더 나빠진다. 거기다 지점장은 고객에게 전화할 시간이 없다. 낮에는 고객도 일을 하기 때문이다. 은행은 고객이 일을 하는 시간에만, 즉 은행을 갈 수 없는 시간에만 문을 연다 (은행은 이런 비판을 오래전부터 무시해왔다). 지점장은 오후 4시 이후에는 일을 하지 않으며 할 생각도 없다. 지금까지 늘 그렇게 해왔으니까. 그리고 지점장이라는 높은 직급을 가지고 아무도 받지 않을 전화에 매달리기에는 자존심이 상한다. 결국 전체 업무는 콜센터로 넘어간다. "안녕하세요, 은행 콜센터입니다. 지점장이 선생님과 이야기를 나누고 싶어 합니다." "왜요?" "저는 거기까진 알지 못합니다. 선생님을 은행으로 모시라는 지시만 받았습니다."

이 사례에서 볼 수 있듯 은행은 자동화기기를 설치하면서 고객과 직접 접촉할 기회를 스스로 제거했다. 이제 고객은 상담을 받기 위해 은행을 찾지 않는다. 고객 접촉 횟수 X가 떨어지니 매출 Y도 감소한다. 본래 은행은 통장을 들고온 고객과 '자연스레' 대화를 나눴어야 했다. 그러나 현재 이 가능성은 깨끗이 사라졌다. 이제 고객에게 '의도적'으로 접근해야 하지만, 고객은 이런 접근이 싫다. 둘의 관계는 계속해서 나빠진다. 매출 Y를 올리고 싶은 은행은 접촉 횟수 X를 강제로 끌어올려야 한다. 물론 그런다고 문제가 해결되지 않는다. 고객과의 관계를 근본적으로 개선하는 것이 핵심이기 때문이다! 이를 위해서는 고객과 자연스레 이야기를 나눌 수 있어야만 한다. 그리고 무엇인가 팔겠다는 의도가 없는, 자연스러운 대화가 가능한 상황을 만들어야 한다.

물론 많은 에너지와 시간과 비용이 드는 일이다. 은행은 고객과의 관계를 악화시키는 쪽으로 비용을 절감해왔다. 빠르게 대체되는 시간제 근로자를 투입해 고객을 소외시킴으로써 은행은 관계를 스스로 망가뜨렸다. 현재 상황에서 문제없는 관계를 재구축하려면 엄청난 비용을 투자해야 한다. 은행이 과연 관계 개선을 시도할까? 안타깝게도 대답은 'No'다. 은행은 어리석게도 콜센터로 상담 약속만 잡으려든다. 이런 은행의 태도에 고객은 넌더리를 낸다. 아래로 곤두박질치는 애컬로프 소용돌이의 악순환이다.

## 더 많은 상품─더 많은 거래

미리 밝혀두지만 이 사례는 지어낸 것이 아니다! 은행은 상담 직원의 실적을 분석했다. 다음은 그 결과이다. 일부 결과는 매우 의미심장한 암시를 준다. 은행의 상품을 많이 이용하는 고객일수록 그만큼 더 많은 돈을 은행에 맡긴다는 사실이 확인되었다. 좀 더 자세히 살펴보자.

- 은행에 입출금 계좌를 가진 고객은 평균 4천 유로의 잔고를 유지했다.
- 입출금 계좌와 적금 계좌를 가진 고객은 평균 8천 2백 유로를 은행에 맡겼다.
- 입출금 계좌와 적금 계좌, 주식신탁 계좌 세 가지 상품을 이용하는 고객의 평균 잔고는 1만 2천 3백 유로다.

우리는 은행에서 회의를 진행하며 통계 수치를 살폈다. 경영진은 즉각적인 반응을 보였다. "아하, 고객은 상품 하나당 약 4천 유로를 넣어두는군요. 하나에 4천 유로, 둘이면 8천 유로, 셋이면 1만 2천 유로를!" 이 단순하기 그지없는 계산법에 나는 어안이 벙벙해졌다. 심지어 어떤 임원은 이렇게 말했다. "이미 알고 있던 사실입니다. 수차례 강조했지만, 상품 수를 늘리자는 저의 제안은 받아들여지지 않았죠. 제 생각에는 모든 고객이 수수료 없는 적금 계좌와 주식신탁 계좌를 개설한다면 각각이 전부 1만 2천 3백 유로를 우리 은행에 예치할 겁니다. 그야말로 엄청난 성장을 할 수 있죠." 나는 어이가 없어서 대체 그런 돈이 갑자기 어디서 생기냐고 물었다. 수수료 없는 계좌만 개설해주면 고객이 자동으로 부자가 되나? "돈은 저절로 들어올 겁니다." 나는 귀를 의심하지 않을 수 없었다. "오히려 반대로 생각해야 하는 것 아닙니까? 고객이 더 많은 돈을 가지게 된다면, 다른 투자처를 찾겠죠. 계좌를 열어준다고 해서 고객의 돈이 많아지는 것은 아니잖아요?" 아무도 대답하지 않았다. 결국 그냥 수수료를 받지 않는 계좌만 더 많이 개설해주자는 결론이 나왔다. 그리고 하염없이 고객을 기다렸다.

## 나쁜 커뮤니케이션

회의에서는 충돌이 발생하기 일쑤다. 각 부서가 저마다 상반된 이해관계를 갖고 있기 때문이다. 날선 공방이 계속 이어진다. 회의 참석자는 온몸을 비틀며 무의미한 시간 낭비에 괴로워한다. 저마다 속으로 탄식을 쏟아낸다. '집에 가고 싶다!' '사무실에 잔무가 산더미인데….' 나는 그런 상황을 너무나 자주 경험했다. 그럼에도 임원은 천연덕스럽게 이런 제안을 한다. "소통이 부족하군. 서로 얼굴 보는 일이 너무 드물어서 그래. 더 자주 회의를 해야 서로 잘 통하지. 전화로라도 규칙적으로 회의를 하자고. 주중 저녁이 제일 좋아." 직원의 속은 무너져내린다. 그럼에도 임원은 회의를 더 자주 하자는 말만 되풀이한다. 갈수록 더 잦아지는 회의!

논리는 단순하다. 회의는 토론을 벌일 좋은 기회이며, 많은 사안을 결정할 수 있게 해준다. 프레젠테이션을 함께 꾸리는 등 업무를 처리할 수도 있다. 더 많은 회의를 하면 그만큼 많은 문제가 해결된다.

은행의 경영진은 '커뮤니케이션 빈도' X와 '좋은 커뮤니케이션' Y가 상관관계를 이룬다고 생각한다. 물론 이런 상관관계는 당연히 성립한다. 자발적으로 자주 만나는 사람들은 만나지 않는 사람들에 비해 쉽게 친구가 된다. 일상에서는 잦은 만남과 좋은 소통이 긍정적인 관계를 가진다. 하지만 이 상관관계의 배후에는 결정적인 변수 Z, 곧 '문제적인 관계'가 숨어 있다. 관계가 문제적일 경우에는 자주 만나지 않는 편이 훨씬 더 낫다!

잦은 회의를 요구하는 경영자는 어리석다. 그는 '커뮤니케이션 빈도' X를 끌어올려 결정적인 변수 Z를 '문제없는 관계'로 바꾸려 한다. 그러나 관계 개선은 그처럼 간단한 문제가 아니다! 그보다는 나쁜 커뮤니케이션의 근본 원인, 즉 분명히 존재하는 문제를 찾아야만 한다! 회의를 자주 한다고 해서 문제를 찾을 수 있는 것은 아니다. 하지만 고위 임원의 제안에 누구도 항변하지 않는다. 무기력하게 수용된 집단 어리석음은 숙명적 파국을 향해 행보를 계속할 뿐이다.

너무 과민하게 문제를 부풀리는 것 아니냐고? 경영자는 실제로 이런 태도를 보인다. 그는 자외선차단제를 바르고 아이스크림을 먹으면 여름이 저절로 찾아오는 줄 안다.

## 매슬로의 욕구단계설과 무조건적인 기본 수입 보장

미국의 저명한 심리학자 매슬로Abraham H. Maslow, 1908~1970는 인간 욕구에 관한 피라미드형 이론 '욕구단계설Hierarchy of needs'을 고안했다.

1. 인간은 생존의 기본 조건을 채우기 위해 투쟁한다. 살아남는 데 반드시 필요한 근본 욕구가 해결되어야만 하기 때문이다(의식주).

2. 인간은 안정과 의지할 수 있는 상대, 고향을 추구한다. 지속적으로 부족함이 없는 삶을 영위하려 노력한다.

3. 인간은 친구를 원하며, 가정을 꾸린다.

4. 인간은 인정받기 위해 노력하며, 자부심과 명성과 영예를 추구한다.

5. 인간은 자아실현을 위해 노력한다.

이같은 단계적인 접근은 중요하다. 최소한의 의식주를 갖추면 삶의 기본 토대가 마련된다. 그런 후에는 친구를 사귀고 가정을 꾸리며 기본 단계의 행복을 벗어나 더 높은 단계의 행복을 추구한다. 매슬로 피라미드의 논리는 이렇다. 자아실현을 위해 노력하는 다섯 번째 단계에 이르려면 그 아래의 네 단계를 차근차근 밟고 올라가야 한다. 그런데 첫 번째에서 곧바로 다섯 번째로 올라가면 안 되는 것일까? 왜 중간 단계를 거쳐야 할까? 은자나 성자가 모두 각각의 단계를 거칠까? 물론 아니다.

어쨌거나 매슬로의 피라미드는 우리에게 이성적인 인생 계획을 제시한다. 매슬로는 인간이라면 누구나 그런 계획을 갖거나 세워야 한다는 것을 당연한 사실로 전제한다. 이런 전제가 반드시 맞을까? 매슬로는 먹을 것을 충분히 확보한 인간이라면 누구나 이내 안정을 추구한다는 사실을 당연한 것으로 전제한다. 그러나 이 전제가 모든 사람에게 적용되는 것은 분명 아니다! 예를 들면 모든 사람이 타고난 소질을 완전하게 발휘하도록 훈련에 매진하던가? 시간 여유가 있다고 해서 기꺼이 공부에 매진하는 사람이 몇 명이나 될까? 대부분의 사람들은 다섯 번째 단계에 이를 계획조차 짜지 않는다! 문제없는, 혹은 생동감이 넘치는 인간은 이 모든 단계를 섭렵하는 인생을 살 것이다. 하지만 문제적인 인간은 그 단계를 따르지 않거나, 따르더라도 성공하지 못한다. 그러니까 결국 생동감 넘치는 인간이 되는 것이 핵심이다. 매슬로는 모든 인간이 생동감 넘치는 인간이라는 암묵적인 전제를 가지고 이론을 진행시켰다. 하지만 그것은 잘못된 전제다!

매슬로만 그런 혼란에 빠진 것은 아니다. 오래전부터 독일에는 "무조건적인 기본 수입 보장"이라는 구호가 유령처럼 떠돌아왔다. 이를 특히 강력하게 주장한 괴츠 베르너Götz Werner, 1944~*는 다음과 같은 구체적인 제안을 내놓았다. "국가 또는 공동체는 국민 혹은 공동체 구성원에게 매슬로 피라미드의 첫 번째 단계를 걱정하지 않아도 될 만큼의 충분한 수입을 보장해주어야 하며 국민과 구성원이 바로 두 번째 혹은 세 번째 단계에서부터 인생을 살아갈 수 있도록 해야 한다."

하지만 이 구호는 매우 어려운 질문을 상정한다. 첫 번째 단계에 이르는 수고를 덜어준다고 해서 모두가 자동적으로 더 높은 단계로 올라가려고 할까? 첫 단계만 도와주면 인간 모두가 생동감 넘치는 문제없는 인간이 되는 것일까? 무조건적인 기본 수입 보장을 찬성하는 쪽은 의식주 해결과 자아실현의 관계를 인과관계로 바라본다.

생동감 넘치는 문제없는 인간은 사랑과 교육, 헌신적인 보육, 열정 등이 충족되어야만 탄생한다. 기본 수입만 보장한다고 해서 해결되는 문제가 아니다. 그리고 생동감 넘치는 인간을 만들기 위한 핵심 조건은 교육과 계도이지, 돈이 아니다. 돈이 도움을 주기는 하겠지만 돈이 성공을 보장하지는 않는다.

---

* 독일의 사업가로 드로거리 마르크트drogerie markt(약칭 dm)의 창립자이다. dm은 처방전 없이 구입할 수 있는 의약품과 화장품을 취급하는 일종의 드러그스토어drugstore 체인으로 1973년 창립되었다. 유럽 전역에 지점을 운영하며 약 5만 3천 명의 인력을 고용하고 있다.

결국 우리는 가능한 부분 변수에만 매달릴 뿐 전체의 핵심은 파악하지 못하고 있는 것이다. '기본 수입' X의 해결이 자동적으로 '생동감 넘치는 인간' Y라는 결과를 낸다는 가정은 지나치게 단순한 어리석음이다. 기본 수입을 보장받은 사람이라고 해서 모두가 자아실현에 매진하며, 공동체를 위해 헌신하고, 다음의 젊은 세대에게 기본 수입을 지불하지 않는다. 다시 한 번 강조하지만 전체의 상관관계를 인과관계로 지나치게 단순화하는 것은 완전한 착각이다.

**"먹고살 걱정이 없는 사람은 바로 일을 그만둔다"**

나는 경영자로부터 이런 말을 자주 들었다. 매슬로 피라미드의 두 번째 단계에만 이르러도 인간은 일을 게을리 한다는 확신이 이러한 주장의 바탕에 있다. "호강에 겨워서 빈둥대는 거야." 이러한 관점은 경영자들로 하여금 "힘들게 일해야만 기본 욕구를 충족시킬 수 있다는 두려움을 노동자들에게 끊임없이 주입시켜야 한다"고 생각하게 만든다. 그래서 경영자는 이런 연설을 한다. "우리 기업의 생사가 달린 문제입니다. 다시 말해 여러분 개인의 생사가 달린 문제입니다." 이런 경영자는 기본 수입을 무조건적으로 보장해주면 사람들이 일을 게을리 하거나 바로 일을 그만둘 것이라 생각한다. '기본 수입 보장' X는 '게으른 일 처리' Y를 자동으로 이끈다. 기본 수입을 찬성하는 쪽이든 반대하는 쪽이든 전체의 상관관계를 전혀 이해하지 못하고 있는 것이다!

**누가 일을 가장 잘하는가?**

1970년대에 이른바 '구조 분석'을 개척해낸 미국의 소프트웨어 개발자

톰 데마르코Tom DeMarco와 팀 리스터Tim Lister가 공동 집필한 저서《피플웨어: 생산적 프로젝트와 팀Peopleware: Productive Projects and Teams》에는 각 기업 프로그래머의 생산성이 자세히 묘사되어 있다. 기업의 몇몇 직원은 어떤 특정한 프로그래밍 문제를 해결하라는 과제를 받는다. 이 과제는 일상적인 업무와 동시에 처리해야 할 과제다. 직원은 언제 얼마나 오랫동안 그 과제에 매달렸는지를 기록으로 남겼다. 이렇게 완료된 과제는 오류의 개수를 기준으로 평가되었다. 어떤 결과가 나왔을까? 우리가 모두 아는 사실이 결과로 도출되었다. 다소 정도의 차이는 있겠지만 다양한 형태로 흔히 듣는 이야기들이다.

- 최고 실력을 가진 프로그래머는 최악의 프로그래머에 비해 약 열 배 정도 과제 처리 속도가 빨랐다.
- 프로그래밍 속도가 빠를수록 오류는 더 적어졌다.
- 성적 상위 그룹은 하위 그룹에 비해 약 두 배 빠른 과제 처리 속도를 보였으며 오류 역시 하위 그룹보다 절반 이상 적었다.

이제부터가 핵심이다. 이런 측정 결과를 토대로 저자들은 최고의 실력을 갖춘 프로그래머의 특징을 정리했다. 그 특징은 무엇이었을까? 최고 연봉? 최고의 프로그래밍 언어? 나이? 성별? 숙련도? 아니었다. 프로그래머의 실력은 측정할 수 없는 상관관계에 따라 달라졌다. 바로 '일하는 기업이 어떤 곳인가'라는 요인이었다. 누가 짐작이나 했겠는가?

'특별한 분위기'를 자랑하는 기업, 생동감 넘치는 기업이 바로 퍼스트클래스 기업이다. 세컨드클래스 기업은 자극과 보상과 새로운 프로그래밍 언어의 도입으로 직원의 실력을 끌어올리려 한다. 세컨드클래스 기업은 부분적인 인과관계 또는 꾸며낸 인과관계에 집착하느라 탁월함의 핵심을 놓치고 만다.

## 돈이 실력을 만들지 않는다!

더 많은 보수를 받는 사람이 더 일을 잘하는 것은 아니다. 돈이 문제가 아니다. 스트레스를 줄여주고 분위기를 퍼스트클래스 수준으로 끌어올려주는 것이 중요하다. 물론 보수가 나빠 의욕이 저하되는 경우도 매우 많다. 그러나 더 많은 돈을 준다고 해서 일이 달라지지는 않는다. 연봉을 높여준다고 실력이 나아지지는 않는다는 뜻이다. 물론 최고 실력을 가진 사람은 돈을 더 많이 주는 쪽으로 가려 한다. 그렇지만 돈 문제와는 상관없이 일은 같은 일이다. 최고의 학교는 멋진 분위기를 가져야 하고, 최고의 유치원은 마법 같은 힘으로 아이를 사로잡아야 한다. 그러니까 핵심은 '전체를 보는 것'이다. 그러나 집단 어리석음은 그저 모든 것을 돈으로만 볼 뿐, 탁월함을 읽어내지 못한다. 그저 돈만 많으면 탁월함이 저절로 생겨날 것이라 생각한다.

최고로 성공한 프로젝트의 공통점을 분석한 통계 연구를 본 적이 있다. 기업으로부터 연구를 의뢰받은 연구자들은 최고의 프로젝트 20개를 엄선해 모든 수치를 꼼꼼하게 비교했다. 최고를 만드는 것은 돈일까, 책임자의 능력일까? 하지만 학자들은 데이터에서 그 어떤 법칙성도 발견하지 못했다. 데이터를 아예 뒤섞어 사소한 공통점이라도 찾아보려 노력했으나 공통 요인은 나오지 않았다. 다만 한 가지 묘한 사실이 눈길을 끌었다. 모든 성공적인 프로젝트에 제인Jane이라는 이름의 여성이 참여자로 이름을 올리고 있었던 것이다. 하지만 학자들은 그녀가 누구인지, 맡은 역할과 업무가 무엇인지는 끝까지 알아낼 수 없었다. 모든 데이터를 확인해보아도 그녀의 정체를 밝힐 수 없었다. 데이터에 기록될 만큼 중요한 역할이 아니었던 것은 분명했다. 연구자들은 이 여성을 찾기 시작했다. 프로젝트 책임자와 관리자는 그녀를 알지 못했고 직원 한 명이 다음과 같은 대답을 했다. "아, 제인! 네, 알아요. 이곳에 자주 왔었죠. 무슨 일을 하는지 물었지만 아무런 말도 하지 않고 그저 웃기만 하더군요. 그런데 그녀가 있으면 분위기가 참 좋았어요. 한 번은 제가 프로그래밍 작업을 하다가 심각한 실수를 저질러서 심한 스트레스를 받고 있었어요. 오류의 원인을 찾지 못해 쩔쩔매고 있었죠. 빨리 바로잡지 않으면 대형 사고가 날 상황이었으니까요. 그때가 새벽 두 시였습니다. 사무실에 저 혼자였고, 답답하고 괴로운 나머지 울고 싶은 심정이었습니다. 그런데 갑자기 그녀가 나타나 저에게 커피 한 잔을 건네주더라고요. 제인은 제가 원인을 찾을 때까지 옆에서 기다리겠다고 했습니다. 그녀는 제 옆에서 책을 읽으며 이따금 조용히 웃었습니다. 그날 오류의 원인을 찾았는지는 기억이 나질 않아요. 그렇지만 정말 마음이 편안했습니다. 이해하세요? 제인이 있으면 모든 문제가 술술 풀렸습니다."

성공적인 프로젝트에는 항상 촉매 역할을 하는 인물이 있다. 그 사람이 자리를 지키고 있으면 모든 것이 기묘할 정도로 딱딱 맞아떨어진다. 그런 사람은 전체를 바로잡아 조직을 퍼스트클래스로 만든다. 상상해보라, 프로젝트에서 무엇인가 어긋나기 시작했다. 사람들은 무슨 수를 써서든 프로젝트와 자신을 구하려 안간힘을 쓴다. 이때 돌연 제인이 나타나 환한 미소로 이렇게 말한다. "곤란한 상황에 처했군요. 하지만 여러분이라면 틀림없이 바로잡을 수 있을 거예요!" 프로젝트가 어딘가 잘못되었다는 것은 모두 알고 있었지만, 직원들은 그저 그것을 가슴에만 담아두고 아무 말도 하지 않았다. 그러나 그저 이야기만 해도 흐릿했던 상황은 분명해지고 제자리를 찾는다. 위의 경우에는 제인이 그 이야기를 한 것이다. 제인이 말하자 모든 문제가 저절로 해결되었다. 하지만 검은 정장을 입은 보스가 욕설을 퍼붓는다고 해서 문제가 해결되는 것은 아니다!

전체를 성공으로 이끄는 누군가가 있어야만 한다. 나는 경영인들을 만나면 이 이야기를 자주 들려준다. 그러면 그들은 매우 놀라면서 이렇게 말하곤 한다. "맞아, 그런 제인이 있어야만 해." 그럼 나는 경영인에게 기업의 프로젝트를 위해 일당 4천 유로(약 5백만 원)를 주고 제인을 고용할 생각이 있냐고 묻는다. 돌아오는 대답은 대개 이렇다. "그런데 제인은 대체 무슨 일을 하는 거죠?" 나는 이렇게 답한다. "아무것도 하지 않아요. 그냥 있는 겁니다. 그래도 고용하시겠어요?" "흠, 우선 제인의 업무를 정확하게 정해야겠죠. 또 이사회의 승인도 받아야 하고요. 형식적으로는 그녀가 아무 일도 하지 않는 거잖아요? 한가하게 빈둥거리기만 하면 안 되는데. 아니, 제인은 정확하게 무슨 일을 하는 거죠?" 전체라는 것을 전혀 모르는 경영인은 항상 이런 식으로 생각한다. 가슴으로는 제인이 필요하다고 느낀다. 전체가 어떤 심장 같은 것을 가져야 한다고, 제인이 그런 심장이라고. 하지만 경영인의 계산적인 두뇌는 제인이 게으르다고 생각한다.

# 슈퍼 모노카우자
## '게으름'을 제거하라

이번 장을 마무리하며 나는 독자 여러분에게 모든 경영인이 가장 걱정하는 것을 알려주려 한다. 경영자는 항상 어디서나 직원의 게으름 혹은 책임감의 부재를 걱정한다. 잘난 척하길 좋아하는 사람의 눈에는 무식한 사람만, 청소광의 눈에는 더러운 곳만 보이는 것과 다를 바가 전혀 없는 경영자의 고정관념이다. 고정관념에 사로잡힌 사람의 눈에는 다른 모든 것이 '비정상'으로 보인다. 대다수 경영인이 가장 싫어하는 비정상은 게으름 혹은 부족한 책임감이다. 물론 느긋함, 한가함, 망설임, 두려움, 무기력함 따위도 좋아하지 않는다. 아무런 걱정 없는 무사태평한 사람이나 희희낙락대는 사람도 역시 싫어한다. 이런 모든 태도를 경멸하는 이가 바로 경영인이다.

기업의 입사 면접에서 흔히 나오는 질문이 있다. "자신의 최대 약점은 무엇이라 생각하십니까?" 이런 질문에는 어떻게 답하면 좋을까? 인터넷에서 모범 답안을 여럿 찾을 수 있는데 대개 핵심은 다음과 같다. "업무시간에 빈둥거리며 간식이나 찾아 먹는 사람을 보면 참을 수가 없습니다." 말하자면 게으름을 싫어하는 경영자에게 맞춘 대답을 하라는 충고다. 이는 엄밀히 말하면 주어진 질문의 답이 아닌, 자신은 약점이 없다는 것을 드러내는 은근한 과시다. 경영자는 이런 대답을 좋아한다!

나는 내가 했던 대답을 떠올렸다. 나는 IBM 임원직 임용 면접을 보면서 이런 질문의 답을 준비하지 못했다. 내 약점이 무엇인지 생각해본 적이 없었다. 수학자의 숫기 없음? 면접관은 나에게 물었다. "당신의 가장 큰 약점은 무엇인가요?" 나는 순간적으로 대답을 하다 속으로 깜짝 놀랐다. "멍청함을 보면 참을 수가 없습니다." 어이쿠, 내 무의식에 이런 생각이 있었구나! 지금 생각해도 스트레스 가득한 면접이었다. 면접관은 즉각 그게 무슨 뜻이냐고 반문했다. "저는 회의가 불편하기만 합니다." 나는 이어서 대답했다. "저는 회의 시작 5분 만에 회의의 결과를 예측할 수 있습니다. 그럼에도 회의는 길고 지루하게 이어지죠. 그럴 때마다 제 인생의 소중한 시간을 빼앗기는 것 같아 무척 불편합니다." 그러자 면접관은 좀 더 자세히 설명해보라며 집요하게 물고 늘어졌다. 그것이 1989년 말의 일이니 벌써 26년이라는 세월이 흘렀다. 90분 동안 진행된 면접의 마지막 질문은 이것이었다. "5분이면 결과를 예측할 수 있다고 하셨죠? 이 면접의 결과는 어떻게 될 것 같습니까?" "저를 임원으로 채용하시게 될 것입니다." 놀란 면접관의 눈이 휘둥그레졌다. 면접관의 자존심을 상하게 한 것일까? 면접 결과는 몇 주 동안 나오지 않았고 나는 속을 끓여야 했다. 이 이야기를 다시 꺼낸 이유는 당시부터 이미 이 책의 징후가 내 안에 깃들어 있었구나 하는 생각이 문득 들었기 때문이다. 그때의 내 대답은 여전히 유효하다. 나는 여전히 회의가 싫다. 끝날 때까지 불편하기만 하다.

나는 분명 전형적인 경영인은 아니다. 물론 나도 직원의 게으름을 싫어한다. 하지만 생각하는 시간과 게으름은 구별할 줄 안다. 나 스스로도 생산적인 사람이 되기 위해 많은 여유를 필요로 하기 때문이다. 왜 사람들은 여유를 게으름으로 해석할까? 왜 그런 오류를 저지를까? 심사숙고하는 사람이 왜 아무 일도 하지 않는다고 비난받아야 할까?

대개 경영진은 항상 직원들을 급하게 몰아세우면서 이런 자신의 조급한 태도에 자부심을 가진다. 경영자란 앞서가는 사람이니까! 그러나 직원의 입장에서 그들의 조급함은 밉상으로 치부될 뿐이다. "대체 얼마나 진척되었소? 지금 상황은 어떻소? 더 빨리 좀 할 수 없소?" 불신에 찬 닭달처럼 끔찍한 것이 또 있을까? 경영진의 이런 조급함은 이 책 전체를 관통하는 주제다. 지나치게 높은 목표, 신뢰할 수 없는 평가, 아무렇지도 않게 요구되는 과중한 업무 부담, 얼토당토않은 실적 요구, 쥐어짜기만 하면 된다는 기괴한 낙관주의 등이 경영진에 이미 널리 퍼져 있다. 초과 실적과 가속화라는 심각한 고정관념이 경영진을 지배하고 있는 것이다. 단 하나의 인과관계만 고집하는, 그야말로 '슈퍼 모노카우자'에만 집착하는 태도다. "충분한 압력으로 쥐어짜기만 하면 최대 실적이 나온다."

하지만 직원들은 이런 고정관념이 바로 모든 문제의 원흉이라 생각한다. 순진한 사람들은 이렇게 말할 수도 있다. "노동자는 생물학적으로 '게으른 본성'을 타고나서 압력이라면 무엇이든 싫어하는 것 아냐." 경영진의 시각을 그대로 내면화한 것이다. 하지만 직원들은 경영진의 조급함과 압박 때문에 일을 날림으로 처리할 수밖에 없으며 고객에게 이득만 갈취한다는 느낌만 받을 뿐이다. 지나친 업무 부담으로 노동자들은 업무를 훌륭하게 처리한다는 자부심을 갖지 못한다.

두 가지의 대립된 입장 차이를 좀 더 자세하게 살펴보자.

다음 그래프의 '스트레스 곡선'은 이른바 '리더십 교육 과정'에서 흔히 들을 수 있는 것으로, 내가 직접 도식화해보았다.

이 그래프를 통해 우리는 업무에 가장 적합한 스트레스 수준이 존재함을 알 수 있다. 이 수준이 유지되기만 하면 직원들은 왕성한 에너지를 갖고 업무를 제대로 처리할 수 있다. 스트레스가 더 적으면 그만큼 유능하게 일하지 못하고 성과도 낮아진다. 스트레스가 그보다 더 줄어들면 노동자는 지루함에 빠진다. 일이 지루해지면 사람들은 곧 '무력감Bore-out'에 사로잡히게 된다. 반대로 스트레스가 최적 수준 이상으로 올라가면 근로자들은 중압감을 받는다. 일에 쫓겨 무엇부터 어떻게 해야 할지 몰라 허둥댄다. 뭔가 자꾸 잊어버리는 탓에 업무 처리 속도는 늦어지고 아예 처음부터 다시 해야 하는 업무가 생기기도 한다. 업무 수행 능력 자체가 저하된다. 급해서 서두르기만 하는 탓에 결과는 갈수록 나빠진다. '사고가 끊이지 않는 이유'가 달리 있는 게 아니다. 불행은 혼자 오지 않는다는 사실을 우리는 모두 알고 있다. 첫 번

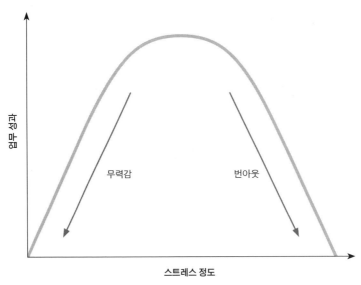

스트레스 곡선(일반적인 형태)

째 사고는 대개 일을 서두르다 무언가를 빠뜨려 발생한다. 이 사고는 스트레스 지수를 상승시키고("왜 하필 지금 이런 사고가 일어나지?") 집중력을 저하시킨다. 결국 다음 사고도 피할 수 없게 된다. "급할수록 돌아가라!"는 경구의 지혜를 새겨야 할 때다.

하지만 오늘날 우리는 일을 하며 지독한 스트레스에 시달린다. 왜 모든 일을 그렇게 허덕이며 서둘러 처리해야 할까? 왜 우리는 차분하게 일을 할 수 없는 것일까? 이는 아마 저마다 다른 성격을 지닌 노동자가 서로 다른 일을 처리해야 하며, 최적의 스트레스 수준 역시 제각기 다르기 때문일 것이다. 엔지니어, 수학자, 전산학자, 작가, 기업의 재정 전문가 등은 자신의 업무에 절대적으로 집중해야 한다. 그런 일은 좋은 컨디션을 유지해야만 수행할 수 있다. 나쁜 기분, 전화 통화, 사장과의 갈등, 가정불화 따위는 집중을 방해하는 요소다. 나만 하더라도 최소한 20분은 '차분하게 마음을 가다듬어야' 글을 쓰거나 수학 문제를 풀 수 있다. 음악을 듣거나, 차 또는 커피를 마시거나, 집 주변을 산책하거나, 정원 일을 하며 마음을 가라앉힌다. 잡초 뽑는 일은 생각을 다듬고 집중력을 키우는 데 큰 도움을 준다. 이렇게 높인 집중력은 과제를 해결하는 데 중요한 역할을 한다. 분노나 문제, 조급함으로부터 완전히 자유로워야만 이런 집중력을 얻을 수 있다.

컴퓨터만 보아도 이를 더 잘 이해할 수 있다. 메모리를 많이 필요로 하는 작업(이를테면 동영상 재생)을 하면 컴퓨터의 속도는 느려진다. "메모리가 부족합니다. 다른 프로그램을 종료해주시기 바랍니다." 너무 많은 창을 동시에 열고 작업하다 보면 이런 경고 메시지가 뜨기도 한다. 동영상을 보면서 다른 프로그램을 구동해 메일을 확인하는 등의 작업 방식을 컴퓨터는 좋아하지 않는다. 고도의 집중력을 필요로 하는 정신적인 작업도 마찬가지다. 두뇌 전체를 온전히 집중하는 데만 사용해야 원하는 작업을 할 수 있다.

경영자는 다르다. 경영자는 많은 일을 동시에 처리해야 한다. 하나의 문제에 오래 집중할 수가 없다. 여러 사안을 동시에 처리해야 하기 때문에 하나의 과제에는 잠깐 동안만 집중할 수 있을 뿐이다. 그리고 가능한 한 빨리 많은 결정을 내려야 한다! 경영자는 계속해서 주의를 환기해가며 새로운 사안에 빠르게 적응해야만 한다. 경영자는 여러 작업을 동시에 처리해야 하는 컴퓨터와 같다.

엔지니어링이나 집필은 체스를 두는 것과 같아서 오랫동안 생각을 다듬어야 한다. 이런 '장고'는 온전한 집중력을 요구하기 때문에 차분한 분위기가 필요하다. 체스 선수는 집중을 방해받으면 무섭게 화를 낸다. 나의 한 지인은 체스를 둘 때마다 호기롭게 맥주가 가득 담긴 잔을 옆에 놓아둔다. 사실 체스를 두면서 술을 마시는 것은 집중력을 저하시키기는 행위이기 때문에 해서는 안 되는 '부끄러운 짓'이다. 그도 실제로 맥주를 마시는 것은 아니다. 그저 맥주잔을 체스 판 옆에 두기만 한다. 이 맥주잔에 자극받은 게임 상대는 '지금 맥주를 마시면서 나와 체스를 두겠다는 건가' 하는 마음에 자꾸만 그 잔을 의식하게 된다. 결국 맥주잔은 상대방을 도발시켜 상대의 집중력을 저하시키는 효과를 낸다. 그는 자극으로 집중하지 못하는 상대방을 보면서 회심의 미소를 짓는다.

경영자의 업무는 체스 게임과는 다르다. 비유하자면 여러 대의 모니터를 보면서 복잡한 컴퓨터 게임을 동시에 진행해야 하는 것과 같다. 즉 경영자는 수많은 연주자를 조화롭게 이끌어야 하는 지휘자 역할을 수행해야 한다. 그만큼 다양한 분야를 한눈에 조망할 수 있어야 한다. 스타크래프트와 같은 전략 게임을 할 때는 정말이지 정신없을 정도로 분주하게 머리를 굴려야 한다. 이런 게임에서는 엄청나게 다양한 명령을 한 번에 내릴 수 있어야 유리하다. 이 게임은 자체적으로 참여자의 '분당 명령 횟수APM, Action Per Minute'라는 것을 측정하는데, 어느 정도 게임을 즐기는 사람은 약 50APM을, 반쯤 전문적인 경지에 이른 사람은 100APM을 거뜬히 기록한다. 한국의 프로선수(한국에는 수많은 최고 프로게이머들이 있다)는 게임이 절정에 달했을 때 300APM, 심지어 400APM을 기록하기도 한다. 최고 기록은 'July'라는 아이디를 쓰는 한국의 전설적인 프로게이머 박성준이 보유하고 있다. '전투의 신'이라는 뜻의 '투신'이라고도 불리는 박성준의 최고 기록은 818APM이다. 도무지 상상이 되지 않는 경지다! 1초당 10개 이상의 자판 조합(명령 하나에 한 개의 자판만 누르는 것이 아니다)을 입력한다는 것이 믿어지는가?

그러면 이제 상상으로 스타크래프트의 400APM과 체스에서 한 수를 두는 데 최대로 허용되는 3분이라는 시간을 비교해보자. 체스에서는 모두 40수를 두며 각각의 참여자가 2시간을 사용한다. 그래도 승부가 나지 않으면 연장에 들어간다.

나는 이를 두 번째 스트레스 곡선으로 표현해보았다. 경영자의 최적 스트레스 수준(가장 많은 성과를 올릴 수 있는 스트레스 수준)은 차분하게 일하는 엔지니어의 그것보다 훨씬 더 높다. 두 스트레스 곡선이 겹치는 지점에서 경영자와 엔지니어가 함께 일한다고 가정해보자. 그러면 두 사람은 이 상황을 다음과 같이 생각하리라.

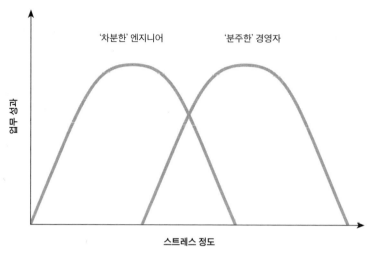

스트레스 곡선(엔지니어 vs. 경영자)

- 엔지니어: "스트레스와 업무 실적 사이에는 분명한 상관관계가 성립한다. 나는 지금 매우 심한 스트레스에 시달리고 있다. 몹시 불만스럽다. 좀 더 침착한 분위기라면 더 많은 것을 해낼 수 있으련만. 하지만 저들은 나를 가만히 내버려두지 않고 끊임없이 방해한다. 일요일 저녁마다 아내가 주말 연속극을 보느라 집안이 모처럼 평온해질 때 나는 방에서 조용히 잔무를 처리해야 했다. 그런데 지난 주말 연속극이 한창 진행 중일 때 사장으로부터 이메일이 왔다. 그 시간까지 방해를 하다니 짜증이 난다. 나는 일을 중단하고 그 메일을 확인할 수밖에 없었다. 아, 정말이지 기분 나쁘다."
- 경영자: "나는 끊임없이 돌아다니며 제발 좀 더 빨리 일 좀 처리하라고 경고한다. 그러나 저들은 편안하게 앉아서 커피나 홀짝거린다. 나를 거

의 공기 취급하는 것이다. 나를 봐도 꿈쩍도 하지 않는다. 말로는 항상 무언가 깊이 생각해야만 한다고 중얼거린다. 아하, 방해는 안 된다고요, 박사님? 아무튼 사회성이라고는 모르는 작자들이다. 자폐증 환자 같으니라고! 내가 조금만 재촉해도 툴툴거리며 화를 낸다. 그저 내가 보기 싫은 것이다. 조용히 앉아 일이랍시고 깨작거리기만 하니 정말 속에서 열불이 난다. 그냥 지켜만 보고 있으려니 답답해 미칠 지경이다. 전문 지식이 없으니 저들이 정말 위대한 개발을 하고 있는지, 아니면 저렇게 폼만 잡고 있는지 알 수가 없다. 저들은 그냥 편하게 집중할 수 있도록 도와달라고만 한다. 이런 게으름을 참을 수가 없다. 어떻게 하면 저들이 스트레스를 더 받을까? 내가 닦달하면 분명 더 열심히 일할 것이다. 그래! 그거야 얼마든지 할 수 있다! 정신없게 몰아붙여야 성과가 나오지!"

업무 성격에 따라 최적 스트레스 수준이 존재한다는 사실을 명확히 인지하는 것이 중요하다. 그래야만 오해를 피할 수 있다. 경영자가 지나치게 몰아붙이기만 하면 엄청난 손실이 발생한다. 엔지니어가 이런 사정을 사장에게 이해하기 쉽게 설명하지 못하는 것을 보면 그들도 그리 똑똑하지는 않은 모양이다. 사장은 "조용히 연구에 매진할 자유가 필요합니다!"라는 말만 들어도 짜증부터 낸다. 사장 역시 실적이 왜 그렇게 중요한지 공감을 이끌어낼 수 없을 정도로 어리석다. 엔지니어는 스트레스만 계속해서 늘어난다고 불평한다. 그래프의 두 곡선이 만나는 지점에서 실적의 수직 낙하를 목전에 둔 엔지니어는 볼멘소리를 낸다. "스트레스와 실적은 반비례한다." 또는 이렇게 말하기도 한다. "스트레스는 실적과 강한 부정적 상관관계를 이룬다." 그러나 경영자의 생각은 정반대다. "실적은 스트레스와 비례한다. 스트레스가 높아질수록 실적도 올라간다." 또는 이렇게 말한다. "스트레스는 실적과 긍정적인 상관관계를 이룬다."

집단을 이끄는 경영진은 대단히 조급하며, 권력을 가진 탓에 기업 전체의 스트레스를 증가시킨다. 그리고 이런 상황을 바람직한 것이라 여긴다. 경영진의 이런 태도는 창의력을 발휘해야 하는 모든 직원에게 파괴적인 악영향을 미친다. 스트레스 탓에 직원은 고객과 여유롭게 대화를 나눌 수 없다. 직원은 제발 좀 차분히 일하게 해달라고 불평한다. 그러면 경영진은 직원의 열정이 부족하다고 생각한다. 나는 앞서 생텍쥐페리의 말을 인용했다. 그 말의 핵심은 직원의 갈망을 일깨우라는 것이다. 엔지니어와 전산학자의 갈망은 조용한 가운데 집중해서 창의력을 발휘하는 것이다. 이 힘은 조용하지만 매우 강력하다. 반대로 경영자는 열광, 열정적인 에너지, 몹시 시끄러운 힘을 자랑한다. 경영자는 직원들의 갈망이 아니라 열정을 일깨우려 한다. 바로 이러한 이유로 전체는 갈수록 기묘해지며 어리석어진다. 서로 상이한 '업무 기질' 탓에 기괴한 오해가 만들어진다. 나는 다른 책에서 이 주제를 상세하게 다룬 바 있다. 엔지니어, 전산학자, 수학자는 '직관적인 집중력'을 원하고 기대하는 반면, 경영자는 몸으로 보이는 '본능적인 집중'을 요구한다. 양쪽의 존재 방식은 완벽하게 다르다. 이 차이는 각각의 성향으로 확연히 구분할 수 있다. 한쪽은 조용하고 사색적이며 성찰을 즐기는 내향적 성향을 보이는 반면, 다른 쪽은 적극적이고 활동적이며 시끄럽고 에너지가 넘친다. 나는 조용한 쪽에 속하는 인간이다. 하지만 조용한 성향이라고 해서 시끄러운 쪽을 이해하지 못하는 것은 아니다. 다만 이런 차이를 이해하지 못하는 어리석음을 보면 나는 답답함을 참을 수가 없다.

다시 한 번 강조하지만 어느 쪽이 더 낫다고 말하려는 것이 아니다. 한쪽에만 치우쳐 그것이 표준, 정상이라고 우기는 것이 바로 어리석음이다. 조용한 쪽을 표준으로 삼았던 시절의 나는 어리석었다. 그러나 나는 경영자가 되었고, 다른 쪽 역시 소중하게 생각하는 법을 배웠다. 일을 추진하는 힘! 두 관점은 모두 나름의 정당성을 가진다. 그러나 경영진은 자신의 관점을 표준으로 선포하고 다른 모든 사람에게 그것을 강요하는 잘못을 저지른다. 경영진은 전문가를 스트레스 상황에서 일하게 함으로써 나쁜 성과를 얻게 만든다. 나쁜 결과로 스트레스는 더욱 커진다! 그럼에도 불구하고 모두가 스트레스를 받아야만 실적이 올라간다는 글로벌한 경영 망상이 세계를 지배하고 있다.

무슨 말을 해야 할까? 제발 부탁하건대 만병통치약과 성공 비법일랑 믿지 말자. 의도적이든 아니든 어떤 협잡꾼이 복잡한 상관관계를 무시한 것은 아닌지 한 번 더 확인하고 헤아리는 태도를 갖추자.

"X는 Y를 (자동으로) 이끈다"는 형태의 말은 모두 의심하자. "근사한 새 헤어스타일이 사랑을 선물한다!"는 말은 한마디로 거짓이다. 그런 주장은 데이터를 간단하게 꾸며낸 것에 불과하다. 이를테면 어떤 기자가 헤어스타일을 새롭게 바꾼 여성 열 명과 기존의 헤어스타일을 고수한 여성 열 명을 상대로 설문 조사를 벌였다. 최근 남자친구를 새로 사귀게 되었나요? 스무 명이라는 적은 인원을 조사한 결과를 가지고 어떤 결론을 이끌어낸다는 것이 수학적으로 말이 되지 않는 일임에도 기자는 잘못된 인과관계를 도출해 솔깃한 헤드라인을 뽑아내려 혈안이 되었을 뿐이다.

상관관계에 대해서는 가능한 한 많이 고민하자. 앞의 예는 헤어스타일 변화 시점을 의도적으로 새로운 사랑과 짜맞췄을 뿐이다. 사랑을 향한 갈망이 그만큼 크다는 것은 충분히 이해한다. 그러나 아무나 데려다가 헤어스타일을 바꾼다고 해서 무조건 새로운 사랑이 찾아오는 것은 절대 아니다! 둘의 상관관계는 어느 정도 이해가 되지만 어리석을 정도로 지나치게 단순한 인과관계다. 즉 거짓말이다.

"X는 Y를 (자동으로) 이끈다"는 주장은 이렇게 항상 다르게 해석해보아야 한다. 이런 흥미로운 작업을 통해 우리는 꾸며진 인과관계가 세상에 얼마나 많은지를 알 수 있다.

조작된 인과관계에 어떤 의도가 숨어 있는지 읽어내는 훈련을 하자. 정치, 로비, 마케팅, 온갖 선동의 배후에 숨어 있는 의도는 무엇일까? 어떤 사실과 상관관계로 도출된 주장일까? 상관관계는 어떻게 설명하는 것이 좋을까? 왜 신문 기사는 상관관계를 저렇게 해석할까?

　　상관관계를 잘못 해석하는 것은 분명한 의도가 있는 조작이며 사람들을 어리석게 만드는 범죄다. 거짓과 멍청함의 바다에 빠져 허덕이다 익사해서는 안 되지 않겠는가.

　　완전한 깨달음을 얻으면 안타깝게도 외톨이가 될지 모른다. 다른 사람들은 모두 햇살을 보는데 내 앞에는 까만 어둠만 보일 수도 있다. 볼테르처럼 진리를 알리려 하면 개인들은 관심을 갖겠지만 파티에서 진리는 불편한 애물단지일 뿐이다. 주변 사람들에게 진리와 그 깊은 의미를 설명해주려 시도해보라. 개인에게는 통할지 모르나, 집단에게는 전혀 먹히지 않는다. 집단 어리석음은 이렇게 말한다. "아, 뭐 그런 걸 가지고 그래. 물론 좀 과장되기는 했지. 그런데 꼭 그렇게 따져야만 해? 좋은 게 좋은 거지. 대충 좀 살자. 좀 가감해서 들을 줄 알아야지. 우리가 멍청해서 그런 게 아니잖아. 무슨 말이든 열에 하나 둘은 줄여 들으면 되지. 또 그게 맞는 말이기도 하고." "아니, 손톱 관리를 받으면 성공한다는 말이 옳다는 거야?" "허, 참 사람도. 꼭 그렇게 초를 쳐야겠어? 그냥 재밌자고 하는 소리잖아. 나쁘게만 보지 마. 세상 살다 보면 기분 좋은 거짓말도 있는 거 아냐? 덕분에 손톱 관리를 받았더니 산뜻하고 좋기만 한걸. 뭐, 좀 비싸긴 하지만 말이야. 그렇지만 너도

네 회사에 대해 긍정적으로 생각하잖아. 전혀 좋지도 않고 급여도 적은데 말이야. 하기야 거짓으로라도 회사가 좋다고 생각해야 그런 데서 일할 수 있겠지."

집단 어리석음은 이렇게 편안함에만 길들여져 있다.

—

"어떤 상관관계가 성립한다고 해서 그것이 곧 인과관계를 뜻하는 것은 아니다." 이것이야말로 우리가 거듭 마음에 새겨야 할 진리다. 이 장에서 나는 만병통치약과 성공 공식에 사로잡히지 말라는 경고를 반복해서 강조했다. 이런 경고가 회의에 도움을 줄까? 어쨌거나 무의미한 헛소리에 시간을 낭비하는 일은 없어야 한다. 누구나 학교에서 상관관계와 인과율, 연관성을 다루는 법을 배웠으면 좋겠다. 맥락을 바르게 헤아릴 줄 아는 능력이야말로 인생의 균형을 잡아주는 핵심이기 때문이다.

지금까지 문제없는 생동감 넘치는 인간과 문제적인 인간 사이에 존재하는 엄청난 간극을 살펴보았다. 이런 간극은 '손톱 관리' 같은 성공 공식으로 극복되는 것이 아니다. 그리고 조급함 역시 전혀 도움이 되지 않는다.

# 07
# 잘못을 떠넘기려는 책임자의
# 꼼수와 속임수

통계 수치를 좋은 쪽으로 꾸미기만 하면서

지표를 창의적으로 다루지 못하게 하는 어리석은 속임수
에 휘둘리지 말자.

스트레스와 기회주의는 이른바 '균형성과관리지표BSC, Balanced Scorecard'라는 새로운 경영 시스템이 목적대로 작동하지 못하게 만든다. 이처럼 새로운 경영 기법은 도입되기만 하면 더 큰 압력을 발생시키고 회의에 보고되는 통계 수치를 치솟게 한다. 그리고 결국 모든 경영법이 단순한 실적 평가 시스템으로 변질되고 만다. 계속해서 실적을 수치로만 측정하는 탓에 오로지 숫자만이 중요해진다. 종국에는 저마다 살 궁리를 하느라 속임수를 쓰기 시작한다…….

# 균형성과표는
# 현명한 시도였다

경영자는 왜 그렇게 동기부여에 주력할까? 최고경영자와 정치인은 전체를 이끌어나갈 책임을 가진다. 이 책임을 온전하게 감당하기 위해서는 복잡한 전체를 이해하고 그 안의 모든 상관관계를 파악해야 한다. 동시에 어리석게 간단한 가짜 상관관계에는 현혹되지 않아야 한다. 경영 분야에서 오래 경력을 쌓은 전문가만이 이런 수준의 리더십을 발휘할 수 있다. 기업가는 끊임없이 대책을 세워야 한다.

- 가격 정책
- 충성 고객 응대
- 상품 품질 개선
- 직원 교육
- 아웃소싱을 통한 인력 활용도 최적화 등

기업가는 이런 대책들을 이용해 기업을 매끄럽게 이끌어야 한다. 때문에 대책의 효과를 질적으로든 양적으로든 이해하고 평가하는 일이 매우 중요하다.

그러나 지나치게 높은 목표를 설정하고 그에 맞는 수치를 요구하며, 그 어떤 실질적인 내용도 없는 열정을 성공의 조건으로 생각하는 기업 경영진이 어떻게 균형성과관리지표를 이해할 수 있을까?

1990년대 이후 기업을 "대형 선박처럼 효과적으로 통제하고 조종하려면" 어떤 지표에 주목해야 하는지, 어떤 요인을 추적하는 것이 좋은지 체계적인 연구가 이루어졌다. 이 연구에 결정적인 영향을 준 두 경영학자 로버트 캐플런Robert S. Kaplan과 데이비드 노턴David P. Norton은《하버드 비즈니스 리뷰Harvard Business Review》에 두 차례에 걸쳐 논문을 발표했고(1992년과 1993년) 이를 토대로《균형성과관리지표Balanced Scorecard》라는 유명한 책을 집필했다. 두 학자는 기업을 다양한 관점으로 평가하고 각각의 관점에 있어 중요한 지표를 측정하자고 제안했다.

다음은 네 가지 기준으로 기업을 평가하는 지표이다.

- 재무(매출, 지출, 직원 1인당 매출, 영업 직원 1인당 매출, 상품 수익 등)
- 고객(매출, 고객 1인당 만족도, 이윤, 시장점유율)
- 프로세스(생산과정의 효율성, 품질, 생산 소요시간)
- 잠재력(신상품 매출 비율, 인재 채용 정도, 직원의 의사결정 참여도, '직원의 사기')

20~25개의 측정 기준을 이용하면 기업이 균형 잡힌 경영을 하고 있는지 평가할 수 있다. 이런 평가는 주가의 등락과 관련해 주주가 관

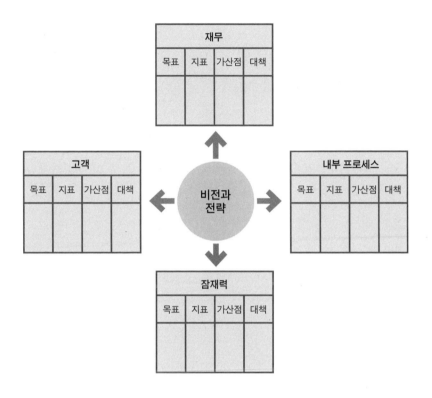

균형성과관리지표 예시*(위키피디아에서 참고)*

심을 갖는 몇몇 재무지표에만 의존한 평가보다 훨씬 더 객관적이다. 균형성과평가는 네 개 이상의 기준으로도 수행될 수 있다. 즉 평가 기준의 수에 제한이 있는 것은 아니라는 의미다. 다만 네 개 정도면 프레젠테이션 등에서 좀 더 효과적으로 보여줄 수 있고 컴퓨터 프로그램 상으로도 간단히 나타낼 수 있어 초안이 그렇게 제시된 것뿐이다. 부디 독자 여러분이 웃지 않으셨으면 한다. 나는 지금까지 세 개 또는 네 개보다 기준이 더 많은 '평가표'를 보지 못했다. '미래', '직원', '성과' 또는 '수익 모델/시장 전망' 기준도 좋을 것 같다.

균형성과평가는 1990년대 경영계에 그야말로 열풍을 불러일으켰다. 《균형성과관리지표》의 독일어 번역서는 1997년에야 출간되었는데 이후 독일도 이 발상에 신선한 자극을 받아 다양한 관점에서 데이터를 측정했고 저마다 기업을 좀 더 효과적으로 운영하려는 시도에 주력했다. 각 평가 요인의 상호작용을 살피면 전체 맥락을 좀 더 정확하게 파악할 수 있다고 생각했기 때문이다. '균형성과표'로 조종하면 기업을 문제없이 이끌며 생동감을 불어넣을 수 있다. 그것도 모든 차원과 다양한 기준에서!

균형성과표는 커다란 함선의 조타실에 구비된 계기판과 같다. 이 계기판들은 자동차와 마찬가지로 현재 배가 어떤 상태인지를 알려준다. 연료는 얼마나 남았는지, 항구까지 남은 거리는 얼마나 되는지, 날씨는 어떤지 등. 선장이 배를 조종하면 계기판의 데이터는 선박의 반응을 보여준다. 선장은 자신이 원하는 대로 배를 조종하는 방법을 배운다. 방향타를 조종하고 계기판의 반응으로 점차 감각을 익히면 그 이후부터는 거친 바다에서도 안전하게 항해를 지속할 수 있다.

나는 균형성과표를 모든 개인이 각자 하나씩 가지는 것도 좋겠다는 생각을 했다. 가족, 경력, 건강, 교육 수준, 행복 등의 여러 가지 기준으로 나 자신을 살피고 평가해보는 것이다. 그러면 이후의 미래 인생에 대해 더 잘 대비할 수 있지 않을까? 사람들은 때로 직장 문제로, 가족 문제로 고민을 한다. 그럭저럭 잘 처리하는 일도 있고 다시 끌어올려줘야 하는 부분도 있다. 다양한 관점으로 자신을 평가하면, 균형 잡힌 인생을 살아갈 좋은 감각을 어렵지 않게 얻을 수 있다. 자신의 인생에서 일어나는 일들의 상호작용과 상관관계를 읽어내는 감각을 깨우치고 나면 인생을 조종할 수 있게 된다.

> **"** 균형성과표를 이용해 기업 경영과 인생 경영을 배우자. **"**

이제 강력한 경영 통제 시스템을 원하는 경영인의 손에도 균형성과표가 쥐어진다. 이들은 거친 바다에 나가는 일 없이 이론적으로 깔끔하게 항해를 설계하고 싶어한다.

## 모든 경영자는 자신만의
## 모노카우자를 가진다

경영자는 '평가표'를 학습에 이용하지 않는다. 이들이 원하는 것은 거대한 계획 시스템이다. 한 해 투자와 매출, 지출과 수익, 공제를 미리 계획하기 위해 평가표에 등장하는 모든 지표를 계획 단계에 활용한다. 결과적으로 고객 만족도, 신상품 수, 직원 만족도까지도 계획에 포함된다. 바로 이 때문에 통계 수치만 따지는 풍조가 생겨난다.

이쯤에서 피할 수 없는 질문이 나온다. 기업은 이처럼 모든 것을 내다보고 계획할 수 있는 것인가? 고객 만족도가 어떤 식으로 변화할지 미리 예측할 수 있을까? 신상품이 시장에서 어떤 반응을 얻을지 예상할 수 있을까? 고객 만족도를 높이거나 고객 서비스 속도를 높이기 위해서는 그만큼 더 비용을 투자해야 하지 않을까? 얼마나 많이? 미래에 고객의 신뢰를 얻을 방법을 미리 알 수 있을까? 의문은 꼬리에 꼬리를 물고 이어진다. 이런 식으로 기업을 운영하기란 매우 어려운 일이 아닐까? 너무 복잡하지 않은가. 이런 질문들의 답은 오로지 천재만이 얻어낼 수 있을 것 같은데 말이다. 그래서 결국 경영자는 이 모든 것들을 어리석을 정도로 단순하게 만들어버린다. 대개는 이런 식이다. 연말이 되면 평가표의 모든 지표를 나란히 늘어놓고 각각의 수치가 어느 정도를 달성해야 하는지만 정하는 것이다.

- "현재 고객 만족도가 62%야, 2% 정도만 더 끌어올리자!"
- "직원 만족도는 73%네, 음, 이건 1% 더!"
- "매출? 내년도 경제성장률이 3%라고 하니 그럼 우리는 5% 정도는 해야 되지 않겠어? 그래, 쉽진 않겠지. 그래도 부정적인 태도는 좀 버리자."
- "지출? 비용은 무조건 절감해야 해. 명심해. 올해는 5%를 줄이도록 해. 그러면 1월부터 절약을 시작한다는 인상을 줄 수 있잖아."
- "인당 매출은 당연히 높아야지. 몇 사람은 해고시켜. 그러면 고정 비용은 줄일 수 있잖아. 아니면 모든 직원을 쥐어짜던가. 뭐? 둘 다 하자고? 좋았어."

표현이 너무 과격한 것 아닌가 싶지만 고치지 않기로 했다. 나는 기업의 직원 또는 고객 만족도가 얼마나 높아야 하는지를 자주 묻곤 한다. 0%는 말이 안 되는 것이고 100%를 달성하려면 어마어마하게 높은 비용이 든다. 그렇다면 만족도는 대체 어느 정도가 적당한 것인가? 80%를 원한다면 본격적으로 달려들어야 한다. 60% 정도면 좀 더 끌어올릴 수 있지 않을까? 하지만 이런 것을 두고 진지하게 고민하는 사람은 아무도 없다. 회의에서는 그저 서로 머리를 맞대고 사장이 보기에 가장 좋은 계획으로 수치를 짜맞춘다. 이듬해의 지표는 올해보다 어떤 식으로든 더 나아야 한다. 그런 다음 주주들의 기대를 살펴 그 기대치를 추가한다. 기업가정신이라고는 전혀 찾아볼 수 없는 계획이다.

다음 단계에서는 각 지표를 책임질 관리자를 정한다. 이 관리자는 보너스와 승진을 조건으로 목표를 반드시 달성해야만 한다. 말 그대로 '책임을 져야accountable' 한다. 계획에 작은 차질이라도 생기면 지표 관리자는 바로 경영진의 질타를 받는다. 어떤 경우에도 책임 회피는 허용되지 않는다! 그러나 책임자는 당연히 변명부터 늘어놓는다. "우크라이나 전쟁 때문에 어쩔 수 없었습니다." "갑자기 가스 가격이 폭등했습니다. 할당된 예산으로는 감당할 수 없었습니다." "위에서 혁신을 중단하라고 결정했습니다. 그래서 제 재량으로는 할 수 있는 일이 아무것도 없었습니다. 이게 제 잘못입니까?" "저더러 후쿠시마를 어쩌라고요?" "고객이 파산해서 아무것도 구매하지 않는데 어떻게 합니까?" 물론 당사자 잘못은 아니다. 그러나 그는 책임자 아닌가.

실제 업무 현장은 예측 불가능한 요소로 가득하다. 특별한 변수로 어려움을 겪지 않는 해가 없을 정도다. 거의 모든 부서가 돌발 상황으로 목표 달성을 힘겨워한다. 이듬해에 어떤 위험이 도사리고 있을지 그 누가 예언할 수 있겠는가? 후쿠시마를, 금융 위기나 우크라이나 사태를, 9·11 테러를, 아랍 지역의 대규모 압사 사건을 누가 예상이나 했는가? 어디까지가 '책임'의 범위인지 결정하기란 매우 어려운 일이다.

책임의 범위와 내용을 정하는 일이 매우 어려운 탓에 그런 균형 잡힌 생각일랑 애초부터 시도되지 않는다. 그리고 결국 담당 관리자가 모든 잘못을 뒤집어쓴다. 못했어? 그것으로 끝이다. 모든 관리자는 자신이 맡은 일을 온전히 책임지고 어떻게든 살아남아야 한다. 예상치 못한 변수가 내 잘못이냐며 변명하고 읍소하는 일은 절대 금물이다! 경영진은 변명을 싫어한다. 예측 불가능한 일로 손해를 보든 이득을 보든, 그것은 개인의 운이다. 경영진은 순진한 태도로 그것을 지켜볼 뿐이다. 요행과 불행은 그렇게 균형을 맞춘다.

그러니까 지표 관리자는 하나의 모노카우자가 된다. 관리자는 목표 달성을 책임지는 유일한 원인이다. 성공이냐 실패냐를 결정하는 유일한 기준이자 원인이 바로 관리자다. 예를 들어 고객 신뢰도 개선을 책임지는 관리자는 그것의 성공 여부를 감당하고 결정하는 유일한 기준이다. 새로 출시된 신상품이 너무 최악인 나머지 고객의 신뢰도가 곤두박질친다면, 품질 저하의 원인을 찾는 대신 신뢰도 개선 담당자만 책임을 진다.

참으로 가혹한 이야기다. 하지만 재차 말하건대 예상하지 못한 우박으로 손해를 보지 않고 넘어가는 년도와 부서는 없다. 바로 이러한 이유로 결산 보고 회의는 관리자들의 변명 퍼레이드가 이어지는 난장판이 된다. 극심한 불경기였던 해에는 모든 관리자가 억울하게 실패했다고 하소연하면서 야근을 밥 먹듯 하고 어떤 부당함에도 맞서 싸웠는데 이제 보너스까지 잃어야 하느냐고 불평한다. 그러나 최고 경영진은 단호하다. 규칙은 규칙이야! 어쨌거나 경영진은 공식적으로 이렇게 반응한다. 불가피한 예외는 은밀하게 처리된다.

"무조건 목표 달성! 변명은 하지 마!" 이런 소리를 듣는 관리자와 직원들은 현장으로 나가며 행운만을 빈다. 제발 요행히 목표가 달성될 수 있기를, 불운은 절대 일어나지 않기를 간절하게 바란다! 부디 더 이상의 경제위기가 오지 않기를, 전쟁이 일어나지 않기를, 금리 인상은 먼 미래의 이야기이기를 희망한다. 목표는 언제나 야심차다. 365일 내내 날씨가 좋아야 하고 도중에 어떤 사고도 일어나지 않아야만 달성될 수 있는 목표. 오늘날 관리자의 보너스는 정말 운이 좋아야만 받을 수 있을 정도로 책정된다. 실제로 목표를 달성하는 부서나 기업은 거의 없다. 어쩔 수 없이 속임수를 써야만 한다. 그래서 실제로 속임수가 등장한다. 어떤 속임수가 이용되는가? 다음 단락에서 이를 자세히 살펴보려 한다.

본래 균형성과평가는 기업과 기업 내부의 여러 상호작용을 이해하려는 현명한 시도로 기획되었다. 그러나 현실에서의 균형성과평가는 다양한 새 지표로 기업에 '동기부여'만 자극하는 트렌드로 완전히 엇나가고 말았다. 그 결과 각종 평가지표만 엄청나게 증가했고 예전보다 더욱 조급해진 중간 관리자는 이제 무조건적으로 높은 수치만 요구하게 되었다.

# 경영진의
# 트릭과 책임 전가

최고 경영진은 기업을 건강하게 관리하고 밝은 미래로 번영을 이끌어야 한다. 상품은 갈수록 더 좋아져야 하고 고객 만족도는 계속해서 높아져야 한다. 직원은 높은 사기와 의욕을 가지고 자기계발을 위해 노력해야 한다. 모든 것이 어려운 과제다. 특히 외부의 여러 상황 변화로 경제 상황이 어려울 때는 더욱 감당하기 힘든 과제다. 모두가 살인적인 경쟁에 두려움을 표한다. "우리는 예전처럼 거침없이 성장할 수 없습니다. 시장은 이미 오래전에 포화 상태가 되었습니다. 모두가 자동차와 세탁기를 가진 오늘날의 상황에서 누구나 가진 상품을 파는 일은 갈수록 더 어려워집니다. 성장을 원한다면 새로운 시장을 개척하거나, 경쟁 상대의 시장점유율을 빼앗아와야만 합니다. 더욱이 가격을 낮추려는 시도는 해서는 안 됩니다. 그러면 수익 목표를 달성할 수 없습니다. 우리는 경쟁 상대보다 더 잘 팔아야 합니다. 오로지 더 큰 열정을 가져야만 가능한 일입니다. 지출을 발생시키는 모든 일을 피해야 합니다. 그래야만 목표가 달성됩니다. 경영진은 직원이 의욕을 잃지 않도록 더욱 철저하게 감독해야 합니다. 실적이 떨어지는 직원은 가차 없이 해고하세요. 과거처럼 열등생까지 안고 갈 수는 없습니다. 채찍을 드세요! 모두 달리게 만듭시다! 냉철하게 실적을 측정합시다. '감독하는 것만 얻을 수 있다You get what you inspect.' 다들 아는 이야기 아닙니까. 철저하게 감시하고 감독하는 것만 얻을 수 있습니다. 그렇지 않으면 국물도 없습니다. 엄격한 통제야말로 경영의 전부입니다."

위에서부터 이런 압력을 받아야만 업무가 시작된다고 상상해보라. 그저 기대만 하는 사장은 아무것도 얻지 못한다. 끊임없이 돌아다니며 감독하고 가혹하게 요구해야만 비로소 무언가를 얻을 수 있다. 다시 말해 직원에게 과제 해결을 설득하고 권유하며 명령하기만 해서는 안 된다. 냉혹한 감시라는 채찍을 들지 않는다면, 모든 과제는 구태의연한 일상이 될 뿐이다. 그래서 조급한 경영 이론은 사장에게 집요한 감독(감시)을 종용한다.

그런 가르침을 신랄하게 비틀어 해석해도 될까? 나는 그런 이론을 이렇게 이해한다. "그러면 감독한 부분의 실적 수치만 얻을 수 있을 뿐, 본래 기대한 목표를 전체 결과로는 절대 얻지 못한다."

기업이 운용하는 성과 측정 체계 혹은 추적 체계는 경영자를 포함한 모든 직원의 능력 부족을 질타하며 어떤 경우에도 목표를 달성하도록 강제한다. 이런 이유 때문인지 상황이 어려워진 최근 경영진의 위협은 경영자 자신의 '생존'을 호소하는 것처럼 들린다. 실적을 꾸며대고 심지어 조작까지 서슴지 않는 풍조는 이렇게 생겨난다. "모든 것이 숫자에 달렸어. 저 위도 마찬가지지. 결국 우리는 모두 한 배를 탄 가족이야. 주가를 위해 좋은 수치만 내보여야 해. 윗선은 있는 그대로의 실적을 공개하는 걸 오히려 끔찍하게 싫어하지. 진실에는 아무도 관심을 갖지 않아. 주주도 마찬가지야. 서글픈 진실 때문에 주가가 떨어진다면 아무에게도 좋을 것이 없잖아? 결국 이 시스템은 강요된 성공만 보고하도록 강제할 뿐이야. 강요된 성공이 종이 위에 드러나 있다는 것 하나만으로 모두가 만족해. 그것이 전부니까. 시스템을 속이는 게 비윤리적인 행위는 아니야. 오히려 속여야만 주가가 올라가." 이 때문에 우리는 거리낌 없이, 양심의 가책이라고는 없이, 처벌의 두려움도 없이 분식 회계를 한다. 외려 속임수를 쓰지 않는 사람이 멍청한 것처럼 여겨진다. "그런 사람은 속임수로 목표를 달성하다가 발각되는 경우보다 더 심한 처벌을 받는다."

모든 직원이 조금씩 속임수를 쓴다는 것을 알고 있는 고위 경영진 역시 직원들에게 "속임수를 쓴다". 겉으로 말하지는 않지만 경영진은 일종의 확신에 사로잡혀 있다. "압박을 해야만 1/3 정도의 실적이 더 나와. 물론 그들이 속임수를 쓴다는 걸 알고 있어. 실제로는 보고 수치보다 약간 떨어지는 실적이겠지만, 그래도 결과로 보면 무조건 압박을 주어야만 해."

이제부터 수치 조작으로 모든 것을 더 좋아 보이게 만들 수 있다는 사실을 몇 가지 사례로 설명해보겠다. 흔한 사례이기에 이들은 더욱 충격적이다. 그만큼 조작이 널리 퍼져 있다는 방증이기 때문이다.

## 성장이 충분치 않다?
## "전략적으로 접근하라!"

오늘날에는 유기적인 성장(스스로 성취한 성장)이 아닌 매수를 통한 성장을 모두가 당연하게 받아들인다. 신문에는 이런 기사가 버젓이 실린다. "야심찬 성장 목표는 당연히 우리의 힘만으로 달성되는 것이 아니라 전략적인 방법에 따라 성취된다. 우리는 시장의 기회를 엿볼 뿐이다." 기업은 시장을 선도하지 못하면 아예 시장을 통째로 사들인다. 이 사진은 이렇게 형식적으로나마 당해의 성장 목표를 달성한다. 보너스 획득!

## 자기자본수익이 충분치 않다?
## 자기자본비율을 낮춰라!

자기자본수익은 기업의 성공 여부를 나타내는 중요한 지표다. 이 지표는 자기자본에 비해 수익이 얼마나 높은가를 측정한 것이다. 수익은 매출이 상승해야 높아진다. 매출이 두 배가 되면, 자기자본수익도 두 배가 된다. 그러나 자기자본을 낮춰도, 즉 자기자본을 절반으로 줄여도 수익이 두 배로 늘어난다! 자기자본을 낮추는 것은 아이들 장난만큼이나 쉽다. 그저 배당금을 나누고 같은 금액을 대출로 채운다. 그러면 자본은 예전과 같지만 수치상으로는 절반만 자기자본이 된다. 특히 금융업계가 지난 십 년간 자기자본수익을 높이려는 시도에 집중해왔다. 도이체 방크가 '자기자본수익 25%'라는 엄청난 목표를 추구한 사례는 유명하다. 이 때문에 도이체 방크는 과도한 수익을 추구한다는 비난을 자초하고 말았다. 어떤 은행이 수익을 높이고자 법이 허용하는 한도에서 최대한의 대출을 해준다면, 위험 부담이 지나치게 커지기 때문에 감독을 맡고 있는 당국으로부터 제제를 받기 마련이다. 모든 것을 법이 허용하는 최대한으로, 심지어 그 이상으로 부풀리려는 탐욕이야말로 세계 금융 위기를 불러온 핵심 원인이다. 그 책임을 온전히 납세자가 떠안아야 하는 오늘날의 상황이 어처구니없을 뿐이다. 그 대응책으로 입법부는 자기자본 법규를 강화했다. 이제 은행도 대출의 위험부담을 감당할 수 있을 정도의 건강한 자기자본을 갖추어야 한다. 하지만 새로운 법규가 요구하는 '합리적인 자기자본'을 갖춘 은행은 거의 없다. 은행은 이제 자기자본을 높이거나, 신용대출을 제한해야만 한다. 현재는 제로 금리 정책으로 파국을 간신히 막고 있을 뿐이다. 은행에 돈을 저축해둔 고객은 은행이 재정 건강을 회복할 때까지 아무것도 얻을 수 없다. 정말이지 은행의 '꼼수와 속임수'는 대단하다. 이렇게 자기자본을 무책임하게 낮추는 것은 구조적인 시각으로 보면 거의 사기 행각이나 마찬가지다.

## 여전히 수익이 충분치 않다?
## 수익이 낮은 기업은 팔아치우고, 수익이 높은 기업을 사들여라!

볼품없는 수익만 내는 사업부를 팔아치우면 수익은 그럴싸하게 꾸며진다. 그 사업부를 판매한 대금으로 높은 수익을 내는 사업부를 사들이면 전체적으로 근사한 평가표가 만들어진다. 예를 들어 은행은 개인고객관리부(큰 수익이 나지 않는다)를 팔아치우고 투자사업부(큰 수익을 얻을 수 있다!)를 세운다. 그러나 대부분의 경우 적은 수익을 내는 부서는 안정적이고 수익이 확실한 반면 높은 수익을 내는 사업부는 리스크가 매우 크다. 이런 사실은 무시되거나 심지어 부정당한다. 특히 하나의 상품을 가진 기업은 수익이 높을지라도 그 상품과 운명을 함께할 수밖에 없다. 많은 대기업이 높은 수익을 가진, 그러나 리스크가 큰 사업부를 사들였고 이에 엄청난 비용을 지불했다. 금융 위기 이후 대기업들은 자신의 상처를 치유하기 바쁠 뿐이다. 허탕이다.

## 여전히 수익이 충분치 않다?
## '추가 일회성 경비' 또는 '일회성 특별 부담'

지속적으로 발전하는 기업은 모든 면에서 깔끔하다. 그 어떤 것도 낡게 버려두지 않고 모든 것이 최신의 상태를 유지하도록 끊임없이 노력한다. 무책임한 모습은 찾아볼 수 없다. 이를테면 노후한 철도망이나 아우토반의 구멍 난 다리를 내버려두는 독일 정부처럼 무책임한 태도는 보이지 않는다. 그럼에도 인프라와 관련해 정부처럼 무책임한 태도를 가진 기업은 많기만 하다. 이런 기업은 모든 것이 낡아 수리가 급박해질 때까지 그것을 그저 구경만 한다. 그리고 파국에 임박해서야 대대적인 '구조조정'이나 '재조직'을 선포한다. "유감스럽지만 올해 성과는 일회적으로 10억 유로라는 특별 비용을 투입해야 할 지경입니다. 다시 한번 강조하지만 어디까지나 일회성(!) 대응책입니다." 이 말은 곧 올해는 수익이 낮을 수밖에 없었지만 앞으로는 모든 게 다시 좋아질 것이라는 뜻이다. 다시 강조하지만 지속적으로 발전하는 기업은 끊임없이 최신의 상태를 유지하려 노력한다! 탐욕적인 기업은 인력과 자원을 혹사시켜 수익을 꾸며내고 경영진에게만 두툼한 보너스를 안긴다. 그러나 이런 탐욕적인 기업이 부실한 경영을 인정하고 고백해야 할 때는 반드시 온다. 그러면 경영진은 '일회성 특별 비용'으로 사태를 수습할 수 있다고 둘러대며 상황이 "그렇게 나쁜 것은 아니"라고 변명한다. 최악의 경영진은 심지어 임박한 위기 상황에도 위기를 숨기기에 급급하다. 진실이 세간에 알려지면 주가가 떨어질까 봐 주주에게 허위 사실만 보고한다. 이렇게 해서 무엇을 얻을 수 있단 말인가? "주가는 절대 떨어지지 않는다"라고 굳게 믿는 집단 어리석음이 주가에 있어서는 가장 좋은 처방이다. 그러면 어리석은 집단의 그 누구도 주식을 팔려고 하지 않을 테니까.

## 여전히 수익이 충분치 않다?
## 아웃소싱하고 외면하라!

아웃소싱은 인력 활용도 극대화라는 측면에서 충분한 의미가 있지만 남용해서는 곤란하다. 기업은 대개 직원의 급여를 줄이기 위해 아웃소싱을 활용한다(포장 서비스, 자동차업계 또는 항공사의 시간제 계약직, 전자제품 업체의 인도 공장 등). 기업은 급여 문제 외에도 정규직 채용에 잇따르는 각종 보험과 퇴직금 리스크를 피하고 싶어 한다. "최고의 실력자만 우리가 직접 채용합니다. 다른 인력은 필요에 따라 시간제 근무 인력으로 충당하죠. 임시직은 우리의 '예비 인력'입니다." 기업은 또 이렇게 둘러대기도 한다. "일감이 너무 적습니다. 직원 모두에게 이러한 위험을 감당하게 할 수는 없죠. 모든 인력을 시간제로 활용해야 위험을 피할 수 있습니다." 기업은 시간제 임시직을 인력 중개 업체로부터 공급받는다. 이 용역 업체는 인력을 매우 열악하게 취급한다. 기업은 그것을 그저 구경만 한다. 대학의 경영학 강의에서는 항상 이렇게 나를 가르치려 든다. "기업가는 고용 위험을 고스란히 감당해야만 한다. 매달 급여를 꼬박꼬박 챙겨줘야 하는 고용은 경영에 있어 결코 간단한 문제가 아니다. 적어도 기업가가 직원보다는 많이 벌어야 기업을 운영하는 보람을 느낄 것이 아닌가. 정규직으로 채용해 쉽게 해고도 할 수 없다면 기업가에게 고용 위험은 너무 큰 부담이다." 그래서 값싼 비정규직에만 의존해 고용 위험을 줄이고 기업가는 보다 많은 이득을 보장받아야 한다?

**여전히 수익이 충분치 않다?**

**주식을 팔아 주가를 끌어올려 연봉을 높이자!**

주식시장에서 주식은 주로 '주당 순익EPS, Earnings per Share'이라는 지표로 평가된다. 기업의 수익은 발행한 주식 수로 나뉘어 배당된다. 이것이 바로 EPS다. 이 지표는 수익을 끌어올리면 높아진다(그만큼 일을 많이 해야 한다). 혹은 기업이 자신의 주식을 주식시장에 팔아 보유 주식 수를 낮추는 방법으로도 EPS를 높일 수 있다. 그러면 대부분의 경우 투자자의 관심도가 높아져 주가가 상승한다. 이로써 기업과 경영진 모두가 만족스런 미소를 짓는다. 대부분의 경우 경영진은 연봉 외에도 스톡옵션을 보장받는다. 스톡옵션이란 기업의 주식을 확정된 가격, 대개 매우 낮은 가격으로 살 수 있는 권리다. 주식을 환매해 주가가 올라가면 경영진의 스톡옵션 가치도 엄청나게 상승한다! 이런 의미에서 기업의 주식 환매는 경영진의 연봉을 인상하는 효과를 낸다. 일하지 않고도 자동으로! 이후에 기업은 이런 공식적인 발표를 내놓는다. "주가 상승은 기업이 거둔 위대한 실적에 따라 자연스레 나타나는 반응이다. 그러므로 경영진이 스톡옵션을 통해 실적을 나누어 가져가는 것은 지극히 정당한 일이다."

**지출 비용이 너무 높다?**

**살인적으로 절감하라!**

모두가 익히 아는 이야기이리라. 명절 상여금이 은근슬쩍 '성과급'으로 이름을 바꿔 차등 지급된다. 출장에 출장비가 지급되지 않는다(택시는 안 됩니다. 걸어 다니세요!). 퇴직금이 돌연 기업의 '개혁' 대상이 된다.

컴퓨터와 사무실 비품을 가능한 아껴서 더 오래 사용하라는 지시가 내려온다. 개인 사무실이 사라지고 커다란 공간에 책상이 빼곡하게 들어선다. 그래야 하나의 팀으로 "커뮤니케이션이 더 좋아진다"나. 누구나 알고 있는 사실이지만 한 공간에 지나치게 많은 수의 쥐를 몰아넣으면 모든 쥐의 스트레스가 심해져 공격적인 성향이 되며 심한 경우 서로를 물고 뜯는다.

## 고객이 할인을 원한다?
## 야근과 초과 실적으로 보상하라!

오늘날에는 '살인적인 가격 협상'도 흔히 벌어진다. 기회주의로 물든 세상에서는 소비자 역시 물건값을 순순히 치르려 하지 않는다. 고객은 저마다 자신의 10%를 챙기고 싶어 한다. 기업은 대개 분기 말을 앞두고 실적에 극도로 예민해진 나머지 할인 경쟁에까지 뛰어든다. 프로젝트의 수익성 하락은 불 보듯 뻔한 이야기다. 그렇지만 부족한 실적을 벌충하려면 어쩔 수 없다! 프로젝트 담당자는 가격을 깎아도 수익성은 지키라는 상부의 지시를 받는다. 도무지 말이 되지 않는 소리다. "해낼 수 있죠!" 바꿔 말하면 추가 수당 없이 야근하라는 요구다. 전체의 품질은 계약 조건의 경계를 넘나든다. 또 다시 극심한 스트레스를 유발하는 초과 업무를 감당해야만 문제가 해결된다. 이 지경에 이르면 변호사의 방문까지 대비해야만 한다.

## 고객이 여전히 할인을 원한다?
## 혁신 예산을 빼돌려라!

본격적인 대형 프로젝트의 경우 고객은 더욱 더 많은 할인을 요구한다. 직원들의 야근만으로 감당이 되지 않는 수준의 엄청난 할인이다. 하는 수 없이 기업은 해당 프로젝트를 전략적 차원의 '등대 프로젝트'로 선포한다. "완전히 새로운 시장을 개척할 수 있을 만큼의 풍부한 노하우가 기대되는 프로젝트"라 혁신을 위해 책정한 예산을 이 프로젝트에 투입한다는 전략이다. 다시 해석해보자. 본래 혁신에 투입할 예산을 이 대형 프로젝트로 돌려 할인으로 비롯되는 손실을 막아보자는 것이 이 거창한 전략의 실상이다. 이로써 매출은 물론이고 수익도 확보되었다. 그러나 혁신을 위한 예산은 사라졌다! 이런 식으로 진짜 혁신은 물거품이 되고 만다! 장차 어떤 그림이 그려질지 벌써 분명하게 보이지 않는가!

## 고객이 살인적인 할인을 원한다?
## 가격 담합!

이미 오래전부터 자동차 생산 업체와 항공기 제작 업체, 대형 할인 유통망은 부품 및 제품 공급자의 가격을 찍어눌러왔다. 제품 공급자인 중소기업은 오랫동안 당한 횡포에 간신히 목숨만 유지할 뿐이다. 이제 지배적인 위치에 있는 기업은 공급자에게 혁신까지 요구하기 시작한다. 많은 비용이 들어가는 신기술 개발을 직접 맡으라는 협박에 가까운 요구다. "공급자는 혁신에 필요한 재정을 스스로 마련하고, 신기술 개발의 위험도 감당할 각오를 해야 한다. 그래야 전체를 책임지는 우리가 아무런 스트레스 없이 수익을 챙길 수 있다." 참다못한 중소기업이 모여 대기업의 지나친 횡포에 대항할 방안을 논의한다. 결국 중소기업들은 상품의 가격을 담합하기로 의견을 모으고 조작한 가격으로 상품을 공급한다. 이렇게 하면 단기적으로 숨통은 트이지만, 이것이 언젠가 공정거래위원회에 적발되면 값비싼 대가를 치러야 한다. 이렇게 모두가 오로지 수익에만 매달리는 통에 서로 무덤을 파는 악순환은 끊이지 않는다.

## 혁신이 없다?
## 상품을 살짝 바꿔 '신상품'으로 포장한다!

혁신 예산이 턱없이 부족한 탓에 기업의 미래는 어둡기만 하다. '평가표'의 잠재력 항목에서도 이런 사실이 분명하게 확인된다. 잠재력이란 기업의 전체 매출에서 신상품이 차지하는 비율을 측정한 것이다. 그래서 경영진은 재빨리 기존에 판매되는 상품에 몇 가지 작은 개선을 시도하고 상품 고유 번호를 바꾼다. 신상품이 출시된 것처럼! 이제 고객이 자동차 와이퍼를 구입할 때 세 가지 색상 가운데 하나를 고를 수 있다. 이것이야말로 자동차 부품업계의 혁명이다! 이런 식으로 매출이 끌어올려진다. 수치가 올라간 '평가표'를 손에 쥔 경영진은 만족스러운 미소를 짓는다.

## 여전히 혁신이 없다?
## 혁신적인 기업을 사들여라!

여전히 혁신이 충분치 않다? 그러면 혁신을 사들이자. 그러나 알다시

피 혁신은 매우, 매우 비싸다! 물론 사들이는 것이 빠르기는 하다. 준비와 학습에 들어가는 시간도 단축시킬 수 있다(혁신을 안정적으로 자리 잡게 하는 데는 대개 몇 년이라는 시간이 걸린다). 그러나 대부분의 경우 기업 매수(혁신이든 다른 이유에서든)는 좋은 투자가 아니다. 이 사실은 이미 명백하게 증명되었다. 새로운 구조 혹은 낯선 구조를 기존 구조에 접합시키는 일은 정말 어렵기 때문이다. 상관없어. 사들이자. 그래야 매출이 오른다! 그러면 적어도 사들인 기업의 통합 방법을 배울 기회를 얻을 수 있다(구글의 기업 사냥을 보라)!

## 문제가 발생했다?
## 모든 직원에게 해결을 촉구해 부담을 떠넘겨라!

뭔가 거슬리는 문제가 발생하면 흔히 직원들은 '팀 목표' 또는 '특수 목표'라는 명목으로 해결을 지시받는다. 나는 IBM에서 처음으로 작성했던 '목표 합의서'를 지금까지도 보관하고 있다. 1987년에 작성했던 것이다. 합의서는 손글씨로 이렇게 쓰여 있다. "업무를 숙지하고 회사를 알아나가며 프로젝트 XY에 참여할 것." 결코 많은 것이 아니었다. 그로부터 3년 후, 나는 경영인 수업을 받으며 직원 한 명당 서너 개보다 더 많은 목표를 주어서는 안 된다고 배웠다. 단순한 이론일 뿐이지만, 나는 IBM에서 모셨던 첫 상사를 기리는 의미로 항상 이 가르침을 따랐다. 어쨌거나 기업이 직원에게 명료하고 확실한 목표를 할당하는 것은 결코 간단한 일이 아니다. 모든 CXO는 자신의 목표를 직원의 목표에 '접목'시키려 시도한다. 이러한 이유로 직원은 지출 절감 목표와 몇 개의 고객 만족 목표, 혁신 목표, 품질 향상 목표 등 끝없이 늘어나는 목표를 가지게 된다! A4 용지 세 장을 거뜬히 채우고도 남을 정도다. 단 하나의 부서 혹은 프로젝트에 소속된 직원이 이를 어찌 감당할 수 있을까? 결국 '저 위에서' 떠밀려 내려온 서른 개의 목표는 이렇게 이도 저도 아닌 허튼 일이 되어버린다.

직원이 "모든 것을 바로잡아야 한다"는 목표 할당은 자신의 과제를 그저 아래로 밀어내는 경영진의 교만함이다. 직원은 모순과 혼란이 가득한 목표들을 고객에게 어떻게든 적용시키려 진땀을 흘린다. 애초에 해결 자체가 불가능한 과제다. 이 사이에서 모순이 없도록 조정하는 것이야말로 경영진이 처리해야 할 가장 중요한 일이 아닐까. "각각의 목표는 팀이 전체 목표를 향해 매끄럽게 전진할 수 있도록 배분되어야 한다. 목표가 서로 모순되어서는 안 된다. 모두 함께 힘을 모아 같은 방향으로 나아갈 수 있어야만 한다." 그러나 오늘날의 목표 할당은 아무런 생각 없이 무능하게, 어리석기 짝이 없을 정도로 무자비하게, 전문성이라고는 전혀 없이 수행된다. 경영진은 회의 시작 불과 몇 분 만에 목표를 짜낸다. 직원은 목표를 정리해보라는 강요를 받기 일쑤다. 직원이 진땀을 흘려가며 목표를 정리하면 경영진은 그것을 그저 간단하게 받아들인다. 물론 경영진이 멋대로 더 높인 목표다. 직원이 이렇게 급조한 정리에 모순이 없을 수 없다. 수백 명의 직원과 이런 식으로 급조된 여러 목표가 과연 서로 조화를 이루며 매끄러운 전체를 구성할 수 있을까?

## 기업이 외부로부터 비난을 받는다

**(품질 결함, 환경오염, 유해 물질 함유 상품, 매수, 사기, 개인정보 유출 및 오용)**

최고 경영진은 수많은 목표를 밀어내는 데 그치지 않고 안전 수칙과 규정의 홍수 또한 만들어낸다. 직원이 완전히 숙지할 수도 없고 업무 중에 모두 지킬 수도 없는 규칙과 규정들이다. 직원들은 자주 법의 범위를 벗어나 일을 한다. 예를 들어 노동시간을 규제하는 노동법은 이렇다. "근무일(월~금요일)에는 8시간 이상 일해서는 안 된다. 특정 조건 하에 10시간까지 연장 근무할 수 있으나 이 경우 6개월 내 근무일 평균 노동시간이 8시간으로 유지되도록 이후 근무일에서 연장 근무로 초과된 시간만큼 업무시간을 줄여야 한다." 이것이 법이다! 그러나 이 법은 무시되기 일쑤다. 잘못이 발각되고, 뭔가 나쁜 소문이 돌기 시작하면, 기업은 불법을 저질렀다며 해당 직원을 해고한다. 나머지 직원들은 어차피 지킬 수 없는 규정하에 일을 계속할 따름이다. 어떤 은행이 대출 금리를 조작했다고? 오, 런던 지점에서 일하는 두 명의 직원이 지나친 욕심으로 저지른 일이다. 은행 경영진은 전혀 모르는 일이었다. 이런 꼬리 자르기로 결국 두 명의 직원만 희생될 뿐이다. 법을 어기고 10시간 이상 일한 직원이 있다는 사실이 공개되면 기업은 아마 모든 직원을 해고해야 할 것이다. 이처럼 경영진은 잘못의 원인이 모두 직원에게 있다고 말한다.

## 남 탓! 남 탓! 남 탓! 게으른 '직원' 탓!

뭔가 잘못되기만 하면 경영진은 직원 탓을 한다. 직원이 목표를 깔끔하게 달성했다면 잘못될 것이 없었다는 터무니없는 비난이다. 모든 직원이 할당받은 목표를 달성한다면, 기업은 기쁨만 누리리라! 그러나 유감스럽게도 직원들은 목표를 할당받은 뒤 일주일만 지나도 그것을 기억하지 못한다. 바로 이 때문이다! 게으른 직원 탓에 되는 일이 없다! 집단 어리석음에 사로잡힌 기업은 귀신 같이 희생양을 찾아낸다. 늘 남 탓을 한다. 흔히 이런 영어 표현이 쓰인다. "누구 탓으로 돌릴지 정하시죠Place your blame, please!" 물론 대놓고 이렇게 말하지는 않는다. 모든 대기업이 그럴싸한 핑계를 만들어낸다. "경제 상황이 좋지 않아요, 경쟁이 정말 살인적입니다. 가격 압박은 점점 높아지고요. 고객은 항상 같은 금액으로 더 많은 것을 얻길 바라죠. 우리는 대체 어떻게 살라는 건지, 원. 정치는 우리 편을 들어주지 않아요. 여당에 그렇게 많은 헌금을 했는데도 말이죠. 세계 환경 역시 오래전부터 우리에게 불리하게 작용하기만 합니다. 우리는 금융 위기에 시달립니다. 아니, 그게 우리 잘못입니까?" 이런 것이 '남 탓!'이다. 어디서 많이 들어본 이야기 같지 않은가. "오늘 지각한 이유는요. 음, 횡단보도 신호등이 너무 오랫동안 바뀌지 않았고 또……."

언제나 같은 호통만 반복된다. "변명 말고, 실적을 가져오세요!" 그러나 오늘날의 조직 전체는 변명 찾기에만 혈안이 되어 있다. 원인은 분명하다. 애초에 달성이 불가능한 유토피아적이고 혼란스러운 목표 설정으로 모두가 과중한 부담을 받은 나머지 생각할 여유도 머리도 없어져버렸다.

# 중간 관리자의
# 트릭과 책임 전가

중간 관리자는 아래의 직원과 몸소 부딪친다. 중간 관리자는 말하자면 샌드위치 사이에 낀 층이다. 위에서는 실적을 가져오라는 호통을, 아래에서는 '현실'에 시달리는 직원의 수많은 불만을 듣는다.

　중간 관리자의 공식 업무는 위에서 요구하는 목표를 아래로 전달하고, 그 목표의 실행을 감독하는 것이다. 중간 관리자는 직원의 문제를 고스란히 떠안아 직접 해결하거나, 윗선에 지원 요청을 한다. 그러니까 위와 아래를 이어주는 연결 고리와도 같은 역할이다. 중간 관리자는 '침착한 엔지니어'와 '열정적인 최고경영자'의 스트레스 곡선 교차 지점에서 활동한다. 위에서는 이런 고함 소리가 들린다. "더 빨리! 절약해! 힘내!" 아래는 나직하게 요구한다. "천천히, 깔끔한 일 처리를 위해서는 충분한 시간이 필요해!" 양쪽 모두 틀린 말은 아니다. 중간 관리자는 중개 역할을 하려 노력하지만 실패할 수밖에 없다. 위와 아래는 달라도 너무 다르다. 그래서 중간 관리자는 달래기 작전에 매달린다. 위를 향해서는 현재 모든 직원이 한창 열을 올리며 열심히 일하고 있다고, 모든 것이 깔끔하다고 보고한다. 아래로는 이런 호소를 한다. "자네들이 좀 이해해주라. 회사 형편이 좋지 않아. 수익을 세 배는 올려야 호전되겠지만, 형편상 두 배밖에 못했어. 경영진이 무척 실망했고, 초조해해. 알아, 자네들의 연봉 인상은 이미 건의하고 있다고! 연봉을 올리려면 수익을 올려야하잖아. 경영진은 분명 나에게 화를 내면서 연봉 인상은 생각도 하지 말라고 잡아뗄 거야. 그래도 나는 희생하는 심정으로 고군분투하고 있어. 또 수익이 높지 않다고 해서 회식과 연수 세미나를 취소하는 건 좋지 않다고 용감하게 말했어. 세미나가 없으면 자네들은 좋겠지만, 교육 담당자가 할 일이 없어져 해고되고 말거야. 그러면 안 되잖나……."

달리 어쩔 도리가 없다고 생각해 선택하는 중간 관리자의 이같은 달래기 전략은 위와 아래가 빤히 들여다보이는 통에 무력하기만 하다. 아래에서는 이런 말이 오간다. "그냥 자기 일을 하는 것뿐이야. 우리보다 훨씬 더 힘들 걸. 불쌍한 사람. 연봉 인상 얘기는 분명 거짓말이야. 뭐 그래도 괜찮아. 연봉 인상은 우리도 원하는 거니까." 윗선은 이런 말을 한다. "도무지 해내는 일이 없어. 자기 역할이 뭔지도 모르잖아. 그는 우리 의지를 가로막는 장벽이야. 우리 의지가 아래로 전달되지 못하게 완전히 차단해버린다니까. 아무튼 모든 걸 흐지부지하게 만들어." 그럼 중간 관리자 자신은? 열패감에 젖은 중간 관리자는 이렇게 탄식한다. "중간에 끼어 죽을 지경이야."


## 직원의 트릭과 책임 전가

직원은 어떤 식으로든 자기부터 살 궁리를 한다. 그들은 대규모 할인 프로젝트라 할지라도 수익성 높은 프로젝트로 변신시켜야만 한다. 그렇다고 해서 기대한 초과 수당이 손에 들어오는 것도 아니다. 월급만으로는 생활하기 빠듯한 나머지 시작하지도 않은 프로젝트를 계산에 집어넣어 어떻게든 자신의 몫을 챙기려 한다. 그러다 보니 결국 가장 쉬운 길만 선택한다. 고객에게 수익성 좋은 상품만 추천한다. 정작 고객은 필요로 하지도 않은 상품을! 오로지 자신의 이해관계에만 충실한 나머지 고객의 의견은 갈수록 무시한다. 최선의 업무 처리는 애초부터 고려되지 않는다.

우리가 IBM에서 최적화 알고리즘을 개발했을 때 나는 매우 놀라운 경험을 했다. 수학적 최적화보다는 현장에서의 전체 공정 또는 심지어 물류 계획이 더 중요하다는 사실을 깨달았기 때문이다! 현실을 고려하지 않은 수학적 가능성은 통하지 않았다. 다시 말해 컴퓨터로 계산한 최적의 계획보다 현실의 계획이 더 잘 통했다. 그 이유는 직원이 기회가 있을 때마다 속임수를 썼기 때문이었다. 예를 들어 신문지를 수송하는 트럭은 어떤 경우에도 화물칸을 가득 채워서는 안 된다. 종이는 생각보다 훨씬 무겁기 때문에 트럭의 적재 허용 무게를 쉽게 넘겨버리기 때문이다. 트럭에는 신문지를 절반 정도만 적재해야 한다. 법도 그렇게 제한하고 있다. 그러나 직원은 적재 무게 규제 따위는 깨끗하게 잊어버린다. 사고가 나든 말든 직원은 아랑곳하지 않고 최대한으로 신문을 실어나른다.

또 이런 사례도 있다. 한 대규모 공장에서 최고 실적을 기록한 세 명의 생산 공정 관리자를 상대로 비결이 무엇인지 인터뷰를 했다. 고객의 위탁을 받아 제품을 생산하는 공정을 기획한 이들의 계획은 실제로 컴퓨터가 계산한 최적 계획보다 더 뛰어났다. 반면 다른 세 명의 관리자, 나이가 더 많은 관리자의 실적은 매우 좋지 않았다. 전체 공정이 매끄럽게 진행되지 않았고 계속해서 도중에 공정이 중단되었다. 경영진은 실적이 좋지 않은 세 명의 관리자를 해고하고, 그 자리에 좋은 실적을 보인 관리자의 계획을 그대로 본뜬 컴퓨터 시스템을 구축할 생각이었다. 그러면 혼란은 사라지고 모든 공정이 최고의 실적을 내리라! 이 컴퓨터 시스템 신설 건으로 실적 좋은 세 명의 관리자는 일 처리 방법을 묻는 질문 공세에 시달렸다. 그리고 전혀 예상하지 못한 사실이 확인되었다. 이 세 명의 관리자는 애초부터 같은 종류의 상품만 대량으로 주문하는 고객을 골랐다. 이런 단순한 제작 공정은 당연하게도 매우 매끄럽게 이루어졌다. 말하자면 입맛에 맞는 쉬운 일만 골라 작업한 것이 이들의 비결이었다. 반대로 실적이 좋지 않았던 다른 세 명은 종류를 가리지 않고 고객의 요청을 성실하게 수용했다. 제작 난이도를 신경 쓰지 않고 모든 상품을 폭넓게 주문받았다. 그러다 보니 각 주문 건마다 공정을 새롭게 짜야만 했다. 이 세 명은 소규모 주문에도 생산 체계를 맞추는 수고를 아끼지 않았다. 그러니까 정작 성실하게 일한 쪽은 실적이 나쁜 세 명이었다! '최고 실적'을 기록한 세 명은 속임수를 쓴 것이나 마찬가지였다. 성실한 쪽은 훨씬 더 어려운 조건도 마다하지 않고 일했지만, 보상은커녕 해고되었다.

속임수를 쓴 쪽은 생산 공정 최적화를 원한다면 기계 개조는 절대 금물이라 말했다. 이들이 댄 근거는 더 가관이다. 기계를 개조하면 공정이 매끄럽게 맞물리지 않아 효율성이 떨어진다는 사실이 수학적으로 증명되었다나(내가 수학자인 줄은 짐작도 못했으리라)! 생산 현장의 특성에 맞게 기계를 개조할 수 있다면, 공장은 훨씬 더 매끄럽게 돌아간다. 우리는 현장 작업자에게 기계 개조를 해서는 안 되는 이유를 물었다. 이들은 묵묵부답이었다. 묻고 또 물었다. 결국 이런 답이 돌아왔다. "잘 들어요, 우리는 절대 기계를 개조하지 않아요, 그게 얼마나 힘들고 지겨운 일인지 알기나 하오?"

직원은 최고 경영진이 접근하기 힘든 부분에서 속임수를 쓴다. 자신부터 편하게 일하고 보자는 것이 직원의 일반적인 태도다. 물론 직원끼리 서로 돕는 일도 없다. 오로지 자기부터 살 궁리만 한다. 다른 부서를 도우라고? 왜 그래야 하지? "도와주면 월급을 더 주나요?" 이런 식의 공동체는 무너질 수밖에 없다. 전체를 우선시하는 팀워크는 찾아볼 수 없다. 그저 일상 업무 처리에만 급급할 뿐이다. 경영자만 그런 것이 아니다. 직원은 자신이 현장에 없으면 불이익이라도 당할까 휴가도 떠나지 않는다. 병가도 좀처럼 내지 않는다⋯⋯.

거의 모든 업무가 통제라는 압력하에서만 처리된다. 업무는 '이벤트' 위주로, 상황이 어쩔 수 없을 때만 처리된다. 저마다 마감에 닥쳐야만 일을 한다. 마지막 단계의 결정적인 업무는 두 번째나 세 번째 경고가 떨어진 후에야, 혹은 고객의 항의가 극에 달해야만 수행된다. 산전수전 다 겪은 노련한 직원은 "저절로 처리된다"는 말을 입에 달고 산다. 사장이나 고객이 진지하게 요구해야지만 업무가 처리된다. "마지막 경고를 할 때까지 기다렸다가 일을 처리해야 사장이든 고객이든 드디어 뭔가 되나 보다 하고 안도하지. 또 이렇게 해야 업무 처리의 질에 신경을 쓰지 않아. 위협에 직면해서 일을 하면 일을 대폭 줄일 수 있어." 또 이런 말도 한다. "일을 시작하기 전에 최고 경영진에게 무슨 일을 어떻게 해야 하는지 정확한 정보를 달라고 해. 저들은 정보를 취합할 시간을 내기 어렵거든. 그래서 이 방법을 쓰면 상당히 많은 시간을 벌 수 있어. 더 좋은 방법은 정확히 무엇을 해야 하는지 결정을 내려달라고 하는 거야. 결정을 내리기까지는 더 오랜 시간을 필요로 하거든!"

오래 걸린다! 아무런 일도 하지 않았다는 책임이 경영진에게 돌려지는 셈이다. 결정된 것이 없어서 할 수 있는 일이 없다. 또 경영진이 결정을 내려주더라도, 그 결정은 틀린 것이다! "그런 식으로는 되지 않아요!" 어떤 경영자는 나에게 이렇게 투덜댔다. "직원들은 문제가 상부에서 해결되어야만 한다고 생각합니다. 그들은 상부의 결정 없이는 문제 해결 권한도 능력도 없다고 생각하죠. 최고 경영진은 모든 직원의 문제를 단번에 해결할 방안을 찾아야만 합니다. 경영진은 일반적인 해결책을 찾아 새로운 비즈니스 프로세스를 도입합니다. 그러면 직원들은 그 프로세스가 자신이 소속된 부서의 특수성을 조금도 고려하지 않고 있다고 불평하죠. 상부의 누구도 문제가 무엇인지 묻지 않았다고 하면서 직원들은 야단법석을 피웁니다. 애초에 전체 차원까지 갈 필요도 없었던 기본적인 문제였다고 항변하기도 합니다. 맡겨만 주면 자신이 문제를 해결했을 것이라면서요. 예전에는 다 그렇게 했다고, 왜 지금은 자신을 무시하느냐고 직원들은 투덜댑니다."


## 집단 어리석음에 갇힌 제국은
## 절대 반격하지 못한다

시키는 대로 하지 않는 직원은 처벌받는다. 일을 빠르게 처리하지 않는 직원은 스트레스를 받는다. 규정을 지키지 않으면 감찰과 감사가 이어진다. 잔혹할 정도로 모두가 일상 업무만 강요받는다. 이런 시스템에서는 두 가지 죄악이 발견된다.

- 매우 강력한 처벌을 받는, 시스템에 '저항'하는 죄악.
- 시스템의 이름으로, 시스템을 따르면서 자행되는 죄악.

이 두 죄악은 명확히 구분되어야 한다. 예를 들어 출장비를 부풀려 사적인 이득을 취한 직원은 해고된다. 그는 시스템, 곧 기업을 속였다. 만약 이 직원이 고객을 속여 상품을 판매했다면 시스템의 공식적인 윤리 규정을 위반하기는 했지만, 이로써 기업은 더 나은 실적을 올리게 된다. 적어도 단기적인 관점에서는 말이다. 이 경우 해고의 위험은 없다. 대개 처벌조차 받지 않는다. 당장의 분기 실적을 끌어올려 수익 극대화라는 최종 목적에 이바지했다면 비록 다른 관점에서는 범죄라 할지라도 시스템은 묵인한다. 어떤 식으로든 '실적을 올린 직원'은 기업의 보호를 받는다. 물론 이런 죄악이 적발되어 외부에 알려지면 상황은 달라진다. "유감스럽기는 하지만 개별 사례"일 뿐이라며 기업은 단호한 처벌을 내리는 모양새를 취한다. 그러니까 발각되지 않는 한, 죄악은 시스템의 이름으로 용인된다. 이렇게 시스템은 안쪽부터 썩어 들어간다. 텅 비고 문드러져 썩은 내가 진동한다. 이것이 집단 어리석음이 아니고 무엇이란 말인가? 집단의 정신착란? 거대한 조직이라면 불가피하게 겪어야 하는 비극?

개미굴의 개미들이 갑자기 재교육을 받아 개미굴을 어마어마하게 확장하는 쪽으로만 일하게 되어 출산과 육아에는 전혀 신경 쓰지 않게 되었다고 상상해보라. 이 상황과 전혀 다를 바가 없는 것이 바로 집단 어리석음이다.

현실의 사례를 들어보겠다. 대규모 부품 제조업체가 연말이 다 되었는데도 수익 목표를 달성하지 못해 곤경에 처했다. 업체 경영진은 꾀를 내어 거래 업체를 설득해 대형 기계가 고장 난 것처럼 조작하게 했다. 부품은 12월 31일에 화물차에 실려 자정 직전 고객에게 배달되었다. 적재 시점이 올해이므로 회계상으로 이 매출은 '올해 실적'으로 잡힌다. 이튿날, 즉 1월 1일에 부품을 실은 화물차가 업체로 되돌아온다. 확인 결과, '다행스럽게도' 고장은 없었으며 '유감스럽게도 직원의 조작 실수'였다는 사실이 밝혀진다. 반품된 부품은 이듬해의 새 회계 장부에 기록된다.

이런 꼼수로 부족한 실적이 채워진다. 그러나 이듬해의 새 회계장부는 처음부터 손실로 시작될 수밖에 없는 참으로 기묘한 상황이 연출된다. 지난해 목표가 달성되었으므로 다들 기쁘게 보너스를 받았다. 주주와 사주 역시 배당금을 두둑히 받고 뛸 듯이 기뻐했다. 애초에 발생하지도 않은 수익으로 받은 보너스로 말이다. 이듬해의 회계장부는 그만큼의 높은 손실을 떠안은 채 출발해야 한다. 집단 어리석음에 사로잡힌 경영진은 그 손실을 올해에 만회할 수 있을 것이라 기대한다. 거기다 심지어 이제까지와 마찬가지로 전년 대비 수익 상승을 기록할 수 있을 것이라는 바보 같은 엉터리 계산까지 한다.

결국 어떻게 될까? 쉽게 정리해보자. 이제 매년 12월 31일에는 부품을 실은 트럭이 여기저기 산책을 다닌다. 게다가 다른 꼼수와 속임수도 속속 등장한다. 이로써 업무량은 엄청나게 늘어난다(부품의 판매 기록을 만들고, 싣고 내렸다가 다시 창고에 정리하고 판매 취소 기록을 하고,

이 모든 것을 세무서에 신고하는 등). 이 기업의 상황은 매년 갈수록 더 나빠졌다. 무슨 말이 필요하랴. 애컬로프의 죽음 소용돌이에 사로잡히고만 것이다.

시스템 혹은 기업은 대개 지도부를 교체함으로써 죽음의 소용돌이를 벗어나려 한다. 첫 해의 손실을 깨끗이 인정하고 모든 꼼수와 속임수를 청소함으로써 기업의 생명력을 회복하려는 시도다. 정말 용감한 대기업만이 이런 행보를 보인다. 지난 교황 선출이 대표적인 예다. 대부분의 경우 이렇게 하면 악순환을 멈출 수는 있다. 그러나 새 지도부가 집단 어리석음에 사로잡힌 전체 시스템과 '분위기'를 집단 지성 쪽으로 돌릴 수 있을까? 이런 전환을 유도할 능력을 지니고 있을까?


## 지성은 실적으로 말한다
## ─핑계는 필요 없다!

모든 것을 간파한 지성인이 그런 시스템에서 무엇을 할 수 있을까? 더욱이 자신도 죽음의 소용돌이에 휘말려 있다면?

지성인은 집단을 일깨워 사울을 바울로 바꾸는 기적을 시도하리라. 이를 실현하기 위해서는 전체 시스템 혹은 적어도 어느 한 분야의 문제점을 정확히 적시하고 집단의 광기가 어느 정도인지를 분명히 밝혀주어야 한다. 소수의 깨어 있는 사람은 지성인의 이런 진단에 흔쾌히 동의를 표하리라. 그러나 집단 어리석음이 발언권을 얻으면 거의 모든 회의에서 다음과 같은 숨 막히는 상황이 벌어진다.

- "그래서 뭐 어쩌라고, 이미 다 아는 이야기잖아."
- "또 그 해묵은 장광설이야? 그래 봤자 아무런 도움이 안 돼."
- "자네가 바꿀 수 있는 것은 없어. 그건 그냥 남을 괴롭히는 거야."
- "어허, 그런 거 가지고 왜 시간 낭비를 해. 우리는 계속 나아가야 해."
- "또 그 잘난 척이야? 우리처럼 실적으로 보여줘. 너라고 뭐 얼마나 다를 거 같아?"

집단은 다양한 사람들로 구성됨에도 집단 속 개별 인간 유형은 기묘하게 비슷한 양상을 띤다. 잘난 척하는 사람, 얌체, 기회주의자, 똑똑한 외톨이 등 어느 집단에서나 '어, 여기에도 그런 사람이 있네'라는 생각을 하게 된다. 전작 《새로운 것과 그 적들Das Neue und seine Feinde》에서 나는 각각의 인간 유형을 묘사하며 왜 혁신을 원하는 사람은 종종 위험한 체제전복주의자 취급을 당하는지 설명한 바 있다. 굳이 지성인이 될 필요가 없다! 건강한 상식을 가진 보통 사람도 어리석은 집단에서는 같은 대접을 받기 마련이다. 다음은 《새로운 것과 그 적들》에서 묘사한 각각의 인간 유형을 변형해 인용한 것이다.

- 알파 유형은 '우두머리' 노릇을 한다.
- 베타 유형은 '참모' 또는 '왕에게 머리를 조아리는 신하'다.
- 감마 유형은 일개미와 같은 일꾼이다.
- '오메가'는 혁명을 꿈꾸는 저항 세력을 형성한다.

알파 유형(안정된 권력 소유)은 지도자다. 무슨 일이든 자신이 중심에서기를 좋아하며, 그에 상응하는 "권력"을 자랑한다. 목표를 설정하고, 일거리를 분배하고, 용기를 북돋워주며, 이상적인 경우에는 카리스마를 발휘한다. 알파 유형에도 다양한 버전이 있다. 기술을 중시하는 테크노크라트technocrat가 있는가 하면, 보호자 역할을 자처하는 알파도 있다. 카이사르가 있는가 하면 책략가도 있다. 알파는 집단 전체의 가치와 문화를 안팎으로 대변한다. 말하자면 정당의 당수와 같아서 대변인 역할을 감당하지 못하면 권력을 잃는다.

베타 유형(근본이 튼튼한 이성)은 목표 달성에 좀 더 집중한다. 즉 권력보다는 성취를 중시한다. 이들은 전문가로 참모 역할을 맡아 주어진 임무에 충실하고, 지식을 활용하며, 이상적인 경우 지혜롭다. 이들은 다툼을 중재하고 알파 유형의 뒤에서 오랜 시간 고민해가며 모든 문제의 해결책을 찾는다. 독일의 총리는 전형적인 알파 유형이며, 대통령은 대개 베타 유형이다. 독일의 현 총리 앙겔라 메르켈Angela Merkel은 베타 유형처럼 행동해 비판을 받은 바 있고 현 대통령 요아힘 가우크 Joachim Gauck는 알파 성향이 짙어 이를 두려워하는 사람들로부터 비판을 받았다.*

감마 유형(함께 누리는 번영)은 주어진 임무를 충실하게 수행하는 평범한 직원이다. 질서를 지키며 명랑한 심성으로 기꺼이 남을 돕는 '동료'다. 그렇다고 해서 감마 유형이 거의 눈에 띄지 않는 좀생이를 뜻하

---

* 독일에서는 총리가 정치적 실권을 가진다. 연방대통령은 상징적인 국가 원수일 뿐, 지극히 제한된 권한만 행사하는 명예직으로 활동한다. 대통령은 직접선거가 아닌 간접선거로 선출된다. 현 대통령 요아힘 가우크는 동독 출신의 정치가이자 인권운동가로, 독일이 통일된 1990년에 동독 비밀정보부(국가보안부, Stasi)의 문건을 관리하고 공개하는 임무를 맡아 탁월한 정치력을 선보인 인물이다.

는 것은 전혀 아니다. 영화에서 악당들을 때려눕히고 약탈당하는 약자를 돕는 멋진 감마 버드 스펜서Bud Spencer*를 보라. 그는 매우 강한 인물이지만, 분명 지도자 유형은 아니다. 그리고 모든 것을 길러내는 최고의 어머니는 주로 감마 유형이다…….

오메가 유형(변화)은 자기 의사가 분명하며 비판적 의견을 자유롭게 드러내고 그 어떤 충돌도 꺼리지 않는다. 마음 같아서는 모든 것을 혁명적으로 바꿔놓아야 직성이 풀리는 유형이다. 그렇다고 해서 알파 유형과 개인적인 대화를 나누는 것을 싫어하진 않는다. 그러나 많은 이들이 알파와만 대화를 나누려 하는 오메가의 태도를 불손하게 생각한다. 사장의 측근은 오메가가 명백한 모순을 거침없이 상부에 지적하는 탓에 발생하는 번거로움을 싫어한다. 숱한 의견 차이에도 알파와 좋은 관계를 유지하는 건설적인 오메가는 조직에 있어 대단한 축복일 수 있다. 완고한 저항(거칠지만 정당한 근거가 있는 저항)에 직면한 오메가는 '길길이 날뛴다'. 이는 집단의 모든 사람들에게 파괴적인 영향을 주어 오메가의 입지를 흔든다. 오메가는 올바름을 요구하며 많은 것을 움직일 줄 안다. 항상 야단법석을 꾸미는 덕에 '궁중의 어릿광대'로 인기를 누리는가 하면, 파격적인 생각으로 주변의 질시를 받기도 한다. 알파와는 반대로 전체의 가치가 아닌 전혀 다른 가치를 대변한다. 그만큼 눈에 띄는 모든 것을 문제 삼는다. 이런 오메가의 행동은 풍요로운 결실을 낳는 변화와 시끄러운 충돌 사이를 아슬아슬하게 오간다.

---

* 1929년생의 이탈리아 영화배우이다. 본명은 카를로 페데르솔리Carlo Pedersoli로, 스파게티 웨스턴 영화(이탈리아식 서부영화)에서 주로 악당을 상대하는 역할을 맡았다.

이상이 집단에서 볼 수 있는 전형적인 인간 유형들이다. 집단 어리석음에 사로잡힌 시스템은 다음과 같은 양상을 띤다. 지도자는 오로지 숫자로 확인할 수 있는 실적, 그것도 좋은 실적만 요구한다. 베타 유형은 모든 것을 체념하고 화를 삭이며 묵묵히 일만 한다. 이렇게 해서 베타는 서서히 아무것도 문제 삼지 않고 일만 하는 감마가 되어간다. 오메가는 터지는 분통을 참을 수 없어 입에 거품을 물고 길길이 날뛰는 통에 다른 사람들에게 손가락질을 받으며 따돌림을 당한다.

이성이 있다면 어떻게 실적이라는 망상만 요구할 수 있을까? 서글픈 진실은 다음과 같다. 어리석은 집단은 이성을 짜증스러운 오메가로만 생각할 뿐이다. 이성은 애컬로프의 소용돌이 전체를 간파한다. 모든 것이 벽을 향해 돌진하는 듯한 절망적인 상황을 읽어내는 것이 바로 이성이다. 그래서 이성은 가차 없이 전체를 비판한다. 부서의 경계를 넘나드는 철저한 비판이다. 그리고 바로 이러한 이유로 모두가 입을 모아 이성에게 이렇게 말한다. "그냥 네 실적을 가져와 봐. 설교는 그만하고. 우리라고 이성적인 게 뭔지 모르는 거 같아? 우리도 충분히 알고 있지만 우리는 그저 현실에서 살 뿐이야."

이런 체념 가득한 무지를 바라보던 이성은 불쾌함을 참다못해 결국 분노를 폭발시킨다. 도를 넘은 심각한 감정 표출로 이성은 알파와 베타와 감마가 싫어하는 파괴적인 오메가가 된다. 이제 이성은 퇴치되어야 마땅한 체제의 적으로 선포된다. 이성은 시스템 내부에서 시스템의 이름으로 자행되는 죄악을 비판했을 뿐이다. 그 어떤 핑계도 들으려 하지 않고 오로지 실적만을 요구하는, 시스템의 이름으로 자행되는 죄악 말이다. 그래서 이성은 집단 어리석음에 사로잡힌 시스템의 입장에서 보면 자기의 가족을 험담하는 건방진 배신자다. 결국 사르트르의 희곡처럼 폭발적인 감정 분출을 피할 수 없게 된다. 모두 분노에 가득 차 고함을 지르며 싸우다가 달리 빠져나갈 길이 없음을 깨닫고 이내 다시 침묵한다. 그리고 모든 것을 체념한 채 "그래 좋아, 까짓것 하던 대로 하지……" 하고 썰렁한 주문만 외운다.

왜 이성은 이렇게 무력한 것일까? 어떻게 경영자는 이성을 무시할 수 있을까? 집단 어리석음에 사로잡힌 경영진의 기본적인 신조는 앞서 말한 그대로다. "우리는 직원 모두에게 압박을 주어야만 해. 그래야 실적이 더 나와. 물론 속임수를 쓰겠지만, 그게 그렇게 중요하지는 않아. 어쨌든 경험상 압박을 해야 뭐라도 나오게 돼 있어." 이성이라면 스트레스를 주지도 않고, 속임수도 쓰지 않으리라. 문제는 어느 쪽 생각이 더 나은가 하는 것이다. 이성, 아니면 압박? 당연히 이성에 기초한 생각이 낫지 않을까? 아니, 그렇게 간단하지 않다. 사람들이 진짜 궁금해하는 것은 이런 질문이기 때문이다. "대체 어느 쪽이 더 쉬운, 당장의 성공을 이끌어낼까?" 사실 이런 질문은 답을 얻을 수 없는 우문에 불과하다. 일은 하지 않고 어떻게 하면 성공할 수 있을까 하고 묻는 것은 씨앗도 뿌리지 않고 결실을 기대하는 태도와 다를 바가 없다. 결국 현명한 사람과 어리석은 사람은 처음부터 서로 전혀 다른 의문을 품는다. 어리석은 쪽이야 답을 찾을 생각도 하지 않고 오로지 실적만 요구하리라. 그리고 현명한 쪽(스트리트 스마트)은 답을 찾을 수 있을 것이라 굳게 믿는다. 그래서 이들 역시 어리석어진다.

내 경험으로 미루어보건대 얼마든지 일상 업무에 사로잡히지 않고 일할 수 있다. 나는 단 한 번도 일상 업무에 함몰되지 않았다. 정상적인 이성을 가지고 그때그때 내 책임 영역에 집중하면서 상대적으로 장기적인 목표(스스로 설정한 목표)에 충실하면 우리는 결국 원하는 바를 실현하곤 했다. 분기 실적에만 매달리지 않으려면 미래에 많은 것을 투자하는 자세가 반드시 필요하다. 처음부터 이런 자세를 가져야 한다. 이는 즉 어떤 프로젝트를 시작하거나 경영진에게 새로운 임무를 부여받을 때 실적에 연연하지 않아야 한다는 뜻이다. 처음부터 실적이 나오지 않는다고 고민하는 것은 말이 되지 않는 이야기다. '저조한 실적'이라는 문제는 장기적인 안목으로만 극복될 수 있다. 실적이 나오지 않는다고 해서 처음부터 모든 자원을 일상 업무에 쏟아붓는다면, 그 프로젝트는 오래 지속할 수 없다.

실적 압박(심리적인 압박)을 견디며 미래에 투자한다는 장기적인 안목으로 차근차근 일을 풀어나가면 머지않아 자연스럽게 실적을 거두게 된다. 다른 사람보다 훨씬 더 나은 조건에서 지속적으로 능력을 발휘할 수 있기 때문이다. 무엇보다 실적 압박과 요구를 막아낼 줄 아는 신중한 태도와 자세가 필수다. 압력에의 굴복은 일상 업무의 스트레스에 사로잡히는 것일 뿐이다. 물론 실적 요구를 거부하면 밉상으로 찍히는 데다 거침없는 공격의 대상이 되기도 한다……. 나는 경영자로 근무하는 동안 이런 질문을 매우 자주 받았다. "대체 언제, 하루 일과 중 어떤 시간에 그렇게 많은 책을 집필하시나요?" 나는 단호하게 근무

중에 모든 것을 한다고 대답했다. 그리고 상대의 놀란 얼굴을 지그시 바라보았다. 숨을 고를 짧은 시간을 준 것이다. 그리고 다시 말을 이었다. "저는 개인 생활이라는 것이 없습니다. 글을 쓰는 것도 저의 업무죠." 결국 이런 식으로 대답을 마무리했지만 그때마다 기분이 좋지는 않았다. 나는 레오 리오니Leo Lionni, 1910~1999*의 유명한 그림책 《프레드릭Frederic》의 주인공이 된 것 같은 기분에 사로잡히곤 한다. 다른 들쥐들이 겨울에 먹을 식량을 모으느라 분주하게 일하는 동안, 프레드릭은 빈둥거리며 따뜻한 햇살만 즐긴다. 겨울에 필요한 햇살과 색깔을 모으고 있다는 프레드릭의 '핑계'에 다른 들쥐들은 못마땅한 표정만 짓는다. 그러나 길고 어두운 겨울에 프레드릭이 '밝은 햇살과 이야기'로 암울한 날을 밝혀주는 '색깔'을 선물하자 들쥐 가족은 가슴 따뜻해지는 행복을 누린다.

나는 미래와 혁신과 고객 공감을 모은다. 그리고 주위 사람들로부터 대체 무슨 일을 어떻게 하고 있느냐는 질문을 자주 받는다. 나의 대답은 간단하다. 궁극적으로 우리는 자신이 원하는 방식대로 일할 수 있어야 한다. 물론 타인과 다른 방식으로 일한다는 것은 항상 문제를 불러일으킨다. 이런 문제를 감당할 줄 알아야 한다. 애초에 이런 문제를 겪지 않고 일하겠다는 태도는 결국 남이 하는 대로 따라가겠다는

* 네덜란드 출신의 디자이너이자 조각가이다. 그림책 작가로도 활동했다. 《프레드릭》은 그가 1968년에 발표한 작품으로, 시인이 왜 필요한지를 알려주는 따뜻한 동화다. 국내에도 번역되어 있다(최순희 옮김, 시공주니어).

것밖에 되지 않는다. 그럼 남는 것은 시스템을 싸잡아 욕하는 것뿐이다. 그리고 누군가를 희생양 삼아 파괴적인 오메가라며 증오하기만 한다. 이런 태도는 아무런 변화를 일으키지 못하는 비생산적인 태도다. 그리고 남들과 다르게 일하고자 한다면, 정말이지 잘해야만 한다. 탁월하게 잘하는 것을 보고 시비 걸 사람은 없다.

—

풍부한 경험을 자랑하는 경영진은 주가 지표뿐 아니라 다른 중요한 요소도 함께 관리해야 한다는 사실을 잘 알고 있다. 혁신, 고객 만족도 등을 모두 고려하는 경영만이 훌륭한 경영이다. 기업이 전체적으로 더 잘 운용되어야 한다는 것은 분명한 이야기다. 바로 이 때문에 전체를 조망하는 '균형성과관리제도'라는 시스템이 고안되었다. 그러나 경영진은 해묵은 습관을 버리지 못하고 다시금 '평가표'로 더욱 철저한 계획 도구를 만들어 그 어느 때보다도 더 많은 지표가 관리되도록 몰아붙였다. 각 지표의 책임자는 성과가 조금만 나빠져도 무자비할 정도로 책임을 추궁받았다. 기회주의가 점점 더 기승을 부리는 데 이유가 달리 있는 것이 아니다. 꼼수와 속임수가 판을 치며, 책임을 남에게 떠넘기는 작태가 기승을 부린다. 꼼수와 속임수와 남 탓이 일상이 되어버리고, 본래 해야 할 일은 뒷전으로 내몰린다. 애컬로프의 죽음 소용돌이가 모든 것을 집어삼킨다.

# 효율적인 방법만
# 찾는다

### 오랫동안 기업의 군살을 뺀 것은

아주 좋았다. 이제 기업에는 변화 프로세스가 확실하게 자리 잡았다. 그러나 이 프로세스는 오로지 효율성 향상과 지출 비용 절감만 허용한다. 이를 제외한 다른 모든 것은 완전히 거부하는 바람에 기업은 혁신의 힘을 잃고 신음하다가 결국 죽음에 이르고 만다.

지나치게 높은 목표를 설정하고 직원들을 스트레스에 시달리게 하며 끊임없이 실적을 측정한다. 이것이 일상이다. 뭔가 새로운 것이 시도되면 어떤 일이 벌어질까? 기업은 혁신과 고객을 위한 개선과 더 나은 사업 모델 제안을 어떻게 처리할까? 기업은 변화 능력과 이 능력의 활용이 중요하다는 사실을 알고 있다. 그러나 유감스럽게도 '프로세스 효율'이라는 형태로 일상 업무만 고집할 뿐이다. 어떤 일을 진행하기에 앞서 항상 비용과 이득만 따진다. 언제나, 집요하게! 하지만 실제로 혁신을 이루거나 새로운 사업 영역을 개척할 때 비용과 이득을 미리 점칠 수는 없는 노릇이다. 비용은 대략적으로 예상할 수 있겠지만, 성공 여부를 미리 알 수는 없다. 기존 프로세스를 고수하는 태도는 오히려 성공을 가로막는 장애물이다. 기존의 프로세스는 구체적인 계획만 원할 뿐, 꿈을 인정하지 않는다. 그러나 미래는 꿈으로 성취된다. 프로세스에만 집착하는 고정관념은 미래를 죽인다.

# 변화로
# 더 높은 수익을!

더 많은 수익을 원하는 사람은 그에 맞는 행동을 해야 한다. 고객이 넘쳐나는 돈을 신나게 써대던 시절은 아쉽게도 지나가버렸다. 모든 상황이 갈수록 열악해진다. '부유한 러시아인 관광객 또는 중국인 관광객'이 찾아와 돈을 흥청망청 뿌려대던 시절도 먼 과거가 되었다. 이 시절은 앞서 여러 차례 언급했듯 우리가 수직 낙하하는 소용돌이에 휘말린 탓에 훌쩍 지나가버렸다. 노동자이기도 한 고객이 쥐꼬리만 한 급여를 받는 탓에 소비할 돈이 생기지 않는다. 경제 호황은 다시 오지 않는다.

　기업은 무엇을 어떻게 해야 할까? 나는 몇 가지 가능성을 보여주고 그동안 기업이 어떤 개선 방식을 선호해왔는지 밝히고자 한다. 제한된 방식을 오랫동안 선호해온 탓에 우리는 계속해서 확대되는 어리석음의 소용돌이에 휘말려 아래로 가라앉고 말았다.

## 마케팅과 영업에 투자하면 더 많이 팔 수 있다?
기본 구상은 간단했다. 광고로 대중의 이목을 끌고 더 많은 영업 사원을 투입하면 매출이 상승하리라. 이런 방법은 실제로 더 많은 매출이 발생해야만 의미를 가진다. 오늘날의 상황은 그렇지 않다. 요즘은 대개 광고가 구글 웹사이트에 등장한다. 이 방식은 몇 명이 광고 배너를 보면 상품이 얼마나 팔릴지를 통계적으로 정확하게 예측할 수 있다는 강점을 가진다. 그래서 기업은 이 광고를 활용하면서 (값비싼) 인력이 필요한 영업 부서의 규모를 축소하거나 달성이 절대 불가능한 비현실적인 목표로 영업을 쥐어짰다. 결과적으로 인건비는 예전보다 확연히 줄어들었다. 금전적인 여유가 충분하던 시절만 해도 '마케팅과 영업 강화가 정말 원하는 효과를 낼 것인가' 하는 주제를 두고 뜨겁게 설전이 오갔다. 마케팅은 그만큼 고도의 기술이 필요한 분야다. 그러나 오늘날에는 마케팅까지도 '효용에만 맞춰' 추진된다. 결국 마케팅 역시 소용돌이에 휘말려 침몰하고 말았다.

## 미개척 시장을 개척하라
### ―규모의 경제

세계적으로 규모를 키워 대량생산으로 생산 비용을 절감하고 더 많이 판매하는 것이 최고의 경영이라는 생각이 오랫동안 업계를 지배했다. 오늘날 소프트웨어업계에서는 이런 방법이 여전히 통한다. 세계적인 규모의 기업은 특정한 지역의 성공적인 소프트웨어를 사들여 전 세계적으로 판매한다. 지역 규모의 기업은 독자적으로 세계 시장을 개척할 수 없다. 세계적인 기업의 매출은 급신장했고 이윤 역시 짭짤했다. 지역 소프트웨어는 싼값에 사들일 수 있기 때문이다. 하지만 이런 기업은 대개 국가 간 문화 차이를 과소평가했다. 문화 차이를 이해하지 못해 해당 국가에서 사업을 철수한 기업도 수없이 많다. 예를 들어 각각의 국가에는 매우 다양한 온라인뱅킹 서비스가 존재한다. 전 유럽 규모의 사업체가 이 서비스를 간단하게 선보일 수도 있다. 하지만 문화 차이 때문에 실패하는 경우가 거의 대부분이다. 나라마다 신용 관계법이 다르고 인터넷 신뢰도 역시 천차만별이다. 국제적인 규모의 온라인 뱅킹 서비스 업체를 본 적 있는가? 많은 데이터 보안 업체가 국가마다 개인정보관계법이 다르다는 사실을 간과했다. 이처럼 세계 시장으로의 진출은 간단한 일이 아니다!

## 개선과 혁신으로 더 높은 가격을

오래전부터 사람들은 몇 년에 한 번씩 새 자동차를 구입한다. 지금 가진 자동차가 새로운 모델 곁에만 서면 석기시대 유물로 보이는 탓이다. 텔레비전과 컴퓨터 역시 빠른 속도로 성능이 개선되어 멀쩡한 것을 새것으로 교체해줘야만 한다. 그러나 새로운 상품을 개발하기란 갈수록 더 어려워진다. 자동차와 집, 의약품은 현재 수준만으로도 나무랄 데가 없다! 거기다 고객은 품질 개선이 이루어진 상품이라 할지라도 비용을 더 치르려 하지 않는다. 몇 백 유로라는 가격을 추가로 지불해야 하는 자동차 내비게이션 옵션만 하더라도 스마트폰에서 완전히 무료로, 그것도 완벽하게 업데이트된 지도로 이용할 수 있다(Open Street Map: OSM).* 이런 마당에 누가 비싼 비용을 치르려 할까? 새로움을 향한 갈망을 완벽하게 만족시키는 상품은 거의 없다. 고작해야 고객에

---

* OSM은 오픈소스 방식으로 운영되는 이용자 참여형 무료 지도 서비스이다. 2005년에 설립된 영국의 비영리기구 오픈스트리트맵 재단이 위키피디아를 모델로 누구나 편집하고 활용할 수 있도록 제작했다.

게 뭔가 다르다는 잠깐의 인상을 심어줄 수 있을 뿐이다. 스타벅스 커피, 네스프레소 커피, 애플 사의 아이패드 정도를 꼽을 수 있을까. 이런 종류의 스타 상품은 꿈과 문화를 절묘하게 접합한 것이다. 그런데 기업에서 과연 누가 새로운 꿈을 돌봐줄 수 있을까?

## '괜찮은 품질'의 상품을 저렴한 가격으로!
## ─배후에는 저임금으로 신음하는 직원이 있다

요즘 기업은 상품과 서비스를 효율적으로 제공하는 데 그치지 않고, 꼭 필요한 수준으로만 품질을 끌어내리기도 한다. 많은 브랜드가 고객의 충성도를 악용해 품질이 떨어지는 재료나 부품을 몰래 사용하고, 하청을 주어 만든 싸구려 상품에 버젓이 상표만 붙인다. 어느 정도 쓸 만한 품질을 갖춘 상품을 저렴한 가격에 제공하는 데에만 집중하는 브랜드가 따로 있을 정도다(야JA!와 구트 앤 귄스티히Gut & Günstig가 좋은 예다).* 유명 브랜드의 제품과 똑같은 상품을 제공하는 경우도 많다. 그러니까 '괜찮은 품질Good enough Quality'은 최고로 훌륭하지는 않지만 어느 정도 쓸 만하다 싶은 제품을 저렴한 가격에 제공한다는 뜻이다. 은행의 상담 서비스와 보험 영업 역시 괜찮은 품질로만 제공된다. 다시 말해 임시직 또는 프리랜서가 그런 업무를 담당한다. 이들은 물론 턱없이 낮은 보수를 받는다. 값싼 인력을 쓰는 저가 항공 역시 괜찮은 품질의 서비스를 제공한다. 카 셰어링Car sharing 업체도 마찬가지다. 교정

---

* 영어의 yes와 같은 뜻을 가진 야!는 독일의 유통 기업 레베REWE가 운영하는 할인 브랜드다. '좋고 싸다'라는 뜻의 구트 앤 귄스티히는 독일의 유통 기업 에데카Edeka가 운영하는 브랜드다.

교열 과정을 생략한 책이 싸구려 재생지로 만든 표지를 걸친 채 출판
되어 저렴한 가격으로 독자를 만난다. 이케아 역시 괜찮은 품질의 가
구를 제공하고, 알디ALDI*의 와인도 그럭저럭 마실 만하다. 노 네임No
Name 프린터 잉크 카트리지도 마찬가지다. 이처럼 저가 브랜드와 그럭
저럭 쓸 만한 품질로의 이동은 과거의 '천재적인 아름다움'을 짓밟고
끌어내렸다. 그 배후에는 인건비 절감만이 숨어 있을 뿐이다.

## 프로세스 정비와 효율성 향상을 통한 비용 절감

오늘날 기업의 생산 공정은 눈부신 번영을 누렸던 1980년대에 비해
엄청나게 효율적으로 변화했다. 1980년대만 하더라도 독일에는 제대
로 된 연봉 인상이 있었고 주당 35시간 근무도 지나친 혹사로 여겨지
곤 했다. 당시 유행했던 유머가 있다. 사장은 노조에게 제발 수요일만
큼은 모든 직원이 본격적으로 업무에 집중해주었으면 좋겠다고 했다.
노조 대표는 이렇게 되묻는다. "뭐요? '매주' 수요일마다?" 이때만 하
더라도 효율성을 높이기란 무척 쉬웠다. 이른바 '절감 경영', '종합적
품질 관리Total Quality', '리엔지니어링' 등의 표어를 내세워 모든 작업 프
로세스를 시험대에 올렸다. 모든 과정이 검토 대상이 되었다. "이 과정
이 기업의 이익 극대화에 어떤 기여를 합니까?" 몸집이 비대해진 기업
은 이런 식으로, 당시 표현을 그대로 빌리자면 '다이어트'를 강요받았
다. 처음에는 아주 간단했다. 컨설턴트가 찾아와 노동자에게 모든 것

---

\* 독일의 유통 업체가 운영하는 할인점 체인이다. 종업원을 고용하지 않고 상자째 상품을 진열하고
판매한다.

을 꼬치꼬치 캐물어가며 각 프로세스에 평점을 매기고, 반드시 필요한 작업만 남기고 모두 제거했다. 당시에는 이렇게 별다른 수고를 들이지 않고도 이윤을 상당히 끌어올릴 수 있었다. 도대체 무슨 일을 하는 기업인지 알 필요조차 없었다. 거의 기계적으로 프로세스를 단순화하기만 했다. 호황에 젖어 방만한 나머지 생산 프로세스를 개선하기 위해 경영학을 동원하지도 않았다. "고위 경영자라고 해서 반드시 비서 세 명과 운전사 한 명, 전세 비행기가 있어야 하는 건가요?" 물론 아니다. 컨설턴트는 기업에 기적을 일으킨다는 칭송을 들으며 두둑한 보수를 챙기고 승리의 콧노래를 불렀다. 시간이 지날수록 프로세스 평가와 비용 절감은 어려워졌다. 하지만 컴퓨터의 도움을 받아, 특히 SAP R3 등의 소프트웨어 투입으로 효용성은 다시 극대화했다. 마이크로소프트 사의 엑셀 프로그램과 로터스Lotus 1-2-3은 1987년부터 기업 사무실에서 승승장구하기 시작했다. 엑셀 표 수식 계산을 못하는 경영자가 있을까? 더욱 놀라운 사실은 효율 경영을 위한 이런 핵심적인 도구가 오래 유지되지 못하고 빠르게 사라졌다는 점이다. 2000년대로 접어들면서 인터넷 발달로 온라인 비즈니스e-Business가 가능해졌고 비용 절감과 새로운 프로세스 도입은 더욱 용이해졌다. 이후에는 노트북, 아이패드, 클라우드 컴퓨팅이 개선에 따라붙었다. 이렇게 '최적화 가능성'을 탐지하는 기술 도구는 하루가 다르게 발전하고 있다. 그러나 실제 비용 절감을 달성하기 위해서는 정말 많은 수고를 들여야 한다. 오늘날에는 최적화를 시도하거나 무언가 새로운 것을 투입하기 전에 '투자수익률RoI, Return on Investment'을 얻어내기까지 얼마나 오랜 시간이 걸리는지부터 먼저 명확히 해야 한다. 간단하게 말해 최적화를 위해 지출하는 비용이 언제 회수되느냐 하는 것이 문제의 핵심이다. 결국 단 하나의 요소도 빼지 않고 모든 것이 정밀하게 계획되고 계산된다. 경영자는 갈수록 더 조급해진다. 그저 닭 한 마리 잡는 데 그치지 않고 본격적인 비용 절감을 이뤄내려는 조바심에서 자유로운 경영자는 없다. 그래서 경영자는 '고정된 요인'에 달려들어 꼭 필요한 것을 제거해버린다. 야근 수당을, 휴가비를, 교육을, 혁신 노력을 없애는 데 그치지 않고 직원까지도 거침없이 해고해버린다. 죽어라 절약만 하는 이 어리석음을 경고하는 목소리는 오래전부터 존재했다. 물론 처음에는 해고당한 직원과 쫓겨난 경영자가 그런 경고의 주체였다. 오늘날이 되어서야 경영진 안에서도 너무 멀리 나간 것이 아닐까 하는 자성의 목소리가 서서히 퍼지고 있다. 그러나 안타깝게도 집단 어리석음은 이런 목소리로 멈추기에는 이미 너무 널리 확산되고 말았다.

## 완전히 새로운 사업 모델 혹은 게임 체인저

지금까지 언급한 수익 증대 방법은 게임 규칙을 가능한 한 철저하게 이용하려 한다. 어떤 식으로든 허락된 모든 것을 시도하고, 경우에 따라서는 그 이상의 선을 넘는 것도 주저하지 않는다. 자세히 들여다보지도 않고 비대하다 싶은 부분은 최적화를 명분으로 과감하게 도려낸다. 이렇게 기업의 근육이 잘려나가는 통에 엄청난 출혈이 일어난다. 온라인 서점 아마존은 책만 취급하지 않고 가능한 모든 분야로 사업을 확대하며 비즈니스의 판도를 바꾼다. 구글은 거의 모든 규칙을 흔들어 틈새시장을 찾아낸다. 온라인 은행은 실물 은행을 공격한다. 아마존은 새로운 결제 서비스로 다시금 온라인 은행의 존립 기반을 흔든다. 클라우드 컴퓨팅은 컴퓨터 제조사를 고사시킨다. 무인 자동차는 자동차 제조업계의 숨통을 조인다. 전자책은 출판사를 통째로 뒤흔든다. 이 모든 것이 '기존의 것을 허무는 변화disruptive change'다. 이처럼 시장의 판도를 바꾸는 '게임 체인저Game Changer'가 출몰하며 막대한 돈을 벌어들이거나 혹은 잃는다.

자연스레 이런 의문이 고개를 든다. 기업이 계속해서 성장하고자 한다면, 어떤 길을 가야 하는가? (물론 모든 기업이 성장을 원하지만 배경을 따져보지는 않는다.) 그리고 대개 다음과 같은 일을 벌인다.

- 영업부에 높은 목표를 설정해주고 그저 달성하기를 기대한다.
- 기업을 사들여 성장하기를 기대한다.
- 고객이 더 비싼 값을 치를지 확신하지 못해 혁신을 뒤로 미룬다.
- 상품과 서비스 품질을 딱 쓸 만한 수준으로 떨어뜨리고 ('간신히 연명할 정도로') 직원의 연봉을 깎거나 비정규직을 늘린다.
- 가혹할 정도로 최적화를 추진한다. 이득이 갈수록 줄어들지만 골드러시를 보면 금의 양이 줄어들수록 더욱 정성들여 체를 쳐야 하지 않던가.
- 커다란 변화가 두렵기만 하다. 오래전부터 업계 최고의 자리를 지켜왔는데 굳이 변화해야 하는 이유가 무엇인가? 그런데 돌연 구글과 삼성이 나타나 완전히 새로운 판을 벌인다. 정체를 전혀 파악할 수 없는 판이다. 그래도 한사코 과거의 방식을 고수하며, 국가에 보호를 호소하고 새로운 것에 욕설을 퍼붓는다. 새로운 것을 찾는 고객의 욕구는 깨끗이 무시된다……. 고슴도치처럼 몸을 잔뜩 웅크리고 실적만 단속한 탓에 고

객과의 접촉은 사라진다. 시장은 새로운 게임 규칙을 앞세운 외부 공격자의 손에 고스란히 넘어간다. 그럼에도 과거의 태도를 고집하며, 새로운 방식의 성공 가능성을 믿지 않는다. 비용 절감과 최적화 시도만 갈수록 심해진다. 달리 할 수 있는 것이 없기 때문이다. 과거에 기적을 일으키던 기업은 서서히 그럭저럭 괜찮은, 오래된 회사로 전락하고 만다.

# 프로세스 최적화가 일으키는
# 생각의 왜곡

기업이 추진하는 거의 모든 변화는 결국 비용 절감과 최적화를 목적으로 한다. 이를 위해 경영학은 머리를 쥐어짜며 몇 가지 방법을 고안해냈다. 컨설턴트는 '절감 경영'과 '리엔지니어링'이라는 방법으로 기업을 가르치려 든다. 수십 년 동안 세계 도처에서 이 방법이 정비되고 정리되었으며 기업 규모가 비대하던 시절에는 이것이 잘 먹히기도 했다. 그러나 이 방법은 오로지 절감과 최적화만을 위해 고안되었을 뿐이다! 다른 요소는 전혀 고려되지 않았다!

시작은 항상 이렇다. "내가 이런저런 것을 바꾸면, 구체적으로 어떤 이득을 얻게 되죠?" 변화에 필요한 수고와 비용, 그에 따른 이득이 저울질된다. "어쨌든 구체적인 이익이 있어야 합니다." 모든 것이 몇 차례 꼼꼼하게 검토된다. "이것이 꼭 필요합니까? 빼면 안 될까요? 이것 없이도 얼마든지 잘 돌아가잖아요? 저것도 마찬가지 아닌가요?"

최적화의 잠재력이 확인되면, 이 최적화에 드는 비용과 예상 수익을 계산해 앞서 말한 방법대로 계획을 세운다. 충분한 이득이 예상된다면 경영진은 규정대로 몇 차례 회의를 하면서 변화를 시도하는 데 필요한 예산을 승인한다. 그리고 예상만큼의 이득을 기대한다.

"이득을 확인하는 데 몇 개월이 걸립니까? 이번 분기 안에 성과가 나왔으면 좋겠는데요." 이런 질문이 최적화 프로세스와 그 실현 방법을 절대적으로 지배한다. 오랜 시간 이런 절차를 경험한 터라 최적화 프로세스는 거의 자동적으로 수행된다. 그러나 다시 한 번 강조하지만 이 방법은 효용성 향상만을 위해 기획된 것이다. 애초부터 계산된 이득을 올릴 수 있는 변화만 선택한다.

이제 문제가 불거지기 시작한다. 많은 변화, 이를테면 대규모 혁신이 단행되는 경우, 얼마나 많은 이익이 발생할지는 누구도 예측할 수 없다. 그런 계산은 불가능하다. 너무나 많은 변수가 존재하기 때문이다! 결국 사업가의 감에 따라, 직감이나 본능에 따라 결정이 내려진다. 참으로 무모한 모험이다. 기업가로 남을 것인가, 아니면 실직자가 될 것인가 하는 기로에 선 모험이다! 안타깝게도 너무나 오래 효율성 프로세스만을 연습해왔기 때문에 기업은 오로지 이런 방식으로밖에 생각할 수 없다. 미리 계산할 수 없는 것은 아예 시도하지 말자. 이익이 계산될 수 없는 혁신은 이렇게 거부된다! 창의력을 마비시키는 습관으로 굳어진 최적화는 이렇게 집단 어리석음을 낳는 주요 원인이 된다.

개선을 위한 혁신에는 좀 더 비싸더라도 더 좋은 상품을 구입하고 싶어 하는 고객의 욕구를 발견하는 감각이 필요하다. 이를 위해서는 반드시 실험이 수행되어야 한다. 시험 모델을 제작해 시제품 시장이나 기자회견 등에서 선보이며 고객의 반응을 살펴야 한다. 고객은 과연 개선된 상품에 더 비싼 값을 치를까? 이처럼 혁신에 필요한 비용은 어느 정도 계산이 가능하지만 그 혁신을 도입함으로써 얻게 될 이득은 예측이 불가능하다. 높은 비용을 들여 제작한 시험 모델을 통해 대략적으로 추정만 할 수 있을 뿐이다. 이렇게 혁신이 고객에게 어떤 이득을 가져다줄지, 그렇게 해서 기업에는 어떤 결과를 가져올지를 예측할 때에도 실험을 거쳐야만 하기 때문에 계속해서 비용이 요구된다. "그것이 당장 어떤 이득을 가져다줍니까?"라는 질문은 생각의 폭을 좁혀 혁신의 싹을 잘라버린다. 하지만 혁신은 시장에서의 생존 여부를 결정짓는 매우 중요한 요인이다!

모든 변화에 이득만을 기대하는 경영진은 생존에 필수적이지만 이득을 예측할 수는 없는 이 불투명한 혁신을 내심 '증오한다'. 그러나 살인적인 경쟁 탓에 경영진은 어쩔 수 없이 혁신을 시도해야 한다. 치열한 경쟁으로 시간에 쫓겨 허겁지겁 시도하는 혁신은 투입 비용에 비해 초라한 이득만을 남길 뿐이다. 과거에 혁신을 긍정적으로 보았던 사람이라도("우리는 시대의 첨단이다") 분기 수익을 깎아먹는 혁신을 짜증스럽게만 생각한다.

반대로 그럭저럭 괜찮은 품질을 노리는 변화는 경영진의 입맛에 딱 맞는다. "그것이 당장 어떤 이득을 가져다줍니까?"라는 질문에 바로 답할 수 있기 때문이다. "그만하면 됐어!"라는 말은 당장에 비용을 절감시켜준다. 물론 고객은 이같은 얼렁뚱땅식 처리를 금세 알아차린다. 결국 장기적으로는 고객의 신뢰를 잃는 것이다. 이는 당연히 직원의 의욕에도 악영향을 끼친다. 직원들은 갈수록 '자부심'을 잃는다. 자신과 기업을 동일시하던 직원의 자긍심은 빛바랜 지 오래다. 직원들은 곧 "그만하면 됐어!" 하는 눈길로 기업을 바라보며, 업무 역시 '대충 괜찮은 정도'로만 처리한다.

진정한 변화를 일으키는 혁신 또는 새로운 기술이나 사업 모델로의 전환은 이제 거의 불가능한 일이 되었다. 틀에 박힌 생각 탓에 혁신은 좌초한다. 혁신은 단계마다 정확한 이득 계산을 요구하는 결재 프로세스를 통과할 수 없다. '비용이 들어가는 모든 것'이 금지된다. 생각도 해서는 안 된다. 비용 절감이 최우선인 마당에 어찌 감히 그런 생각을.

오늘날 분기 실적 회의에서 누군가 아주 근사한, 중장기적인 성공을 보장하는 아이디어를 내놓는다면, 아마 주변의 따가운 눈총을 받게 될 것이다. 즉시 이런 반론이 제기된다. "지금 회의를 방해하는 겁니까. 이번 회의는 분기 실적을 어떻게든 올리자고 하는 겁니다. 우리는 목표를 달성해야만 합니다. 나중에 무언가 이득이 생길 거라는 아이디어는 쓸모가 없어요. 분기 목표 달성에만 시달려온 우리가 지금 그걸 신경 쓸 여유가 있을 거 같아요? 정말 불쾌하네요. 그래요, 당신 아이디어가 불쾌하다는 겁니다. 지금 소중한 회의시간이 당신 때문에 허비되고 있잖아요. 아이디어 운운하지 말고 이번 분기 실적에 집중하세요. 팀의 일원이라는 자각이 없는 겁니까? 당신은 정말 파괴적인 오메가군요."

**"**

지극히 정상적으로 생각하는 사람은 오메가가 된다.

**"**

# '국지적 최적화'라는
# 감옥

앞서 언급했듯 과거에는 기업이 무턱대고 몸집을 불려온 탓에 쉽게 군살을 뺄 수 있었다. 그러다 언제부턴가 최적화 기술이 등장했고 표 수식과 비즈니스 소프트웨어를 이용해 계속해서 추가로 살을 뺄 부분을 찾아나갔다. 이렇게 매년 절약하고 또 절약했다.

그리고 지나치게 허리띠를 졸라맨 탓에 결국 많은 기업이 고사할 위기에 처하고 말았다. 그럼에도 경영진은 계속해서 절감만을 요구한다. 초과 근무 수당을 삭감하고 직원들의 급여를 줄이다 못해 아예 직원을 줄여버리는 행태까지 보인다. 이렇게 단순무식하게 무작정 살집을 도려내다 보니 어느덧 '멀쩡한 부위'까지 위험에 처한다. 이대로라면 뼈대마저 도려낼 기세다.

절감은 갈수록 국지적이 되고 쩨쩨해진다. 일자리 축소는 점점 교묘해진다. 직원들은 미시micro 경영에 시달린다. 이제 사장은 누군가 자판기에서 종이컵을 훔쳐갔다고 난리를 피운다. 꼭 택시를 타야 했냐고 따진다. 이런 쩨쩨한 절약이 득보다 실이 많다는 사실은 한사코 무시된다. 한쪽에서 지출을 줄이면 다른 쪽의 지출이 늘어난다는 사실도! 한쪽의 절약은 다른 쪽의 손실이다. 어떤 부서의 일자리를 하나 줄이면, 다른 부서의 일이 늘어난다. 말하자면 언제 터질지 모르는 폭탄을 서로에게 돌리는 판국이다.

다음은 한 영업 직원의 사례다.

"저는 기차를 타고 슈투트가르트에서 뮌헨으로 갑니다. 뮌헨에서 열리는 산업박람회에서 일하고 있거든요. 뮌헨에서 하루 머문 다음 이튿날 다시 열차를 이용해 슈투트가르트로 돌아옵니다. 지금까지는 이런 식이었어요. 뮌헨 중앙역에서 내려 바로 인근 호텔로 갑니다. 하룻밤 숙박료는 90유로입니다. 호텔에 짐을 풀고 역으로 돌아가 지하철을 타고 박람회장으로 갑니다. 지하철 요금은 열차표에 포함되어 있죠. 일을 마치고 다시 지하철을 타고 역으로 돌아와 역의 간이매점에서 간단하게 요기를 하고 호텔로 갑니다. 호텔에서 잠을 자고 이튿날 아침 다시 기차를 타고 슈투트가르트 본사로 귀환합니다. 호텔과 역이 바로 옆에 붙어 있기 때문에 시간을 절약할 수 있어 좋습니다. 그런데 이 호텔이 숙박료를 95유로로 인상했어요. 회사 경리부는 이 숙박료를 인정할 수 없다고 하더군요. 저더러 뮌헨 북쪽에 있는, 별도 계약한 호텔에 묵으라는 겁니다. 거기는 숙박료가 85유로로 10유로 더 싸다는 거예요. 역에 도착해서 택시를 타고 그 호텔로 갔죠. 택시 요금이 22유로 나오더군요. 체크인을 하고 다시 택시를 타고 박람회장으로 갔습니다. 17유로가 나오더군요. 이 호텔은 대중교통과 연결되지 않아서 저렴한 거였습니다. 시간도 예전 호텔보다 20분 더 걸렸습니다. 일을 마치고 다시 택시를 이용해 17유로를 내고 호텔로 돌아왔습니다. 뭘 좀 먹으니 시간이 더 걸리더군요. 다음 날 아침 또 22유로를 내고 택시를 이용해 역으로 갔습니다. 20분 걸리더군요. 기차를 놓칠까 봐 15분 일찍 출발한 탓에 총 35분을 까먹었습니다. 호텔 숙박료 10유로를 절약하느라 택시비는 78유로가 들었고 최소한 한 시간을 낭비했죠. 그런데도 회사는 새 호텔만 허용합니다. 예전 호텔은 절대 안 된답니다. 부장님, 어쩌면 좋죠?"

부장이 대답한다. "미안하네. 비용 절감 정책 때문에 95유로짜리 호텔은 이용할 수 없어. 자네 경우엔 일이 약간 복잡하게 됐네만, 전체적인 시각으로 규정을 지키는 게 좋아. 버스를 타는 게 어떤가? 좀 걷더라도 말이야. 택시비를 줄이는 쪽으로 해봐. 자네가 한 시간 정도 더 쓰게 된다는 건 알고 있어. 그런데 요즘처럼 힘든 상황에선 어쩔 수 없는 일이잖나."

사원은 속이 부글부글 끓는다. "5유로만 더 내면 간단하게 해결될 일인데 대체 왜 안 된다는 겁니까?"

"경영진도 숙박료 90유로 제한의 이유를 정확하게 알지 못해. 그걸 지키지 않으면 죄책감을 느끼나 봐. 어쨌거나 우리는 무조건 90유로 숙박료 제한을 엄격하게 지키라는 지시를 받았어. 자네에게만 예외를 허락하면 내 입장이 곤란해져. 거기다 우리는 택시비도 절약해야만 해. 숙박료 절감으로 비용을 줄이긴 했지만 택시비가 너무 늘어났거든. 결국 전체적인 절감 목표를 달성하지 못했어."

영업 사원은 이제 거의 울상이다. "싸구려 호텔은 지하철과 연결되지 않아서 싸다니까요. 정말 어처구니가 없네요. 대체 왜 합리적인 제안이 출장비나 부풀리는 범죄가 된 거죠? 전체적인 비용 절감을 원한다면 제발 전체를 살피세요!"

"숙박료와 교통비를 담당하는 직원이 서로 달라."

영업 사원은 탄식한다. "바로 그게 문제라니까요!"

"자네도 담당 분야가 있지 않나? 무슨 일을 맡고 있지?"

"저는 직원들이 태블릿PC를 이용해 서로 연락하면서 일하는 방법을 연구하고 있습니다. 그러면 출퇴근 및 이동시간에도 업무 처리를 할 수 있어 시간을 절약할 수 있으니까요."

수학적으로 계산된 최적화는 항상 전체의 최적화를 목표로 한다. 미시 경영을 하는 대기업은 모든 개별 부서와 직원들에게 각각의 최적화를 요구할 뿐이다. 다른 부서를 고려하지 않고 제각기 자신이 담당하는 분야만 최적화하는 탓에 충돌을 피할 수 없다. 어느 한 부서(숙박료 담당 부서)가 절약하면 다른 부서(교통비 담당 부서)가 더 많은 지출을 할 수밖에 없다. 각각의 부서가 모두 독자적으로 비용을 절감하려는 통에 다른 부서에 추가 비용을 발생시키는 상황이 벌어지는 것이다.

다른 도리가 없다! 모두가 각각의 절감을 추구하면 결국 누군가는 부족한 부분을 채워야 한다. 대기업의 경우 부서 간 거리는 너무나 멀다. 다른 부서에 추가된 불행을 인지하지 못하기 때문에 자신이 절약에 성공했다고 자축할 수 있는 것이다. 절감이 추진되면 추진될수록 전체는 계속해서 더 큰 혼란에 사로잡힌다. 저마다 타인에게 잘못의 책임을 돌린다. 그리고 대다수의 사람들은 일이 잘못되었다는 것조차 인지하지 못한다.

> **"**
> 모두가 부분적으로만 최적화를 시도하면 전체는 왜곡될
> 수밖에 없다. 이는 누구나 아는 사실이다.
> **"**

각 부분이 저마다 절약을 하려는 통에 기업 전체는 사경을 헤매게 된다. 그럼에도 계속해서 국지적인 절약만 시도한다면 기업은 숨을 거두거나 한쪽의 절약이 다른 쪽의 지출로 이어지는 악순환에서 벗어날

수 없게 된다. 이는 인간이라면 누구나 예상할 수 있는 합당한 상식이며, 수학이 증명하는 진리다. 언젠가 국지적인 최적화가 '완성'된다면, 이때부터 비용은 이리저리 떠넘겨질 뿐이다.

## 정상적인 이성은
## 이제 오메가가 되었다

이제 전체는 왜곡되고 말았다. 그 실상을 하나하나 짚어보자. 목표는 달성이 불가능할 정도로 높다. 일의 부담은 한계치 이상으로 커진다. 직원은 기회주의적인 태도를 가질 수밖에 없는 환경으로 내몰린다. 전체 시스템은 단 하나의 원인에만 집착하는 기묘한 상황에 사로잡힌다. 이로써 전체는 시야에서 멀어진다. 실적에만 매달리는 탓에 속임수가 횡행하며 정신 나간 국지적 '절약'만 강제된다.

기업은 도처에서 발생하는 집단 어리석음 탓에 위험에 빠진다. 전체적으로 '문제없는 기업'이 '문제적인 기업'으로 바뀌고 말았다. 앞서 언급한 슈퍼 배경 변수는 '문제없던 수준'에서 '문제적인 수준'으로 변했다. 어떻게 하면 이런 흐름을 되돌릴 수 있을까? 순수한 북 스마트 이성은 "근본부터 재정비하라!"고 말한다.

그럼에도 스트리트 스마트의 고집은 굳세기만 하다. 앞서 말한 내용을 짧게나마 반복한 이유는 그만큼 중요하기 때문이다. 늪에서 빠져나오려는 스트리트 스마트는 완전히 방향을 바꿔 죽음의 소용돌이에서 탈출하라는 요구를 기괴할 정도로 어리석은(!) 헛소리로 받아들인다. "그런 요구는 뻔뻔하기 짝이 없는 철면피나 북 스마트만 할 수 있는 거야!" 문제적인 사람은 자신의 어려운 상황을 풀어줄 유일하게 스마트한 해결책을 어리석다고 치부해버린다.

이성은 이런 문제적인 지대에 불편을 느껴 극단적인 비판을 한다. 부분만 보는 이성이나 국지적인 최적화는 전체에 아무런 도움을 주지 못한다. 수많은 이해를 대변하는 최고책임자들은 국지적인 부분에만 집착하며 서로를 방해한다. 변화를 도모하려 했던 경영은 결국 미시경영이라는 함정에 빠지고 만다…….

각 부분이 다시 이성을 회복하기란 거의 불가능에 가깝다. 약간씩 남아 있는 각 부분의 이성이 세계적인 차원의 비이성과 충돌을 일으키기 때문이다. 즉 작은 부서에서 뭔가 이성적인 일을 하고자 하는 사람은 시스템이 요구하는 많은 규칙을 깨야만 한다(앞서 내 개인적인 문제를 통해 한 가지 사례를 제시한 바 있다). 부분에서부터 이성을 회복하려는 모든 시도는 전체의 집단 어리석음과 일대 전쟁을 치러야만 한다. 이런 전쟁에서 부분의 이성이 승리할 가능성은 매우 희박하다. 전쟁에 들이는 엄청난 수고에 비해 이득이 거의 없는 것이다.

이성은 부분 차원에서 항복하거나 최고경영자에게 근본적인 일대 변화를 요구해야만 한다. 비이성을 극복하려는 목적으로 중간 간부를 설득하는 것은 무의미하다. 중간 간부 역시 집단 어리석음의 희생자이기 때문이다. 오로지 최고경영자만이 뭔가 변화를 일으킬 수 있다. 이성은 최고경영자에게 필사적으로 호소해야만 한다! 그러자면 이성은 알파에게 저항하는 오메가가 될 조건을 갖추어야 한다. 알파는 순수 이성에 어떤 반응을 보일까? 최고경영자는 변화를 일으킬 수 있을까?

그럴 능력이 있고 강한 의지까지 가졌다 할지라도 근본적인 변화는 너무나 큰 수고가 필요한 일이 아닐까? 계약 기간이 고작 5년인 전문 경영인이 과연 그런 의지를 가질 수 있을까? 집단 어리석음을 치유할 약초를 길러낼 수 있을까?

비이성, 반이성은 우리를 플라톤의 동굴에 가둔다. 동굴은 어두침침하기만 하다. 누군가 "저 바깥은 밝다"고 말해주더라도 이제 우리는 그의 말을 믿지 않는다.

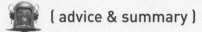

나는 종종 "프로세스는 혁신의 죽음이다"라는 익살맞은 제목의 강연을 열곤 한다. 경험에서 우러나온 이 지혜를 믿는다면, 이런 결론을 도출할 수 있다. 혁신은 기업의 프로세스 탓에 좌절하거나 프로세스를 무시함으로써 관철된다.

"가능한 한 물밑에서 은밀하게 일하라Work underground as long as you can!" 이는 혁신의 성공을 위해 지켜야 할 중요한 수칙이다. 이런 말을 하면 대개 이런 대답이 돌아온다. "어떻게 하는지 구체적으로 예를 들어주세요!" 음, 내가 예를 들어도 될까? 이간질이 되지 않을까?

대다수 사람들은 어떤 프로젝트를 수행하는 데 있어 공식적인 문서만 있으면 필요한 예산을 쉽게 확보할 수 있을 것이라 믿는다. 그런 믿음일랑 당장에 버리자. 결재가 완료되기까지는 영겁의 시간이 걸리고 회의에 회의를 거듭해야 한다. 결재가 났다고 해서 예산이 바로 확보되는 것도 아니다. 예산 확보는 완전히 다른 차원의 프로세스다. 이런 프로세스는 반드시 거쳐야만 한다. 아이디어는 회의 때마다 도마에 올라 난도질당한다. 추가 요구도 계속해서 불어난다. 예를 들어 IBM의 '앱(어플) 개발' 아이디어에는 이런 요구가 따라붙었다. "지금 말한 작은 '안드로이드 앱'을 IBM이 새로 출시한 대형 컴퓨터에서만 작동하게끔 프로그래밍할 수 있나요? 그러면 그 앱을 원하는 사람이 모두 대형 컴퓨터를 구입하지 않겠어요? 어때요, 천재적이죠?" 약간 과장하기는 했지만 항상 이런 식의 논쟁이 오간다. 자신의 부서가 이득을 취할 수 있어야만 해당 아이디어를 승인한다. 바로 이런 이유로 어떻게든 자신의 부서에 '추가 이득'을 얻어내려는 실랑이가 끊이지 않는다. 예전에는 나도 그런 요구들을 수용해가며 혁신 아이디어를 수정했었다. 그러나 결과는 언제나 실패였다. 그런 식의 무조건적인 의견 수용은 타인이 요구한다고 해서 수중식물을 사막에 심는 것과 같다.

혁신 아이디어는 직속상관과 개인적으로 커피를 마시며 이야기하는 것이 가장 좋다. 상관이 아이디어를 긍정적으로 평가해 열광적인 반응을 보이면 복잡한 프로세스를 거치지 않고도 예산을 얻어낼 수 있다. 예산이 확보되면 최고위직 임원, 당신을 믿는 경영자를 찾아가 현재 물밑에서 이런 작업을 하고 있다고 넌지시 귀띔해주어야 한다. 단, 무슨 프로젝트인지 꼬치꼬치 캐묻지 말아달라는 조건을 붙이는 것을 잊지 말자. 그저 아주 훌륭한 프로젝트가 기획되었다는 사실만 알려주어야 한다. 함께 들뜨거나 흥분하지 않는 것이 좋다는 말을 덧붙이면서 말이다. 이 정도의 선을 지키는 것이 중요하다. 경영자 급 회의에서는 흔히 "그런 일이 일어나고 있는지 알고 있었느냐"는 질문이 발톱을 세운다. 그러면 당신의 상사는 여유롭게 대답할 수 있다. "그럼요, 알고 있었죠, 차분히 지켜봅시다." 아무것도 모르는 채로 저런 날선 질문을 받으면 상사는 기분이 나쁠 수밖에 없다. "깜짝 놀랄 일은 금물이다!" 혁신을 시도하고자 하는 직원이 지켜야 할 중요한 원칙이다. "직속상관을 절대 놀라게 하지 말자!" 그래야 상관이 체면을 잃지 않는다. 또 그래야만 해당 직원도 신뢰를 잃지 않을 수 있다.

가능한 한 물밑에서 은밀하게 일하라. 이는 혁신이 반드시 지켜야 할 금언이다! 물론 혁신 또는 변혁을 위해 스마트한 프로세스가 '가동'될 수도 있다. 실제로 그런 시도가 계속되고 있다. 그러나 집단 어리석음 탓에 결과는 언제나 실패다. 언젠가는 새로운 프로세스가 근사하게 성공할 수도 있겠지만, 그런 프로세스도 과거 사례와 마찬가지로 이득만 따지는 행위로 종결될 수밖에 없을 것이다.

—

지하실 혹은 물밑 같은 은밀한 공간이 없는 기업, 집단 어리석음에 사로잡힌 기업에게 미래란 없다. 이 결론은 이 책 전체의 결론이기도 하다. 집단 어리석음에 사로잡힌 기업은 오로지 효용성 향상이라는 시각으로 수치화된 실적과 업무 부담 증대, 비용 절감만을 추구한다. 우리는 내면을 바라보아야 한다. 오로지 내면에서만 구원의 빛을 찾을 수 있다. 앞서도 말했지만, 고슴도치처럼 잔뜩 웅크린 채 실적 단속에만 집착하면 고객과의 접촉은 사라진다. 시장은 새로운 게임 규칙을 앞세운 외부 공격자에게 고스란히 넘어간다.

좌초하지 않으려면 딱 한 가지 방법에 집중해야 한다. 바로 집단 지성을 지켜주는 지하실이라는 보호 지대를 이용하는 것이다.

# 온도계의 온도만 높이면
# 여름이 온다?

**수치로 제시되는 실적 목표는**

직원에게 압력을 행사한다. 중압감에 시달리는 직원은 실
적을 조작한다. 조작된 지표는 맹목성을 낳는다. 결국 우
리는 아무것도 보지 못한 채 무언가가 보인다고 자신에게
최면을 건다.

기업은 매출과 비용과 수익을 측정한다. 측정 결과는 움직이지 않는 '단단한 숫자'다. 반면 인터넷 서점의 독자 서평은 '단단한 측정치'가 아니다. 이런 평점은 얼마든지 조작될 수 있다. 우리 삶에는 인간과 다른 모든 것을 평가하는 '허약한 지표'가 너무 많다. "저 남자, 포르셰 자동차를 타네. 틀림없이 부자일 거야." 특히 우리의 상사는 영업 상황과 직원의 실력을 특정 지표로 평가한다. "저 직원은 항상 늦게까지 남아서 일을 해. 믿을 만한 직원이야." 이 장에서는 경영자와 직원이 스트레스를 피하기 위해 얼마나 많은 지표를 조작하는지를 살펴보려 한다.

## 지표와 측정값

어떤 기업이 건강한지, 어느 기업이 견실한 경영을 하고 있는지 어떻게 알 수 있을까? 지금까지 이 책에서 많이 다루었던 주제다. 수익만으로 기업의 건강한 정도를 판단할 수는 없다. 지속 가능성과 미래를 열어갈 능력 또는 시장의 위기를 견뎌낼 강인함이 중요한 지표로 작용한다. 매출 혹은 수익이 '단단한 숫자'라는 것은 모두가 알고 있다. 그러나 이런 수치 역시 조작될 수 있다. 회계장부는 얼마든지 '창조'할 수 있는 것이다.

우리는 너무나 쉽게 '수치의 견고함'을 믿는다. 수치라는 것이 얼마나 쉽게 조작되는지는 까맣게 잊힌다. 하지만 대략적으로나마 측정값과 지표를 구별하는 분별력을 갖춰야 한다. 측정값은 이상적인 경우 매수할 수 없는 진정한 수치다. 현재 온도계가 섭씨 28도를 가리키고 있다. 이것은 정확한 측정값이다! 그러나 우리는 온도계를 확인하는 대신 창밖을 내다볼 수도 있다. 날씨가 화창하다. 6월 말의 오후 1시 30분. 느낌상 26도 정도인 것 같다. 이 방법에서는 수치를 측정하지 않았으며, 그저 배경지식만 활용했다. 햇볕은 온기를 보여준다. 나는 여름날의 기온이 대략 어느 정도인지 알고 있다. 햇볕과 계절과 기온

사이에는 일종의 상관관계 혹은 맥락이라는 것이 성립한다. 이 맥락을 알고 있기에 나는 수치를 측정하지 않고도 기온을 예측할 수 있다. 즉 햇볕이 온기를 나타내는 지표라는 뜻이다. 6월과 점심시간도 따뜻함의 지표가 된다. 물론 오늘 오전에 소나기가 한차례 쏟아졌다면 햇볕이 내리쬐는 상황에도 기온이 낮을 수 있다. 예측이 사실과 전혀 다를 수는 있지만, 그럼에도 햇볕과 6월과 점심시간은 좋은 지표다. 지표를 활용하면 수치를 측정하지 않고도 대략적인 상황을 짐작할 수 있다.

기업의 건강 상태를 말해주는 많은 경제 지표가 있다. 지명도, 평판, 이미지도 그런 지표가 된다. 깔끔한 상품을 출시하는 기업에 소비자 단체는 "좋음"이라는 평점을 준다. 기업의 상태를 나타내는 지표는 이처럼 매우 다양하다. 그러나 이런 지표에 근거한 판단이나 평가는 구체적인 측정값이 아니라 앞서 말한 날씨의 예처럼 몇 가지 기본 지표에 의존한다. 이미지가 좋고 유명하다고 해서 그 기업이 꼭 건강한 것은 아니다. 지명도가 높고 이미지가 좋은데도 파산 직전의 상황에 처한 기업을 심심찮게 본다. 그러나 사람들은 대개 유명한 기업이 '좋은 기업'이라고 생각한다. 'X = 지명도'와 'Y = 가치 있는 기업'은 상관관계를 이룬다. 그러나 이 관계가 반드시 인과관계를 이루는 것은 아니다! X가 바로 Y로 귀결되는 것은 아니라는 뜻이다. 우리는 X를 Y의 지표로만 받아들여야 한다. 그 이상은 아니다. 우리는 그저 하나의 지표를 가졌을 뿐이다. 피가 뚝뚝 떨어지는 칼을 손에 쥐고 있다는 사실은 하나의 지표일 뿐 그 사람이 살인자라는 증거는 아니다.

사람들은 흔히 복장, 신뢰도, 교육 수준, 취향, 부유함, 품위 사이에 어떤 통계적인 상관관계가 있다고 믿는다. 그러나 이런 상관관계로 인과관계를 만들어내서는 안 된다. 이는 절대 범하지 말아야 할 어리석음이다.

선입견이 만드는 상관관계는 경험, 학습, 걱정에서 비롯된다. 이 사실을 알고 있는 사람은 선입견의 오류 가능성을 이해하고 인정한다. 선입견은 그저 신속한 평가를 도와주는 유용한 지표일 뿐이다. 교양을 갖춘 사람이라면 선입견은 성급한 판단이며 끊임없이 검증해야 하는 '작업가설'일 뿐이라는 사실을 충분히 인지한다. 그러나 어리석은 사람은 철저하게 무지한 탓에 상관관계를 인과관계로 혼동하며, 선입견을 올바른 판단이라 고집한다. 집단의 다수가 같은 선입견을 공유하면 무조건적인 선동을 일삼는 작태가 연출된다. 어리석은 무리는 목청을 높인다. "우리가 알지 못하는 모든 것은 당장 나가라!" 그 대상은 외국인이 될 수도 있고, 현재 맥락에서는 혁신 또는 새로운 아이디어가 될 수도 있다. 새로운 것에 저항하는 짜증스러운 선입견은 항상 존재한다.

어쨌거나 우리는 이런 순간을 인생에서 여러 번 경험한다. 모든 것을 정확하게 측정할 수 없기에 지표에 의존해 판단하고 결정해야 하는 상황이다. 이런 '무른' 지표는 정확한 측정값이 아니다. 그러나 우리는 '경험으로 미루어' 지표와 측정값이 상관관계를 가진다는 사실을 인지한다. 누군가 누더기를 걸치고 나타나면, 우리는 얼굴부터 찡그린다. "아들아, 네 새 여자 친구 좀 이상하더라. 문신을 했어. 거기다 양말에 구멍까지 났더구나." 그럼 전쟁이 벌어진다. "아버지는 왜 항상 그런 걸로 사람을 평가하세요? 성급하게 그럴 게 아니라 먼저 상대방을 더 살펴봐야 하는 것 아닌가요?" 어디서 많이 본 상황이 아닌가? 아들이 모든 것을 더 잘 알고 있으니 그저 물어보기만 하면 되는 상황에서도 아버지는 선입견을 가지고 성급한 판단을 내린다. 아들은 자신의 여자 친구가 어떤 성격인지 잘 알고 있다. 하지만 아버지는 자신의 선입견이 만들어낸 지표가 아들이 알고 있는 것보다 더 정확하다고 생각한다.

재차 강조하지만 정확한 측정값이 가장 좋다. 하지만 아쉽게도 우리 인생에는 정확한 것이 그렇게 많지 않다. 우리는 대개 지표를 근거로 판단을 내린다. 지표에 근거한 판단이 맞을 때도 있지만 틀릴 때도 많다. 때문에 우리는 지표와 기준을 신중하게 다루어야 한다. 지표가 부정확하다는 불평은 판단을 내리는 데 아무런 도움이 되지 않는다. 평소에 방증과 지표를 신중하게 다루는 법을 익혀 직관력과 판단력을 기르는 것이 중요하다.


## 원하는 게 무엇이든,
## 나를 사기만 하세요!

집단 어리석음이 가진 선입견을 알고 있는 사람은 이것을 자신에게 유리한 쪽으로 악용한다. 집단의 선입견에 비위만 맞춰도 인기를 끌 수 있다! 오늘날에는 이 어리석은 선입견을 악용해 이익을 얻으려 혈안이 된 미용업계와 컨설팅업계, 여론조사업계가 요란하게 활개를 친다! "어리석은 대중은 무엇을 기준으로 인물을 선택할까? 언제 기꺼이 지갑을 열까? 선거에서 당선되려면 어떤 선입견에 비위를 맞춰야 할까? 웹사이트에 어떤 단어를 올려야 더 많은 사람이 클릭할까?"

면접에 합격하고 싶은 사람, 자신의 기업을 팔고 싶어 하는 사람,

높은 실적을 올리고 싶어 하는 사람은 이력서를 조작하고, 분식회계를 하며, 외모 꾸미기에 집착하거나 아내에게 성형수술을 강요한다. 물론 화장을 하고 외모를 그럴싸하게 꾸미는 사람들은 언제나 존재했다. 이런 유행이 좋은 평가를 받지는 못했지만 그럭저럭 묵인되었다. 오늘날에는 이것이 마치 당연한 일인 양 수행된다. 심지어 대중 스포츠가 되었다. 이력서를 조작하지 않으면 영원히 기회를 얻지 못할 것이라는 절박함이 이미 사회에 만연하다. 성공해야만 하며, 높은 실적을 기록해야 하고, 언제 어디서나 항상 미소를 지어야 한다는 강박관념에서 자유로운 사람을 찾기 힘든 세상이 되고 말았다. 다들 다른 선택지가 없다고 생각한다. 최적화만이 오늘날의 절대적인 옵션인 것이다.

이제 선입견을, 지표를, 다른 사람의 희망을, 기업과 미디어를 연구하고 그 결과를 자신에게 유리한 쪽으로 써먹으려는 흐름이 대세가 된다. 성공만 할 수 있다면 기꺼이 자신을 팔겠다는 매춘 행위가 노골적으로 횡행한다. 하지만 고객을 만족시키겠다는 태도와 그저 닥치는 대로 팔기만 하면 그만이라는 태도 사이에는 엄청난 차이가 있다. 이는 너무도 분명한 이야기다.

한 가지 예를 들어보자. 사람들은 정당이 어떤 가치관을 가지는지, 우리의 미래를 위해 어떤 진정성 있는 제안을 하는지를 살핀다. 그런 다음에는 최고의 제안에 표를 행사하고, 그 제안이 실천되기를 기대한다. 우리의 입만 바라보면서 컴퓨터를 이용한 통계로 어떤 가치관 쪽에 서야 표를 얻을 수 있을지 따지는 정치인을 우리는 원하지 않는다. 그러나 오늘날 정치인들의 기회주의적인 작태는 극에 달했다. 도덕적으로 모범을 보이는, 마땅히 국가의 지도자가 되어야 할 정치인은 눈을 씻고 봐도 찾을 수 없다. 정치인은 대중을 상대로 노골적인 매춘을 한다. "당신이 무슨 생각을 하든, 저는 그것을 대변합니다. 표만 주세요!" 누가 가장 많은 표를 얻을지 결과를 예상하는 것은 수학적 계산만으로 충분히 풀 수 있는 문제다. 정책 공약, 참다운 민주주의, 도덕적인 국가 건설 따위에는 전혀 신경 쓰지 않는, 계산기만 두드리는 정치인은 이렇게 태어난다. 모두가 기회주의적인 해결책만 찾는 탓에 오늘날에는 모든 정당이 다 비슷해져버렸다. 정치인은 그저 대중이 좋아하는 말만 떠들어댄다. 선거에 유리한 지표만 제공하는 것이 정치인의 과제가 되어버렸다!

기업도 크게 다르지 않다. 취업 지원자의 자기소개서는 소름 끼칠 정도로 모두가 똑같다. 약간 과장해 말하면 한결같이 '비굴한' 표현만 가득하다. "어떤 상황에도 적응해 근무할 수 있습니다. 그동안 열심히 연습해온 덕에 매우 빨리 적응할 수 있습니다. 근무지도 얼마든지 바꿀 각오가 되어 있습니다. 석 달 동안 급여를 받지 않고 인턴으로 일하겠습니다. 가족은 저에게 최우선 순위가 아닙니다. 절대 저만 생각하지 않겠습니다. 채용만 해주신다면 회사와 저를 완전히 동일시하겠습니다. 귀사에서 일하게 되기를 간절히 희망합니다."

어떻게든 채용 담당자와 고객 또는 유권자에게 잘 보이려는 노력은 눈물겨울 정도다. 모두에게 환대받는 방법은 인터넷에서 쉽게 찾을 수 있다. 채용 담당자와 고객, 유권자가 원하는 바를 알려주겠다며 엄청나게 많은 설문 조사와 연구가 달려든다. 그러나 이들이 알려주는 대로 하면 모든 선입견 또는 공식적인 것처럼 꾸며진 기준에 맞춘 일밖에 할 수 없다. 이런 과정을 통해 제작되는 상품은 겉보기에는 그럴싸하지만 자세히 보면 아무런 특징을 찾을 수 없고 인간적인 향기도 전혀 느낄 수 없다. 인간의 건강한 상식은 이런 상품에 거부감을 가진다. 모든 기업이 가장 친절한 직원과 최고의 상품을 가질 수는 없는 노릇이다. 모든 기업이 똑같다면야 모를까.

기업이 동일한 최적화 원칙을 고수하느라 모두 똑같아진다면 어떻게 차별화할 수 있을까? 기업의 로고를 통해서만?

- 은행들은 앞다투어 개인 고객에게 한결같이 똑같은 서비스를 제공한다.
- 스마트폰 요금제는 매우 다양한 것 같지만 면밀히 따져보면 모두가 똑같다.
- 입사 지원자는 단 한 명도 빠짐없이 검은색 비즈니스 정장을 입는다.
- 자동차에도 개성이라고는 없다. 나는 볼보 S40 모델 차량을 갖고 있는데 주차장에서 같은 색의 BMW 3시리즈 차량과 매번 혼동한다. 주인 외에 다른 점이 있기는 한 것일까?
- 세계 어디에서나 상품은 모두 똑같다.
- 여당과 야당의 다른 점을 모르겠다. 난립한 군소 정당은 저마다 국민 정당이 되겠다고 호언장담한다.
- 엘리트 양성소를 자처하는 대학들은 언론사가 시행하는 대학 평가에서 모두 똑같은 평가를 받는다. 대학들은 평가 위원회가 언제 어떤 것을 '엘리트'라 생각하는지 사전에 알아내 '영리하게 대처한다'. 매우 형편없는 대학이라 할지라도 어떻게 하면 평가에서 좋은 점수를 딸 수 있는지 속속들이 꿰고 있다. 그러니까 진짜 엘리트가 아니라, 조작된 엘리트일 뿐이다.

모든 기업이 대중의 취향에 맞춰 최적화를 꾀한 탓에 개성이라고는 찾아볼 수 없게 되었고 모든 상품이 비슷해져버렸다. 승자는 대중의 요구에 가장 잘 적응한 기업이다. 그럼에도 기업이나 정당은 성공의 비결을 차별화(!)라 말한다. 또는 독자적인 프로필을 구축했다거나(우리 당은 다르다!) 고객 또는 국민이 요구하는 바를 모두 갖추었다면서(다른 기업이나 정당도 똑같은 소리를 한다) 경쟁 상대보다 훨씬 더 뛰어난 특성을 가졌다고 자랑한다. "우리의 스마트폰 요금제는 여타 통신사와 비교해도 손색이 없을 정도로 저렴한 요금 서비스를 제공합니다. 게다가 벨소리 하나를 공짜로 드립니다." "오직 우리 당만 사회와 정의와 자유를 위해 싸웁니다. 낮은 학력도 차별받지 않는 세상을 만들겠습니다."

## 손쉬운 지표 사기

기업이 어떻게 수치를 조작하는지 몇 가지 실제 사례를 들어보겠다. 기업은 어리석은 먹잇감을 발견하면, 성냥불로 온도계를 데우며 전국이 열기에 휩싸였다는 거짓을 퍼뜨린다. 온도는 온도계로 측정할 것이라 생각하는 어리석은 이들은 이 거짓에 그대로 속아 넘어간다. 좋은 예가 페이스북이다. '좋아요!'를 많이 받으면 우쭐해지는 기분은 이렇게 해서 생겨난다. 온라인 서점 아마존에서 별점 다섯 개를 받은 책은 틀림없이 무언가 특별한 것이 있으리라는 믿음 역시 마찬가지다. 이처럼 사람들은 평가를 내릴 때 무언가 기댈 구석을 찾고, 이 사실을 알고 있는 기업은 측정치를 위조하고 지표를 조작하기 시작한다. 이런 속임수는 결국 모두에게 해악을 끼친다. 성냥불로 데운 온도계를 봐서는 정확한 외부 온도를 알 수 없는 것처럼 별점 다섯 개가 본래 무엇을 의미하는지 정확하게 아는 사람은 아무도 없다. 그러니까 핵심은 이런 속임수가 한동안 먹히는 탓에 결국 실제 측정 도구까지 신뢰를 잃고 만다는 것이다. 결론적으로 모든 것이 속임수이기 때문에 우리는 아무 것도 평가할 수 없게 된다. 다시금 집단 어리석음에 사로잡힌 애컬로프의 소용돌이가 휘몰아친다.

## 페이스북, '좋아요!'

기업과 사람들은 페이스북, 트위터 그리고 구글 플러스Google+에 좋은 인상을 남겨야 한다는 강박관념에 시달린다. 오늘날 아이들은 페이스북 친구가 5백 명 정도는 돼야 사회적으로 좋은 위치에 있다고 믿는다. 무조건 친구가 많아야만 '좋아요!'가 대량으로 따라온다! 대부분의 기업은 페이스북 페이지를 개설하고 나서야 비로소 '팬'이 한 명도 없다는 사실을 확인한다. 이제 어쩐다? 팬을 사들인다. 인도에는 페이스북 페이지 방문자 수를 높여주는 전문 업체가 있다. 이곳의 직원은 하루 종일 수천 개의 지어낸 이름으로 페이스북에 로그인해 기업 페이스북 페이지에서 '좋아요!'를 누른다. 게시물을 클릭하기만 해도 '좋아요!'가 생성되게끔 하는 속임수 프로그램도 있다. 또는 '좋아요!'를 눌러 팬이 되어야만 경매에 참여할 자격을 주는 꼼수를 부리기도 한다. 아무튼 속임수는 차고도 넘친다! 본래 페이스북의 친구 수는 해당 페이지나 이용자의 걸출함을 나타내는 지표였다. 친구가 많은 이용자를 보면 '많은 친구=대단히 훌륭함'이라는 선입견이 자동으로 작동된다. 그러나 속임수를 써서 수많은 친구가 있는 것처럼 조작할 수 있는 탓에 정말 친구가 있는 것인지 알 수 없게 되었다. 인터넷의 어리석은 대중은 속임수를 읽어내지 못해 그대로 속아 넘어갈 뿐이다. 모든 것을 조작해놓았기 때문에 기업이 정말 인기가 높은 것인지, 아니면 가짜 '좋아요!'만 수확한 것인지를 판단할 수 없게 되어버렸다. 정말 기괴한 상황이다.

## 아마존 별점

출판사가 전문 서평가를 고용해 일정한 돈을 주고 아마존에 좋은 평가를 남기게 하는 것 아닌가 하는 의혹이 점차 커지기만 한다. 사실 도서 평가에 있어서는 이런 식의 조작이 늘 존재해왔다. 출판사가 유명 블로거에게 신간을 증정하고 탄탄하고 좋은 서평을 써달라고 부탁한다. 진정한 평론가라면 공정한 서평을 쓰려고 하겠지만(품질의 측정) 돈벌이에 급급한 가짜는 칭찬만 잔뜩 늘어놓고 대가만 챙긴다. 이런 식으로 서평은 갈수록 그 의미를 잃어간다. 책을 가지고 이런 장난을 치다니. 진지한 비판, 공정한 평가, 진실은 전혀 신경 쓰지 않는, 오로지 판매 부수만 올리려는 꼼수만 판을 친다. 이 모든 것이 무슨 의미가 있을까? 겉으로 보면 진짜와 속임수를 쉽게 구별할 수 있을 것 같다. 그러나 호텔 평가 혹은 레스토랑 평가, 심지어 병원 평가에 이르기까지 모든 평가를 순진하게 믿는 사람은 바보 취급당하기 십상이다. 갈수록 정교해지는 속임수 탓에 모든 평가가 의미를 잃고 말았다.

## 새로운 지표? 속임수!

병원 페이스북 페이지의 '좋아요!' 수와 해당 병원의 암 환자 생존 가능성 사이에 실제 상관관계가 성립한다는 사실이 한 연구를 통해 밝혀졌다. 그 원인은 다양하게 분석할 수 있다. 예를 들어 암을 극복하고 살아남은 환자만 '좋아요!'를 클릭했다면, 생존 가능성은 당연히 높아진다. 또는 오로지 좋은 병원만 훌륭한 페이스북 페이지를 꾸렸을 수도 있다. 하지만 이 연구 결과가 발표되자마자 지역 신문은 앞다투어 해당 지역의 시립 병원이 사립 병원보다 '좋아요!' 수가 많은지 조사했다. 어떤 일이 일어날까? 클릭, 클릭, 좋아요, 좋아요, 좋아요! 모든 병원 직원들은 자신의 직장을 좋아한다.

## 영업 사원의 성공과 통신비 사이의
## 긍정적 상관관계를 확인한 최고경영자

나도 이것을 확인해보았다. 충분히 그렇게 생각할 만하다! 훌륭한 영업 사원은 인맥 관리에 충실하며, 소통을 즐기고, 고객이 좋아할 만한 화제를 찾아낼 줄 안다. 최고경영자는 회의에서 이 영업 사원을 입이 닳도록 칭찬했다. 이 이야기로 순식간에 기업 전체가 떠들썩해졌다. 실적이 낮았던 영업 사원은 하루 종일 전화통에 매달려 콩고에 전화를 걸었고 그곳의 현지 시간 같은 것을 물어보았다. 결국에는 최고 영업 사원의 통신비가 가장 낮아졌다.

## 고객 방문 횟수에 따라
## 직원을 평가하겠다고 선포한 최고경영자

최고경영자는 고객 방문 횟수가 매출 기여도보다 더 정확하게 측정될 수 있다는 말을 덧붙였다. 그 즉시 모든 영업 사원이 발에 불이 나도록 고객을 찾아다녔다. 고객은 걸핏하면 찾아오는 영업 사원을 보고 짜증부터 냈다. 될 일도 되지 않기 시작했다. 후에 분기 실적을 확인한 영업부장(영업부의 경영인)은 떨어진 매출 때문에 골치를 앓았다. 부장은 기억을 더듬어 회장이 고객 방문 횟수와 매출을 연관시켜 말했던 것을 떠올렸다. 부장은 고객을 더 자주 찾아가라고 영업 사원들에게 윽박질렀다. 고객은 이제 넌덜머리를 낸다. "우리가 너희 얘기만 들어줘야 해? 그런 거야?"

모두 같은 유형의 사례들이다. 돌연 누군가 나타나 좋은 지표를 찾아냈다고 주장한다. 이 지표가 있으면 그동안의 의문을 빠르게 풀 수 있다고 강조한다. 그는 미래를, 상품의 품질을, 기업의 이미지를, 심지어 미래의 매출과 수익까지도 이 지표를 통해 파악할 수 있다고 했고 모두가 솔깃해했다. 그러나 이제 파국을 피할 수 없는 지경이 되었다. 경영진은 어처구니없게도 지표를 배신할 수 없어 파국을 막는 수단으로 다시 지표를 고집한다. 입에 올리기조차 싫은 어리석음이다. 어떤 일이 벌어질까?

- '좋아요!'를 많이 받은 기업이 인기몰이를 한다? '좋아요!'를 꾸며내자!
- 별점을 많이 받은 책이 좋다? 리뷰를 조작하라!

- '좋아요!'를 많이 받는 병원이 좋다고? 좋아요!
- 자기자본수익률이 문제라고? 자기자본비율을 낮추자!
- 전화가 성공의 지표라고? 전화하자.
- 고객 방문 횟수가 성공의 지표라고? 방문하자.
- 통계가 매출의 지표다? 윗선에 보고할 통계 보고서를 조작하자.

나는 '집단 어리석음'을 강조할 단어를 찾느라 골머리를 앓았다. 하지만 적당한 단어가 전혀 떠오르지 않았다. 경영진이 지표를 버리는 순간, 지표는 무의미한 것이 된다. 왜 집단 어리석음은 이처럼 간단한 진리를 외면할까? 원하는 성과가 나오지 않는 시스템을 고집하고 관리하는 것은 정말 무의미한 일이다. 언제나 처음에는 장밋빛 미래를 전망하지만 나중에는 아무것도 남지 않게 된다.

> 66
>
> 기업은 '겉치레'를 하느라 자신의 눈을 찌르고 만다.
>
> 99

페이스북의 '좋아요!'를 조작하면 기업이 정말 대중적인 사랑을 받고 있는지 확인할 수 없게 된다. '좋아요!'를 조작하는 병원은 환자가 인터넷 블로그를 뒤져가며 병원을 평가한다는 사실을 전혀 알지 못한다. 결국 그 '좋아요!'가 대체 무엇을 뜻하는 것인지 알 수 없게 된다. 즉 인터넷에서 반응을 살필 수 없게 된다. 반응을 조작했으니까! 무의미하게 전화통만 붙들고 있거나 고객을 찾아다니기만 하는 영업 사원은 시간만 낭비할 뿐이며 종국에는 고객의 짜증을 부채질해 영업을 망친다. 이런 영업 사원은 고객이 실제로 대화를 원하는지 가늠할 감각을 잃어버린다. 본래 기업의 과제는 고객을 만족시키는 것이다. 그런데 영업 사원은 모든 고객이 만족해한다는 주장만 반복한다. 고객이 아닌 상사의 비위를 맞추기 위해!

우리가 농부라고 가정해보자. 내 아버지처럼 농사를 짓는다고 말이다. 어린 시절 내가 경험한 여름은 대부분 끔찍할 정도로 추웠다. 1954년과 1955년, 1956년은 엄청난 흉년이었다. 원인은 이상할 정도로 추운 여름 날씨였다. 그런데 만약 내 아버지가 더운 물을 가져다 거기에 온도계를 집어넣고 지금이 섭씨 28도이니 올해는 풍년이 들 것이라 말했다면? 이것이 오늘날 횡행하는 속임수와 무엇이 다른가? 그저 날씨가 너무 추워서 흉작을 피할 수 없었다고 말하면 그만 아닌가. 솔직하게 상황을 인정하면 적어도 비난은 듣지 않게 될 텐데, 겉치레를 하느라 온도계를 데우는 꼼수를 써서 결국 완전한 파국을 부르고 만다. 온도계의 '자장가'에 취해 올해는 풍년이 들 것이라 믿는 태도야말로 최악의 집단 어리석음이다.

지표는 상황을 대략적으로 가늠해볼 수 있는 매우 유용한 수단이다. 하지만 지표를 자의적이고 악의적으로 조작해 변화를 시도하면서 자신에게 유리한 쪽으로 전체를 속이는 행위는 파국을 부르는 어리석음이다. 속임수로 조작된 지표는 예측 능력을 전혀 갖지 못한다. 앞을 내다보지 못하게 하는 지표로 우리는 눈이 먼다. 더 나아가 기업은 지표를 조작함으로써 다른 기업과 똑같아지고 만다.

선입견에 비위를 맞추는 기회주의적인 매춘 행위와 지표 조작은 모든 것을 같아지게 만든다. 기업, 정당, 개인은 모두 천편일률적으로 같은 겉모습을 갖게 되고, 결국 정체성마저 잃어버린다.


## "나는 내 겉모습이다"
## — 지표 사기꾼의 건망증

이른바 '고객관계관리CRM, Customer Relationship Management' 시스템에서 통계를 조작하는 문제를 두고 한 독자가 다음과 같은 편지를 나에게 보내왔다.

"우리 기업 시스템에는 고객의 요청을 기록하고 처리할 공간이 충분하지 않습니다. 부장은 고객 요청을 처리한 건수가 적다고 회장에게 문책받았죠. 길길이 날뛰더군요. 그러고는 우리에게 더 많은 처리 건수가 나타나도록 시스템을 조작하라고 명령했습니다. 그렇지 않으면 우리 실적이 구제불능 수준으로 나빠진다면서요. 어려울 거 있나요, 우리는 자리에 앉아 최선을 다해 디테일이 살아 있는 고객 요청을 멋지게 꾸며냈습니다. 그런데 이 때문에 뭐가 실제 요청이고 가짜 요청인지 데이터뱅크에서 구별할 수 없게 되어버렸어요. 마음 같아서는 윗선이 보지 못하는 투명한 표를 몇 칸 더 만들고 싶더라고요. 실제와 겉치레용을 구분할 수 있는 이중 데이터뱅크가 있다면 회사 상황이 훨씬 더 근사해 보일 텐데 말이에요. 어쨌거나 우리는 정말 많이 꾸며냈습니다. 부장은 회의에서 회장에게 칭찬을 받았다며 우쭐하더군요. 이튿날 다시 회의를 하면서 모든 고객 상황을 일일이 점검하고 그들의 요구를 더 빠르게 처리할 방법을 모색하라는 명령을 받았습니다.

회의에서 부장은 고객의 요청을 일일이 검토했습니다. 고객 X의 차례가 되자 우리는 말했죠. 이 고객은 완전히 지어낸 것이라 검토할 것이 없다고요. 그랬더니 부장이 눈을 동그랗게 뜨면서 왜 고객 X를 지어냈느냐고 묻더군요. 아니 그게 아니고, X가 실제 고객이기는 하지만, 전화를 걸어서 실제 무슨 요청을 한 것은 아니라고 대답했습니다. 그러자 부장은 사례는 지어냈다 할지라도 고객 X에게 상품은 판매할 수 있겠다면서 안도하더군요. 우리는 어처구니가 없어서 실소를 지었습니다. 아무래도 부장의 머리가 어떻게 된 모양이라고 생각하면서요. 부장은 이제 고객 Y를 다루자고 했죠. 이 경우도 지어낸 것인데……. 고객 Y는 자신이 구입한 상품을 3년 뒤에 업데이트할 수 있냐고 요청해온 것으로 데이터뱅크에 기록해두었거든요. 부장은 짜증 가득한 표정으로 그럼 왜 새 장치 구입을 권유하지 않았느냐고 캐묻더군요. 아니 지어낸 고객 요청을 상대로 뭘 어떻게 판매할 수 있겠냐고 우리는 항변했습니다. 결국 그런 식으로 고객 Z에 이르렀는데, 이 고객 요청도 지어낸 것이라고 말하자 부장은 본격적으로 화를 내더군요. 자기를 놀리는 것 아니냐면서요. 어떻게 그많은 요청을 전부 지어냈느냐고 따지더군요. 우리는 부장님이 그렇게 명령하지 않았느냐고 항변했죠. 그랬더니 이렇게까지 많이 하라고는 하지 않았다고 우기더군요. 부장은 그럼 실제 판매를 할 수 있는 고객이 누구냐고 물었죠. 실제 고객 요청을 구별하기란 이미 어려운 일이 되어버린 상황에 말이죠. 참 난감하더군요. 그래도 최선을 다해 노력하겠다고 부장을 안심시킬 수밖에 없었습니다. 그러자 부장은 고함을 지르면서 너희가 하는 일이 대체 뭐냐고 난동을 피웠습니다.

아무래도 부장이 건망증을 앓고 있는 것 같습니다. 회장 앞에서 체면을 구기지 않도록 데이터를 조작하라고 명령한 것을 까맣게 잊은 모양입니다. 조작한 데이터로 회장에게서 칭찬받을 때는 좋아 죽더니만. 그때는 정말 기뻐했거든요! 우리가 부장이었다면 정말 겁이 났을 거예요. 지어낸 대로 매출이 발생하지 않으면 끝장이니까요. 그런데 부장도 회장을 속였지 뭡니까. 두려워했냐고요? 전혀요. 그저 상처 하나 없이 질책을 모면했다고 좋아하더라고요. 그런데 불과 하루 뒤의 회의에서 부장은 자신이 명령한 속임수를 까맣게 잊었어요. 부장은 오로지 우리만(!) 거짓말을 했다고 욕설을 퍼붓더군요.

뭐 당연한 이야기지만 3주 후 매출은 조금도 늘지 않았습니다. 예측하고 자시고 할 것도 없는 이야기죠. 그러나 부장에게는 폭탄이 폭발하는 것과 다름없는 일이었죠. 부장은 마치 전혀 예상하지 못했다는 듯이 놀라더군요. 흥분해 길길이 날뛰면서 우리 전부 모가지를 자르겠다고 위협하더군요. 악마가 우리를 잡아갈 거라나요. 그러고는 회장에게 더 좋은 부하 직원을 붙여달라고 거침없이 요구했습니다. 그러자 회장이 직접 우리를 찾아와 사정을 설명해달라고 했습니다. 왜 고객이 요청만 하고 구매 계약서에 사인을 하지 않았느냐고요. 하는 수 없이 우리는 몇 시간 동안 이야기를 나누며 지어낸 사례를 들어 회장을 안심시켰습니다. 이런 변명이 그럴싸하게 들렸던지 회장은 자신이 직접 고객을 찾아가 구입을 권유하겠다고 하더군요. 화들짝 놀란 우리는 은밀하게 고객들에게 전화를 걸어 우리가 지어낸 요구 사항대로 상품을 구입할 의사가 있는지 물었습니다. 당연히 고객은 원하지 않았죠. 하지만 적어도 회장이 던지는 질문에 대답할 준비는 한 셈입니다. 회장은 고객을 일일이 찾아갔지만, 고객은 회장을 차갑게만 대했습니다. 회장은 왜 진작에 고객과 좀 더 친밀한 관계를 구축하지 못했냐며 우리에게 욕을 하더군요. 그러면서 어쨌거나 부장이 우리를 거칠게 다뤄서 흡족하다고 했습니다. 오합지졸인 우리 가운데 믿을 사람은 부장뿐이라면서요."

이것이 현실이다. 경영진은 압박하고 또 압박한다. 의미 따위는 생각하지도 말라고 윽박지른다! 변명도 사과도 용납하지 않는다. 그저 찍어 누르며 압박만 강화한다.

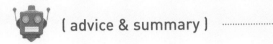

지표는 상황을 판단하는 데 도움을 준다. 그러나 조작된 지표는 이런 기능을 전혀 하지 못한다. 조작된 지표에 의존하는 사람은 눈 먼 장님과 같다. 어쩌면 좋을까?

- 조작을 막는다.
- 조작되지 않은 새로운 지표를 찾는다.

첫 번째는 모두 진리로 돌아가 서로 솔직해지자는 주장이다. 하지만 두 번째 방법은 다시 우리를 복잡함에 빠뜨린다. 조작이 불가능하도록 섬세하고 정교하게 만들어진 지표를 찾아야만 하기 때문이다.

첫 번째 방법은 대개 기업의 기회주의적인 태도 때문에 실패한다. 기회주의를 무너뜨리지 않으면 진리로의 귀환은 거의 불가능하다. 그렇다, 압력이 감소해야만 우리는 비로소 기회주의를 떨쳐낼 수 있다. 두 번째 방법도 시도해볼 수 있지만 각각의 업무가 엄청나게 늘어날 것이다. 일반적으로 복잡한 지표는 훨씬 더 많은 데이터를 요구하기 때문이다. 또 그래야만 조작이 어려워진다. 이런 데이터를 확보하기 위해서는 많은 비용과 품을 들여야 한다.

좋은 아이디어가 없을까? 우리는 앞의 사례들을 통해 유명한 지표일수록 바로 조작된다는 사실을 알게 되었다. 그렇다면 지표를 알리지 않는 것은 어떤가? 다시 말해 평가 대상이 모르는 지표를 평가 기준으로 삼는다면? 물론 평가 대상은 골치가 아플 것이다. 하지만 조작을

## 원천적으로 막는 것이 좋지 않은가!

—

앞서 우리는 사람들이 압박을 받게 되면 평가 기준과 지표에만 집착하게 된다는 불행한 경향성을 살펴보았다. 잘 알려진 기준에 따라 겉치레를 하는 것은 이제 대중적인 스포츠가 되었다. 순진한 눈에 비친 지표 역시 가상일 뿐, 진짜가 아니다. 우리는 진짜를 가려내는 분별력을 잃고 말았다. 조작이 너무 만연한 나머지 많은 수고를 들이지 않으면 단순한 사실조차 구별하기 어렵게 되었다.

이제 거의 모든 것이 의심 대상이 된다. "여기 적힌 대로 들어 있기는 한 거야?" 매장에서 식품을 고를 때마다 우리는 신중해야 한다. "이 제품에는 원산지가 불분명한 다양한 고기, 그것도 부패한 고기가 섞여 있을 수 있어. 수출용 제품을 만드는 공장에서 처리하고 남은 쓰레기가 들어간 게 분명해. 그렇지 않고서는 기술적으로 이런 제품을 만들어낼 수 없거든."

# 10
## 바벨탑을 쌓는
## 의사소통

**스트레스, 서로 다른 이해관계,**

한 가지 사안을 바라보는 다양한 시각은 기회주의를 극대화해 남은 모든 건설적인 의사소통을 짓누른다. 지루하게 이어지는 긴 회의에서 차례로 발언권을 얻어 하는 이야기는 공허한 울림만 남길 뿐이다.

누군가에게 실패의 원인을 물으면 흔히 이런 대답이 돌아온다. "커뮤니케이션이 부족했습니다." 각자의 목표가 너무나 다른 탓에 회의에서는 싸움만 일삼는데 어떻게 제대로 된 의사소통을 하겠는가. 이런 마당에 깔끔한 해결책이 나올 리가 없다. 우리는 이기적인 목표를 넘어 팀 혹은 집단으로 바람직한 전체를 위해 노력하는 '메타 커뮤니케이션'을 해야 한다. 하지만 대개는 그렇게 하지 못한다. 서로 다른 목표만을 상정한 탓에 대화조차 할 수 없다. 나는 이런 엇갈리는 소통을 '메사 커뮤니케이션'이라 부른다.

# 전체는 과연
# 가능한가?

저마다 압박에 시달리는 기회주의자들이 과연 하나의 팀을 이루어 뜻을 모아 한 가지 목표를 추진할 수 있을까? 어쩔 수 없이 회의에서 얼굴을 맞대긴 하지만, 서로 다른 이해관계를 조정하기란 불가능한 일이다. 각자 자기 부서에 이득이 될 것만 얻어내려 혈안이 된 탓에 소통은 안중에도 없다. 다시 한 번 성경을 인용해도 될까? 신은 집단 지성으로 무장한 몇몇 인간이 하늘에 이르는 탑을 지으려 한다는 사실에, 진심으로 그 탑을 짓고 싶어 한다는 사실에 매우 분노했다. 그래서 신은 인간 사이의 소통을 어렵게 만들어 탑 건설을 향한 의지를 꺾어놓았다.

소통에 어려움을 겪는 인간의 약점은 오늘날까지 그대로 남아 있다. 어리석음에 사로잡힌 집단은 의견을 모으지 못하고 끊임없이 '입씨름'을 벌인다. 부서마다 목표와 계획이 천차만별이다. 한마디로 함께 일할 수가 없다. 우리는 앞서 은행의 예를 통해 이런 혼란스런 상황을 살핀 바 있다. 주택부금 담당 부장, 보험 담당 부장, 투자 담당 부장은 지점 창구 직원이 고객에게 어떤 상품을 권해야 할지를 놓고 끊임없이 말다툼을 벌인다. 이들은 각각 '다른 혀'로 말한다.

- 회의에서 저마다 자신의 목표를 강조한다.

- 저마다 자신만의 역할 혹은 기능을 감당해야 한다.

- 모두 기회주의에 사로잡힌 탓에 각각이 항상 '숨겨둔 의제hidden agen-da'를 가진다. 다시 말해 자신이 가진 카드를 절대 공개하지 않는다.

집단 지성은 공동 목표(바벨탑 건설)를 위해 팀으로 함께 일한다. 누구도 자신이 속한 부서의 '대변인' 노릇을 하지 않는다. 집단 지성은 기회주의적인 태도를 절대 보이지 않는다.

나는 과거에 젊은 경영인으로 한 전략회의에 참여한 적이 있다. 회의에서 결정해야 할 사안은 사실 나와는 아무런 상관이 없었다. 그래서 내가 의견을 더해야 할 이유도 전혀 없었다. 다른 참석자들은 열을 올려가며 모든 사안을 두고 말다툼을 했다. 한참 듣고만 있다 보니 토론이 어쩐지 엉뚱한 방향으로 흐르고 있는 것 같았다. 그래서 발언권을 얻어 지금 해야 할 일은 이것이라고 내 의견을 솔직하게 말했다. 내논리는 전체를 염두에 두었기에 흠 잡을 데가 없었다. 최고경영자는 흥미롭다는 표정을 지었다. 그러자 어떤 중간 간부가 일어나서 매우기분 나쁘다는 투로 말했다. "당신은 어느 쪽을 대변하는 겁니까? 지금 여기서 당신이 맡은 역할이 뭐죠? 어느 부서에서 일하고 있습니까? 누가 당신을 이 회의에 보냈나요?" 당황한 나는 더듬거리며 어떤 이해관계도 없이 그저 이성적인 의견을 밝혔을 뿐이라 대답했다. 그러자몇몇 참석자가 비웃음이 가득 담긴 표정을 지었다. '저 젊은 친구가 아무런 이해관계 없이 발언했다는군!' 그들의 표정은 이렇게 말하고 있었다. 그들은 내 말을 전혀 믿지 않았다. 오히려 최고경영자가 나를 시켜 자신의 의사를 밝힌 것은 아닌지 의심하고 있었다. 소통 자체가 이루어지지 않고 있었다.

나는 커다란 충격을 받고 귀가했다. 모든 것이 역할, 기능, 이해관계, 목표, 의제일 뿐이라는 말인가? 이 회의는 미래를 논의하는 토론이라 하지 않았던가? 이 경험을 통해 나는 회의 전에 먼저 참여자 각각이 원하는 바를 숙지하는 것이 대단히 중요하다는 교훈을 얻었다.

이후 나는 어떤 프로젝트를 맡아 진행할 때마다 첫 회의에서 모든 참석자에게 프로젝트가 성공하면 어떤 개인적인 포부를 펼치고 싶은지를 이메일로 알려달라고 부탁하곤 했다. 참여자들의 개인적인 관심사를 알아내 적당한 때 누구를 어떻게 칭찬해 동기부여를 해줄 수 있을지 파악해야 했기 때문이다. 그러면 프로젝트는 수월하게 안정적인 궤도에 올라섰다. 즉, 프로젝트 책임자로서 나는 마치 아버지처럼 말해준 것이다. "애들아, 싸우지 말고 놀아야 해. 나는 너희가 모두 원하는 것을 얻도록 너희를 보살필게." 각자가 대접받고 있다고 느낄 때, 사람들은 자신의 역할, 기능, 이해관계 따위를 잊고 흔쾌히 집단 지성의 일원이 된다.

그러나 일상의 빡빡한 현실 업무는, 상황을 다른 극단으로 치닫게 한다. 나는 한 대기업의 컨설턴트로 일하면서 이를 경험했다. 당시 어떤 직원이 갑작스레 일을 그만두는 바람에 서둘러 대체 인력을 찾아야 했다. 신입은 첫 출근 날 자신의 업무를 알고 싶어 했다. 팀원들은 그에게 회의 시간표를 건네며 간결하게 설명했다. "자네가 일주일 동안 참석해야 하는 화상회의 시간표야. 자네 부서를 대표해 항상 회의에 참석하게." 시간표는 그 신입 직원에게 일주일에 24시간 화상회의에 참석하라 말하고 있었다. 월요일부터 금요일까지 24시간 화상회의라니, 하루에 거의 다섯 시간을 회의에 써야 했다. 신참은 넋이 나간 표정으로 물었다. "그러니까 제 업무가 뭐죠?" 회의 참석자들은 모두 웃음을 터뜨렸다. "그러니까 시간표를 자세히 보고 꼭 필요한 때에만 화상회의를 하는 것이 자네 업무야." 이는 실제 있었던 일이다! 회의 때마다 사전에 준비를 하고 회의 후에 회의 내용을 복기해보는 것은 반드시 필요한 일이다. 그러나 그런 정리를 하기에는 시간이 턱없이 부족했다. 또한 회의가 너무 빈번하게 열렸기 때문에 참석자 누구도 사전 준비를 하지 않았다.

다음 화상회의 사례를 살펴보자.

"이제 회의를 시작하겠습니다. 약속한 시간에서 벌써 5분이 지났군요. 모두 접속하기를 기다리느라 시간이 지연되었습니다. 항상 접속에 기술적인 문제가 생기는군요. 주요 안건을 단도직입적으로 다루었으면 합니다. 시간이 많지 않으니까요. 오늘 의제는 제가 전에 메일로 보내드렸습니다. 저는…… 잠깐만요, 헤르베르트? 자네는 메일을 받지 못했다고? 어허 이런, 뭔가 잘못된 모양이군. 자네에게는 다시 보내줄게. 또 메일을 받지 못한 사람이 있나요? 뭐라고요? 공항이라고요? 인터넷이 안 된다고요? 그럼 하는 수 없죠…… 잠깐만요…… 아, 그렇군요. 벌써 10분을 허비했습니다. 그런데 아직도 안건 논의를 시작할 수가 없네요, 부회장님이 아직 접속하지 않았습니다. 비서가 그러는데 부회장님이 오늘 중요한 고객과 약속이 있다더군요. 그럼 기다리는 시간에 다음 회의 약속을 잡도록 합시다. 다음 주 월요일 같은 시간이 어떨까요? 이런, 많은 분들이 안 된다는군요. 왜 안 되죠? 아, 미안합니다. 비난하는 게 아니고요. 월요일은 축구 경기가 없어서 딱 좋은데.

(20분 뒤) 잠깐, 드디어 부회장님과 연결이 되었습니다. 이제 부회장님이 어떤 결정을 내렸는지 알려주실 겁니다. 주목해주세요!"

"여보세요, 아 드디어 접속됐군. 비서가 어떤 회선으로 전화를 걸어야 하는지 헤매서 말이야. 지금까지 회의한 내용을 잠깐 브리핑해주겠나?"

"저희가 결정에 필요한 서류를 메일로 보내드렸습니다."

"어, 그래? 내가 뭘 결정해야 하는데? 잠깐만, 좀 보고. 아 그렇군, 서류가 올라와 있군. 어디 잠깐 좀 봅시다. 아하, 예산을 승인해달라고? 이 프로젝트에 들어갈 예산 말이지? 이보게, 이렇게 간단하게는 안 돼. 이렇게 중요한 결정을 나더러 지금 바로 내려달라고 하면 안 되지. 먼저 안전장치부터 만들어야지. 쓴 예산을 어떻게 다시 회수할 건데? 그리고 지금 예산도 빠듯해. 그런데 말이야, 서류가 이게 뭔가? 그저 끝도 없이 예산을 승인해줘야 하는 근거를 늘어놓기만 했군. 더 간결하게 할 수 없나? 한눈에 들어오게 짧고 분명하게! 하루 종일 일했다는 건 알고 있지만, 이 문제는 내가 단독으로 결정할 수가 없어. 현재로서는 안 된다고 말할 수밖에 없네. 전체 사안을 다음 회의 의제로 삼자고. 언제가 좋은가? 아, 마침 그걸 정하려던 참이었다고? 좋아, 그럼 지금 내가 여기서 할 일은 없는 거지? 다른 화상회의가 또 기다리고 있어서 말이야. 질문 있나? 지금 여기서 바로 대답해줄 수 있으니까, 나중에 메일 보내지 말고 지금 말해. 그런데 간단하게. 나 바빠."

"부회장님께 질문 있으신가요? 아, 있다고요. 그럼 질문하세요!"

"저는 에른스트 핀스터입니다. 왜 항상 결정이 늦게 내려지는지 알고 싶습니다. 일을 진척시키려면 부회장님 승인 없이도 지출을 해야만 하는 때가 있거든요…….”

딸칵. 사회자는 한참 질문하던 참가자를 회의에서 ‘강제 퇴장’시켰다. 무거운 침묵이 흐른다.

“다음 회의에서 볼 서류는 준비됐어?(비서에게 말하는 모양이다.) 좋아, 그럼 잠깐 들어가서 모두 화를 내고 있다고 말해줘야겠군. 여보세요? 아, 나 다시 접속했어. 비서하고 잠깐 이야기 좀 하느라고. 곧 다음 회의에 들어가 거기 참석자들도 달래줘야 해. 그들도 예산을 얻지 못하거든. 좋아, 그럼 본론으로 들어가지. 나는 조금 전의 질문을 반쯤 흘려들었어. 매우 중요한 부분을 지적했군. 고마워. 나는 원래 결정을 빨리 내리는 편인데, 요즘 너무 바빠서. 다른 회의도 곧 해야 하고 말이야. 아무튼 자네들과 잠시나마 대화를 나눌 수 있어 좋았네. 지금 내가 자네들에게 보이는 무조건적인 신뢰를 생각해서라도 열심히 일해주게. 나는 자네들을 개인적으로는 전혀 몰라. 이번 분기는 간단하지 않아. 실적 보고 때 결과가 좋지 않으면 자네들은 나와 만나야 할 거야. 그때는 틀림없이 여러분을 위해 시간을 낼 수 있겠지. 내가 어떤 사람인지는 잘 알지? 수익을 올려! 자네들을 믿네. 그럼 안녕!”

타인을 지옥이라 말한 사람이 사르트르였던가. 그의 표현 그대로 정말 지옥 같은 회의다. 사르트르는 1946년에 발표한 저서 《실존주의는 휴머니즘이다L'existentialisme est un humanisme》에서 이런 말을 했다. “인간은 오로지 자기 자신에게만 의존할 수 있을 뿐이다. 인간은 지구에서 무한한 책임을 떠안은 채 홀로 남은 존재다. 그 어떤 도움도 구원도 기대할 수 없다. 인간은 스스로가 설정한 자신의 목표만을 가질 뿐이다. 인간은 지구에서 스스로 절치부심해 풀어가는 바로 그 운명을 살 따름이다." 이 의견에 전적으로 동의할 수는 없지만, 적어도 회의에는 딱 맞는 이야기다. 회의는 공동 목표를 위해 의견 차이를 좁히고 의지를 높이는 과정이어야 한다. 이것이 집단 지성이 생각하는 회의의 의미다. 현실을 생각하면 쓴웃음만 난다.

# 실적 전사의
# 베르됭 균형

회의 참석자가 오로지 부서의 이해관계를 대변하기만 하는 경우 전체의 의지를 높이기란 하늘의 별 따기만큼 어려운 일이다. 고용주와 노동자의 이해관계는 첨예하게 충돌하기에 위원회는 양쪽의 힘이 균형을 이루도록 구성된다. 양쪽은 의식이라도 치르는 양 찬반으로 나뉘어 격렬하게 싸운다. 요지부동인 전선을 사이에 두고 참호에 숨어 총격전만 해대는 꼴이다. 모든 움직임은 반작용을 일으켜 전선의 균형은 계속해서 유지된다.

한쪽에서 성급한 생산으로 오류를 발생시키면 다른 쪽은 품질 검사를 통해 균형이 무너지는 것을 막는다. 한쪽에서는 혁신을 원하지만, 다른 쪽은 그 혁신이 오랫동안 유지해온 안정된 사업을 무너뜨리지 않을까 걱정한다. 결국 옛것이 새것을 짓누른다. 업계가 무성의하게, 또는 속임수를 악용해 고객 서비스를 하는 바람에 상담 과정 녹취법이 강제 시행된다. 결국 고객은 제대로 된 상담을 받았다는 서류에 서명을 해야 하는 상황을 맞는다. 참으로 웃기는 상황이다. 어떤 상담을 받든 제대로 된 상담이었다고 인정하랴?

기업이 직원을 비윤리적으로 취급하면 당장 윤리위원회가 움직인다. 특히 유럽을 기준으로 보면 아시아 기업은 노동자들을 지나치게 비윤리적으로 취급한다. 기업은 수익을 향한 탐욕에 눈이 멀어 사회적 책임을 외면하고, 예전처럼 기부하지 않는다. 그러자 정부는 기업에게 '사회책임CSR 부서'를 신설하라는 압력을 가한다. 기업은 따르는 시늉만 하며 꾸물댄다. 정부는 '국제표준화기구ISO, International Organization for Standardization' 인증 체계로 기업의 태만을 막으려 든다. 기업은 기회주의적인 태도로 스스로 규정한 프로세스를 지키지 않는다. 늘 새로운 '관리 및 규제 프로세스Governance'가 도입되는 탓이다. 모든 업무에 책임자가 임명된다. 이렇게 하지 않으면 만연한 부담 탓에 아무도 해당 업무를 수행하려 하지 않는다. 책임자는 엄격한 '의무Accountability'를 가진다. 의무를 지키지 않으면 연봉이 삭감된다. 모든 것이 공개적으로 투명하게 처리되어 누구나 들여다볼 수 있게 만들어진다. 그렇게 하면 통찰이 생겨나리라는 희망으로.

과중한 부담 탓에 꼭 필요한 일만 처리된다. 스트레스로 무시된 작업은 아무리 사소한 일이라도 '경위서 제출 의무화'라는 법규로 강제된다. 회의와 일반적인 결재 과정은 책임감의 범위를 가능한 좁혀 유리한 고지를 선점하려는 자리싸움이 된다.

> **"**
>
> '균형성과표'를 고안한 발상의 기저에 깔린 생각, 즉 큰 수고를 들이지 않고 전체의 균형을 유지하겠다는 생각은 그저 이론일 뿐이다. 현실에서는 개인의 책임이라는 위협 아래서 실적 전사들이 베르됭 전투Battle of Verdun* 에서처럼 치열하게 전쟁을 벌인다.
>
> **"**

독일은 피고용자에게 폭넓은 공동결정권을 부여한다. 직원의 업무 방식과 생활 방식을 침해하는 기업의 일 처리 방식은 반드시 당사자와 합의를 거쳐야만 적용될 수 있다. 기업 혹은 경영진은 노사협의회를 만들어 피고용인 집단의 대표(노조 등)와 해당 문제를 논의하려는 전형적인 꼼수를 쓴다. 고용주는 피고용인의 공동결정권이 자신의 자율성을 침해한다고 생각하기에 피고용인과의 직접 대화를 피해 노사협의로 문제를 무마하려는 꼼수를 동원하는 것이다. 또한 동시에 고용주는 자신의 자율성을 스스로 제한할 수 없는 '관리위원회'를 도입하며, 숱한 회의로 몸살을 앓는다. 이렇게 하지 않으면 기업의 균형이 무너지기 때문이다.

---

* 1916년, 1차대전 시기에 프랑스의 소도시인 베르됭에서 프랑스군과 독일군이 치열한 격전을 벌인 전쟁이다. 약 아홉 달 동안 참호에서 벌인 진지전으로, 고착된 전선이 오랫동안 유지되었다.

# 메타 커뮤니케이션과
# 메사 커뮤니케이션

전선이 요지부동인데 무엇을 위해 싸우는가? 바로 이 지점에서 '메타 커뮤니케이션Meta-Comunication'이 도움을 줄 수 있다.

나는 2013년에 출간된 《바벨탑의 의사소통Verständigung im Turm zu Babel》에서 처음으로 메타 커뮤니케이션과 '메사 커뮤니케이션Mesa-Communication'을 다루었다. 여기서는 간단히 핵심 내용만 소개하겠다.

메타 커뮤니케이션은 '커뮤니케이션을 내려다보는 커뮤니케이션'이다. 사람들은 상대방을 어떻게 대하면 좋을지, 자신의 본래 동기가 무엇인지를 솔직하게 이야기할 때 메타 커뮤니케이션을 한다. '커뮤니케이션을 넘어서는 차원'의 커뮤니케이션인 메타 커뮤니케이션의 개념은 다양하게 정의될 수 있지만 모두 어딘가 부족한 부분이 있다. 나는 이 개념을 다음과 같이 구체화하고자 한다.

인간 혹은 당파는 합의 정신을 중시하며 신뢰감을 키우는 쪽으로 대화를 나누면서 입장을 솔직하게 표현하고 그 차이를 조금씩 좁혀나갈 때 건강한 관계를 꾸릴 수 있다. 이를 위해서는 자신의 동기를 진솔하게 털어놓으며, 이해관계와 우선순위와 목표와 능력과 개인적 관심사를 모두 놓고 대화를 나눠야 한다. 자신의 세계관과 시각을 설명해가며 견해 차이를 좁혀나가면 공감 능력을 키울 수 있다. 서로 다른 언어를 쓰는 사람들일지라도 이런 상호 이해 과정을 거치면 바벨탑에서도 얼마든지 공존하며 함께 소통하고 일할 수 있다.

기업에는 분야와 부서만큼이나 다양한 '언어'가 존재한다.

■ 생산 ■ 법률 ■ 감독 ■ 재무 ■ 행정 ■ 경영 ■ 윤리

■ 사회적 책임 ■ 관리 및 감독 위원회 ■ 구매 및 경리

■ 직원 복지 ■ 시장 ■ 목표 및 비전

프로젝트를 수행하는 과정에서 해당 프로젝트를 개발할 기술 담당 엔지니어와 그 시스템을 이용할 이른바 '실용 부서'가 종종 충돌하곤 한다. 나는 많은 IT 프로젝트를 진행하면서 프로그램을 이용하고 응용하는 쪽과 IT 전문가 사이에 깊은 감정의 골이 존재한다는 사실을 발견하곤 했다. 한쪽은 무엇이 어떻게 프로그래밍되는지 몰랐고 다른 쪽은 자신의 작품이 실제 어떻게 이용되는지 몰랐다. 양쪽은 서로 머리를 맞대고 미래 기술의 도움을 받아 함께 일하는 방법을 고민해야 했다. 하지만 그들은 그렇게 하지 않았다. 그저 자신의 이해관계에만 매달렸다. 엔지니어는 바벨탑이라는 거대한 탑을 건축하려 하고, 실용 부서는 그것이 자신에게 정말 필요한 것인지, 혹시 정리 대상이 되는 것은 아닌지, 새 탑에 자신의 사무실을 얻을 수 있는 것인지를 알지 못해 전전긍긍한다.

이렇게 서로 다른 언어 혹은 세계관, 이해관계, 목표, 개인적 야심을 가진 다양한 정파가 참호 안에서 혹독한 전쟁을 치른다. 결국 '메사 커뮤니케이션'으로 전락하고 마는 것이다. 메사 커뮤니케이션은 오로지 자신의 생각에만 사로잡힌, 즉 집착이라는 감옥에 갇힌 커뮤니케이션이다……

나는 앞서 소개한 책을 집필하면서 '메사 커뮤니케이션'이라는 개념을 새로 고안했다. 그저 메타 커뮤니케이션의 반대말, 즉 반대되는

개념이 있었으면 좋겠다고 생각했다. 인터넷에서 메타 커뮤니케이션과 반대되는 의미를 가진 전문용어, 메타 커뮤니케이션의 가능성을 부정하는 전문용어가 존재하는지를 찾아보았다. '메타meta'는 "~의 위에" 혹은 "~을 넘어서서"라는 뜻의 그리스어다. 구글 검색창에 '메타의 반대말'을 입력해보았다. 나와 같은 의문을 가진 사람이 적지 않았다. 그리고 조 칠Joe Cheal이라는 이름의 경영 컨설턴트가 쓴 아주 귀중한 글 "메타의 반대 개념은 무엇인가What is the opposite of meta?"를 발견했다(www.gwiztraining.com에서 해당 pdf파일을 다운로드받을 수 있다). 이 글에서 그는 '안쪽'을 뜻하는 그리스어 '메사mesa'를 메타의 반대말로 이용하자는 제안을 한다. 그는 발음상으로도 '메타'와 대구를 이루는 '메사'를 찾아내 매우 기뻐했다. 나도 전적으로 그의 의견에 동감한다.

메사 커뮤니케이션은 두 명 이상의 대화 참여자 혹은 당파 사이에 발생하는 문제다. 양쪽은 각자의 입장에서 자신의 관점으로만 소통한다. 즉, 진정한 소통은 이뤄지지 않는다. 모든 대화에 갈등이 촉발된다. 싸움은 다시 싸움을 낳고 우격다짐이 끝없이 이어진다. 같은 갈등이 반복되어 다툼으로 번지는, 영원히 끝나지 않는 부부싸움을 아는가?

- 남편 또는 아내: "집에서 파티를 한 후에는 곧장 자는 게 좋아."
- 아내 또는 남편: "먼저 뒷정리를 하고 씻은 후에 자는 것이 좋지."

메타 커뮤니케이션은 서로에게 이야기할 기회를 충분히 주고 항상 모두가 동의하는 합의를 도출할 수 있게 해준다. 예를 들어 "너무 지저분하지 않게 간단하게만 치우고 씻은 다음 잠자리에 들자"는 합의는 갈등을 일으키지 않는다. 메타 커뮤니케이션이 가능하다면 단 한 번의 회의로도 충분히 합의를 이끌어낼 수 있으며 파티 때마다 벌어지는 다툼도 막을 수 있다.

하지만 메사 커뮤니케이션을 하게 되면 모든 개별 사안에서 각자가 자신의 이해관계만 따지는 상황이 벌어진다. 사실 메사 커뮤니케이션이 그때그때 임시방편으로 찾는 해결책은 메타 커뮤니케이션이 이끌어내는 합의와 크게 다르지 않다. 하지만 메사 커뮤니케이션은 여러 차례의 회의로 시간을 낭비하게 하고 관련자들의 신경을 곤두서게 만든다. 메타 커뮤니케이션 능력을 가진 사람은 이 사실을 잘 알고 있기에 아예 싸움을 시작하지 않는다. 그러나 메사 커뮤니케이션은 항상 이런 식이다.

> (잠자리에 들고 싶어 하는 쪽) "당신은 항상 그렇게 유난을 떨더라."
>
> (다른 쪽) "당신도 그래. 왜 단 한 번도 치우려고 하질 않아?"
>
> "지금 얘기랑 상관없는 문제긴 한데, 우리 매달 같은 주제로 싸우고 있는 거 알아? 제발 근본적으로 대화를 나눠보자."
>
> "좋아, 우리는 먼저 뒷정리부터 하기로 했어. 그런데 당신은 항상 뒷짐 지고 구경만 하잖아. 그러니까 매번 같은 싸움을 하지. 난 당신에게 지지 않을 거야. 조금만이라도 좀 치우자고."
>
> "조금만 치운 다음에 잠자리에 들기로 합의했었잖아?"
>
> "만날 똑같은 소리만 한다니까. 당신 편한 쪽으로만 생각하지 말고 둘 다 만족할 수 있는 최종 해결책을 찾자고! 분명히 말해두지만 난 싸워보지도 않고 지고 싶지 않아!"

"당신 지금 우리 인생을 지옥으로 만들고 있다는 거 알아?"

"지옥은 당신이야! 당신은 언제나 말뿐이라고. 제발 좀 치우자."

나는 이런 우울한 회의를 너무 많이 경험했다. 모든 부서가 각자의 입장만 고집하는 탓에 협상 조건은 계속해서 늘어나기만 했다. 법률, 영업, 기술, 조직 분위기 등 서로 접점을 찾지 못해 겉도는 회의는 말 그대로 지옥이다. 오늘날의 정치판도 크게 다르지 않다. 지옥 같다. 정치인들은 모든 사안을 두고 첨예하게 대립한다. 사회적/반사회적, 정당함/부당함, 필수 예산/삭감 가능한 예산 등 대립을 해소하는 전체적 합의는 절대 도출되지 않는다.

이런 식으로 메사 커뮤니케이션에 사로잡힌 조직은 메타 커뮤니케이션을 하는 기업의 다섯 배 이상의 비용을 들여 회의를 한다. 이는 내가 대략적으로 계산한 결과다. 적어도 다섯 배는 더 많은 수고가 들어가는 것이다.

> **"**
>
> 오늘날 조직을 가장 비효율적으로 만드는 것은 메사 커뮤니케이션이다. 이런 잘못된 소통 방식이야말로 집단 어리석음을 만드는 주범이다.
>
> **"**

# 전략회의의
# 메사 드라마

갈등이 심화되면 경영진은 전략회의를 연다. 메타 커뮤니케이션을 해
보자는 일종의 시도인데, 그냥 간단하게 전략회의라 부른다. 경영자들
은 강제성이 전혀 없는 자유로운 분위기(넥타이를 푸는 등)에서 이야기
를 나누며 기업의 미래를 두고 편하게 의견을 교환하자는 연락을 받는
다. 회의는 대개 이런 식으로 진행된다.

- 30~60분: 회장은 입에 침이 마르도록 전체를 강조하며 모든 회의 참석
  자들에게 동기부여를 하려 애쓴다. 그는 매출만 올린다면 인사 시스템
  에 획기적인 변화를 주겠다는 의견을 내비친다. 참석자는 복잡한 심경
  으로 회장의 말을 듣는다. 아무도 모르는 새에 이미 참석자 몇몇은 머리
  가 잘린다.
- 이후 1시간(또는 더 짧은 시간): 재무 담당 최고책임자CFO, Chief Finance
  Officer가 연단에 올라 수십 개의 그래프를 보여주며 어떤 지표가 얼마
  나 늘고 줄었는지를 끝없이 이야기한다. 그럼에도 정확한 수치는 절대
  밝히지 않는다. 내부 정보가 주식시장에서 악용될 수 있다는 우려 때문
  이다. 어쨌거나 CFO는 이 모든 것이 기대에 턱없이 못 미치는 실적이
  라며 흥분한다. 더 스트레스를 주어야만 목표를 달성하겠느냐고 협박부
  터 한다. CFO는 발표 중 많은 시간을 할애해 실적 미달을 기록한 부서
  에게는 특별히 책임을 물을 것이며 그에 상응하는 조치를 취할 것이라
  윽박지른다. 참석자들은 두려움에 떨면서 앞으로 뭘 해서 먹고살아야

하나 걱정한다.

- 그 후에는 이사 몇 명이 돌아가며 저마다 자신의 이해관계를 위해 싸워 달라고 호소한다. 이사는 이때 담당 부서의 이해관계를 분명하게 호소 한다. "부서의 이해관계에 충실한 것이 바로 전체를 위하는 길입니다." 아무튼 혁신, 지속적인 스트레스를 견디는 근무 태도, 계약 조건 준수 등 장황한 호소가 이어진다. 참석자들은 이를 완전한 시간낭비라 여긴 다. 이미 모두 아는 이야기이기 때문이다. 다만 실제로 그것을 따르기에 는 시간도 여력도 부족할 뿐이다. 회장이 허락하기만 한다면 이 시간에 차라리 업무 메일이나 처리했으면 하는 마음이 굴뚝같다. 나쁜 실적을 기록한 참석자는 계속해서 두려움에 떤다.

- 드디어 점심시간이다. 식사를 하고 한숨 돌리기가 무섭게 오후 일정이 시작된다. 이제 참석자들은 몇 개 조로 나뉘어 기업의 미래를 위한 아 이디어를 짜내려 조별 토론을 하기 시작한다. 회장은 모든 그룹이 자신 이 가진 아이디어와 똑같은 아이디어를 제안해주기를 바란다. 결국 회 장의 입맛에 맞는 아이디어가 채택된다. 회장은 민주적인 절차를 거쳐 결정된 아이디어라며 그것을 공표한다. "거듭 부탁하건대, 다시 조별 토 론을 하면서 선택된 아이디어를 당장 실현할 방법을 고민해주시기 바 랍니다. 이번 분기에 추가 수익을 올릴 수 있는 방법이어야 합니다. 가 장 좋은 방법을 골라 바로 오늘 저녁부터 실행하도록 하겠습니다."

전략회의는 본래 전체 경영진이 일상 업무에서 벗어나 서로 대화를 나누기 위해 고안된 것이다. 서로 거리를 좁히고 상대의 입장을 이해 하며 메타 커뮤니케이션을 이룰 수 있다면 이런 회의를 마다할 이유가 없다. 경영진이 모두 모여 전체를 주제로 이야기를 나누는 것은 적극 권장해야 할 일이다.

그러나 현실은 어떤가? 오전 내내 간부들은 불안에 시달리며 CFO에게 따가운 질책을 받아야만 했다. CFO는 말 그대로 실적이라는 '채찍'을 휘둘러가며 매번 똑같은 결론을 내린다. 회장이 원하는 초과 실적을 반드시 달성하자는 말만 지루하게 반복한다. 정말이지 실제 업무 현장과는 너무나 멀리 떨어진 논리이자 압박이다.

그런 회의가 항상 나쁘다는 뜻이 아니다. 하지만 문제는 심각하다. 이렇게 되면 각각의 부서를 책임지고 있는 중간 간부들이 좀처럼 자신의 입장에서 벗어나지 못하고 그 안에 갇혀버린다. 말 그대로 모든 것이 '메사'로 남는다. 처음부터 실적만 따질 것이 아니라 흉금을 털어놓고 허심탄회하게 의견을 나눠가며 '메타'가 되어야 하지 않을까? 왜 매번 당장 눈앞에 결과를 내놓으라고 윽박지르면서 회의 분위기를 험악하게 만들까? 적어도 한 달 전에는 토론 과제를 공유한 후에 회의를 한다면 생산적인 토론을 할 수 있을 텐데 말이다. 입만 열었다 하면 실적 얘기만 하는 회의는 그저 시간 낭비에 불과하다.

나는 그런 회의의 연단에 여러 차례 강사로 섰다. 그때마다 최고 경영진이 무엇부터 어떻게 시작하면 좋을지 몰라 우왕좌왕한다는 느낌을 받았다. 회의의 계획과 조직은 주로 비서나 모임 전문가, 전문 사회자에게 맡겨진다. 이들은 말 그대로 의식을 대행해주며 커뮤니케이션을 미리 정해둔 궤도로 유도하고 참석자들을 통제한다. "이제 최소한 참석자들이 서로의 얼굴은 보았습니다."

전략회의는 항상 그렇듯 더 높은 실적을 강조하는 회장의 주문으로 끝난다. 해낼 수 있습니다, 파이팅!

전체를 위한 메타 커뮤니케이션의 기회는 이렇게 물거품이 된다. "해내야 한다! 할 수 있다! 하자!" 이런 구호 이상의 것은 결코 나오지 않는다. 전체는 전혀 정리되지 않는다. 함께 힘을 모아 목표를 이루자는 공동 의지 역시 전혀 생겨나지 않는다. 그런 의지를 북돋우려는 목적은 애초부터 없었으리라. 회의를 하면서 메타 커뮤니케이션을 염두에 두는 일도 거의 없다. 최고 경영진은 그저 중간 간부들에게 압력을 가하고 그들을 쥐어짤 뿐이다. 결국 간부 역시 직원을 쥐어짜는 수밖에 없다. 나는 왜 메타 커뮤니케이션을 이루지 못했냐고 비판하려는 것이 아니다. 시도조차 되지 않았는데 어떻게 비판할 수 있겠는가. 그저 나는 왜 메타 커뮤니케이션의 필요성을 알아차리지 못하는지, 그것이 안타깝고 서글플 뿐이다. 정말 왜 그럴까? 집단 어리석음이 철저하게 '메사'에 사로잡혔기 때문이다.


## 메사, 권력, 측정

짤막하게 덧붙이겠다. 우리는 권력을 가진 지배자가 "분할하여 통치하라Divide et impera"와 같은 방식으로 아랫사람들을 통치한다는 것을 알고 있다. 권력자는 부하들을 패로 나누고 어느 정도 불화가 일도록 부채질한다. 패로 나뉜 부하들은 더 많은 권력을 차지하기 위해 치열하게 싸우느라 진짜 권력자에 대항하지 못하게 된다. 고대 로마인들은 이런 술수를 빠르게 간파해 속국들이 서로 계약을 맺지 못하도록 했다.

갈리아와 이집트가 교역할 수 없도록 차단한 것이 좋은 예다! "분할하여 통치하라!"는 격언을 충실히 따르는 최고경영자에게 메타 커뮤니케이션은 오히려 방해가 된다. 권력자가 부하들을 서로 경쟁하게 만드는 이유가 달리 있는 게 아니다.

오늘날의 권력자는 "비교하고 통치하라Compera et impera!" 또는 "평가하고 통치하라!"라는 금언을 따른다. 권력자는 부하들을 단 한 명의 승자만 존재하는 경쟁으로 내몬다. 승자는 권력을 얻게 될 것이라는 미끼가 던져진다. 오늘날 경영자, 부모, 교사, 기자, 축구팀 감독은 평가라는 권력을 이용해 사람들을 지배한다. "네 형은 성적이 좋아서 사랑을 듬뿍 받았어, 너도 그럴 수 있을 거야!" 그러나 이런 비교는 인간의 영혼에 심각한 상처를 낼 수 있다. 목적이 그저 동기부여였을지라도 말이다.

학생은 언제나 성적표만, 국가대표 선수는 기자들의 반응만 살핀다. 권력이 원하는 쪽만 바라보느라 이들은 분열한다. 이렇게 해서는 당연히 좋은 팀이 될 수 없으며 그저 허약한 집단으로 전락할 뿐이다.

집단 지성은 항상 공동 목표만을 추구한다. 집단 지성이 생각하는 권력은 오로지 이 목표를 달성하기 위한 힘이다. 통속적인 의미의 권력에 조금도 관심을 갖지 않기에 집단 지성은 '메타'의 경지로 올라선다. '낡은 의미'의 권력은 '메사' 없이는 성립할 수 없다. 낡은 권력은 무조건 기득권을 고집한다.

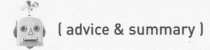 

커뮤니케이션은 광활한 영역이다! 나는 앞서 언급한 책 《바벨탑의 의
사소통》에서 좋은 커뮤니케이션이라는 주제를 다루었다. 즉 어떻게
하면 이해관계의 혼란과 사고방식의 차이가 존재하는 상황에서도 효
과적으로 의견을 나눌 것인가를 논의했다. 어리석은 집단은 커뮤니케
이션에 있어 혼란과 사고방식의 차이를 극복하려는 의지 자체를 갖지
않는다. 그러나 현명한 이들 모두가 이렇게 충고한다. 먼저 집단 어리
석음을 떨쳐내고 집단 지성으로 돌아가 이성적으로 대화를 나누자!

　너무나 간단한 충고가 아닌가! 일단 나쁜 커뮤니케이션을 만드는
조건을 제거하고 이성적인 커뮤니케이션의 조건을 유념하자. 누구나
실행에 옮길 수 있는 충고다.

　그럼에도 이 충고가 수용되지 않을 것이라는 걱정이 앞선다.

—

도처에 만연한 집단 어리석음은 당연히 우리의 커뮤니케이션에 부정
적인 영향을 미친다. 우리가 압력을 받아 추구하게 된 각각의 목표는
서로 다른 언어를 말하게 한다. 다른 언어는 다른 관점과 강박에 사로
잡히게 만든다. 이런 상황에서는 커뮤니케이션이 혼란스러울 수밖에
없다. 목표, 사고방식, 전문성, 업무 수행 방법, 프로세스, 지표 조작
의 복잡성이 혼란을 계속해서 극대화하기 때문이다. 모두가 미친 것처
럼 보인다!

# 11
# 집단 어리석음은
# 모두를 미치게 한다

## 어리석은 집단 탓에

개인의 영혼과 지성은 커다란 고통을 받는다. 노이로제에
걸린 전체는 개인까지 노이로제에 빠뜨린다.

집단 어리석음은 결국 모두를 미치게 만든다. 이로써 어리석음은 너 깊게 뿌리를 내려 집단은 더 이상 손을 쓸 수 없는 지경에 이른다. 이번 장에서는 끊임없이 평가받고 감독받는 환경에서 인간이 어떻게 감시자가 원하는 대로만 행동하게 되는지를 보여주려 한다. 우리는 지나치게 공격적인 스트리트 스마트가 되거나 강박에 사로잡힌 채 자기도취에 빠지는 나르시시스트가 된다. 아니면 모든 것을 포기한 노예처럼 무기력하게 우울증을 앓는다.

# 기업의 조급증에
# 사로잡힌 개인

이제까지 살펴본 집단 어리석음의 특징을 다시 정리해보자.

- 달성이 불가능한, 너무 높은 퍼스트클래스 목표를 설정한다.
- 집단 속 개인은 진정한 퍼스트클래스가 무엇인지 전혀 모른다.
- 스마트하게 일하는 대신 죽어라 일하는 것을 최선으로 여긴다.
- 과중한 부담 때문에 모든 것이 혼란스럽다.
- 정글에서 살아남으려는 스트리트 스마트처럼 싸운다.
- 서로 잡아먹을 것처럼 싸우고 경쟁한다.
- 기회주의에 사로잡혀 서로를 속일 궁리만 한다.
- 기회주의는 북 스마트를 비웃는다.
- 갈수록 전체를 조망하는 시각을 잃는다.

우리는 병들고 있다! 번아웃 증후군, 고용 불안, 우울증, 의욕 상실 등 심리적 병폐가 속출한다. 이제 집단 어리석음은 개인을 공격하며 우리의 영혼을 피폐하게 만든다. 끝없는 싸움으로 영혼은 질식한다.

다음 두 가지 인간 유형으로 오늘날의 상황을 설명해보겠다.


- ■ 'A 유형' 인간
- ■ 극심한 신경증에 시달리는 인간


'A 유형' 인간은 심장전문의 마이어 프리드먼Meyer Friedman, 1910~2001
과 레이 로젠맨Ray Rosenman이 고안한 개념이다.* 이 개념은 오늘날 '워
커홀릭workaholic'이라 불리는 사람에게 딱 들어맞는다. 두 의사는 스트
레스가 심장 건강에 미치는 영향을 연구했다. A 유형 인간은 야심에
불타 모든 일을 당장 처리해야만 직성이 풀리는 사람이다. 높은 공격
성과 인내심 부족, 휴식 없이 일에만 매달리는 태도, 최고 실적을 기
록하도록 끊임없이 자신을 감시하고 감독하는 행동 등의 특징을 보인
다. 그리고 자신의 이런 특징에 엄청난 자부심을 가진다. A 유형 인간
은 사회적으로 용인되는 일종의 강박증을 앓는 사람이다. 이런 사람은
타인에게 매우 공격적이며 일을 경쟁자를 물리치는 싸움으로만 해석
한다. 일의 성공보다는 경쟁자를 짓밟는 것이 더 중요하며, 일의 의미
따위는 깨끗이 무시한다. 모든 일을 급하게 처리하며 목표는 무조건
초과 달성해야 한다고 생각한다. 목표를 달성한 이후에는 그것을 금
세 잊어버린다. 그리고 바로 새 프로젝트에 몰두한다! 동시에 여러 프

---

* 심장전문의인 마이어 프리드먼과 레이 로젠맨은《심장병과 유형 A 행동*Treating Type A Behavior
and Your Heart*》에서 심장병 환자 중 많은 사람들이 공통된 행동패턴을 보인다는 점에 주목해 A
유형과 B 유형의 인간 행동유형을 규명했다. A 유형 행동을 보이는 사람들은 대체로 만성적인 두
려움과 초조함에 시달리며 심장병에 걸릴 위험이 높았다. (B 유형은 A 유형 행동패턴을 보이지
않는 사람들을 지칭한다.)

로젝트를 진행하는 것을 가장 좋아한다. 개인적인 생활은 완전히 엉망이 되고 만다. 옆에서 끊임없이 '구원의 손길'을 내밀어야만 파국을 피할 수 있다. 주변에 그런 사람이 있는가? 어떤 상황에서든 이기지 못해 안달인 사람, 그가 바로 A 유형 인간이다.

그러나 이런 사람은 곧 무너지고 만다. 인성과 지성의 차이를 연구한 인물로 유명한 독일의 심리학자 한스위르겐 폰 아이젱크Hans-Jürgen von Eysenck, 1916~1997는 '신경증적 강박Neuroticism'이라는 개념을 고안했다. 인성의 부조화를 의미하는 개념으로, 인성의 균형이 무너진 상태를 뜻한다. 신경증적 강박을 진단할 수 있는 대표적인 지표로는 불안감과 두려움, 변덕이 있다. 우울감에 쉽게 빠지는 경향과 스트레스에 민감한 경향 역시 신경증적 강박을 나타내는 지표다.

이 유형은 더 설명하지 않으려 한다. 그저 위의 설명을 읽기만 해도 의미를 바로 이해하리라 믿기 때문이다. A 유형 인간은 번아웃 증후군을 앓을 가능성이 크다. 심각한 신경증적 강박에 시달리는 사람은 회사의 커피 자판기 옆에서 일이 자신을 우울하게 한다고 말할 것이다. 두 유형의 인간 모두 전체의 자신을 잃어버렸다. A 유형 인간은 목표와 전체를 혼동한다. 신경증적 강박에 사로잡힌 인간은 정신적으로 의지할 바탕을 잃어버린다. 일이 그의 내면을 무너뜨렸다고도 말할 수 있다.

결국 우리는 미치고 말았다. 그럼에도 한사코 미치지 않았다고 주장한다. 우리는 대개 정상이 아닌 것을 향해 미쳤다고 말한다. 정상적인 사람은 미칠 수가 없다는 것이 우리의 평범한 사고방식이다. 그러나 우리는 집단 어리석음에 사로잡혀 자신이 정상이라고만 생각한다. 어리석거나 미쳤다는 사실을 전혀 알아차리지 못한 채.

> 66
>
> 오늘날에는 집단 어리석음이 보통이 되었고 집단 지성은
> 예외적인 것이 되었다. 이런 상황은 개인에게 고스란히
> 전이된다.
>
> 99

## 신이 원하는,
## 바로 그런 인간이 되겠다!

"신이 모든 것을 보고 계신다!" 우리는 어릴 적 부모의 눈에서 벗어나
게 될 때마다 허튼짓을 하지 말라는 의미로 이런 경고를 받곤 했다.
"언젠가는 모든 것이 밝혀지게 돼 있어!" "최후의 심판에서 모든 인간
이 죗값을 치르고 벌을 받게 될 거야." 신이 우리를 끊임없이 지켜보고
있다는 이런 생각은 종교를 가진 인간으로 하여금 도덕적인 삶을 살게
한다. 말하자면 그래서는 안 된다는 근본적인 통찰이 아니라, 벌이 두
려워 죄를 짓지 못하게 만드는 것이다.

　이런 생각은 속도위반을 단속하는 무인 감시카메라로 구체화한다.
카메라가 과속 운전을 감시하고 있다는 사실만으로 사람들은 규정 속
도를 지키려고 조심하면서 행동을 통제한다. 권력이 정한 규정이나 규
칙에 복종하는 이유가 달리 있는 게 아니다. 감시의 눈길을 인식하는
것만으로도 우리는 스스로 행동을 규제한다.

　언제 어디서든 누군가 우리의 일거수일투족을 지켜보고 있다는 의

미의 파놉티시즘Panopticism은 이제 신과 상상 속 최후의 심판을 넘어 감시카메라라는 구체적인 물질로 구현되었다. 이 카메라는 세계가 종말할 때 사람들을 심판하는 것이 아니라 법규 위반 현장을 실시간으로 카메라에 담아 속도위반 운전자에게 과태료 고지서를 보낸다. 이 같은 철저하고 효율적인(!) 감시 체계를 고안한 인물은 제러미 벤담Jeremy Bentham, 1748~1832[*]이다. 벤담은 1787년 자신의 구상을 몇 통의 편지로 풀어냈다. 이 편지들은《파놉티콘Panopticon》이라는 제목의 책으로 1791년 출간되었다.

파놉티콘은 말 그대로 '감시 시설'이다. 이 건축물은 죄수와 학생, 범죄자, 노동자, 정신병자 혹은 공장 전체를 완벽하게 감시하도록 해준다. 벤담이 제시한 건축 구조의 기본 설계를 살펴보면 그 목적을 더욱 분명하게 이해할 수 있다.

건물은 기본적으로 원기둥 형태를 띠고 있다. 외벽에 많은 방 또는 수용실이 자리한다. 이 공간은 창문으로 들어오는 빛 덕에 밝은 분위기를 자랑한다. 그러나 수용실 안쪽에는 벽이 없다. 건물 내부는 거의 텅 비어 있다. 교도관(병원 관리인/교사/사장)이 중앙에 위치한 감시탑에서 망원경으로 모든 수용실을 살필 수 있다. 물론 방에 갇힌 사람은 교도관을 볼 수 없다. 이렇게 해서 방 안의 사람은 언제든 '투명하게' 관

---

[*] 영국의 법학자이자 철학자로 공리주의를 대표하는 사상가이다. 파놉티콘은 '모두'를 뜻하는 그리스어 'pan'과 '보다'를 의미하는 그리스어 'opticon'의 합성어이다. 소수의 감시자가 모든 수용자를 효과적으로 감시할 수 있도록 만든 감옥으로, 벤담이 구상했다. 파놉티시즘은 프랑스 철학자 미셸 푸코Michel Foucault(1926~1984)가 현대 사회의 작동 원리를 설명하기 위해 차용한 개념이다. 사회 구성원에게 규율을 강제하고, 이를 위반한 사람을 처벌하기 위해 모든 것을 감시한다는 의미다.

찰될 수 있다. 하지만 항상 감시당하는 것은 아니다. 한 명의 교도관이 그렇게 많은 사람들을 모두 감시할 수는 없다. 다만 방 안의 사람들은 언제라도 자신이 감시당할 수 있다는 느낌을 받는다!

벤담은 본래 자신의 형을 위해 이 파놉티콘을 구상했다. 벤담의 형은 우크라이나의 산업화를 추진한 제후 파촘킨(포템킨)Потёмкин, 1739~1791*의 참모였다. 파촘킨은 전설적인 거짓 마을 '파촘킨 마을'을 만든 주인공이다. 벤담 형제는 극소수의 교육받은 영국인 노동자를 효율적으로 감독할 수 있는 방법을 찾으려 했다. 그러다가 언제라도 감시당할 수 있다는 느낌을 받으면 인간은 알아서 규율을 지키며 마찰 없이 일한다는 사실을 알아냈다. 감시자가 눈에 보이지 않아도 사람들은 자신이 감시당할 수 있다는 사실을 인지한다. 실제로 정확히 언제 감시가 이루어지는지는 알지 못하더라도 감시당한다는 느낌만으로 인간은 포로가 된다. 한마디로 두려운 것이다. 그저 망원경이 존재한다는 사실만으로 인간은 굴욕적인 두려움을 경험한다. 이런 식으로 한정된 인력이 수많은 죄수와 노동자, 정신병자, 학생을 얼마든지 감독할 수 있다. 벤담은 1791년에 이런 사실을 입증해냈다. 벤담의 구상을 모델로 실제 감옥이 건축되기도 했다! 가장 유명한 사례는 1920년대 말 쿠바의 한 섬에 세워진 '프레시디오 모델로Presidio Modelo'이다. 위키피디아에서 이 감옥을 검색하면 실제 사진을 볼 수 있다. 아마 독자 여러분도 나처럼 충격을 받으리라.

---

* 러시아의 정치인으로 예카테리나 2세Екатерина II Великая 여왕의 총애를 받았다. 그는 우크라이나를 새로운 러시아로 개척하겠다는 포부를 가지고 개발 사업을 벌였으며 이를 시찰하러 온 예카테리나 2세를 속이기 위해 그림으로 그린 가짜 마을을 만들었다.

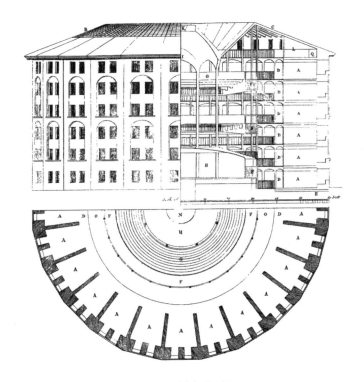

제러미 벤담의 파놉티콘

이 파놉티콘은 오늘날 총체적인 감시를 비유하는 표현으로 사용된다. 철학자 미셸 푸코는 1957년에 발표한 유명한 저서 《감시와 처벌 *Surveiller et punir*》에서 파놉티시즘이라는 현대의 역병을 고발한다.

오늘날 우리는 벽이 없는 밝은 감옥, 즉, '투명한 광기'에 갇혀 인생의 매 순간을 감시당한다. 푸코는 이미 50년 전에 이 사실을 간파해냈다. 오늘날 구글이나 페이스북이 우리의 사생활을 얼마나 침해하고 있는지, 또 그래도 되는 것인지를 놓고 매일 같이 논쟁이 벌어진다. 또한 우리는 세계 전체를 염탐하는 미국의 국가안보국 NSA, National Security

Agency 때문에 불안에 떤다. NSA는 파놉티콘 중앙의 감시탑에서 우리를 감시하는 망원경이다! NSA는 신처럼 모든 것을 지켜본다. 끊임없이 우리를 감시하는 것은 아니겠지만, 마음만 먹으면 바로 지금 이 순간에도 우리를 감시할 수 있다. 우리는 알아서 얌전하게 행동한다!

신이 모든 것을 지켜보고 있다고 믿는 사람들은 신의 마음에 드는 행동만 한다. NSA의 눈과 귀에 거슬리는 짓을 해서는 안 된다. 사장은 빅 데이터와 네트워크 컴퓨터로 노동자를 감시한다. 모든 손놀림과 전화 통화, 행동은 디지털에 흔적을 남긴다. 사장은 언제라도 노동자들이 언제 어떤 행동을 했는지 알 수 있다. 우리는 이런 감시 스트레스를 받으며 감시자가 원하는 대로 행동해야만 한다. 우리는 사장이 정한 규범에 따라 행동한다. 그것이 어떤 규범인지도 모르는 채 말이다. 이제 인간은 계속해서 A 유형으로 일해야만 한다. 즉 파놉티콘의 작동 원리는 모든 인간으로 하여금 인격 장애를 앓게 만든다.


# 신경증을 강요하는
파놉티콘

이제 사람들은 헐레벌떡 일만 한다. 정치인, 운동선수, 예술가…… 아니, 우리 모두는 감옥 안 죄수가 되었다. 파놉티콘이라는 투명한 공간에서 과감하게 자신의 진짜 속내를 드러낼 수 있는 사람은 아무도 없다. 파놉티콘의 감시 아래 온순해진 우리는 정치적으로 논란이 되지 않을 말만 하느라 아무런 말도 하지 못하게 된다. 최고경영자는 주식시장의 반응에 전전긍긍하며 기업이 건강한 상태를 유지하고 있다고 강조한다. 운동선수는 대중들의 호감을 얻기 위해 안간힘을 쓰고 연예인은 광고 시장에서 자신의 몸값을 올리려 혈안이 된다. 모두가 망원경을 두려워하며, 자신이 세운 파놉티콘의 포로가 된다. 정치인은 유권자 앞에 엎드리고, 경영자는 주주에게, 연예인은 광고주에게 꼼짝도 하지 못한다. 직원은 사장의 시선을 의식하며 한숨을 내뱉는다. 학생은 교사가 든 성적표를 흘깃거린다.

반드시 감시가 일어나는 것이 아니라 할지라도 그런 경향이 강하다는 사실만큼은 아무도 부정하지 못하리라. 훌륭한 정치인은 인간다움을 강조한다. 최고의 경영자는 산이라도 옮길 의지를 가진다. 연예인은 대중의 기억에 영원히 남고 싶어 한다. 분명히 우리 모두가 진정으로 원하는 것이 있다. 그러나 파놉티콘의 망원경이 우리를 지켜보는 탓에 누구도 진심으로 원하는 바를 겉으로 드러내지 않는다.

대부분의 사람들이 망원경 뒤에 숨은 감독의 독재와 그의 확고한 기대에 순응하고 복종한다. 유권자의 표심에만 매달리고 분기 실적과 사장의 칭찬에 목을 매며, 성적에 일희일비한다. 이런 초라한 인생을 피할 수가 없다. 이런 집중적 복종은 인격의 균형을 깨고 우리를 신경증 환자로 만든다.

도대체 왜? 감시하는 망원경만 의식하는 바람에 우리는 우리의 소중한 가치로부터 소외당하고 만다. 기업이 혁신과 성탄절 파티, 사회적 책임, 지속 가능성, 창의성을 잃어버리듯 우리는 망원경에 위축되어 다음 가치들을 소홀하게 여긴다.

- 가족

- 개인 생활 전체

- 집안일

- 노인 부양, 자신의 노년을 음미하기

- 건강

- 정신적이고 영적인 생활

- 삶의 기쁨


　우리는 소중한 가치를 버려둔 채 오로지 망원경이 주시하는 일에만 집중한다. 이렇게 되면 한쪽이 완전히 부서졌는데도 파도를 헤치고 나아가 가까운 항구에 도달하려 안간힘을 쓰는 배처럼 균형을 잃은 인생을 살 수밖에 없다. 기업은 파놉티콘의 집단 어리석음을 '균형성과표'로 막아보려 애를 쓴다. 그런 평가표는 우리의 사생활에도 필요하다. 많은 책이 이 문제를 다루고 있지만 한결같이 '출세'만을 강조할 뿐이다.

　'일과 삶의 균형'이니 '직원 복지'니 하는 최근의 표현들을 들으면 뭔가 잘못되고 있다는 느낌이 들지 않는가? 지성인은 집단 어리석음의 한복판에서 어리석음을 견디느라 점점 등이 굽는다. 망원경을 든 감시자가 원하는 일만 하느라 신경증에 걸리고 만 개인, 이것이 오늘날 우리의 서글픈 자화상이다.

**"**
집단 어리석음은 개인을 신경증 환자로 만들어버린다.
**"**

# 파놉티콘에서 발병하는
# 신경증

심리학자들은 많은 이론을 통해 인간이 어떻게 인격 장애를 앓게 되는지를 설명하려 했다. 가족이 원인을 제공한 경우도 많다. 부모가 강제한 틀에 갇힌 아이가 신경증에 걸리는 경우도 흔하다. 그런 부모는 대개 아이에게 다음과 같은 말을 항상 반복한다.

- "너는 그런 일을 할 수 없어. 그냥 엄마 곁에 있어."
- "너는 뭐 하나 제대로 하는 게 없구나. 너 때문에 우리가 불행해질 지경이야. 너라면 우리를 얼마든지 행복하게 해줄 수 있는데 말이야."
- "또 실수를 했구나. 완벽하지 않아. 벌을 받아야만 정신을 차리겠구나."
- "너는 정말 훌륭해. 하나뿐인 내 아들. 신의 축복으로 너처럼 자랑스러운 아이를 받았어."

이런 부모들은 아이를 자신의 감시 아래 가둔다. 끊임없이 아이를 지켜보면서 잘잘못을 따진다. 부모가 바로 파놉티콘의 감시탑이 되는 것이다. 항상 자신을 지켜보면서 평가를 내리는 부모 탓에 아이는 엄청난 부담감을 느낀다. 부모가 계속해서 아이에게 이런 태도를 보이면 아이는 대부분 아래와 같은 행동을 하게 된다.

- "엄마, 이렇게 하면 돼? 나 이거 할 수 있을까? 해도 돼? 엄마, 나는 아직 잘 못해. 엄마 도움이 필요해. 할 수 있는 데까지 해볼 테니까, 제발

혼내지 마."

- "아, 잘해보고 싶었는데…. 항상 엄마를 실망시키기만 해. 뭘 어떻게 하면 좋을지 모르겠어. 아무것도 하지 않을래. 난 아무것도 아냐. 이런 내가 너무 싫다."

- "시키는 대로만 하려고 했을 뿐이야. 그런데 늘 벌만 받아. 엄마 아빠는 항상 나에게 불만이야. 내가 이렇게 형편없지는 않은 것 같은데…. 실수를 했다 하면 엄마 아빠가 몹시 화를 내서 뭘 하기가 두려워. 자신 없어. 다른 사람이 되고 싶어. 무섭고 두렵기만 해."

- "난 정말 특별해. 그게 뭔지는 모르겠지만 아무튼 난 특별해. 부모님은 내가 원하는 거라면 뭐든 다 들어줘. 나는 그런 대접을 받아야만 해. 그래서 누군가 조금이라도 야단을 치면 기분이 나빠. 왜 내 특별함을 무시하지? 그럴 때는 소리를 질러. 나는 특별하니까. 선생님도 나를 귀여워해. 뭐, 모든 선생님이 그런 건 아니지만. 몇몇 선생은 정말 멍청해. 내 특별함을 전혀 몰라본다니까. 분명 질투가 나서 인정하지 않는 거야. 그런 사람들은 그냥 무시해버리면 돼. "

이런 반응은 부모가 아이의 버릇을 잘못 들인 탓이다. 판에 박힌 꾸지람의 '결과'인 경우도 있다. 이렇게 해서 다양한 신경증과 인격 장애가 발병한다.

- 의존증 ■ 우울증 ■ 강박증 ■ 나르시시즘

아이는 이런 인격 장애를 타고나지 않는다. 모두 부모가 만든 결과다. 이 관점을 기업에 적용해보자. 경영진은 불필요한 압력과 스트레스를 직원에게 강제한다. 경영자 눈에는 직원은 물론 경영자 자신도 못마땅하기만 하다. 몇몇 직원은 자신이 제대로 일하고 있는지 끊임없이 상사에게 확인받으려 한다. "정확히 이렇게 하면 되는 거죠, 부장님?" 의존적인 직원이 되어버린 것이다. 이런 직원은 위에서 시키는 일만, 이후에 칭찬받을 수 있는 일만 하려 하고, 상사에게 인정받지 못하면 어찌할 바를 모르고 허둥대기만 한다. 소극적이고 어딘지 모르게 무기력하다.

다른 직원은 아무리 노력해도 윗선의 기대를 만족시킬 수 없다는 생각에 괴로워한다. 갈수록 소심해지고 자신감을 잃는다. 무슨 일이든 빠르게 포기한다. 우울증은 무기력함과 빠른 포기를 동반한다. '긍정심리학'의 권위자로 유명한 미국의 심리학자 마틴 셀리그먼Martin Seligman은 이런 태도를 '학습된 무력감'이라 했다. 무기력함에 사로잡힌 직원은 상사의 눈치만 슬슬 보면서 일을 해보기도 전에 미리 포기한다.

통제 부서와 인사 부서, 회계 부서 직원들과 최고 경영진을 보좌하는 직원은 절대 실수를 하지 않으려 죽을힘을 다해 노력한다. 혹시 뭔가가 잘못될 경우를 지나치게 두려워하는 탓에 일이 상부의 지시대로 처리되었는지 이중, 삼중으로 끊임없이 확인한다. "좀 더 정확한 결정을 내려주세요." 확인하고 검증하며 분석한다. 이런 태도를 흔히 '정보 과다에 따른 분석 불능analysis paralysis'이라 부른다. 이 경우 직원은 속으로 기업을 향해 짜증을 내며 뭔가 달라져야 한다고 생각한다. 그러나 이런 속내를 절대 겉으로 드러내지 않는다. 강박에 사로잡힌 채 윗선이 요구하는 '가면'만 철저하게 고집한다.

가장 골치 아픈 족속은 자아도취에 빠진 나르시시스트들이다. 이들은 자신이 신이라도 되는 양 으스대며, 지도자 기질을 타고났다고 착각한다. 성공은 항상 자신이 이룬 것이며, 실패는 늘 모든 것을 엉망으로 망쳐놓는 타인 탓이다. "나르시시스트를 상사로 둔 직원은 괴로움에 몸부림친다." 심리학이 내리는 진단이다. 나르시시스트는 직장인이 되어서도 어릴 적 부모에게 받았던 대로 특별 취급을 받고 싶어 한다. 그래야만 직성이 풀린다. 하지만 두 경우 모두 사실이 아니다. 부모의 자부심과 윗선이 강제한 충성심이 추켜세워지는 것뿐이다. 나르시시스트는 이런 거짓 찬사를 기적으로 여긴다. 그래서 칭찬을 들으며 기뻐하면서도 언젠가 이런 기적이 깨지는 것은 아닐까 두려워한다. 자신을 칭찬하지 않는 사람이 나타나면 나르시시스트는 길길이 날뛴다!

파놉티콘처럼 직원들을 몰아세우며 실적을 측정하는 기업은 의존증, 우울증, 강박증이라는 정신 질환을 만들어냈다. 기업이라는 파놉티콘은 만족할 줄 모르고 끊임없이 정신 질환을 발병시키는 부모와 같다. 나르시시스트 유형의 경영자는 회의에서 자화자찬만 늘어놓으며 지나치게 사치스러운 법인 자동차로 콧대를 세운다.

나는 앞의 수많은 사례를 통해 집단 어리석음에 젖은 시스템이 어떻게 직원을 온갖 신경증과 업무 관련 정신 질환으로 내모는지를 설명하고 싶었다.

모두가 알다시피 부모에게 항상 비교당하는 아이는 영혼에 깊은 상처를 입는다. "네 형은 너보다 훨씬 더 잘했는데! 너는 왜 그 모양이니?" 가정에서 이런 말을 듣고 자란 아이의 영혼은 뒤틀릴 수밖에 없다. 효율적인 동기부여 수단이라며 보너스를 빌미로 공격적인 비교를 당하는 직원의 영혼도 다르지 않다. 아이든 어른이든 비교를 당하면 영혼에 깊은 상처를 입는다. 그런데 아이의 경우 부모의 잘못이 인정되는 반면 왜 기업은 비교를 효율적인 직원 관리 수단이라며 자랑스레 떠들어댈까?

인간에게 심리적 상처를 안기는 방식으로 동기부여를 하는, 아니 직원을 지배하는 집단 어리석음 탓에 결국 참상이 빚어진다. 정신 질환을 앓는 환자가 해마다 증가한다. 우울증 환자가 급증하며 실수와 처벌을 두려워하고 그 중압감에 괴로워하는 번아웃 증후군으로 고통받는 이들도 매년 급격하게 늘어난다.

직장에는 신경증 환자와 A 유형 인간이 가득하다. 나는 앞서 우리가 개인일 때는 똑똑하지만 팀만 이루면 멍청하기 짝이 없는 허튼짓을 한다는 사실을 지적한 바 있다. 정신 질환 진단을 위한 기준을 제시하는 유명한 책《정신 질환의 진단 및 통계 편람*Diagnostic and Statistical Manual of Mental Disorders(DSM)*》* 개정 5판에서 나는 충격적인 사실을 확인했다. 이 책은 세계적으로 공인받은 '강박성 인격 장애obsessive compulsive personality disorder'의 임상 진단 기준을 제시한다. 이 책에 따르면 다음 조건 중 네 개 이상을 충족하는 경우 '강박성 인격 장애'라는 진단을 내릴 수 있다고 한다.

1. 지나칠 정도로 규칙과 목록, 질서, 조직, 계획에 집착해 정작 중요한 핵심을 잃는다.

---

* 미국 정신의학협회American Psychiatric Association가 출판하는 책으로 정신 질환 진단에 가장 널리 이용된다.

2. 과제 달성에 방해를 받을 정도로 완벽주의를 추구한다. 모든 일에 지나치게 엄격한 기준을 들어 결국 어떤 일도 끝내지 못한다.

3. 여가 활동, 교제 등을 철저하게 배제하고 일에만 매달린다. 특히 생산성에 목을 맨다(돈이 필요해 일하는 경우가 아님에도).

4. 도덕, 윤리, 가치 등에 있어 과도하게 양심을 강조한다. 꼼꼼하며 엄격하다(문화 또는 종교적 성향과 상관없이).

5. 망가진 물건, 가치 없는 물건도 좀처럼 버리지 못한다. 물건에 애착이나 어떤 소중한 감정이 있는 것도 아니다.

6. 타인과의 업무 분담을 싫어한다. 자신의 업무 방식을 수용하지 않는 사람과는 함께 일하려 하지 않는다.

7. 타인과 자기 자신에게 모두 지독할 정도로 인색하다. 혹시 모를 미래의 사고에 대비해 무조건 돈을 모아두어야 한다고 생각한다.

8. 지나치게 엄격하고 완고하다.

이 기준을 대기업의 주요 부서, 이를테면 행정, 재무, 인사, 감사, 구매 등의 부서에 근무하는 전문가나 경영자에게 적용하면 어떤 일이 일어날까? 당장 치료가 필요하다는 진단을 받을 사람이 얼마나 많을까?

## 치폴라와 어리석음 법칙

집단은 어리석음을 키워 그 폐해를 고스란히 개인에게 떠넘긴다. 개인은 집단처럼 어리석게 변하지는 않을지라도 신경증에 걸려 융통성이라고는 전혀 모르는 기회주의자로 전락하고 만다. 달성할 수 없는 목표에 짓눌려 전후좌우를 살피고 맥락을 파악할 감각을 잃고 맹목적으로 행동한다. 집단 이기주의에 사로잡혀 다른 쪽의 이해관계는 완전히 무시해버린다.

전체는 자질구레한 싸움으로 얼룩져 엉망진창으로 변한다. 많은 사람들이 이런 상황을 '복잡성'이라는 단어로 표현한다. 집단 어리석음은 항상 이런 복잡성에 뿌리를 내리고 싹을 틔운다. 복잡성을 슬기롭게 극복하는 집단 지성은 이제 찾아보기 힘든 예외가 되었다.

이탈리아의 경제사학자이자 작가인 카를로 치폴라Carlo M. Cipolla, 1922~2000는 그의 저서 《인간의 어리석음에 관한 다섯 가지 근본 법칙Le leggi fondamentali della stupidità umana》에서 어리석음에 대한 환상적인 풍자를 선보인다. 나는 그 법칙을 간단하게 간추려 소개하려 한다. 부디 책을 찾아 반드시 읽어보기 바란다. 매우 재미있게 읽을 수 있을 것이다. 치폴라는 인간 사회에 어리석음이 차지하는 비중이 어느 정도일까 하는 궁금증을 가졌다. 그는 어리석음을 "자신에게 아무런 이득이 되지 않는 행동으로 남에게 해를 끼치는 행위"로 정의한다. 폭력배는 개인적인 이득을 취하기 위해 남에게 위해를 가한다는 점에서 어리석은 바보와 다르다. 이것이 치폴라의 생각이다.

치폴라는 이런 예를 든다. 우리는 민주주의라는 명분 아래 형편없는 정치인을 투표로 선출한다. 우리는 이런 현상에 '정치 혐오'를 느낀다. 논리적으로 따지자면, 유권자는 표를 행사함으로써 국가 전체에 해를 끼친다. 그리고 유권자로서 아무런 이득도 얻지 못한다. 이런 의미에서 선거라는 제도는 어리석은 것이며, 유권자 역시 더할 나위 없이 어리석다······.

 그는 첫 번째로 인간 집단에서 어리석음이 차지하는 비중이 항상 과소평가된다는 사실을 지적한다. 두 번째로는 문맹자 집단이든, 의학 학술대회 참여자 집단이든, 대중문화 마니아 집단이든, 의회 의원 집단이든, 어리석음은 집단에서 언제나 비슷한 비중을 차지한다는 사실을 밝힌다. 세 번째로는 어리석지 않은 사람은 어리석음의 위험성을 과소평가한다는 점을 알아낸다. 결국 어리석음은 조직폭력배보다 더 위험한 존재인 것이다. 치폴라는 이런 식으로 논리를 전개해나간다.

 이 작은 책은 읽을 때마다 나에게 신선한 자극을 준다. 특히 어떤 종류의 집단이든 항상 같은 비중의 어리석음이 존재한다는 부분——물론 풍자적인 의미를 담고 있는 것이긴 하지만——은 매번 큰 충격을 선사한다. 분명한 사실이며 진리라는 느낌을 지울 수가 없다. 그런데 어떻게 이럴 수 있을까? 대체 왜 호텔 직원이 모인 집단이든, 대학 교수들의 회의실이든, 기업의 최고 경영진이든, 가릴 것 없이 같은 크기의 어리석음이 존재하는 것일까?

 나는 이 장을 마무리하면서 치폴라의 책을 다시 서가에 꽂았다. 이제 열쇠를 찾아냈다는 확신이 든다.

 모든 집단 어리석음은 집단 구성원을 신경증에 걸리게 한다. 이로 인해 결국 치폴라가 말하는 '어리석음의 균형'이 맞춰진다. 이런 안정적인 균형이야말로 집단 어리석음을 받치는 든든한 기둥이다.

 어리석은 집단은 자신에게 아무런 이득이 되지 않는 행동으로 타인에게 해를 입힌다. 대기업은 대대적인 가격 할인 전쟁을 선포해 제 살 깎아먹기식 영업을 하면서 다른 기업을 고사시킨다. 정당은 국가를 위해 일할 생각은 전혀 하지 않고 서로 비난만 퍼부으며 조금도 앞으로 나아가지 못한다. 국가는 군비 경쟁과 경제 전쟁을 일삼느라 쓸데없는 데 힘을 쏟는 바람에 허약해진다. 신경증만 가득한 내부 회의와 토론은 스마트한 사람까지 싸움닭으로 변모시킨다. 지루한 드잡이만 이어진다. 이처럼 집단 어리석음은 모든 것을 지연시키고 중단시키며 계속해서 몸집을 키운다.

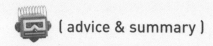 

집단 어리석음에 전염되지 않은 사람은 이 책을 읽으면서 경악을 금치 못할 것이다. 자기도 모르게 맞아, 정말 그렇지, 같은 말을 연발하고 박장대소를 하며 책을 읽은 사람이라면 이미 최악의 상황에 처해 있을 가능성이 높다. 경악하지 않았다는 것은 그만큼 어리석음에 익숙해져 있다는 방증일 테니 말이다. 어떻게 이럴 수 있을까? 놀라움에 말문이 막힐 정도다. 차라리 충고를 포기하는 게 낫지 않을까?

코뿔소가 어슬렁거리는 거리를 상상해보라. "조심해!" 나는 큰소리로 외친다. 그러나 사람들은 코뿔소가 어디 있느냐고 되묻는다. 저들은 코뿔소가 보이지 않는 것일까? 뒤쪽 숲에서도 코뿔소 한 마리가 나타난다. 코뿔소는 나무를 통째로 뽑아서 씹어먹는다……. 집단 어리석음에 사로잡힌 인생은 한 편의 부조리극이 되어버린다. 나의 학창 시절에는 인생의 부조리를 고발하는 부조리극이 많은 인기를 끌었다. 당시 우리는 루마니아계 프랑스인 극작가 외젠 이오네스코Eugène Ionesco, 1909~1994가 쓴 〈코뿔소Rhinocéros〉 같은 연극 작품을 즐겨 감상했다. 이 연극에서 모든 등장인물은 차례로 코뿔소가 된다. 그러나 이런 변신을 알아차리는 사람은 거의 없다. 어떤 경고나 충고도 변신을 막을 수 없다. 외려 경고나 충고를 하는 사람은 위험한 상황에 처한다. 누구도 그 말을 믿지 않기 때문이다. 당시 이 작품을 보면서 우리는 독재 권력이 자신의 입맛에 맞게 국민의 의식을 차례로 개조한다는 생각을 했다. 한창 알제리 전쟁이 일어나고 있었고 이를 빌미로 프랑스가 자국 국민에게 증오와 인종차별을 부추기고 있는 것처럼 보였기 때문이다. 이오네스코는 부조리극으로 현실을 고발하려 했다.

오늘날에는 그의 연극을 좀 더 과감하게 해석해도 되지 않을까? 우리는 차례로 집단 어리석음에 빠져 모두 코뿔소가 된다. 이성을 가진 오메가로서 분노에 차 목청 높여 집단 어리석음을 경고하는 사람은 따돌림을 당하거나 무시될 뿐이다. 앞서 나는 이성이 오메가라 말한 바 있다. 집단 어리석음이라는 현상은 독재 권력을 키우는 온상이다. 나는 이 연극을 더욱 깊은 차원에서 새롭게 해석했으면 한다!

〈코뿔소〉는 무대에 코뿔소가 득시글대는 장면으로 끝난다. 이제 우리가 해야 할 일은 코뿔소 가면을 벗어던지고 인간 본연의 모습을 회복하는 방법을 모색하는 것이다. 이를 위해 많은 문제가 상세하게 분석되어야 한다. 물론 이런 분석 보고서에는 비용과 이익이라는 항목도 포함되어야 한다. 이런 보고서 없이 코뿔소로부터의 회복을 이룰 수 있을까? 이런 충고만이 머릿속을 맴돈다. "엄격한 자기비판을 통해 지금 자신이 서 있는 곳을 똑바로 응시하자. 그리고 제발 오메가의 말을 귀담아듣자. 이 오메가가 야당이나 다른 종교를 가진 인물이라 할지라도 분명 이성을 갖춘 선구자임에 틀림없다."

—

우리는 파놉티콘에서 끊임없이 감시당하며, 자극받고 평가받는다. 모두가 기회주의에 빠져 최대 실적을 내기 위해 애쓴다. 다시 말해 우리는 집단 어리석음이라는 견디기 힘든 고통을 감내해야 한다. 인간은 적응하는 존재다. 지성을 포기하고 적당한 신경증을 골라 그럭저럭 견디는 식으로 고통을 삭일 수 있는 존재가 바로 인간이다. 어떤 신경증이 견딜 만한 것인지는 개인에 따라, 상황에 따라 달라지리라. 부디 파괴적이지 않은 적당한 신경증을 선택해주고 또 이를 치료해주려 노력하는 좋은 정신과 의사나 심리상담가가 있기만을 바랄 뿐이다.

# 12

# 함께 스마트해질 수 있을까?

우리 사회는 여전히 문제를 제대로 인지하지 못한다. 사회는 분위기를 흐린다는 이유로 탐욕과 범죄를 막으려 싸우지만, 집단 어리석음을 막기 위한 노력은 전혀 하지 않는다. 심각한 위기를 막을 대책 역시 거의 전무하다. 더 많은 집단 지성을 회복하는 일은 분명 가능하다. 다만 그 길이 멀고 험할 뿐이다. 그럼에도 집단 어리석음이 만들어내는 소용돌이를 저지할 방법을 하루 빨리 찾아야만 한다. 모두가 이해힐 수 있는, 모두의 응원을 받아 용감하게 출발할 수 있는 비전이 필요하다. 함께 지혜를 모아 비전을 찾자.

# 고대 철학자와
# 집단 어리석음

최고의 가치는 무엇일까? 인간이 갖추어야 할 가장 중요한 덕목은 어떤 것일까? 개인은 어떤 품성을 갈고닦아야 할까? 국가가 추구해야 할 정의는 무엇일까? 고대 철학자들은 아주 오래전부터 이런 질문의 답을 찾으려 했다. 인간은 어떤 교육을 받아야 할까? 우리가 원하는 인간의 참된 모습은? 인간은 무엇을 추구하며 살아야 할까? 인생의 의미는 무엇일까? 어떻게 하면 타인과 더불어 조화로운 삶을 살 수 있을까? 모두가 행복하게 평화를 누리며 살 수 있는 최고의 국가는 어떻게 구성되어야 할까?

소크라테스, 플라톤, 아리스토텔레스는 우리 인생에 중요한 지침이 될 도덕적 이상을 제시해주었다. 예수는 이웃을 사랑하라고 가르쳤다. 칸트는 사람들이 양심의 목소리에 귀를 기울이는 정언명법에 따라 행동하는 의무를 지킬 때 세계가 조화를 이룬다고 믿었다. 부처는 세상이 고통으로 가득 차 있음을 깨닫고 우리에게 이런 가르침을 남겼다. "증오와 탐욕과 기만을 버려라!" 공자는 모든 인간이 모범으로 삼아야 할 도의 이상을 다듬어 저마다 덕을 쌓기 위해 배우고 노력해야 한다고 설파했다. 공자는 모든 아이가 같은 신체 조건을 가지고 태어나지만, 어떤 교육을 받느냐에 따라 달라지는 것을 안타깝게 여겼다(이 문제는 오늘날에도 그대로 적용된다. 누가 지식사회에서 합당한 교육을 받고 있는가? 왜 어떤 이들은 그런 교육을 받지 못하는가?).

하지만 인간이 이 이상을 따르려 하지 않았기에, 특히 대중이 이것에 전혀 관심을 갖지 않았기에 이상은 실현되지 않았다. 인류가 행복하고 평화로운 시대를 그저 기다리기만 하는 이유가 달리 있는 게 아니다. 에덴동산에서 순수함을 잃고 추방당한 이래 인간에게는 악의가 집요하게 따라붙는 것만 같다. 인간을 구속하는 이 악의는 대체 어디에서 비롯된 것일까? 혹자는 인위적인 상황을 만들어 인간을 자의적으로 조작하는 국가가 모든 문제의 근원이라 말한다. 그렇다면 전원소설이 그리는 목가적인 풍경이 순수함에 합치하는 진정한 자연 상태인 것일까? 천국에서는 사자가 양에게 입을 맞춘다고 하지 않던가?

왜 세계는 이처럼 사악할까? 왜 국가와 권력자는 우리를 억압하며 불행하게 만들까? 낭만주의자를 따라 자연으로 돌아가야 할까? 개인으로서 인간은 원죄 때문에 고통을 피할 수 없는 존재일까?

사회계약론을 주창한 영국의 정치 철학자 토머스 홉스Thomas Hobbes, 1588~1679는 1651년 발표한 그의 책 《리바이어던Leviathan》에서 인간은 늘 살아남기 위해 노심초사하며 위기 상황에서는 그 어떤 것도 배려하지 않는 무자비함으로 투쟁한다는 사실을 의식한다는 점이 바로 인간과 동물의 차이라고 설명한다. 홉스는 또한 인간은 힘든 상황에서 목숨을 부지하기 위해 그야말로 "만인에 대한 만인의 투쟁bellum omnium contra omnes"을 벌인다고 했다. 강력한 사회 질서가 없다면 끊임없이 만인에 대한 만인의 투쟁이 일어날 것이라는 확신이었다. 때문에 홉스는 국민이 짐승처럼 서로 물고 뜯는 싸움을 벌이지 못하도록 보호하기 위해 절대적인 무력을 행사하는 독점 권력이 필요하다고 주장했다(최상의 형태는 현명한 절대군주라는 모습으로 구현된다).

하지만 도리어 국가가 인간의 타고난 본성(선함)을 짓누르고 억압함으로써 인간을 악하게 만드는 것은 아닌가? 진정 국가 공동체가 개인의 악한 본성을 통제함으로써 사회를 번영으로 이끄는 것일까? 개인으로서 인간은 선한가, 악한가? 인간은 교육을 받아야만 선해지는가? 그렇다면 교육받지 못한 사람은 교육받은 사람을 영영 따라잡을 수 없는 것일까?

치폴라는 자신의 책에서 다음의 네 가지의 인간 유형을 제시한다.

- 똑똑한 사람: 자신과 타인에게 모두 이득이 되는 행동을 하는 사람
- 미숙한 사람: 타인에게는 이득이 되지만 자신에게는 아무런 이득이 되지 않는 행동을 하는 사람
- 악당: 타인을 희생시켜 자기만 이득을 보는 사람
- 바보: 자신에게 아무런 득이 되지 않는 행동으로 타인에게 해를 끼치는 사람

현명하고 덕망 높은 고대 철학자들은 치폴라와 한데 묶이는 것을 그다지 내켜하지 않으리라. 오로지 이상만을 꿈꿨던 철학자들은 선한 인간은 받는 것보다 베푸는 것을 더욱 중시하며, 어떤 경우에도 남을 해치려 하지 않는다는 순진한 논리를 펼쳤다. 이상주의자는 그 반

대편에 서 있는 악당을 자연에 어긋나는 악으로 치부하고 박멸하려 들었다. 그러나 홉스는 인간의 자연적인 상태가 오히려 악당에 가깝다고 보았다. 타인을 희생시키는 악행을 일삼는 악당이 인간의 타고난 참모습이라는 주장이다. 때문에 현명한 국가라면 무력 독점권으로 인간 본성의 악한 측면을 통제해야 한다고 했다.

철학은 항상 이렇게 모든 것을 '선과 악의 대결 구도'라는 틀로 설명하려 든다. 남에게 해악을 끼치는 행동으로 이득을 보는 악당에 맞서 모두 힘을 모아 싸워야 한다는 것이 기존 철학의 기본적인 논리 전개 구조다. 철학은 미숙한 사람을 칭찬하며, 바보에게는 그저 이따금 눈길을 주어 그 어리석음을 일깨워주려 훈계한다. 그러나 어떤 철학도 집단 어리석음이라는 현상은 다루지 않는다! 철학은 그저 악당을 제압하기 위한 교육, 도덕과 윤리, 국가 건설을 향한 이론만 내놓았을 뿐이다. 악당, 악함, 악한 개인만 문제 삼았을 뿐, 집단 어리석음에 주목한 철학은 없다.

> 66
>
> 모든 철학은 어리석음을 향해 혀만 찼을 뿐, 언제나 악당을 상대로만 싸웠다.
>
> 99

나는 이 책을 통해 오늘날의 문제를 보여주고 싶다. 우리를 괴롭히는 집단 어리석음이라는 역병은 똑똑한 개인들이 모여 함께 일을 도모하는 바람에 생겨났다. 우리는 이제까지 볼 수 없었던 완전히 새로운 학문과 이론으로 다음 질문들을 다루어야 한다.

- 어떻게 대규모 집단에서 집단 지성을 회복할 수 있을까?
- 어떻게 집단 어리석음을 예방할 수 있을까?

첫 번째 질문은 오늘날 활발히 논의되고 있다. 그러나 답은 주로 소규모 팀, 즉 훌륭한 집단 지성을 가진 일부 팀에서만 나올 뿐이다. 이 때문에 소규모 집단에서 통한 방법이라면 대규모 집단에도 들어맞을 것이라고 착각하고 말았다. 앞서도 짧게 다루었지만 이런 착각은 매우 어리석은 것이다. 소규모 팀에서 도출된 답은 모두 틀린 것이며, 집단의 어리석음만 더 키울 뿐이다. 너무 직설적으로 말한 것 같아 미안하지만, 이런 사실을 있는 그대로 받아들이기 바란다.

놀라울 정도로 눈부신 실적을 자랑하는, 행복한 직원만 가득한 전설적인 소규모 기업은 언제 어디서나 등장한다. 나도 알고 있다! 그러나 이런 기업은 항상 혁신과 경기 호황, 카리스마를 가진 지도자 덕을 볼 뿐이다. 애플에 스티브 잡스가 없다면, 셈코Semco에 리카르도 세믈러Richardo Semler*가 없다면 모든 것은 신기루처럼 사라지고 만다. 집단 지성을 만드는 일이 그렇게 간단하다면 우리는 수많은 사례를 참고해 그 방법을 쉽게 터득했을 것이다.

집단 어리석음의 전파 속도는 무서울 정도로 빠르다. 하지만 이 사

---

* 브라질 기업가로, 셈코의 CEO로 일하면서 기업 문화를 민주적으로 변화시켜 기록적인 매출 신장을 이끌어냈다. 셈코의 직원들은 근무시간과 업무 목표, 연봉 등을 모두 스스로 정한다.

실 역시 거의 알려지지 않았다. 시대를 앞서가는 선구자의 레이더망에
도 집단 어리석음은 아직 포착되지 않았다. 앞서도 여러 차례 묘사한
이 엄청난 집단 어리석음을 왜 아무도 알아보지 못할까? 왜 집단 어리
석음을 구별할 감각을 모두 잃어버린 것일까? 그 답은 치폴라가 말한
어리석음의 네 번째 법칙에 있다. 어리석지 않은 사람은 집단 어리석
음이 품은 잠재적 위험성을 항상 과소평가한다.

대체 왜일까? 스마트한 사람, 즉 거의 모든 사람이 탐욕과 어리석음
을 혼동하기 때문이다. 이것이 핵심이다.

집단 어리석음은 지금껏 거의 연구되지 않았다. 그래서 우리는 이
를 퇴치할 방법을 모른다. 우리는 집단 어리석음이라는 현상을 아예
알아보지 못한다! 집단 어리석음이 등장해 혼란을 일으키면 우리는 언
제나 그것을 '탐욕'이라 간주한다. 언론은 신나게 자극적인 헤드라인을
뽑아낸다. 탐욕! 탐욕! 탐욕! 그러나 탐욕은 악당의 본성일 뿐이다! 악
당은 경찰이 충분히 퇴치할 수 있으며 때문에 그렇게 위험하지 않다.
그러나 어리석음은 전체를 주무른다!

**66**

우리는 악당 퇴치 철학뿐 아니라 어리석음에 대항할 철학
도 필요하다!

**99**

# 집단 어리석음은
# 탐욕이 '아니다'!

파놉티콘의 유토피아적인 목표는 만인에 대한 만인의 투쟁을 강제한다. 저마다 자기부터 살기 위해 악다구니를 쓴다. 홉스는 자신이 처한 역사적 상황(《리바이어던》이 집필될 당시 영국은 오랜 기간 내전을 치르고 있었고 1649년에는 찰스 1세Charles I가 폐위되어 처형당했다)에서 발생하는 소란의 진원으로 두려움과 명예욕, 불안을 꼽았다. 오늘날에는 두려움과 성공을 향한 강박, 불안, 피할 수 없는 노년의 빈곤, 스트레스에 절은 영혼이 불행의 원인으로 꼽힌다.

홉스는 이 모든 소동을 자연 상태로, 즉 인간이 살아남기 위해 짐승처럼 서로 물고 뜯으며 싸우는 상태로 설명했다. 그러나 오늘날 우리가 안고 있는 문제는 모두 어리석음이 만들어낸 것이다. 집단 어리석음은 경제 지상주의라는 명분으로 인생의 중요한 터전을 쑥대밭으로 만들어버렸다. 이런 어처구니없는 상황은 자연 상태가 절대 아니다. 어리석음이 비현실적인 목표를 강제하며 인간을 무의미하게 다그치고 독촉하는 바람에 빚어진 상황일 뿐이다.

오늘날의 정치인은 압력과 스트레스에 시달리며 오로지 유권자의 표심만을 쫓아다닌다. 경영자는 실적에만, 학생은 성적에만 목을 맨다. 이런 태도는 권력이나 성공을 향한 탐욕 때문에 생긴 것이 아니다! 인위적으로 조작한 만인에 대한 만인의 투쟁, 즉 무한 경쟁이 진짜 원인이다.

물론 탐욕에 눈이 먼 사람도 있다. 자신의 이득을 위해 거침없이 타인에게 해를 입히거나 심지어 전체를 무너뜨리는, 치폴라 관점에서의 악당도 틀림없이 존재한다. 그리고 그런 악당은 앞으로도 계속해서 등장할 것이다. 그러나 우리는 이들을 공개적으로 비난하며, 증오한다. 우리의 실수는 단지 부자라는 이유 하나만으로 그를 탐욕에 눈이 먼 악당으로 낙인찍어버린 것이다. 재벌, 스타, 유명한 운동선수가 모두 탐욕에 눈이 먼 악당인가? 그럼 축구 월드컵 우승팀은 탐욕가 집단인가? 억만장자는 오로지 탐욕으로만 그처럼 많은 재산을 모았는가? 물론 그런 비난에서 자유로울 수 없는 사람들도 몇 있겠지만 모두가 그런 것은 아니지 않을까?

우리는 비참한 현실을 만든 원인을 탐욕에서만 찾았다. 그러면서 진짜 원인, 즉 만인에 대한 만인의 투쟁을 간과하는 엄청난 착각을 저질렀다. 경쟁만이 살 길이라는 착각에 빠져, 허황된 목표를 세우고 배움이 아닌 시험공부에만 열중하며, 숫자로 '객관적인 실적 등급'을 매기고 그 점수로 인간을 속단했다. 노예 같은 조건에서 일하는 아시아인들이 만든 물건을 소비하며 인권 운운하는 교만이 그냥 생겨난 게 아니다. 스트레스만 가득한 무한 경쟁은 이렇게 인위적인 싸움을 강제한다.

사람들은 이 싸움이 못마땅하면서도 낙오가 두려워 어쩔 수 없이 경쟁에 동참한다. 용기를 내서 이런 무의미한 싸움을 그만하자고 시위를 할 수도 있을 텐데 말이다. 그러나 우리는 노조를 탈퇴하고 교회에 발길을 끊을 뿐이다. 노조 회비와 헌금이라도 아껴보고자. 우리는 자신 안의 지성과 선함을 더 이상 믿지 않는다. 그저 묵묵히, 무기력하게 압력에 굴복한다. 이제 우리는 파놉티콘의 경비에게 아부하며 탐욕스럽게 점수나 구걸하는 공범으로 전락했다.

> **"**
> 우리 대다수는 맹수처럼 탐욕을 부리지 않는다. 타인에게
> 사기나 치는 악당이 아니다. 다만 살아남기 위해 점수를
> 구걸할 뿐이다. 우리는 집단 어리석음의 포로가 되었다.
> **"**

예를 들어 프리랜서로 일하는 보험 중개인을 떠올려보자. 그는 단골 고객이 많아 벌이가 괜찮았다. (과거에는 보험 중개인이 절대 탐욕을 부리지 않았다!) 보험사는 이들을 보면서 더 쥐어짤 수 있겠구나 하고 쾌재를 불렀다. 회사는 갈수록 더 높은 실적을 요구하며 보험 중개인을 괴롭혔다. 상냥했던 중개인은 이런 식으로 집단 어리석음에 전염되어 탐욕적인 인간이 된다. 자동차 판매상 역시 과거에는 매우 친절하게 고객을 응대했다. 이제 그런 시절은 지나갔다. 자동차 업체의 등쌀로 이들은 이제 닥치는 대로 자동차를 팔아치워야 한다. 어떻게든 구매 계약서에 서명을 받으려 갖은 꼼수가 동원된다. 탐욕적으로 변해버린 것이다. 고객의 편익을 최우선으로 생각하던 상냥한 그들이 지금은 만인에 대한 만인의 투쟁을 벌이고 있을 뿐이다. 바로 바로 집단 어리석음에 사로잡힌 경제 지상주의가 이들을 이렇게 만들었다.

이따금 집단 어리석음에 사로잡힌 대중 가운데 '진짜' 탐욕스러운 인물이 출현하기도 한다. 이를테면 기업의 운명을 두고 도박을 하는 경영자가 그런 위인이다. 심지어 장기이식 순위를 앞당겨주겠다며 뇌물을 받아 챙기는 의사까지 등장했다. 탐욕스러운 억만장자는 암시장에서 탈세 비법을 사들인다. 이들은 모두 남에게 피해를 주는 행동으

로 자신의 부를 늘리는 악당이다. 그러나 보통 사람인 우리는 살아남기 위해 탐욕적이 된다. 자신에게 아무런 이득이 되지 않는데도 고객에게 손해를 끼치는 은행 직원은 그저 살아남기 위해 안간힘을 쓰는 것뿐이다. 이런 것이 집단 어리석음의 실상이다. 집단 어리석음에 사로잡힌 대중은 탐욕스러운 악당을 "지칠 줄 모르고 끝없이 먹기만 하는 돼지"라 부른다. 그리고 만인에 대한 만인의 투쟁이 벌어지는 현재 상황을 만든 진짜 범인으로 그 악당을 지목한다. 그들을 강력하게 처벌할 법규를 요구한다. 이런 대중에게 있어 세상 모든 악의 근원은 탐욕이다. 그렇다면 탐욕만 제거하면 더 나은 세상이 될까? 아니, 절대 아니다!

> **"**
>
> 집단 어리석음은 집단 지성으로 변해야만 한다. 이런 변화를 위해서는 악당뿐 아니라 어리석음과도 싸워야 한다.
>
> **"**

## 선의의 경쟁 대
## 무한 경쟁

집단 어리석음은 즐거웠던 우리의 일을 생존 경쟁으로 내몬 경영자의 시도로 생겨났다. 우리는 반드시 성공해 살아남아야만 한다! 반면, 집단 지성은 공동의 목표를 추구함으로써 생겨난다. 공동 목표를 추구하는 팀은 불타는 의지를 자랑한다!

나는 "혁신은 의지이며, 변화는 의무다"라는 제목의 강연을 자주 한다. 의지를 불태우며 추진하는 일과 살아남기 위해 싸워야만 하는 의무는 완전히 다른 개념이다. '선의의 경쟁'과 '무한 경쟁'으로 둘의 차이를 잘 나타낼 수 있다.

한 소년이 달리기를 잘하는 친구에게 이렇게 제안한다. "저기 커다란 나무 보이지? 우리 저기까지 시합하자. 나는 네가 달리는 것을 보고 배우고 싶어. 시합으로 내 실력이 어느 정도인지 알고 싶어." 둘은 시합을 했고 소년이 졌다. 소년은 자신이 질 것을 예상하고 있었다. 소년은 배웠다는 생각에 뿌듯한 미소를 지었다. 이제 소년은 열심히 달리기 연습을 할 것이다.

그런데 군대에서는 어떤가? 완전히 다르다. "병사들! 저 뒤에 나무가 있다. 오늘의 마지막 훈련으로 저 나무를 돌아오는 선착순 달리기를 하자. 선착순으로 먼저 들어오는 절반은 포상 휴가를 주겠다. 나머지 절반은 주말에 더 혹독한 훈련을 받을 것이다." 당시 나는 정말 목숨을 걸고 뛰었다. 다른 병사도 마찬가지였다. 우리가 탐욕스러웠던 것은 아니다. 우리는 누구에게도 해를 끼치고 싶지 않았다. 다만 주말에 휴가를 갈 수 있게 된다면 얼마나 좋겠는가! 주말에 부대에 남아 혹독한 훈련을 받을 패배자를 생각할 겨를이 없었다. 또 이 명령 뒤에 숨은 비열한 책략을 비판하는 것도 잊어버렸다. 휴가를 건 선착순 달리기라니, 이것은 정말이지 만인에 대한 만인의 투쟁이 아닌가. 그러나 의미를 따질 여유가 없었다. 그냥 뛰었다. 달리기를 못하는 나는 주말에 남게 되리라는 것을 빤히 알고 있었으면서도 뛰었다. 정말 미친 듯이 뛰었다. 굳이 뛰지 않았어도 결과는 같았을 것을. 그럼에도 나는 목숨 걸고 뛰었다. 바로 이런 것이 집단 어리석음이다.

선의의 경쟁에서는 더 발전하기 위해 자신의 실력을 측정한다.

무한 경쟁에서는 무조건 이기려 한다.

선의의 경쟁은 서로를 북돋워가며 아름다운 승부를 펼친다.

무한 경쟁은 승리를 위해 수단과 방법을 가리지 않는다.

선의의 경쟁은 '아레테', 즉 최고의 경지, 퍼스트클래스의 갈망을 담아낸다. 선의의 경쟁은 우리의 심장을 따뜻하게 채운다. "오늘 우리가 훌륭한 경기를 펼쳐서 쉽게 이기긴 했는데, 상대 팀 컨디션이 좋지 않았어. 아쉽네, 함께 좋은 경기를 할 수 있었더라면 더 멋졌을 텐데."

무한 경쟁은 구체적으로 현재 상황에 초점을 맞춘다. 지금 당장, 이번 분기만큼은 꼭 목표 실적을 달성해야만 한다. 방법은 아무래도 좋다. "아름다운 경기가 중요한 게 아냐. 우리는 반드시 8강에 올라야 해, 왜 그렇게 형편없는 경기를 하느냐는 비판은 그냥 무시해. 무조건 결승에 오르면 돼. 그게 전부야. 우리는 반드시 승리해야 해!"

선의의 경쟁은 실력을 끌어올려 챔피언다운 역량을 갖추려는 의지를 가진다. 무한 경쟁은 반드시 상대방을 꺾고 우승컵을 차지해야만 직성이 풀린다.

반드시 선의의 경쟁만을 해야 하며, 무한 경쟁은 무조건 나쁘다고 말하려는 것이 아니다. 양쪽 모두 긍정적인 측면이 있다. 나는 그저 지금까지 읽은 이 책의 내용을 차근차근 떠올려보라고 말하고 싶다. 처음부터 여기까지 되짚다 보면 선의의 경쟁이 점점 사라져간다는 사실을 확인할 수 있을 것이다. 이와 동시에 최고를 향한 갈망도 점차 증발하고 말았다. 곧 '최고'라는 것도 사라지리라. 무한 경쟁은 오로지 이기려고만 한다. "승리면 충분해, 그거면 돼!" 이런 의미에서 선의의 경쟁이 사라지는 것은 그만큼 집단 어리석음이 커졌다는 방증이다. 하지만 뒤집어 이야기하면, 선의의 경쟁이 다시 싹을 틔울 수 있다는 희망의 조짐이기도 하다. 선의의 경쟁이 되살아나면 우리도 함께 스마트해질 기회를 얻을 수 있다.

## 단계적인 축소로
## 소용돌이를 멈추자

문화를 전면적으로 바꿀 수 있을까? 우리는 다음 사항을 명심해야 한다.

- 일방적인 성장 요구를 멈추자.
- 과중한 부담이라는 부조리를 멈추자.
- 직원에게 비현실적인 목표를 강제하지 말자.
- 다시 함께 탁월함을 이해하고 존중하자.
- 메이드 인 저머니Made in Germany 같은 공통의 자부심을 키우자.
- 통계를 제대로 읽고 활용할 수 있도록 공부를 지속하자.
- 살인적이고 무조건적인 비용 절감을 중단하고, 겉치레가 아닌 내실에 의미를 두고 업무를 처리하자.
- 우리가 앓고 있는 신경증을 치료할 방법을 찾자.

나는 집단 어리석음을 향해 달려나가는 전체 프로세스를 과연 되돌릴 수 있을까 하는 의심을 좀처럼 떨치지 못하고 있다. 고대 로마는 나무를 죄다 뽑아 발칸반도를 불모지로 만들어버렸다. 이것이 바로 내가 걱정하는 바다. 프로세스가 어느 정도 진척된 후에는 그것을 절대 되돌릴 수 없거나 엄청난 수고를 들여야만 바로잡을 수 있다. 몸무게를 50kg 늘리는 일과 줄이는 일은 결코 간단한 문제가 아니다. 심지어 완전무장이 무장해제보다 더 쉽다(아일랜드나 중동을 보라). 결혼생활은 쉽게 파경에 이르곤 하지만 이를 다시 회복하기란 정말 어렵다.

집단 어리석음은 애컬로프의 소용돌이에 완전히 갇혀버렸다. 이 소용돌이는 1984년, 도요타가 이른바 '린 경영Lean management*'으로 세계에 모범 경영 모델을 제시했을 때 시작되었다. 품질 저하, 직원 교육 축소, 무조건적인 비용 절감, 스트레스 가속화는 이제 지속 가능성에 초점을 맞춘 단계적 축소법인 디-에스컬레이션de-escalation을 따라야만 한다. 이는 엄청난 수고를 요하는 작업이다. 다시 한 번 강조하지만, 실컷 먹으면서 50kg을 찌우는 것은 즐겁기라도 하지, 그것을 다시 빼려면 죽음을 불사한 노력을 해야 한다.

신생 기업을 꾸려나가는 새로운 세대라면 이 작업을 해낼 수 있지 않을까? 다시 작은 골방으로 들어가 집단 지성에서부터 시작한다면? 독일 남부에는 집단 지성을 자랑하는 소규모 '기계 제작 기업'이 매우 많다. 이 기업들은 집단 어리석음의 늪에 쉽게 빠지지 않을 것 같다.

---

* 도요타의 생산 시스템을 미국의 기업 환경에 맞춰 재정립한 경영 모델이다. 생산, 재고 관리, 유통에 이르기까지 모든 과정에서 손실을 최소화해 최적화한다는 개념이다. '군살이 없는', '군살을 뺀'이라는 뜻의 영어 단어 Lean으로 추측할 수 있듯 비용 절감을 최우선으로 한다.

그렇다면 대기업은 이제 개혁이 불가능한 지대로 선포하고 그저 버려 둔 채 '포기'해야만 할까?

집단 어리석음에서 집단 지성으로 방향을 돌리는 일은 정말이지 어렵고 힘든 과제다. 우리는 매일 이런 뉴스를 듣는다.

- "우리는 금융 위기 때문에 불과 몇 달 만에 천문학적인 규모의 빚을 지게 되었다. 이를 모두 갚으려면 얼마나 오랜 시간이 걸리는지 아는가?"
- "은행과 정치인은 순식간에 신뢰를 잃고 말았다. 어떻게 하면 신뢰를 회복할 수 있을까?"
- "경영자는 위에서 독촉만 해댄다. 열정과 공감으로 젊은 세대를 가르칠 생각은 전혀 하지 않는다. 이제 청년 세대는 일자리를 얻지 못한 채 끝없이 추락한다. 좀 더 '일찍' 대책을 세울 수는 없었나?"
- "배우고 발전하며 경험을 쌓던 시절은 즐겁기라도 했다. 하지만 이제는 모든 것이 점수로 측정된다. 어떻게 창의성을 발휘하라는 말인가?"

모두 화가 나서 참을 수 없다는 투로 열을 올린다. 그러나 반응은 전무하다. "머릿속의 뭔가를 바꾸어야 한다." 정확히 무엇을? 이쯤에서 방송에 흔히 나오는 명사들의 제안을 살펴보자.

# 간단한 제안 대
# 집단 어리석음

지금부터는 훌륭한 실력을 자랑하는 명망 높은 명사가 상황 개선 방법이라며 내놓은 제안들을 미안하지만 깎아내리려고 한다. 나의 관점으로 보면 이 제안들은 집단 어리석음을 단계적으로 축소하는 데 전혀 도움이 되지 않는다. 물론 아직 실행되지 않은 방법이라는 것은 알고 있다. 그렇기에 이 제안들에 책임을 물을 수도 없다. 아스피린이 변비를 치료해주지 않았다고 욕해서는 안 된다는 것은 나도 잘 안다.

## 속도를 늦추자

요즘 베스트셀러를 보면 삶의 가속화를 지적하는 책들이 많다. 경제 성장을 위해 개인의 사생활까지 희생한 결과 부작용으로 나타난 조급증과 스트레스를 고발하는 내용이다. 속도를 늦추자고 제안하는 저자는 한결같이 지속 가능한 건강한 삶을 찬양한다. 마치 아달베르트 슈티프터Adalbert Stifter*의 《늦여름Nachsommer》과 같은 분위기를 내면서. 출세와 부를 포기하면 얼마든지 추구할 수 있는 길이다. 그러나 어떻게 집단 전체의 속도를 늦춘다는 말인가? 정신없이 빠르게 돌아가는 경제의 수레바퀴를 어떻게 늦출 수 있을까?

---

* 오스트리아 출신의 시인이자 화가다. 1857년에 19세기를 대표하는 교양 소설 《늦여름》을 발표했다. 이상주의자인 한 청년이 어른으로 성장하는 과정을 담고 있다. 삶의 여유를 즐기는 자세를 추구한다.

## 플라톤/아리스토텔레스 가치를 회복하자

우리는 다시 고대 철학자의 가치를 모범으로 삼아야 한다. 정의, 용기, 지혜, 중용을 추구하는 감각이 우리 인생을 이끌어야 한다. 그러나 이런 덕성이 집단 어리석음을 극복하는 데 도움을 줄 수 있을까? 사람들이 교회에서 예수님의 말씀을 새겨듣는다면, 부처의 가르침에 따라 증오와 탐욕과 기만을 버리면 집단 어리석음을 극복할 수 있을까?

집단 지성이 빛나는 세계라면 이같은 덕성과 여유가 틀림없이 긍정적인 작용을 할 것이다. 하지만 안타깝게도 이상주의자의 이런 설교는 집단 어리석음을 퇴치하는 데 도움을 주지 못한다. 이런 지당한 설교는 집단 어리석음을 극복하는 방법으로 적합하지 않다.

## 부자에게 부유세를 물리자

부유세 도입은 분배 정의를 실현하기 위한 훌륭한 대책이다. 그러나 집단 어리석음을 없애는 대책은 아니다. 부유세 도입은 오히려 집단 어리석음을 키울 수 있다. 더 높은 목표가 설정되어 더 많은 스트레스를 강요받게 될 것이다. 집단 어리석음은 집단의 광기일 뿐, 분배 정의와는 아무런 관련이 없다.

## 경영자 연봉을 제한하자

물론 최고경영자의 연봉이 어처구니없을 정도로 높기는 하다. 그러나 앞서 지적했듯 집단 어리석음을 탐욕과 혼동해서는 안 된다. 경영인의 연봉을 제한하자는 제안은 탐욕과의 싸움에서는 도움이 될지 모르나, 집단 어리석음과는 다른 문제다.

## 더 많은 교육을!

곧 도래할 지식사회에서는 직원들이 지금보다 훨씬 더 높은 교육 수준을 갖춰야 할 것이다. 더 많은 교육 기회를 향한 요구는 절대적으로 옳은 일이다. 그러나 오랜 시간 교육을 받은 후 비정규직으로 일하는 노동자를 상상해보라. 집단 어리석음에 사로잡힌 경제 구조는 높은 교육수준을 갖춘 노동자를 철저하게 소비할 뿐이다. 50세의 나이로 번아웃 증후군 때문에 은퇴하게 된다면 이제껏 받은 교육만 아깝게 되어버린다. 교육은 국제적인 경쟁에서는 도움이 되겠지만 집단 어리석음을 극복하는 데에는 힘을 쓰지 못한다.

이런 식이다. 대중매체에서 자주 논의되는 제안, 이를테면 무조건적인 기본 수입 보장, 유로화 폐지, 시장 규제 혹은 규제 완화, 금리 인하, 은행의 철저한 감독, 학생 대상 아이패드 무상 공급 등은 집단 어리석음을 극복하는 데 아무런 도움이 되지 않는다. 애컬로프의 소용돌이에 휘말린 상황은 전혀 개선되지 않는다. 이 논의들은 문제의 핵심을 놓치고 있다!

## 천재적으로 간단한 것?
## 티핑 포인트!

집단 어리석음을 정확히 겨냥한 제안은 없을까? 나는 아직까지 발견하지 못했다. 앞서 나는 우리의 발목을 잡는 집단 어리석음의 원인을

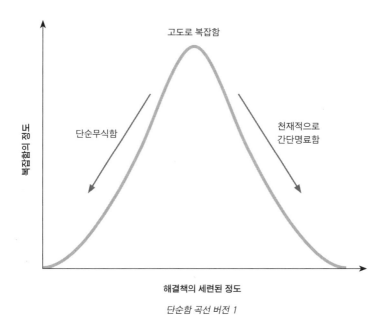

단순함 곡선 버전 1

매우 다양하게 분석했다. 분명 앞으로도 계속해서 더 많은 원인을 찾아낼 수 있으리라. 그만큼 집단 어리석음은 엄청나게 복잡한 문제다. 정말이지 복잡해도 너무 복잡하다.

책의 서두에서 소개했던 올리비아 미첼의 그래프를 마지막으로 다시 한 번 살펴보자. 우리에게 필요한 것은 천재적으로 간단명료한 해결책이다.

나에게 그런 해결책이 있을까? 아니, 없다. 아니, 없을 것이다. 올리비아 미첼의 웹사이트에서 보았던 이야기가 떠오른다. 독자 여러분도 찾아 읽어보기 바란다. 승마 초보자가 어떻게 승마를 배우는지에 대한 이야기다. 일단 초보자는 말 위에 올라탄다. 초보자도 말도 두려움에 사로잡힌다. 물론 경험 많은 말이라면 초보자의 두려움이 훨씬 더 클 것이다. 초보자는 행여나 말에서 떨어질까 두려워 몸을 바짝 숙이고 말의 목덜미를 움켜쥔다. 승마 강사는 기수의 발을 보고 초보인지 아닌지를 바로 알아차린다. 말을 탈 줄 모르는 사람은 말 위에 '엎드리다시피' 하는 바람에 발을 뒤로 뻗는다. 말 위에서 자세를 바로잡는 실력 좋은 기수의 발바닥은 지표면과 수평을 이룬다. 이것이 첫 단계다. 말 위에 올바르게 앉아라! 그러면 "발 아래로!" 하는 구호를 간단하게 따를 수 있다. 아니면 말 위에 올바르게 앉는 방법을 파워포인트 프로그램을 이용해 프레젠테이션으로 설명해줄 수도 있다. 하지만 이렇게 하려면 설명이 매우 복잡해진다. 말과 기수가 사용하는 근육의 움직임을 모두 풀어 설명해야 하기 때문이다. 어느 쪽이 천재적으로 간단명료한 방법일까? 올리비아 미첼은 승마와는 전혀 상관없는 비유를 쓴다.

"말 위에 올라타거든 자신이 한 그루의 떡갈나무가 되었다고 상상하라. 두 다리가 흙을 깊이 파고든 뿌리라고 상상하라. 머리는 하늘을 향해 곧게 뻗은 나뭇가지다." 초보자는 이런 상상을 하면서 바로 자세를 바르게 고친다.

위의 비유는 본 문제와 아무런 관련이 없는 것처럼 보인다! 초보자에게 도움은 되겠지만 자신을 떡갈나무라 상상하라는 제안은 어딘지 모르게 우스꽝스럽게만 들린다. 하지만 나라면 이 비유를 실제 승마 연습에 활용해 큰 성공을 거두리라. 나에게 가르침을 받은 초보자는 말 위에서 바로 안정된 자세를 잡게 될 것이다. 그러나 승마라고는 전혀 모르는 사람들을 상대로 한 강연에서 이 방법을 설명한다면, 사람들은 웃음만 터뜨릴 것이다. 이렇게 천재적으로 간단명료한 것은 웃음을 유발한다.

까짓 웃으면 어떠랴. 나는 마지막으로 제안을 하나 해볼 생각이다. 적지 않은 독자가 웃음을 터뜨리리라. 그래도 상관없다.

먼저 우리는 집단 어리석음을 막을 '집단 어리석음 퇴치 운동'에 동참할 사람들을 규합해야 한다. 어떻게 사람들을 모을지는 영국의 저널리스트 말콤 글래드웰Malcolm Gladwell의 유명한 저서 《티핑 포인트Tipping Point》에서 힌트를 얻을 수 있다. 책의 핵심 내용은 아주 작은 포인트 하나만으로 우리 인생에 일대 변화를 일으킬 수 있다는 것이다. 들불처럼 번져나가는 이런 포인트의 예로는 다음과 같은 명언이 있다.

- "나는 꿈이 있습니다I have a dream!" -마틴 루서 킹
- "나는 베를린 시민입니다Ich bin ein Berliner!" -존 F. 케네디John Fitzgerald Kennedy
- "십 년 뒤 우리는 달에 착륙할 겁니다!" -존 F. 케네디

글래드웰은 상대적으로 사소한 요인이 어떻게 커다란 변화를 일으키는지 세 가지 법칙을 들어 설명한다. 다음은 글래드웰의 법칙을 나의 관점으로 다시 써 본 것이다(2002년만 하더라도 SNS 같은 것이 존재하지 않았다).

- 몇 명의 명사가 자신의 트위터나 페이스북을 이용해 특정한 아이디어를 빠르게 확산시킬 수 있다. 이는 많은 도움이 될 것이다.
- 사람들과 '함께 호흡하며' 흘러갈 수 있어야 한다. 단 한 편의 〈세서미 스

트리트Sesame Street)*를 보는 것만으로는 턱없이 부족하다. 〈세서미 스트리트〉는 어린 시절 내내 아이와 함께해주어야 한다.

■ 운동은 깊은 의미를 가져야 한다. 운동 자체로 거듭 동기부여가 일어날 수 있어야 한다.

우리는 이런 티핑 포인트에 도달해야 한다!

티핑 포인트는 어떤 모습일까? 비루한 기회주의를 깨끗이 잊게 만드는 강력한 동기를 줄 수 있어야 한다. 누군가 도시에 웅장한 성당을 짓기 시작했다고 상상해보자! 처음에는 몇 명의 부자만 건축 자금을 지원하리라. 그러나 모두가 성당 건축의 의미에 공감한다면, 완공에 백 년 이상이 걸린다 할지라도 틀림없이 차근차근 진행될 것이다. 모두 팔을 걷어붙이고 힘을 모은다면 경우에 따라서는 집단 지성이 부활해 더 나은 미래를 만들어가리라.

# "십 년 뒤에 우리는 달에 착륙할 겁니다!"

케네디 대통령은 의회에서 이렇게 연설했다. "우리는 1960년대가 끝나기 전에 인간을 달에 착륙시키고, 또 무사히 지구까지 귀환시키는

---

\* 1969년부터 방송되어온 미국의 인기 높은 어린이 TV 프로그램이다. 인형극과 애니메이션을 적절히 결합해 아이들에게 많은 사랑을 받았다.

목표를 위해 헌신할 것입니다. 다른 어떠한 우주 탐사 프로젝트도 인류에게 이보다 강렬한 인상을 심어줄 수 없습니다. 이는 광활한 우주를 연구하는 데 가장 중요한 일입니다. 이것을 위해 온갖 어려움과 막대한 비용을 감수하겠습니다."

이런 식의 구체적이고 명료한 발언은 집단 어리석음을 퇴치하는 데 큰 도움이 될 것이다. 이런 구체적인 접근이라면! 다시 한 번 '구체적'이라는 말을 강조하고 싶다. 오늘날 사람들은 입만 열었다 하면 '클라우드 컴퓨팅', '소셜미디어', '빅 데이터', '스마트 시티', '산업 4.0', '사이버 피지컬 시스템', '사물 인터넷', '모든 것의 인터넷', '지식사회' 등 의미를 파악할 수 없는 아리송한 말만 한다. 모두 구체적인 것을 떠올리기 어렵게 하는 껍데기 같은 말이다. 반면 "십 년 뒤에 우리는 달에 착륙할 겁니다!"는 얼마나 선명한가!

의회에서 연설할 기회가 주어진다면 나는 최선을 다해 구체적인 설득을 해 보이겠다. 물론 케네디 대통령만큼 잘 하지는 못하리라. 이를테면 나는 이런 연설을 할 것이다.

"독일은 위대한 목표를 가져야 합니다. 저는 독일을 세계 최초로 개인 자가용 소유를 금지하는 나라로 만들겠습니다. 일반 사람들의 이동은 자율 주행 차량으로 해결합니다. 이 차는 누구나 택시로 활용할 수 있습니다. 모든 국민은 매년 2만 4천km에 해당하는 고정 교통비를 할당받습니다. 이동을 원하는 사람은 스마트폰으로 택시를 부릅니다. 거리에 택시만 운행된다면 도시는 현재보다 훨씬 더 적은 자동차로 쾌적해질 것입니다. 오늘날 자동차는 주차된 상태로 수명의 대부분을 허비합니다. 하루 평균 7%의 자동차만 운행되는 것이 오늘날의 현실입니다. 매일의 교통 지옥을 생각한다면 자동차를 현재의 1/5 수준으로 줄여야 합니다. 그러면 주차 공간을 찾아 헤맬 필요가 없으며, 주차장이 필요하지도 않고, 도심 유료 주차장을 이용하지 않아도 됩니다. 교통 사고도 줄어들 것이며, 음주운전 사고는 아예 사라질 것입니다. 아우토반도 훨씬 빠르게 달릴 수 있습니다. 자율 주행 자동차는 한숨만 유발하는 멍청한 정체를 빚어내지 않습니다. 주유소도 필요 없게 됩니다. 모든 자동차 엔진이 연료전지 모터로 교체되고, 여기에 필요한 수소는 아프리카 태양열로 생산해 중앙 공급 체계로 배분됩니다. 이로써 우리는 에너지, 기후, 지속 가능성과 같은 문제를 일거에 해결할 수 있습니다. 시골의 작은 마을에서 장을 보기 위해 어쩔 수 없이 자동차를 이용해야만 하는 노인도 즐겁기만 합니다. 자율 주행 택시를 부르기만 하면 대형 슈퍼마켓으로 바로 갈 수 있으니까요. 노년의 건강이 염려되어 미리 양로원에 들어가거나 친척의 신세를 질 필요도 없어집니다. 새로운 세상을 위해 새 기술을 개발해 자동 교통 체계를 만듭시다. 우리가 앞장서 모범을 보입시다."

그 많은 문제를 단번에 해결하는 묘안에 박수갈채가 터져나와야 마땅하다. 그러나 틀림없이 누군가 흥분에 가득 차 욕설부터 퍼부을 것이다. "이봐요, 내 슈퍼 스포츠카를 타고 달리는 기분을 포기하라는 거요? 그건 내 권리요!" 그럼 나는 이렇게 대답하리라. "그럼 약 다섯 배 더 비싼 요금을 내고 택시를 타세요. 소프트웨어를 개발해 스포츠카처럼 달리는 택시를 만들어드리죠. 경광등을 달고 언제나 신나게 달릴 수 있게!" (자율 주행 자동차를 타는 재미를 아는 사람은 충분히 받아들일 만한 제안이다.) 그러나 당장 이런 반박이 돌아온다. "그럼 사라지는 일자리는 어떻게 할 거요? 주차 요원은? 주유소 사장은? 자동차 생산 업체의 직원들은?"

나는 내 제안이 티핑 포인트에 이르지 못했다는 사실을 직감한다. 우리는 구글 덕분에 가까운 미래에 자율 주행 택시를 타게 될 것이다. 그러나 독일은 그 혜택을 조금도 누리지 못한다. 구글은 자동차를 중국에서 주문한다. 나는 볼보 자동차를 타는데, 이 업체는 이미 중국의 길리 홀딩Geely Holding에 넘어갔다. 구글은 티핑 포인트의 문턱에 이르렀다. 구글은 앱으로 택시를 부를 수 있는 시스템을 갖춘 위버Uber에도 서비스를 지원한다. 구글은 택배 서비스 업체를 사들여 곧 자율 주행 자동차로만 서비스를 개시할 계획이다. 구글은 이 차량을 중국에서 생산하게 한다. 이런 식으로 구글은 퍼즐 맞추듯 천천히 세계를 바꾸고 있다. 독일인이 불평하지 못하는 곳에서. 세월이 흘러 나중에 자율 주행 택시를 탄 나는 이렇게 말해야 하리라. "내 딸의 집에 데려다다오!" 그러면서 나는 독일이 "십 년 뒤에 우리는 달에 착륙할 겁니다!" 같은 구체적인 비전을 놓친 것을 두고 한숨을 내쉬리라. 한편 같은 택시를 탄 다른 독일인들은 미국이 다시 모든 것을 주무르게 되었다고 불평하리라. 저 못된 미국이 독일의 자동차 산업을 몰락시켰다면서.

독일의 현실을 둘러싼 의문과 걱정은 잠시 접어두고, 새로운 세계를 위해 자율 주행 택시 연설에 우리가 모두 열광했다고 가정해보자. 내키지 않더라도 한 번만 상상해보라. 이런 일은 웅장한 성당을 짓는 공동 목표에 헌신하는 시민의 열정 같은 것을 이끌어낼 수 있지 않을까? 그러면 집단 지성이 확실한 힘을 얻어 집단 어리석음에 대항할 세력을 쉽게 모을 수 있으리라.

거참, 이렇게 간단하면서도 어려운 것이 집단 어리석음과의 싸움이다. 독일은 이미 한 번 티핑 포인트를 만들어본 경험이 있다. '레버Leber 플랜'을 기억하는가? 독일 교통 시스템의 건강성 회복을 위한 프로그램으로 당시 교통부 장관이었던 게오르크 레버Georg Leber가 제안한 것이다. 1966년에 레버는 이렇게 말했다. "독일 국민 누구도 아우토반 진입로에서 20km 이상 떨어져 살게 하지 않겠다."

별것 아닌 것처럼 들리는 "20km 비전"은 "십 년 뒤에 우리는 달에 착륙할 겁니다!"와 같은 기적을 불러일으켰다. 독일은 집중적인 도로 건설 덕분에 경제가 활짝 피어나는 위대한 경험을 했다. 우리는 그것을 '경제 기적Wirtschaftswunder'이라 부른다. 오늘날 이런 기적을 다시 일으킬 수는 없을까? 단호한 의지만 있다면, 유리섬유로 세계 최고의 네트워크를 가질 수 있었을 텐데……. 할 수 있었다. 정말 할 수 있었다. 하지만 결국 실패하지 않았는가.

> 66
>
> 국가, 단체, 기업, 집단은 미지의 세계를 향해 새롭게 도전할 때 집단 어리석음을 깨끗이 잊는다. 그런 어리석음에 사로잡힐 시간이 없기 때문이다.
>
> 99

새로운 도전을 향해 나아갈 때 인간은 함께 똑똑해진다. 우리는 이런 사실을 소규모 기업, 특히 '다른 나라가 부러워하는' 독일의 기계 제조업계에서 분명히 확인했다. 성공 비결은 기계 제조업 자체가 아니라, 중소기업들이 보여준 집단 지성이다. 이 집단 지성은 회의와 기회주의에 끄떡하지 않았다. 모두가 집단의 유능함을 보며 경탄을 아끼지 않았다!

## 마지막으로
## ─나는 꿈이 있습니다

나도 꿈이 하나 있다. 마틴 루서 킹의 꿈에 견주기에는 너무나 소박하지만, 그래도 계기는 마련해줄 것이다. 바로 성탄절 바자회와 같은 기업을 꾸리는 것이다. 의아하겠지만 다음 설명을 보면 이해가 될 것이다. 자원봉사자로 구성되는 단체나 조직을 경영하는 법을 다룬 책이나 이론이 없다는 사실을 아는가? 자원봉사자는 뭔가 도움을 주거나 어떤 운동에 참여하기 위해 말 그대로 자발적으로 찾아온다. 이들은 높은 목표를 갖고 있지만 이를 실현하라는 강압에는 질색을 한다. 조급하게 서두르며 압박을 가하면 자원봉사자는 봉사하지 않고 그냥 집으로 가버린다. 이들은 여유롭게 일하고 싶어 한다. 일의 성과는 만족스러워야 하고, 자발적으로 하는 일이기에 기쁨을 주어야 한다. 기회주의자는 자원봉사자 모임에 끼어들 수 없다. 꼼수란 없으며, 또 필요하지도 않다.

자원봉사 단체나 조직의 지도자가 소리를 지르며 다그치면 자원봉사자는 바로 자리에서 일어나 떠나버린다. "도와주러 왔는데, 이런 식으로 소리를 지른다면 안 해!" 자원봉사자에게 최고 실적을 올리라고 강요하면 어떤 일도 진행되지 않는다. 자원봉사자를 이끄는 지도자는 대놓고 팀원들을 나무랄 수 없다. 가령 지도자가 이런 식으로 불평을 늘어놓는다고 하자. "누가 바자회에 이따위로 우스꽝스러운 휴지 커버를 만들어왔어? 바자회를 뭘로 보는 거야? 성탄절 바자회에서 이따위 것은 팔 수 없어. 이 수제 쿠키는 보기만 해도 입맛이 떨어지네. 누가 이딴 걸 구웠어? 이봐, 우리는 고품질 상품만 취급해. 얼마나 더 말해 줘야 하는 거야?" 이런 지도자는 곧 혼자 바자회를 치르게 될 것이다. 자원봉사자를 이끌고자 하는 사람은 열정을 북돋워야 한다.

나는 직원을 이런 식으로 이끌며 퍼스트클래스를 이루어내는 경영자가 되고 싶다. 자원봉사자로 하여금 목표를 향한 열정을 품게 하고 퍼스트클래스 품질에 도달하려 불타게 하면서도 들쑥날쑥 내키는 대로 일하지 않게 만드는 것은 정말이지 위대한 기술이다. 시장을 선도하려는 오픈소스 소프트웨어 팀을 생각해보라. 불과 몇 년 만에 세계 문화유산이 될 뻔했던 위키피디아를 생각해보라. 중요한 것은 집단 어리석음으로부터 벗어나려는 첫걸음이다. 경영자가 자원봉사자 단체를 다루듯 직원을 대할 때 이런 첫걸음이 시작된다. 물론 직원도 자발적으로 일하려는 자세를 갖추어야 한다.

자신의 일을 통해 생산적인 변화를 일으키려는 의지를 가진 직원을 상상해보라! 그저 유토피아적인 상상에 불과할까? 아이들은 자신이 원하는 일이라면 신이 나서 한다. 자원봉사자처럼 즐겁게. 모든 것이 나무랄 데 없이 좋다! 모든 것을 스스로 하고, 잘하려 하고, 하나도 놓치지 않고 배우려 한다. 그럼에도 집단 어리석음은 어느 순간 아이를 집어삼키려 든다. 우리는 이 순간을 정확하게 포착해 미뤄야만, 아니

막아야만 한다. 그러면 우리는 다시 똑똑해질 수 있다! 저절로! 우리는 먼저 집단 어리석음을 철저하게 폭로해야 한다. 바로 지금, 그리고 미래에도 이런 노력이 끊이지 않기를 간절히 바라는 심정으로 이 책을 마친다.

# 왜 우리는 집단에서
# 바·보가 되었는가
### 조직의 모든 어리석음에 대한 고찰

**펴낸날**   초판 1쇄  2016년 3월 5일
초판 8쇄  2019년 9월 5일

**지은이**   군터 뒤크
**옮긴이**   김희상
**펴낸이**   김현태

**펴낸곳**   책세상
**주소**   서울시 마포구 잔다리로 62-1, 3층 (우편번호 04031)
**전화**   02-704-1251(영업부), 02-3273-1333(편집부)
**팩스**   02-719-1258
**이메일**   bkworld11@gmail.com
**광고제휴 문의** bkworldpub@naver.com

**홈페이지** chaeksesang.com   **페이스북** /chaeksesang
**트위터** @chaeksesang   **인스타그램** @chaeksesang   **네이버포스트** bkworldpub

**등록**   1975. 5. 21. 제1-517호
**ISBN**   979-11-5931-050-8 03320